U0132586

香港社會的政制改革

劉兆佳　著

商務印書館

香港社會的政制改革

作　　者：劉兆佳

責任編輯：張宇程

封面設計：張毅

出　　版：商務印書館（香港）有限公司
　　　　　香港筲箕灣耀興道 3 號東滙廣場 8 樓
　　　　　http://www.commercialpress.com.hk

發　　行：香港聯合書刊物流有限公司
　　　　　香港新界大埔汀麗路 36 號中華商務印刷大廈 3 字樓

印　　刷：美雅印刷製本有限公司
　　　　　九龍觀塘榮業街 6 號海濱工業大廈 4 樓 A

版　　次：2017年 6 月第 1 版第 1 次印刷
　　　　　© 2017 商務印書館（香港）有限公司
　　　　　ISBN 978 962 07 6598 8
　　　　　Printed in Hong Kong

目　錄

序

《香港社會的政制改革》、《香港社會的民主與管治》和《香港人的政治心態》三冊書匯集了近 40 年來我對香港回歸前和回歸後所做研究的主要學術論文，其中大部分論文原以英語撰寫並在西方國家的學術期刊發表，現在經翻譯首次以中文出版。這些學術論文反映了我學術生涯中不斷變化的研究重點和目標，也反映了在過去半個世紀香港社會與政治的急劇變遷。這些學術論文既代表我個人的學術成果，也可以説是香港歷史的印記。藉着這三冊書與讀者見面的機會，我也全面回顧了自己的學術歷程。

1975 年，我在美國明尼蘇達大學取得了哲學博士學位，在美國工作半年後便回到香港，在香港中文大學社會學系任教。我的博士論文探討了 19 世紀中國儒家精英在整合和領導傳統中國社會上所起到的關鍵作用，並重指出政治與社會的分崩離析與儒家精英的弱化和解體有關。雖然之後我仍然對傳統中國的社會、政治與思想有濃厚興趣，但這不再是我的研究重點。研究重點的轉移並非完全由我個人的學術志趣驅動，在很大程度上反而與研究機遇、香港的變遷和“九七問題”的凸起有更大的關係。

儘管我年輕時唸書的地方是一所由英國聖公會開辦並以英語為主要授課語言的學校，但我在中學時期已經深深地被儒家思想，特別是其經世濟民的主張所吸引，因此對中國語文和中國歷史尤其是近代史特別着迷。我認可知識分子對國家、民族和社會的責任和擔當，並認為讀書人應該有匡扶社稷，“先天下之憂而憂，後天下之樂而樂”和“民胞物與”的襟懷。中學畢業進入大學後，我放棄了研修中文和中國歷史的初衷，轉而主修社會學和經濟學。經過再三思考,我決定以政治社會學為日後學術工作的重點,其中政治和社會發展、政治文化、政治體制、政治領袖、比較政治和國際政治乃研究重點所在。

即便如此,回香港工作後,我還需要物色具體研究項目,因此在香港中文大學社會學系任教的頭兩年,我一直在摸索將來要從事哪些方面的研究。在此期間,我參與了社會學系的一項集體研究計劃,該計劃旨在探討內地人民公社的功能和意義。假如這項研究能夠啟發我對"中國研究"的興趣,則日後我的研究重點便會是內地而非香港。在當時的環境下,對於一位年輕學者來說,"中國研究"比"香港研究"更具"實用"價值,因為在國外學術刊物發表"中國研究"的文章比較容易,而發表國際學術界認可的文章的多寡對學者的學術事業來說關係重大。然而最後,我決定捨"中國研究"而取"香港研究",這當中有幾方面的考慮。

第一,這不等於我特別"愛"香港。雖然我在香港出生、成長和受教育,但我的"國家情懷"比"香港情懷"要更濃厚一些。因此,愛香港並非驅使我其後幾十年集中研究香港的動力。當然,隨着時間的遷移,我對香港的感情不斷加深,進而促使我更加銳意研究香港,並願意對其未來盡一份力。

第二,雖然從功利角度考慮,"中國研究"應該是首選,但是內地研究中有關人民公社研究的經驗卻讓我對"中國研究"感到猶豫。一方面,我沒有把握能夠從內地取得大量信而有徵的材料和數據,以作為嚴謹學術研究的基礎。另一方面,我感到人生苦短,希望自己在有限生命中創造的研究成果能夠經得起時間考驗並具有實用和傳世價值。因此,"中國研究"對我來說風險太大,非我所能承擔。相反,就算"香港研究"不能帶來豐碩的學術回報,甚至對個人的學術事業造成阻滯,但從學者"求真"的精神出發,也是無可奈何的事。無論如何,社會學者需要有一個他看得見、摸得着的研究"地盤"或"對象",這樣才會產生"踏實"

的感覺。毫無疑問，對我來說，香港正是那個"地盤"和"對象"。當然，有些學者喜歡做抽象和理論的探討，因此不需要對某一特定社會進行研究，但我不屬於這類學者，我始終希望能夠立足或扎根於一個社會，並以此為基礎或出發點來探討理論性課題。

第三，"香港研究"愈來愈成為迫切的實際需要。回顧過去，1975–1981 年這段時間對我來說是"黃金"六年，是我可以在比較不受外面世界干擾的環境中專注於學術工作的六年。 1980–1981 年，我在美國哈佛大學做哈佛燕京訪問學者期間出版了《香港社會與政治》(*Society and Politics in Hong Kong*)[1] 一書。自哈佛回港後，適逢香港前途問題出現，中英兩國政府及香港各界人士都被捲入這個歷史性事件之中，我個人也不例外。作為香港本地培養的首批社會學者之一，我有義不容辭的責任去研究與香港未來有關的種種問題，特別是香港日後的政治與政制發展，不但要分析，更要拿出應對辦法。中英兩國政府，尤其是中國政府，不時向我諮詢，提出現實或政策性問題。政治環境的突變，使我在"象牙塔"內做學問的同時，還要回應各方面提出的問題和建議。 1992 年，英國政府派政治人物彭定康來香港當總督，旋即爆發中英之間在香港政制發展問題上的嚴重對抗，並最後促使中國政府以"另起爐灶"作為反制的策略。在香港回歸祖國過渡期的最後幾年，我先後以"港事顧問""香港特別行政區籌備委員會預備工作委員會委員"和"香港特別行政區籌備委員會委員"的身份參與了中央主導的香港回歸祖國的工作，並就特首和立法會的產生辦法提供意見。香港回歸後，政治、經濟與民生的挑戰紛至沓來，令各方面疲於奔命。個人的學術研究在這種環境下不可避免地要更有針對性和實用價值。 2002–2012 年，我離開大學，進入特區政府出任中央政策組的首席顧問。在這十年中，研究的範圍進一步擴大，研究的內容更為複雜，而研究成果的實用性較諸其學術性更為重要。總的來說，自 1982 年以來，我的學術事業直接與香港的前途和發展問題緊密聯繫，"純學術"研究已經變得不可能。研究的目標不但要對理論的探討和建設有意義，還要對發現和解決香港的諸多問題有價值。很多時候，學術研究題目的選定取決於香港面對的現實和迫切需要解決的問題，而非源於學術理論發展的要求，與西方社會學理論的變遷與爭辯，關係更加小。所以，過去幾十年，我個人所身處的社會環境和自定的工作目標，塑造了我的學術風格和研究取向。無論就背景、目標、經驗，還是歷練而言，在香港的社會學與政治學界中，我都是頗為"與眾不同"的。

毋庸諱言，不少甚至大部分香港社會學者和政治學者在研究香港問題時，喜歡簡單套用西方理論，並肯定其在香港的應用價值，西方的民主和民主化理論尤其受到重視和認同。原因有三個：一是相信甚至"迷信"西方理論的"普遍性"，認為就算不能直接應用於香港，稍作調整便可適用。在這些學者的眼中，香港研究是人類（其實是西方）社會科學研究的一個環節，哪怕只是小環節，香港研究的成果既印證了普遍理論，又豐富了普遍理論。二是他們服膺於那些理論背後的西方價值，並確信那些價值代表"普世"價值，因此應該在香港樹立和推廣。三是假如學者認同了西方理論的"普遍性"，而其研究成果又進一步證實了西方理論在香港適用，那麼在西方刊物或出版社（大學的出版社尤其重要）發表著作便較為容易，而能否在西方"學術市場"發表著作，對個人的學術事業至關重要，因為香港的大學傾向於以在"國際"（主要指西方）領域發表著作為評審標準來衡量學者的學術成就。因為這些原因，眾多的香港學者喜歡探討香港與西方社會的共同點，兩者之間的差異則較少受到重視。

另外一種情況是，部分學者喜歡將當前西方理論界的"時髦"理論、觀點和概念引入香港，並肯定那些東西對香港有參考或應用價值。對於不少香港學者的這些傾向和行為，我的看法是雙方面的。一方面，我承認，西方社會既然是人類社會的一部分，那麼來自西方的社會學理論也自然在其他的社會有一定的參考和應用價值。運用西方理論分析香港的社會現象，有利於發掘和透視一些我們因為長期在香港生活而看不到或者遺漏的東西，對我們已有的知識可以提供新的研究角度，從而深化我們對香港社會的理解，西方理論也會強化本地學者從理論角度剖析香港社會現象的能力。然而，另一方面，將注意力放在某些現象上等於疏忽了另外一些現象，而那些現象對香港社會而言可能更為重要，或是更好地理解香港社會的"鑰匙"。換句話說，西方理論讓我們看到一些東西，但同時遮掩了另外一些東西。總的來說，我認為，西方學者在概念和理論建設方面有獨到之處，尤其是在將社會現象拆解後進行分析，然後再將分析結果予以整合來建構理論這一方面。因此，鑒於西方社會學比其他地方的社會學更為"發達"，我們不可避免地要參考西方的理論研究和研究成果，起碼要用它增強我們思考的深度與廣度，但不能照單全收，更不可以盲目奉之為金科玉律。在參考西方理論和運用西方學術概念的同時，我們必須有意識地脫離西方的思考框架，認真細緻地去探尋香港的諸多社會現象，總的目標是全面和確切地認識香港，從中建構更好的概念和理論，並將之用於研究香港。

從一開始我便以香港的特殊性作為研究的理論支點，這在香港學者中是較為罕見的，目標是不僅要指出西方理論涵蓋面的不足，也表明不能簡單地從西方理論中尋找認知和解決香港問題的辦法。香港研究必須立足於香港的歷史和現實，必須從客觀角度出發，不要混淆現實和理想，也不能把理論當成現實。基本上，我是從"不服氣"的起點出發來思考香港社會的，首先假設西方學者"不可能"對香港有深度的認識，因此他們的理論總會在某些方面難以直接套用於香港。一些在西方社會比較矚目的現象，在香港不一定重要，而香港一些顯著的現象也可能在西方看不到。誠然，一些西方學者強調他們的理論絕非完全建基於西方現象，而是來源於西方和非西方社會的比較，但即便如此，倘若他們對香港缺乏認識，他們的概念和理論總會與香港有格格不入之處，而那些格格不入之處正好是香港學者研究的最佳切入點，也是香港研究可以對所謂"普遍理論"建設所能作出的"貢獻"。

既然要突出香港的獨特性，建構植根於"本土"的社會學理論，那麼研究方法便不能不採用"歷史暨比較"角度（historical-comparative approach）。所謂歷史角度，是要基於香港過去的歷史發展去認識香港的現狀和探索香港的未來。香港過去的經歷、事件、人物、制度、政策和一些"集體回憶"，都左右和規限着香港目前和將來的發展。歷史角度不單指香港自身的歷史，也必須包括更廣闊的視野，其中中國近代和當代史、中西方關係史和東亞地區的歷史尤為重要。不了解歷史，為香港的改革和發展提出的訴求和建議容易流於不切實際或難以兌現。每個社會都有其與眾不同的歷史發展經驗，因此在一定程度上，每一個社會都是獨一無二的。通過歷史分析，香港的獨特性便"躍然紙上"，馬上成為學者關注和探討的課題。所謂比較角度，是要將香港與古往今來的人類社會比較，找出其異同之處，從而透視香港獨特的地方。當然，我們不可能將香港跟"所有"的人類社會比較，而事實上學者們對其他社會的研究也不多，因此實際上只能通過縝密思考，找尋若干有意義或有價值而又可供比較或對比的現象。在我看來，目的不是要通過比較香港與其他社會來建構一般性的社會學理論，而在於加深對香港的了解，尤其是能夠更好地發掘香港社會的"核心"社會現象。這些"核心"社會現象不但有其重要性，我們更可以借助這些現象更好地了解與之密切關聯的其他社會現象。

在過去近 40 年的研究生涯中，我提出了一系列概念來描述和分析與香港社會和政治發展有關的諸多現象，並取得了一些成果。在不同程度上，這些概念代表了我說的"核心"概念，因為它們擔當着研究的"鑰匙"的功能，通過它們，我們可以更全面和深入地分析香港的過去和現在，並對未來提供線索和可行之道。這些概念在學術界廣受關注，當然也受到不少批評，部分批評在香港的高度政治化環境中更流於道德或惡意的中傷。誠然，我的"核心"概念不是批評者的"核心"概念，他們認為我的"核心"概念忽略了一些更重要的社會現象，因此對香港的分析有失偏頗，並錯誤理解部分現象，而基於我的研究成果的政策建議不但無用，而且對香港有害，比如不利於推動香港的民主發展，也不利於讓當政者正視香港的社會矛盾等，不一而足。我的看法是，各種各樣的"核心"概念和與之相關的理論並存絕對是好事，良性的學術爭論會越辯越明。然而我相信，我的學術成果是經得起時間考驗和實踐檢驗的。

在長達 40 年的學術生涯中，我建構了一批"核心"概念，並以此為工具研究香港社會的狀況和變遷。這些概念中比較重要的包括："先有殖民政府、後有殖民地人民"的殖民地、高度穩定的殖民社會、功利家庭主義 (utilitarianistic familism)、社會容納政治 (social accommodation of politics)、低度整合的社會與政體 (compartmentalization of society and polity)、沒有獨立的非殖民化 (decolonization without independence)，缺乏被領導者的政治領袖、缺乏領袖的制度 (institutions without leaders)、缺乏社會基礎的政治 (social irrelevance of politics)、功利主義法律觀、行政主導、局部民主政體 (partial democracy)、發育不良的政黨體系 (stunted political party system)、沒有執政黨的政黨政治 (party politics without the ruling party)、低民主、高自由的社會、民主發展後於法治、自由、人權、穩定、繁榮的出現、關注的旁觀者 (attentive spectators)、從非常態政治到常態政治、矛盾民主觀 (democratic ambivalence) 等。這些"核心"概念通通源於長年累月對香港的實證研究，也源於認真利用歷史暨比較方法挖掘香港的特點。

總體而言，這些"核心"概念加起來其實很好地描述和反映了香港作為一個社會乃至一種社會現象的主要特色。

第一，香港在"開埠"伊始已經是一個特殊的英國"殖民地"。英國人攫取香港這片荒島為"殖民地"，目標是要建立一個有利於英國商人的對華"貿易"而且不受清政府控制的橋頭堡。為了達到目的，一開始英國人便要在香港推行開明和懷柔的管治方法，以吸引各地尤其是中國內地的人才、資金和勞工來香港開拓和發展。為此，一套有利於各方面經商、就業和生活的法律和制度便不可或缺。與絕大部分殖民地不同，香港是先有殖民政府的出現，然後才有"殖民地"人民的到來。從內地來香港定居或發展的華人，無論基於甚麼理由，都是自願接受殖民管治的，起碼不反對殖民管治，因此他們絕無推翻殖民政府（在香港，即為港英政府）之心，反而將香港作為安身立命之所，這種情況在 1949 年新中國成立後更是如此。正因如此，香港從來沒有發生過反殖民或獨立運動，也無法借助反殖民或獨立運動來培育有威望的政治領袖。

第二，中國政府不會容許香港脫離中國走向獨立。為了讓中國政府放心，英國人不會在香港推動有"還政於民"意味的政治體制改革，不會刻意培育有羣眾基礎的本地政治領袖。為了鞏固殖民管治，英國人通過"行政吸納政治"的手段籠絡華人精英，讓他們成為殖民政府的"同路人"，同時減少社會上出現"獨立"於殖民政府的政治力量的可能性。這些"同路人"雖然在華人社會享有一些聲望，但絕對不是具備政治權威的政治人物。社會上反對殖民政府的政治人物絕無僅有，因此對殖民管治不構成威脅。

第三，香港的華人社會由無數的家庭單位組成，這些家庭單位的核心是那些有血緣和姻緣關係的人，但也可以從"功利"角度考慮，選擇性地將一些與自己有利益聯繫的親戚朋友"納入"家庭單位，因而表現出"功利家庭主義"的形態。這些家庭單位在一定程度上解決了個人的需要，並起到穩定社會的作用。

　　第四，家庭單位與眾多的華人社團共同處理了不少華人社會的問題和矛盾，解決了不少可能引發政治事端或衝突的問題，因此發揮了"社會容納政治"的功能，大大減少了最後需由殖民政府應對的政治摩擦與挑戰，使得行政需要吸納的政治不至於過多，從而保持了香港的政治穩定。與其他殖民地相比，香港的政局絕大部分時間都是高度穩定的。"二戰"後，全世界反殖浪潮風起雲湧，但香港的政局卻風平浪靜。我研究香港的起點恰恰就是探討香港"超穩定"殖民社會的原因何在。當時幾乎所有人對香港的第一印象就是政治穩定和港人對政治的不熱衷甚至"冷漠"。我當然不會否定社會衝突的存在，但 20 世紀 70 年代香港的政治穩定對我和不少人來說，應該是較為矚目和值得探討的現象。我的基本看法是，"行政吸納政治"和"社會容納政治"相輔相成，大幅減少了香港政治矛盾的數量和嚴重性。與此同時，華人社會與殖民政府各司其職，來往不多，形成"低度整合的社會與政體"的局面。就當時來說，在殖民管治被廣大香港人接受的前提下，所謂香港政治在很大程度上就是"官僚政治"，即發生在政府內部和政治精英之間的"政治"。這些"政治"與社會沒有密切關係，也沒有受到廣大羣眾的關注，因此是"缺乏社會基礎的政治"。人們關心的問題一般不會進入政治領域，也沒有有實力的本地政治領袖將它們轉化為政治議題，從而將之帶進政治領域。

　　第五，港人政治文化的內涵與"功利家庭主義"基本上是一體的兩面。對此，我和關信基教授合著的《香港華人的心態》(*The Ethos of the Hong Kong Chinese*)[2]一書有詳細闡述。簡而言之，港人的政治文化是一種公民文化與順民文化的混合體。港人一方面吸收了一些來自西方的民主和自由的思想，另一方面又呈現出對權威的尊重以及對穩定與秩序的追求。他們願意接受殖民管治，並基於殖民政府的良好施政表現而賦予它頗高的政治認受性。港人的法律觀或法律文化有明顯的實用主義傾向。他們不太了解西方法律背後的原則和思想，仍然保留了一些傳統中國的法律觀點。不過，港人相信香港的法律對自己有用，因此堅持遵守法律的重要性。無論是港人的政治文化還是法律文化，功利主義或實用主義的色彩都很突出，而中國傳統的價值觀與西方的價值觀則不太和諧地並存。實際上，港人對西方文化的接受流於表面，大體上認為西方文化對自己和香港有用，但仍然受到來自中國傳統的"威權性"政治文化（authoritarian political culture）的薰陶，而後者是和西方文化相悖的。

第六，隨着社會的變遷、經濟的發展和教育水平的提高，社會矛盾增加，民眾的期望與訴求攀升，華人社會自我解決問題和滿足需要的能力下降，殖民政府面對的來自社會的要求和壓力就愈來愈多，也愈來愈難應對。殖民政府介入社會和民生事務的程度有所提高，港人對政府的依賴不斷提升，因此社會上逐漸湧現一些政治人物和組織。他們不僅向殖民政府提出各種具體訴求，也在確認殖民管治的前提下要求更多參與政治的機會。殖民政府一方面盡其所能地回應民眾的民生需要，另一方面卻不願意放棄對政治權力的壟斷和控制。在"九七問題"出現的前夕，香港的政治人才十分匱乏。大部分港人認同香港的政治、行政、經濟和社會制度，但對政治領袖缺乏信任與尊重，出現了"缺乏領袖的制度"和"缺乏被領導者的政治領袖"現象。人們覺得只要制度運作良好，政治領袖可有可無。再者，在殖民政府管治下，人們也不相信本地政治領袖會擁有實質的政治權力或能力。這種輕領袖、重制度的心態本來應該是進步的象徵，但在政治領袖匱乏的情況下卻成為絆腳石，阻礙了領袖的形成與成長。香港脫離殖民管治並在"一國兩制"框架下實行"高度自治"，然而缺乏擁有群眾基礎的政治領袖便為回歸後香港的有效管治和政治穩定埋下了隱患。

"九七問題"的"突然"出現，對香港的政治格局與生態造成了巨大衝擊。在無法延續殖民管治的情況下，英國人謀求"光榮撤退"和在回歸前的過渡期內保護英國的權威與利益，一方面大力推動香港的民主改革和"還政於民",另一方面則銳意扶植反共和民主派勢力。中國政府則一方面致力於挫敗英國人的政治意圖,另一方面努力培養"愛國愛港"力量。中英雙方的政治角力塑造了香港的民主化路向,但同時分化和弱化了剛冒起卻"先天不足"的本地政治領袖和勢力。在中英鬥爭的大氣候下,香港所走的"沒有獨立的非殖民化"道路呈現幾個重要特徵:第一,既然香港不是獨立國家,港人便不能完全決定由誰來控制特區政權。在主流民意仍然反共和拒共的氛圍下,中國政府覺得必須確保特區的行政長官是中央可以信任和依託的人。因此香港的民主化是"局部民主化",具體反映在港人有較大權利選舉負責監督政府的立法會議員,但在選舉行政長官上則權利有限。第二,"局部民主化"讓一位擁有強大憲制權力的行政長官與享有實質"反對"權力的立法會並存,各自有各自的權力來源和支持者,彼此之間摩擦難免。第三,從憲法的角度看,香港是一個"行政主導"甚至可以說是"行政長官主導"的政體。行政長官壟斷了政策制定權、財政主導權和人事任免權。但在羣眾支持不高、政府權威不足和行政長官沒有政黨聯繫的格局中,行政長官縱有憲制權力,卻在政治威望低落的情況下無法充分和有效地運用手上的權力。回歸後香港特區的管治不暢和政局混亂與此不無關係。第四,為了避免突然進入全面民主化而帶來政治動盪,民主改革遵循循序漸進的步伐。行政長官的普選只會在條件成熟時才進行,同時要防止選舉與中央對抗的人成為特首。在立法會的選舉辦法中,"功能團體"議席的引進和逐步減少,以及選民基礎的不斷擴大發揮了"以空間換時間"的巧妙作用,從而使得以普選辦法產生所有立法會議員的時刻不會過早。第五,香港的"局部民主化"衍生了香港幾乎獨一無二的"沒有執政黨的政黨政治"現象。在執政黨缺位的情況下,特區政府在立法會內缺乏穩定和可靠的支持;無論是建制派政黨還是泛民主派政黨,都以監督和制衡政府為己任;建制派和泛民主派政黨都處於鬆散和積弱狀態,社會支持基礎不強。泛民主派政黨屬於"永久的反對派"，從長遠來看有走下坡、內部分裂日趨激烈的趨勢。"沒有執政黨的政黨政治"似乎不能成為長期存在的現象，因為它對特區的長治久安不利。

香港的"局部民主化"誠然不能滿足大部分港人對民主的追求，對於政治體制，社會上也存在着一定的不滿情緒。但過去幾十年來香港沒有出現擁有強大羣眾基礎、得到中產階層鼎力擁護、有能力持久"作戰"、波瀾壯闊的民主運動。這可以從香港獨特的民主發展軌跡和與此相關的港人"矛盾民主觀"中找到解釋。香港這種"先有殖民政府、後有殖民地人民"的歷史背景，使得它在民主化發生之前已經陸續享有法治、善治、自由、人權等不少其他國家和地區需要付出巨大代價，包括流血犧牲、在爭取到民主之後才能獲得的東西。既然港人已經得到那些他們認為比民主更加珍貴的東西，那麼他們便不願意付出沉重代價來爭取民主。"沒有獨立的非殖民化"只容許香港在脫離殖民管治後成為中華人民共和國的一個特別行政區。港人明白與中央對抗有害無益，因此也不太希望因為民主改革問題而與中央交惡。不少港人甚至擔憂，不適當的民主化反而會帶來不符合自己和香港利益的惡果，因此寧願慎重地、一步一腳印地推進民主進程，持這類觀點的人在中產階層不佔少數。由於顧慮多且猶豫不決，港人的"矛盾民主觀"與循序漸進發展民主若合符節。假如港人願意不顧一切地追求民主，循序漸進發展民主就不會被港人接受，而港人與中央的衝突便會極度激烈，不僅政治穩定和有效管治不可能，甚至中央的"一國兩制"方針也難以落實。

如果政策建議是基於對香港獨特性研究的成果，那麼與來自簡單套用西方理論的建議相比自然有所不同，反映在如何處理香港的民主發展和達到有效管治的問題上尤其如此。在"沒有獨立的非殖民化"下，香港的利益和未來必將建構在"兩制"關係融洽和中央與特區合作的基礎上。"互利共贏"和"榮辱與共"必然是彼此互動的指導原則。從香港歷史發展的角度看，港人與內地同胞、中央與特區之間必然會建立更緊密的關係，這是長期的、不可逆轉的趨勢。誠然，這個趨勢也不可能一帆風順、一片坦途，反而會跌宕起伏、陰晴不定和坎坷不平。基於對歷史發展趨勢的肯定，也基於我對香港獨特性的理論思考，過去幾十年來我曾經提出了一些政策和行動建議。粗略來說，"行政主導"政治體制的建設、功能團體議席和選舉辦法的引進、香港特別行政區籌備委員會預備工作委員會的設置、臨時立法會的成立、比例代表制的施行、"管治聯盟"的建構等，都有我一些建議的影子。毋庸諱言，這些建議都曾經受到一些人的猛烈攻擊。然而回想過去，這些建議在香港的歷史發展和現實環境中恐怕是迫不得已、有一定正面價值的建議。當然，隨着國際形勢的變化、國家的發展、香港的變遷、香港人心的變動、中央與港人矛盾的逐步緩解、"兩制"之間的差異縮小，以及兩地同胞逐步在"兩制"下合成"命運共同體"，香港的政治、管治與政黨發展自然會沿着新的方向演進。經濟、社會和民生立場上的分歧會逐漸取代中央與港人之間在政治與意識形態上的分歧，而成為左右香港內部政治形態的主要因素。困擾香港多時並妨礙妥協的"非常態政治"會大幅度地被對協商解決問題有利的"常態政治"所取代。到了那個時候，政治穩定和經濟發展才會有更扎實的根基。然而，必須指出的是，從"非常態政治"過渡到"常態政治"絕非一個順暢的過程，反而是一個艱難、曲折和反覆的過程，2014 年爆發的"佔領中環"行動和香港最近湧現的"本土主義"主張可為明證。

在政治鬥爭日趨激烈的今天，我對香港的未來保持較為樂觀的期盼，這樣的態度對一些人來說是嚴重脫離現實的。但基於我過去近 40 年香港研究的經驗，我對我的論斷和預測是有相當把握的。未來的變遷也許可以為我印證。

《香港社會的政制改革》分為五個部分。第一部分分析了社會與政治的關係，並着重指出，香港在殖民地時期的政治穩定與香港華人的家庭和社會結構有莫大關係。華人家庭和各種民間組織擁有不少資源和能力去處理華人社會內部的問題和需要，從而減少了社會問題"外溢"為政治問題的概率，對維護殖民管治有利。不過，香港急劇的社會變遷逐步削弱了華人家庭和社會的作用，使得政治矛盾和衝突不斷上升。第二部分描述了香港引進羣眾性選舉後的早期情況，指出選舉在動員羣眾方面作用有限，而媒體在選舉過程中發揮的作用不大。第三部分論述了在"沒有獨立的非殖民化"下，香港的政治體制改革、殖民政府的管治困難、英國謀求"光榮撤退"的部署、中英政府圍繞政制改革的鬥爭和"局部民主化"所造成的精英政治與羣眾政治分離的種種現象，進而指出香港脫離殖民管治過程的複雜性和獨特性。第四部分回顧了中國政府在新中國成立後一貫的對港政策，並着重指出其理性務實的一面，而"一國兩制"方針的提出就是中國對香港的"長期打算、充分利用"政策在香港回歸後的延續。既然保持香港的繁榮穩定是中國對港政策的首要目標，那麼《中華人民共和國香港特別行政區基本法》（簡稱《基本法》）所要建構的香港政治秩序便以此為指導原則，不過這個新政治秩序卻蘊藏着一些管治困難。第五部分則講述了政治精英和政黨發展的情況，其中突出了"局部民主化"所造成的精英政治與羣眾政治分離的種種現象，進而指出香港脫離殖民管治過程的複雜性和獨特性。在香港政治精英的矛盾與分化、各類反對勢力湧現、行政主導政治體制因而缺乏足夠實施條件的情況下，回歸後香港特區的管治面臨相當困難的局面。與此同時，香港的政治體制又對政黨的發展不利。特區政府固然不能依靠"執政黨"來進行有效管治，但在沒有"執政黨"的情況下，香港的政黨呈現弱化和分化的趨勢。

《香港社會的民主與管治》分為三個部分。第一部分描述了香港獨特的民主發展道路，具體特徵包括"局部民主化"、民主化問題成為"永

恆"的政治議題、中央在民主化過程中的主導地位、民主化的出現後於
法治、人權和自由等。儘管香港沒有重複西方的民主發展道路，但仍然
具有積極和正面的內容，起碼切合香港實際的情況和需要。第二部分探
討了香港回歸後的管治形態，特別關注了新生的香港特區政權在管治上
經驗不足、政治能力不強、內外環境不利和反對勢力阻撓的情況。自香
港特區成立以來，非常態政治實際上是香港政治的"常態"，而政治鬥
爭則圍繞着政治原則、信念和道德等議題，其中退讓和妥協的空間有
限，因此衝突難以化解。雖然以實際利益衝突為本的常態政治長遠來説
應該成為"常態"，但演化過程卻十分曲折。這一部分也論述了在"沒
有獨立的非殖民化"下，香港的政治體制改革、殖民政府的管治困難、
英國謀求"光榮撤退"的部署、中英政府圍繞政制改革的鬥爭。第三部
分講述了香港人獨特的民主觀，指出香港人有明顯的民主訴求，但其民
主觀充斥着自相矛盾和實用主義的元素，因此難以構成龐大、持久的民
主運動的基礎。

《香港人的政治心態》分為三個部分。第一部分描述了香港人對政
治領袖的態度，指出香港人心目中缺乏可以信任的政治領袖，而且人們
對制度的信任遠高於對領袖的信任，因此香港得以擁有良好的政治秩
序。香港的政治領袖雖然佔據領導的位置，但其社會或羣眾基礎頗為薄
弱。第二部分探討了香港人的社會與經濟態度，指出香港人在整體上雖
然支持香港自由放任的資本主義體制，卻仍然受到中國傳統文化的影
響，希望政府能夠發揮管理經濟活動和提供社會福利的積極作用。"殖
民地"結束前夕，各種社會矛盾紛紛湧現，導致香港社會的公平性受到
不少香港人的質疑。此外，隨着回歸的到來，香港人的身份認同問題浮
現，卻沒有出現"香港人"與"中國人"對立的局面。第三部分專注於政
治信任和參與。最為明顯的現象是，儘管香港人對殖民政府有一定的支
持，但對各類政治權威和制度的信任有不斷下滑的趨勢。與此同時，雖

然香港人有不錯的"政治認知"，但多數民眾在政治參與方面仍然不夠積極，因而成為"關注的旁觀者"。

這三本書的出版與一些朋友的努力和幫助分不開。北京大學法學院強世功教授首先提出出版我的學術論文的建議，而且為翻譯工作籌措經費。這三本書的翻譯出版獲得敏華研究基金和中信改革發展研究基金會的支持。香港中文大學香港亞太研究所的尹寶珊女士既是我以前的學生，也是長期以來我在研究工作上的得力助手與夥伴。尹女士在統籌和協調學術論文的翻譯、核對和出版等工作上花了很大氣力。孫文彬博士是我在香港特區政府中央政策組任職期間的首席研究主任，她不僅承擔了部分翻譯工作，同時負責協調牛悅博士和雷競旋教授的翻譯工作，確保不同論文的用詞和行文一致。幾位譯者高水平的翻譯讓我的英文論著得以準確和清晰地展現在讀者面前。我對上述學者的支持和協助表示由衷的感激！

最後要說的是，有關香港研究的學術著作迄今其實不多，主要原因是香港研究並非學者們學術事業騰飛的捷徑。中央和香港的官員在制定政策時往往缺乏充足的學術研究作為支持，這是甚為可惜和令人痛心的事。我特別希望這三本書的出版能夠為內地讀者提供參考，更真誠地盼望它能夠為促進兩地同胞的互信和彼此了解發揮一些作用。

註釋

1. Lau Siu-kai, *Society and Politics in Hong Kong* (Hong Kong: Chinese University Press, 1982). 在書名中 "社會" 置於 "政治" 之前是刻意的，目的在於突顯香港政治的社會基礎。
2. Lau Siu-kai and Kuan Hsin-chi, *The Ethos of the Hong Kong Chinese* (Hong Kong: Chinese University Press, 1988).

第一部分
社會與政治

第 1 章　社會容納政治[*]

　　社會科學家普遍認為，經濟發展會導致政治不穩。當然偶爾也有學者提出異議。[1] 很多例子顯示，經濟快速發展會擴大貧富差距，造成社會階級相互對立，並嚴重削弱政治秩序的認受性。我們看到，愈來愈多的國家建立威權體制，這可以視為就政治體制作出的最激烈回應，試圖以此規管或壓制因重大經濟變革而產生的社會衝突。[2]

　　香港的特殊之處在於，在過去幾十年間，雖經歷奇跡般的經濟增長[3]、顯著的收入不平等，以及大眾參與政治的正規與非正規渠道僅有輕微擴展，卻保持相當穩定的政治局面。社會基層華人在政治上無聲無息，這表現在：他們缺乏維護自身利益的組織；只有少數政治領袖會代表他們發聲，綜合他們的訴求；他們自行發起的集體行動極為稀少。簡而言之，迄今為止，香港經濟的兩極化還沒有轉變為社會上層和社會基層的政治對立。

　　本章通過調查香港年輕工人的價值觀和行為來解釋這個政治上的悖論。本章使用的理論命題是：若工人可以循非政治渠道，獲取足夠資源來滿足其重要需求，那麼他們和政治制度的關係就微不足道了，也就是說，政治制度不會因無法滿足大量來自社會基層的訴求而負擔過重。另外，若在工人看來，政府和社會上層並沒有特別明顯地霸佔更多基層滿足自己需求的機會，那麼政治穩定性將會加倍增強。我們假定這兩個因素在香港都起作用，為這個殖民地帶來社會容納政治的效果。

---

[*]　本文與何錦輝合著，原以英文發表，刊於 Lau Siu-kai and Ho Kam-fai, "Social Accommodation of Politics: The Case of Young Hong Kong Workers," *Journal of Commonwealth and Comparative Politics*, Vol. 20, No. 2 (1982), pp. 172-188.

我們將根據一項於 1978 年年中進行的問卷調查所得展示社會容納政治的運作過程。受訪者從九龍觀塘區的藍田村抽選，因為那裏是香港最大型的公共屋邨之一，其居民可代表香港的低收入工人階層。調查成功完成 373 個訪問，受訪者中，有 173 對夫婦，另有 27 位女性（值得注意的是，樣本中的女性數量較多，難免更突顯研究所得的"政治保守主義"）。大多數受訪者是 35 歲以下的年輕人。在職受訪者中，81% 的男性及 84% 的女性是體力勞動者。大多數家庭的月收入在 901 ～ 1 800 港元之間，按照香港標準屬於偏低。受訪者的教育水平也偏低，67.5% 只接受過小學教育，21.5% 上過中學，11% 沒受過正規教育。所有受訪者都有子女，平均每個家庭有 2.15 名。一般來講，受訪者是擁有完整家庭和穩定工作的年輕工人。研究這樣的工人羣體對當代香港特別有意義，因為"功利家庭主義"是維繫香港政治穩定的重要因素[4]，與上一輩相比，年輕工人的規範和行動是否更少受功利家庭主義的影響？倘若如此，對香港的政治發展會有甚麼影響？

重要需求與分化的資源網絡

我們的調研從挑選一些特定"需求"開始，即先列出一些具體的需求，再詢問受訪者循哪些渠道獲得滿足。這些需求之所以被選出，主要是根據我們過去接觸香港社會基層的經驗，認為它們對受訪者特別重要，並且可以通過不同渠道（包括政治行動）得到滿足。這些需求涉及居住條件、人際交往、財政問題、找尋工作及婚姻問題。在解釋數據時，"不適用"意指有關需求對受訪者不重要，這意味着該需求可能已被解決，或受訪者不太看重。從收集來的數據判斷，多數情況下，前一解釋看起來更合理。

在居住條件方面，當被問及若對居住環境不滿，會向哪裏尋求幫助時，約 40% 的受訪者認為這個問題不相關，也許成功入住公共屋邨，便可以讓他們覺得有關需求已獲得滿意的解決。對認為有需要解決居住環境問題的受訪者而言，有 20.4% 找政府尋求幫助，9.7% 找朋友和工友，8.6% 找親戚，7.2% 找父母。選擇其他途徑（例如，鄰居、志願團體和社會頭面人物）的比例極低，也有少數受訪者會同時利用多個渠道獲取資源。值得關注的是，在表示有此需求的受訪者中，超過半數選擇甚麼都不做。

在人際交往方面，當被問及若人際關係出現麻煩，會向哪裏尋求幫助時，約 64% 的受訪者認為這個問題不適用於他們。一些學者已指出，華人會盡量避免與他人發生衝突，並且害怕和不能容忍社會衝突。這種心理和文化上的傾向，可能導致受訪者不太關注人際關係的需求。對感到有需要解決此問題的受訪者而言，很明顯，大多數從來沒有尋求過任何幫助，僅 12.9% 找朋友和工友尋求幫助，10.4% 找父母，5.3% 找親戚，4.6% 找鄰居。選擇其他途徑（例如，政府、志願團體、律師和社會頭面人物）的受訪者比例更小。

在財政問題方面，僅約 23% 的受訪者認為這個問題不相關，考慮到他們較低的社會經濟地位，這不難理解。在感到有需要解決財政問題的受訪者中，49.5% 找朋友和工友尋求幫助，38.2% 找親戚，33.3% 找父母。較少受訪者選擇其他途徑，包括 11.5% 找鄰居，10.3% 找僱主，6.3% 找政府，4.5% 找有借貸功能的志願團體。找借貸公司、志願團體和社會頭面人物解決財政問題的受訪者更少。

在找尋工作方面，受訪者的回應與上述情況非常不同。絕大多數受訪者認為有這方面的需求，僅約 6% 的受訪者認為和自己無關。香港全民就業的經濟現實和勞工市場緊張造就了以下局面：香港工人有大量機會另覓新職，那些新工作提供了更高的金錢誘因。結果，工人換工作的頻率極高。[5] 在這樣的環境下，有關新工作職位的信息和可以協助其進入其他工種的能力，就是受訪者尋找的有價值資源。在感到有需要獲得這些資源的受訪者中，朋友（包括工友）、報紙和親戚是最關鍵的渠道，各有 66.8%、26.4% 和 22% 的受訪者曾利用這些渠道。不太重要的渠道是通過鄰居、父母、政府、志願團體和社會頭面人物解決這種需求。

在婚姻問題方面，一般來講，受訪者可以很好地適應、解決自己的婚姻問題，只有約 45% 的受訪者認為存在這方面的需求，其中，大多數傾向於不尋求他人幫助，僅 20.8% 的受訪者找父母解決婚姻問題，11.8% 找親戚，10.8% 找朋友。幾乎沒有受訪者通過其他途徑（例如，鄰居、志願團體、政府、律師和社會頭面人物）解決婚姻問題。

上文考察了年輕工人對需求的感受，以及為滿足這些需求而獲取資源的多種模式。從這個考察我們可以直接看到，上文列舉的大多數需求與受訪者的日常生活並不特別相關。這些需求或已被解決，或即使未被解決，受訪者也能容忍。一種說法是，受訪者對未能得到滿足的需求有極大容忍度。為證實這種說法，我們必須證明，在需求未被解決的情況下，受訪者仍相當滿意生活現狀。相關調查顯示：4.6% 的受訪者非常滿意家庭生活現狀，55.8% 表示滿意，另有 31.9% 表示還好。我們可以據此推論，受訪者能夠容忍未被解決的需求，沒有產生挫敗感並進而轉化為政治行動。

另一相關問題是，逾半受訪者似乎認為他們的需求已被解決，並因此視這些問題與他們無關，那麼政府在滿足受訪者的需求時扮演了何種角色？若政府能預先考慮到社會基層的需求，並提供渠道予以滿足，那麼此舉帶來的政治穩定很明顯就是"行政吸納政治"。通過這種做法，潛在的、會帶來麻煩的政治問題就被安全地扼殺在萌芽之中。[6] 然而，本次調研的數據還提出另外的解釋。從常識的角度看，對選擇利用公共服務來解決自己需求的人來說，政府提供的資源明顯遠遠不夠。數據顯示，多數受訪者認為政府提供的服務不是滿足其需求的重要渠道，也很少向政府求助。另外，他們不尋求官方協助，並不是因為不知悉公共服務的存在，社區需求研究已反覆證實，香港的普羅大眾非常清楚有哪些公共服務可以利用。因此，在滿足社會基層的需求上，政府的作用十分微弱，這個情況也可以從愈來愈多的請願和示威行動略見一斑。

那麼，從調研數據得出的結論就是，受訪者和他們的家庭能利用不同的資源網絡解決重要需求。本文提及的"資源網絡"是指社會關係網絡，它的邊界雖然狹窄，卻不那麼清晰。通過社會關係網絡，個人和家庭可以動用資源以解決需求。[7] 因為每一個這樣的網絡都是以核心家庭為中心的，因此可以稱它為"家庭中心網絡"。[8] 受訪者構建的資源網絡是分化的，要利用不同的資源獲取渠道解決不同需求，沒有一個網絡可以解決全部需求。在構建這些資源網絡的過程中，工具主義考慮佔突出地位，每一個相關的核心家庭都高度理性，這表現在接受和排斥資源網絡的參與者（個人或羣體）上，無論是接受還是排斥，都要達到資源流動最大化的目的。即使從短期來看，這種資源網絡相對穩定，但長遠來看還會有變化，這是因為環境的改變和家庭本身的流動性（包括社會階層上的和地域上的）。

有很多因素影響這些資源網絡的組成和結構，較重要的因素包括：親屬傳統的重要性、志願團體的普及程度、政府提供公共服務的能力、通信和交通設施的效率、居住的模式、家庭的結構、手足情誼的風氣，以及相關人士的重要需求、年齡和職業模式等。

從調研數據看，在香港年輕工人中，政府和鄰居都不是重要資源網絡，只有在與居住條件有關的需求中，政府才是他們尋求幫助的對象，這可能僅僅是因為受訪者都住在由政府擁有和運營的公共屋邨。志願團體也是如此。眾所周知，海外華人非常有能力自行組織互助性質的志願團體，在香港，志願團體卻不是重要的資源獲取渠道，這頗出人意料。考慮到香港仍存在一定數量的志願團體，調研數據顯示它們的用處不大，就意味着它們可能缺乏資源，或用來解決城市生活問題的資源不能通過這種形式的組織來提供。華人的傳統和先賦紐帶日益疏離、提供社會和地區層面服務的需求日趨強烈、所需資源愈來愈細化，也導致志願團體的重要性減退。受訪者也很少使用專業人士（例如，律師）提供的服務，可能是因花費太高，以及專業人士的專業能力還未完全被受訪者認可。在其他社會，頭面人物通常作為恩主、政治中間人、領袖、政黨實力派等，在向民眾提供和分配服務方面扮演關鍵角色，但在香港，這種情況並不存在。香港沒有具重要政治意義的選舉制度，這可能使民眾缺乏籌碼與想要謀公職兼手握資源的人進行互惠交換。地域流動和城市管理的複雜多變也阻礙形成長期持續的主從關係（patron-client relation）網絡，即使有選舉也是如此。

香港的政治實力派依靠政府獲得權力和地位，這個事實說明他們疏遠民眾，也不想與民眾建立主從關係。在這種情況下，社會頭面人物在受訪者的資源網絡裏不具重要性就不言自明了。

在香港年輕工人的資源網絡裏，可作為資源獲取主要渠道的是父母、親戚和朋友（包括工友），而朋友（包括工友）具有極大重要性。數據顯示，家庭和血緣紐帶都不如朋友關係重要，並且除面對摻雜情感因素的問題（例如，婚姻問題），工人更多依靠由朋友和工友關係形成的網絡來解決工具性和短期性的問題。

香港獨特的社會政治背景和技術的快速發展，導致香港工人主要動用的資源網絡愈發分化，他們能靈活操縱這些網絡以解決問題。此外，香港與其他國家或地區不同之處在於，規範網絡成員間交換行為的互惠原則看起來並不特別顯著：43.4% 的受訪者表示他們幫助的人之前從未幫助過他們；50.1% 表示不期望他們幫助的人將來會作出回報。我們不十分肯定這些數據意味着甚麼。然而，人們看起來並不強調直接互惠關係，但因缺乏證據，我們還不能分析間接互惠關係的重要性。

總體而言，受訪者相當滿意其生活現狀，因為他們能成功解決自己的需求，或者通過個人努力或刻意構建的多樣化資源網絡獲取所需資源。若需求得不到解決，受訪者也能容忍由此產生的不便和挫敗感，並控制他們的不滿。

對替代性資源獲取渠道的認知

香港年輕工人構建的各種資源網絡主要基於與其他個人和羣體的社會關係，政府、政治實力派、社會頭面人物、專業人士、志願團體和公共團體的作用並不明顯，因此這些網絡必須保持較小的規模，包括參與的人數和交換資源的數量。通過這些網絡，年輕工人的需求基本得到滿足。社會領域存在這種資源獲取渠道且相對有效，結果令年輕工人的需求很少被政治化。也就是說，需求很少會轉變成政治訴求，要求政府部門予以解決。社會有能力吸納一些可能會被政治化的問題，我們稱這一現象為"社會容納政治"。考慮到調查樣本代表香港年輕工人現時的需求構成，以及分化的資源網絡可以用來滿足需求的結構性安排，我們也可以說，這些需求的政治顯著性相對偏低。

作為滿足需求的一種結構性安排，分化的資源網絡並非香港年輕工人獲取資源的唯一方式。若"社會容納政治"是香港政治穩定的主要原因，那麼利用這些網絡就必須被視為解決需求的唯一可取手段。獲取資源的替代性渠道（特別是政府和社會上層）就必須被視為不相干的，甚至是不可取的方式。換句話說，"當一個人認為自己的目標取向行為與政治對象沒有任何關係時，矛頭便會指向非政治的對象"[9]，其行為亦沒有政治意義。

我曾在其他文章指出，華人以家庭和家庭利益為重，不太在意政治行動的作用和意義。[10] 港英政府奉行自由放任的經濟政策，刻意不干涉華人社會的羣體組織，以及極少介入香港的經濟事務，都表明政府不會阻礙香港年輕工人自行解決需求。實際上，港人對政府的角色要求不高，主要是社會和政治穩定的守護者。如果政府在社會福利和收入再分配領域能起到更積極的作用，一定會受到社會基層的歡迎，但民眾並不強烈要求政府這麼做。當受訪者被問及是否覺得政府有責任照顧普羅大眾時，19% 表示政府有"重大責任"，71.8% 表示有"責任"，而僅3% 表示沒有任何責任。考慮到民眾對政府的期望偏低，以及政府在過去 10 多年也開始向窮人提供社會服務（雖然微不足道），受訪者對政府的看法還算正面，有 0.3% 的受訪者認為政府很有意願照顧普羅大眾，37.5% 認為有這種意願，32.2% 認為至少有一點意願。一般來講，迄今為止，港英政府的執政表現符合受訪者對政府的角色期待。

同樣地，受訪者並不認為針對社會上層的政治行動是獲取資源的可取渠道。香港是個開放的經濟體，依附於國際市場，這一現實讓很多港人相信，零和博弈的原則並不適用於香港。[11] 社會上層的財富和地位並不被視為源於經濟剝削、強佔社會基層應享有的份額。為探究這方面的問題，我們詢問受訪者是否認為，在香港，一個人要靠攫取他人的錢財才可以致富。答案頗具啟發性：91.2% 的受訪者不同意這種說法，僅4.8% 同意這種說法。因此，受訪者對社會上層的敵對情緒極度微弱。事實是，很多香港工人都尊重靠自己努力致富的人。

在一定意義上，香港年輕工人已個體化（privatized），正如洛克伍德（Lockwood）所言，個體化工人的特徵之一是，主要以金錢指標來看待社會關係，不認為社會或是被劃分為高低等級不同的羣體，或是被劃分為相互對立的階級。在個體化工人組成的社會裏，個體間相互聯結或相互分離，與其說是因為某種類型的社會交換，倒不如說是基於個體收入和財富的數量。[12] 結果是：

　　權力不被理解為一個人對另一個人的影響力，而是一個人獲得其他東西的能力，例如，購買力。社會地位也不意味着地位相同的人組成羣體，分享類似的生活方式；社會地位完全被視為一種生活水平，有多少能力便可達到何等水平。一個人未必容易掙到足夠的收入來達到特定的生活水平，因此進入不了那個更富裕的階層；但除了收入，並沒有其他社會階層流動的障礙。[13]

　　香港年輕工人普遍相信自己在社會分層中的地位會變動，這種信念進一步增強了不敵視社會上層的態度，以及隨之產生的以金錢來衡量社會分層的看法。[14] 60% 的受訪者認為港人都有向上流動的社會機會，這種觀點有利於消除階級矛盾。

　　使階級關係趨於緩和的另一因素是，社會上層人士的行為方式與受訪者持有的角色期望相契合。當被問及富人是否有責任幫助窮人時，8.3% 的受訪者認為有很大責任，56% 認為有責任。換言之，受訪者對富人並沒有很高的期望。數據亦顯示，他們對富人並不表示特別失望。即使無人認為富人很有意願幫助窮人，仍有 19.9% 的受訪者認為富人有此意願，36.5% 認為至少有一點意願。

　　當民眾對政府角色和社會上層的認知有限，再加上普遍相信政府和社會上層已或多或少滿足了社會的期望時，我們就可以理解為甚麼受訪者解釋其生活現狀時，只是基於個人努力和從個人資源網絡所能獲取的資源了。不過，當被問及處於困境時應依靠誰的幫助時，受訪者的答案有些令人迷惑。我們逐一詢問他們或可動用的渠道時，75.3% 的受訪者認為應依靠家庭成員，64.6% 認為是親戚，70% 認為是朋友，65.6% 認為是志願團體和慈善組織，67.9% 認為是政府，34% 認為是社會頭面人物。這些數據說明，在受訪者的主觀看法上，除社會頭面人物，其他所有的資源獲取渠道在理論上都重要。然而，之前的數據顯示，受訪者實際上很少依靠政府、志願團體和慈善組織獲取幫助。另外，我們在上文也已指出，港人仍有一些需求未獲滿足，但這種情況不知為何還能被容忍，而不多利用有關渠道的做法也相當難以理解。如下設想或可解釋這個迷局，即將這部分數據視為反映受訪者抱有微弱期望，這種期望源於他們從大眾傳媒和其他信息來源獲知存在這些資源網絡，但他們沒有認真考慮，並從內心接受這是可以利用的資源網絡。

為支持我們對數據中不一致情況的解釋，可以借鑒一下其他信息。當被問及如何解釋香港窮人的社會經濟地位低下時，有 11.3% 的受訪者歸咎於"命運"，38.6% 認為是因為窮人"懶惰"，22.8% 認為是"社會大環境"造成的。當進一步問及窮人可以通過何種方式改善生活時，81.2% 的受訪者認為靠"自己的努力"，4.3% 認為靠"子女的成就"，5.1% 認為靠"窮人團結一致爭取自己的權利"，2.4% 認為靠"政府幫助"。當把所有數據都放在一起分析時，我們能相當清晰地看到香港年輕工人是如何看待哪些因素可以構成向上流動的社會機會的。如果民眾不認為直接針對政府和社會上層的行動有助於獲取資源以解決需求，那麼很大程度上會排除用政治手段來達到目的。結果，政治的顯著性會進一步降低。

階級意識與對集體行動的認知

香港年輕工人的金錢取向，以及相信社會存在向上流動的機會，不可避免地使他們對階級利益和階級意識的感受不明顯。我們在這裏可以添加的觀察是，在香港年輕人心目中仍佔據重要地位的是，他們渴望當老闆，這符合中國人傳統的理想。通過個人努力實現向上流動，阻礙了階級意識的形成。與此同時，經濟的快速增長，以及年輕工人人均收入的提高，已使他們沿着社會經濟階梯向上攀升，與父輩相比，他們是

"成功的"。其他社會的相關研究表明，經濟的繁榮阻礙了階級意識的形成[15]，在香港，這兩種現象之間的逆向關係非常明顯。意識形態分歧嚴重阻礙工會發展、工會四分五裂、家長式的僱傭關係，以及工人階層內部受先賦和特定紐帶（例如，宗族、宗教）的影響，這些因素嚴重地限制了階級意識和階級行動的發展。

工人階級缺乏團結和積極性（過去幾十年的低罷工率可資佐證）[16]是眾所周知的事實。相對而言，數據給出的畫面稍微令人驚訝。至少在主觀層面，受訪者認同工人的利益，也聲稱希望參加階級行動以改善共同的利益。當被問到假設現在的情況是窮人已組織起來爭取利益，他們會如何做時，46.6% 的受訪者表示會加入，13.4% 表示猶豫不決。對工人身份認同的另一種描述是，65.7% 的受訪者更樂意看到鄰居買得起彩色電視機，雖然自己可能辦不到，而不願意看到一個陌生的富人掙到更多的錢。考慮到很多人會選擇工友（特別是鄰居）作為參照羣體，上面這個結果就顯得非常重要。[17] 因此，79.1% 的受訪者指出，當通過比較，發現很多港人過得不如自己時，就會滿意自己的生活。把這些數據結合在一起分析就會看出，受訪者似乎知道自己和其他香港工人有着一定的共同利益。儘管如此，這種認知並不完全會在工人心中扎根，迄今為止，它只是很有限地轉化為公開行動。考慮到受訪者對社會上層的看法，承認工人的共同利益似乎並不必然導致他們對富人的敵視。

在解釋受訪者與政府之間的關係時，主觀看法和行為方式的不匹配再次出現。一方面，受訪者的主流看法似乎是希望有更多的"參與"，但很少轉化為明確的行動。當被問及在過去是否採取行動，以反對不利於自身利益的政府政策時，88.5% 的受訪者表示沒有。在表示曾採取行動的 7.8% 的受訪者中，大多數看法都是關於雞毛蒜皮的小事（例如，大廈維修、噪聲污染等），採取行動的方式亦極為溫和（例如，向報紙寫信揭發，向相關政府官員投訴）。另一方面，在主觀看法上，他

們看起來更"積極"。例如，46.9% 的受訪者聲稱，若在未來他們的利
益因政府政策而受損，就會採取行動。當被問及打算採取何種形式的行
動時，56% 受訪者拒絕回答，說明他們仍不清楚可以通過哪些渠道向
政府表達意見。至於有確定答案者，他們的選擇可以分為以下幾類：
34.5% 的受訪者選擇親自接觸相關的政府官員，22.4% 選擇通過大眾傳
媒表達不滿，8.5% 選擇從居住大廈的互助委員會和其他形式的非政府
組織獲得幫助，7.3% 選擇向港督或其他高級官員請願，6.7% 選擇向市
政局或行政立法兩局非官守議員辦事處尋求幫助[18]，3% 選擇公開表達
意見或向電視台、電台、報紙爆料。

　　總而言之，在行為層面上，香港年輕工人與社會上層及政府的關係
符合"社會容納政治"精神，直接針對後兩者的行動非常少。那些為數
不多的行動本質上是個體化的，很少以集體行動的方式出現。然而，在
認知層面上，我們可以看到，年輕工人的看法正在改變，雖然只是漸進
的。他們愈來愈傾向於以集體行動的方式主張自己的權利，也逐漸意識
到存在這樣的渠道。這些主觀傾向不會完全轉變為政治行動，這也許是
因為到目前為止，他們構建的社會網絡仍有充沛資源，足以滿足自己的
需求，而政治行動帶有更高的成本且存在風險，因此被當作次要選擇。
我們認為，社會容納政治的機制將逐漸衰退。在未來，愈來愈多的資源
需從政府那裏獲取，年輕工人的主觀傾向也將促使他們進一步參與政治
行動。

經濟發展、社會基層的去政治化與政治穩定

　　在經濟發展過程中維繫政治穩定，絕不能輕視社會基層去政治化的
作用。這意味着必須避免社會基層（在多數情況下，與社會的中上層相
比，他們並非經濟發展的最大受益者）成為政治衝突的源頭。特別是在

很多發展中國家，社會基層的去政治化是經濟發展的必要條件，因為期望他們能作出犧牲，甚至是被迫作出犧牲，才能釋放資源，進而在經濟發展過程中積累資本。我們可從規範與結構兩個角度觀察去政治化。

　　規範上的去政治化至少指 3 個方面：一，發展出意識形態共識；二，意識形態在現實政治的影響力減退，這相當於意識形態論述和政治實踐在功能上分離；三，意識形態論述的顯著性下降。[19] 理論上，我們很難找到"去政治化"的規範概念有甚麼錯誤。然而，它所規定的條件很少能被滿足。在大多數國家或地區，甚至是被認為已進入"意識形態終結"時代的國家或地區，意識形態差異盛行。[20] 對那些看起來意識形態保持一致的國家或地區進一步深入分析通常會發現，所謂的意識形態一致，只是被強迫的一致。同樣地，香港年輕工人在政治上不積極，不能被解釋為他們認同統治階級的意識形態，這種看法遠不是事實。在香港，種族、文化、經濟和意識形態差異比比皆是，我們無法寄希望於這樣一個社會能依靠意識形態共識來完成對社會基層的去政治化，並因此鞏固政治穩定。[21]

　　去政治化在結構層面具有更大的理論效用，其主要的理論假設是，去政治化是社會結構安排帶來的後果，儘管社會上不乏政治現實的角力和意識形態的分歧，社會基層基本上處於去政治化的狀態。去政治化是通過以下幾種主要結構性模式和機制來實現的：一，強制；二，政治代表；三，受規管的政治參與；[22] 四，通過精英參與政治，這種機制可以再分成兩種，即聯盟合作型 [23] 和主從關係型；[24] 五，統治階級作為利益代表。[25] 這幾種去政治化的結構模式只是粗略的、理想型的，現實世界裏通常是幾種模式結合在一起發揮作用。然而，香港的特別之處在於沒有用上述任何一種結構安排來達到社會基層去政治化的目的。首先，這些去政治化的結構模式都是以政治安排的形式出現的，去政治化的運作原則就是剝奪社會基層參與政治過程的權利和需要。換句話説，政治制度有意侵入社會領域，以達到去政治化的目的。除強制模式（它故意不考慮社會基層的利益）外，其他幾種模式都特意利用政治手段構建社會基層需要，並將其需要導入政治領域予以解決。與強制模式相比，其他幾種模式通過誘使社會基層接受正統政治遊戲的規則，試圖在社會基層中建立一種認可接受現存政治制度的氛圍，而這種認受性在相關社會是統治階級保證政治穩定的重要條件。

然而，在香港，社會基層的去政治化走了另一條路。它與上述幾種模式的不同之處在於，它以社會安排的模式出現。這種模式就是我們之前所說的"社會容納政治"，在這種模式下，社會基層存在一個複雜、精細和高度分化的組織網絡，這個網絡有能力匯集足夠的資源去照顧基層需求。結果，這些需求（因為華人社會基層的容忍能力強，這些需求的範圍本來就不大）能被免於引導進入政治領域予以解決。通常，這種基層組織網絡能夠涵蓋很多小的羣體，網絡中的個人從事資源互換，並在情感上相互依賴。香港的政治制度不僅沒有干擾社會領域的事務，反而精心算計，盡可能地提供條件促進社會領域進一步發展。

香港的政體和社會相互分離是容許社會容納政治出現的基本結構特色，這就是說，聯結政治領域和社會領域的作用機制是有限的，而有限的機制也無甚實效。在其他社會，分離的政體和社會會由一系列的正規安排（例如，政黨、立法機關、選舉制度等）予以聯結，當然成功的程度各不相同。但在香港，能將社會基層整合進政體的正規結構安排實際上並不存在。那些號稱可以起到這種作用的制度（例如，行政立法兩局非官守議員辦事處、市政局、民政司署）大都缺乏行政和法定權力，社會基層也很少利用它們。非正規的聯結機制（例如，大眾傳媒、政府開展的民意調查、利益團體、與政府官員直接接觸、請願等）也沒有做得更好。大多數有影響力的利益團體（例如，香港總商會、香港中華廠商聯合會）旨在代表香港精英階層的利益，與社會基層完全不相干。香港政體和社會的分離導致社會領域近乎自給自足，任何未被滿足的需求亦難以脫離社會領域，進入政治領域。

為確保社會容納政治的有效性，還需要其他關鍵因素，但在這裏只能簡略提及。香港精英近乎鐵板一塊，從而防止了部分精英因心生不滿而動員民眾以滿足私利。迄今為止，精英和民眾間沒有明顯的衝突，這是因為經濟的開放性（因此排除了階級利益以零和博弈的形式出現）、經濟持續繁榮、人均收入提高、全民就業，以及通過個人努力可以有機會向社會上層流動。另外，在政治和經濟領域，工會的角色受限，組織能力的疲弱不堪和自身的四分五裂讓香港年輕工人難以有組織地進行集體行動。再者，年輕工人各自為政，分化為眾多細小的資源互換網絡，這些都不利於對他們進行政治動員，鼓動其參與政治。

結論

我們在本章已論證，通過"社會容納政治"的機制，迄今為止，香港在經歷經濟快速發展和因此導致的社會經濟不平等的同時，依然可以維持政治穩定。與其他導致社會基層去政治化的模式（主要以政治手段實現）相比，"社會容納政治"取決於兩種現象的共同存在，一種是政治領域相對"未開發"，另一種是社會領域相對"過度開發"，因此這是以社會手段達成的去政治化。社會容納政治在香港是可能的，這主要取決於社會和政體的分離、統治階級奉行不干預管治哲學、社會領域的資源充沛、經濟繁榮，以及工人階級難以被政治動員。社會容納政治帶來的後果是，社會領域的議題和需求不會通過政治手段予以解決。

從長遠看，作為去政治化機制，"社會容納政治"會愈發沒有實效。需要在社會層面予以解決的問題會增多，特別是在住房問題上，而社會用以滿足需求的資源會消耗殆盡，因為社會中的基本資源網絡（特別是

18

家庭）在逐漸瓦解，向上層社會流動亦有助於個人意識抬頭。根據我們
的調查，香港年輕工人已認為政府應承擔更廣泛的職能，自己也會扮演
更積極的政治角色，他們看起來已經在心理上做好準備，要進入政治競
技場，想在那裏碰碰運氣。過去 10 多年間，愈來愈多的積極知識分子
和學生在社會基層成立組織（多以社區和街坊鄰里為基礎），為基層爭
取權益，這個事實告訴我們，聯結社會和政體的橋樑正緩慢成形。在這
個新生背景下，如果出現一場嚴重的經濟衰退，而政府又拿不出措施予
以紓緩，它肯定會陷入政治麻煩的漩渦。

註釋

1. Claude Ake, "Modernization and Political Instability: A Theoretical Exploration," *World Politics*, Vol. 26, No. 4 (1974), pp. 576-603; Samuel P. Huntington, "Political Development and Political Decay," World Politics, Vol. 17, No. 3 (1965), pp. 386-430.
2. Juan J. Linz and Alfred Stephan (eds.), *The Breakdown of Democratic Regimes* (Baltimore：Johns Hopkins University Press, 1978).
3. 一個根據多項資料來源的香港本地生產總值（GDP，以固定價格計算）估算顯示，1947～1948 年及 1974～1975 年，香港 GDP 的年均增長率約是 8%，人均 GDP 的年均增長率約是 4.8%。在 1961～1974 年間，香港人均 GDP 的年均增長率是 6.3%，發達國家和發展中國家的相關數字是 3.6% 和 3.2%。H. C. Y. Ho, *The Fiscal System of Hong Kong* (London：Croom Helm, 1979), pp. 10.
4. 功利家庭主義包含規範和行為雙重傾向，即一個人把其家庭的利益放在社會整體、其他個體和群體的利益之上，而且這個人與他人和群體的交往都基於有利於其家庭利益的考慮。Lau Siu-kai, "Utilitarianistic Familism: The Basis of Political Stability," in Ambrose Y. C. King and Rance P. L. Lee (eds.), *Social Life and Development in Hong Kong* (Hong Kong: Chinese University Press, 1981), pp. 195-216.
5. Ronald Hsia and Laurence Chau, *Industrialisation, Employment and Income Distribution* (London: Croom Helm, 1978), pp. 12-14.
6. Ambrose Y. C. King, "Administrative Absorption of Politics in Hong Kong: Emphasis on the Grass Roots Level," *Asian Survey*, Vol. 15, No. 5 (1975), pp. 422-439.
7. 針對這個概念的全面分析，參見：K. N. Sharma, "Resource Networks and Resource Groups in the Social Structure," *Eastern Anthropologist*, Vol. 22 (1969), pp. 13-27.
8. 當然也有其他資源網絡，參見：Larissa A. Lomnitz, Networks and Marginality: *Life in a Mexican Shantytown* (New York: Academic Press, 1977), pp. 133-134.
9. Moshe M. Czudnowski, "A Salience Dimension of Politics for the Study of Political Culture," *American Political Science Review*, Vol. 62 (1968), pp. 878-888.
10. Lau, "Utilitarianistic Familism."

11. Talton Ray, *The Politics of the Barrios of Venezuela* (Berkeley: University of California Press, 1969), pp. 158.

12. David Lockwood, "Sources of Variation in Working-class Images of Society," in Martin Bulmer (ed.), *Working-class Images of Society* (London: Routledge and Kegan Paul, 1975), pp. 16-31.

13. Lockwood, "Sources of Variation in Working-class Images of Society," pp. 24-25.

14. 一般來講，港人普遍接受從金錢的視角看待社會分層，社區領袖也不例外。例如，在荃灣（一個以工業為主的社區），有 39% 的社區領袖將居民分為窮人和富人，另有 20% 的社區領袖將居民分為僱主和僱員。Graham E. Johnson, *Natives, Migrants and Voluntary Associations in a Colonial Chinese Setting* (D. Phil. dissertation, Cornell University, 1971), pp. 248. 另一項觀塘區的入戶調查也發現，逾半受訪者（N=1 293）使用 "賺多少錢" 作為標準來劃分港人。C. Y. Choi and Y. K. Chan, *Housing Policy and Migration: Data-book* (Hong Kong: Social Research Centre, The Chinese University of Hong Kong, 1976), pp. 132-133.

15. Ray, *The Politics of the Barrios of Venezuela*, pp. 154; Richard R. Fagen and William S. Tuohy, *Politics and Privilege in a Mexican City* (Stanford：Stanford University Press, 1972), pp. 138-139; Wayne A. Cornelius, *Politics and the Migrant Poor in Mexico City* (Stanford: Stanford University Press, 1975), pp. 166-200.

16. 根據港英政府勞工處的年度報告，在 1959 ～ 1977 年，香港因勞資糾紛導致的損失工作日最低是 1976 年的 4 751，最高是 1965 ～ 1966 年的 67 156，是世界上損失工作日最少的地區之一。

17. W. G. Runciman, *Relative Deprivation and Social Justice: A Study of Attitudes to Social Inequality in Twentieth-century England* (London: Routledge and Kegan Paul, 1966).

18. 市政局是一個公共機關，由選舉產生的議員和委任議員組成，在香港島和九龍提供有限的市政服務。大約一半的市政局議員由選舉產生，但選舉權被限制得極窄。行政立法兩局非官守議員辦事處是非政府的公共組織，處理公眾投訴和聽取市民建議，但沒有正式的法定權力。

19. Ulf Himmelstrand, "Depoliticization and Political Involvement: A Theoretical and Empirical Approach," in Erik Alldart and Stein Rokkan (eds.), *Mass Politics* (New York: Free Press, 1970), pp. 64-92.

20. Chaim I. Waxman (ed.), *The End of Ideology Debate* (New York: Funk and Wagnalls, 1968).

21. 在一定程度上我們可以説，香港工人和統治階級的意識形態差不多，只不過這種共識沒有太大意義，因為當中包括一些大家共同認為重要的物質基礎（尤其是金錢）、家庭與個人奮鬥所需的穩定與和平的社會政治環境，以及人們應自力更生、依靠自己及其社會網絡滿足個人需求的觀念。後兩點為民眾所認同，倒不是因為這是他們的終極性價值，而是具有滿足其物質需求的工具性價值。因此，這種最低程度的意識形態共識，與整個社會各方面意識形態的差別相比，是微不足道的、並不能因為有這些共識，就能保障社會和政治穩定，或使年輕工人對政治沉默。與此相反，這些事情能夠實現的前提是，社會結構有能力滿足民眾的需求。如果這種社會結構發生變化，民眾無法再通過它來滿足需求，那麼社會就會出現失序，低下階層會成為政治活躍分子，這些意識形態上最低程度的共識也會被打破。

22. James M. Malloy, "Authoritarianism and Corporatism in Latin America: The Modal Pattern," in James M. Malloy (ed.), *Authoritarianism and Corporatism in Latin America* (Pittsburgh: University of Pittsburgh Press, 1977), pp. 3-19; Kenneth P. Erickson, *The Brazilian Corporative State and Working-class Politics* (Berkeley: University of California Press, 1977).

23. Arend Lijphart, *The Politics of Accommodation: Pluralism and Democracy in the Netherlands* (Berkeley: University of California Press, 1968); Arend Lijphart, *Democracy in Plural Societies: A Comparative Exploration* (New Haven: Yale University Press, 1977); Val R. Lorwin, "Segmented Pluralism: Ideological Cleavages and Political Cohesion in the Smaller European Democracies," *Comparative Politics*, Vol. 3, No. 2 (1971), pp. 141-176; Ian Lustick, "Stability in Deeply Divided Societies: Consociationalism versus Control," *World Politics*, Vol. 31, No. 3 (1979), pp. 325-344.

24. Carl H. Landé, "The Dyadic Basis of Clientelism," in Steffen W. Schmidt et al. (eds.), *Friends,*

20

Followers, and Factions: A Reader in Political Clientelism (Berkeley: University of California Press, 1977), pp. xiii-xxxvii; Jean Grossholtz, *Politics in the Philippines: A Country Study* (Boston: Little, Brown, 1964); Arturo Valenzuela, *Political Brokers in Chile: Local Government in a Centralized Polity* (Durham: Duke University Press, 1977).

25. Henry Bienen, *Kenya: The Politics of Participation and Control* (Princeton: Princeton University Press, 1974), pp. 39, 193; Nelson Kasfir, *The Shrinking Political Arena : Participation and Ethnicity in African Politics with a Case Study of Uganda* (Berkeley: University of California Press, 1976), pp. 282-283; Raymond F. Hopkins, *Political Roles in a New State: Tanzania's First Decade* (New Haven: Yale University Press, 1971).

第 2 章　城市化與工業化背景下的
華人家庭主義[*]

　　過去有關華人家庭和親屬關係的研究存在過度偏向鄉村和傳統的不適當特徵。出現這種偏向是因為，通常在鄉村和傳統的背景下，我們才可以找到華人家庭主義最全面的表現和發展。但無論怎樣解釋，城市化和工業化背景下的華人家庭主義仍然是一個未開發的研究領域。例如，引起我興趣的兩個主要理論問題是：城市化和工業化背景下，華人家庭主義的內容是甚麼；它如何與鄉村及傳統背景下華人家庭主義保持連續性。近期，香港出現不少有關城市區域華人家庭主義和親屬關係的研究¹，主要分析了華人家庭主義的組織特徵（例如，權威體系、決策模式、配偶和兄弟姐妹之間的關係、財產所有權等）。這些研究的發現既零散，亦缺乏理論上的綜合。城市化和工業化背景下華人家庭主義的規範意義，至今沒得到任何系統或全面的學術重視。這個重要領域的研究主題包括：家庭作為集體單位的應有規範、情感上和認知上對家庭的認同、個體對家庭責任和義務的認知、家庭與社會政治更宏大背景之間的關係，以及家庭成員之間理想的關係結構。雖然現在針對華人家庭的學術研究幾乎涉及所有重要領域，並有一些粗略反思，但很不幸，能夠全面且很好地理解華人家庭的研究並不多。

　　基於我之前調研的數據以及其他人的研究²，本章嘗試系統地描述並解釋香港華人社會中家庭主義的內涵，同時使用了描述、闡釋、綜合與解說的方法。文中不時出現實證研究的細節，但僅屬次要，其主要目的是嘗試提供一種寬泛的、系統性的理解。雖然香港僅代表了華人家庭主義在特定的城市化和工業化背景下的情況，但中國家庭早晚要面對這些發展所帶來的變化。儘管如此，如果我們仔細分析這個社會的獨特性質，還是能對華人家庭主義原動力有豐富理解的。

香港是位於中國東南角的一片地域狹小的英國殖民地，"二戰"後經歷了奇跡般的經濟發展。對香港家庭主義而言，"功利主義"是最恰當的描述。在描述此基本要素後，我論證的要點是，功利主義和傳統家庭主義確實是華人家庭主義在不同結構條件下的兩種表現。因此，它們只是程度上有差異，而非種類不同。我在本章結尾討論了有助於香港出現功利家庭主義的結構性條件。

功利家庭主義的內涵

功利家庭主義是抽象出來的理論解說，過程如下：通過描繪香港大多數華人居民的規範和行為特徵，我們抽象出一套相對一致的規範和行為傾向。事實上，功利家庭主義可以被視為一種在香港社會佔主導地位的文化規範。

本質上，功利家庭主義可以被定義為個人的規範和行為傾向，即把自身家庭利益放在社會利益之上；也可以被定義為這類人的組織和羣體傾向，形成組織的特徵是，提高自身家庭的利益是第一要務。而且，在所有家庭利益中，物質利益的考慮比所有非物質利益優先。在家庭組織內部，功利主義的考慮相當顯著，特別是涉及家庭組織邊緣的成員，他們與核心成員的情感和禮儀聯繫相對鬆弛。家庭組織內的功利主義考慮通常表現在強調家庭成員之間的經濟獨立，以及在"徵召"邊緣成員進入核心範圍時的標準上。事實上，在挑選邊緣成員時有一定的自由度，不僅意味着在過程中允許考慮功利家庭主義，也意味着香港華人家庭組織大小的變動相當頻繁，因為潛在的邊緣成員既可以被接納進來，也可以被排斥在外（偶爾核心家庭成員的身份也可能被取消，或者不把成員身份給予想嫁入家庭的潛在成員）。成就也可以作為挑選新成員的標準，由此降低成員身份附帶先天資格的特徵。通過這種模式建立起來的家庭組織，可以讓香港華人以靈活寬鬆的方式組織自己的主要圈子，以適應看起來遠非友善的社會環境。

值得注意的是，我有意在定義上使用"家庭組織"這一概念來代表功利家庭主義的組織化特徵，而非更普通的"家庭"一詞，原因是在我看來，家庭組織（其中包括我們一般理解的家庭）在香港華人圈子中是一個有社會意義的重要組織實體，它是通過家庭紐帶、親屬關係以及擬親屬關係綁在一起的個人集合。在本章，它意味着對某些人而言，家庭成員身份不是基於血緣或姻親關係，而是被核心成員（這些成員通過血緣或姻親關係緊密相連）接納的結果，因此具有一種特殊的家庭成員身份。

更精確的表述是，家庭組織通常包括四類人，雖然從經驗看，不會涵蓋全部。首先，組織的核心是那些關係最親密的成員，通常包括本人、父母、配偶和子女，以及兄弟姐妹。事實上，核心成員賦予家庭組織團結一致的力量和身份認同，因為正是他們才能接納其他成員進入。接納的標準通常採用如下方式：吸收成員後形成的家庭組織會服務於核心成員的利益。當然，這並非意味着他們有不受限制的自由來挑選哪些人可以加入。至少，潛在成員有不加入有關家庭組織的自由。親屬規範是社會公認的用以確立"理想"親屬關係的標準，它給接納程序帶來另一層限制。例如在香港，一個人對待自己的父親不能像他的表兄弟對待他的父親那樣。一般來説，吸收成員從近親到遠親，再到非親屬，自由度會隨之提高。近親包括個人及其配偶的父母和兄弟姐妹、姑姨、叔舅、姪子、姪女、外甥、外甥女，以及祖父母、外祖父母。但應注意的是，在香港，人們對於何為近親並沒有一致看法。接下來是遠親，包括大量與核心成員有親屬關係的人,他們和核心成員的關係比近親更遠一些。最後,非親屬代表了更大量的潛在家庭成員。因為他們與家庭組織的核心成員並沒有直接或間接的親屬關係,所以我們能想到的社會上任何人都有資格進入這個組織。然而,最可能被接納的是密友、戶主的同宗、戶主或其配偶的老鄉(因此可能說同樣的方言)以及近鄰。遠親和非親屬通常被視為家庭組織的邊緣成員,其家庭成員身份不如核心和近親成員那般穩固。

這似乎意味着有關社會現象相對新穎。儘管如此,"所有家庭成員"(用廣東話講就是"一家人")的表述在目前背景下最接近家庭組織的含義,雖然這個詞通常用於描述一個人同其他家庭成員(視他們為同一個家庭的成員)的親密關係,而不是作為一個"社會學"詞彙來定義一種特殊的社會組織。下文將詳細論述功利家庭主義的內涵,並用實證證據來驗證我的分析。

第一,以家庭利益為首。香港華人把家庭利益放在其他社會利益之上,這一點非常明顯。極低的社會參與度是一個例證。例如,我的調查發現,僅 19.6% 的受訪者加入了任何類型的社會團體(例如,宗親會、同鄉會、文化團體、工會等);即使參加,他們也大多表現出不甚積極的姿態。在香港,社會公德水平很低,經常有人違反公共規則或挪用公共資源來滿足自己和家庭組織的需求。道德領袖和大眾傳媒總是抓住華人迷戀家庭利益的機會進行批評,並以此作為武器,討伐華人缺乏公共精神。在香港,不僅中老年人認為家庭組織具有壓倒一切的重要性,年輕人也普遍持這種觀點。[3]

第二,以社會政治背景作為追逐家庭利益的競技場。與首先保障家庭利益緊密相關的是港人對社會政治環境的看法。他們認為,社會政治環境無非是其個人和家庭組織積極追逐最大利益的領域。因此,人們通常是消極適應目前的制度框架,對積極改變社會秩序的做法不以為然,特別是此舉會導致社會穩定的崩潰瓦解。[4] 要盡可能避免與家庭以外的人發生衝突和製造麻煩，即使可能令家庭利益受損。[5] 政府主要被當作政治和社會穩定的守護者，只有這樣，家庭才能在和平的環境下正常運作。[6] 家庭和個人的失敗與困境，通常不是從社會和政治的角度解釋，而是歸咎於個人和家庭不夠努力或缺少運氣。民眾普遍認為，如果希望改善未來生活，很大程度上要依靠積極努力的工作和時來運轉。[7] 所有這些事實都表明，香港華人間瀰漫着社會和政治上的無力感與疏離感。這種狀況進一步強化了港人首要先要保障家庭利益的意識，以及對社會與政府採取懷疑甚至略微敵視的態度。

第三，塑造家庭內部關係時的功利主義考慮。一般來說，與世界其他地方的大多數家庭一樣，香港華人家庭和家庭組織也是寄託情感的社會單位。儘管如此，在家庭成員間的關係中，功利主義的考慮極其重要，尤其針對那些處於邊緣地位的成員，這通常會導致家庭成員間異常重視互助的規範。雖然家庭組織提供的服務和幫助能夠並經常擴大到不給予回饋的成員（也許那些核心成員和近親除外），但多數情況下，這類幫助被視為長期投資，希望日後會有回報。當然，無私的幫助也並非完全不存在，上文僅突出了家庭組織成員內部互惠交換（尤其是經濟上）的重要性。米切爾（Mitchell）比較香港和東南亞其他國家或地區後指出："華人，尤其是港人，傾向於與親屬保持最低限度的社會交往，但最大限度的經濟互惠。"[8] 米切爾的調查數據還指出，香港很多成年人相對較少探望住在同城的父母。那些不與父母同住的受訪者中，26% 的男性和 36% 的女性表示探望父母的頻率少於一月一次，或者根本從不探望父母；35% 的男性和 32% 的女性表示每個星期會探望一次或多次。然而，與此同時，仍有父母一方在世的已婚男性中，65% 表示會贍養父母，女性則是 44%。[9]

在中產階級的華人家庭中，也有向家庭成員提供金錢幫助的例子。

美孚新村（一個中產社區）的家庭中，幾乎有同等的互惠和金錢協助。羅森（Rosen）的研究發現："香港似乎沒有借貸公司，這並不意外，因為在家庭往來中，金錢上的幫助仍是一個重要的組成部分。幫助的形式多種多樣，可以是未來一起負擔租金和按揭貸款，也可以是每月定期資助老人、小孩或其他有需要的親屬。"[10]

一個人有責任在經濟上幫助自己的家庭成員，香港的年輕人也接受這種規範。錢尼（Chaney）和波德莫爾（Podmore）曾進行調查研究，其中有兩個問題的回應與此直接相關。問題一是："你是否認為一個人應該借錢幫助自己的兄弟，哪怕這樣做會讓他和自己的家庭蒙受經濟上的損失？"回答"應該"的受訪者佔比是 81.5%，而回答"不知道"和"不應該"的分別佔 8.7% 和 9.8%。問題二是："假如父母向你借錢去買一樣對他們重要的東西，而你需要為子女繳納學費，你會怎麼做？"同樣地，79.9% 的受訪者回答"會借"，12.4% 回答"不知道"，7.7% 回答"不借"。[11] 儘管香港的年輕人與年長者在如何看待家庭規範上有很多不同意見，但是這種經濟互助的規範價值觀深深內化在他們的意識中。[12]

經濟互助對於維繫家庭組織的團結來說有關鍵作用。一項研究發現，家庭擁有物業是普遍現象，事實上，大多數香港家庭都是如此。家庭內部的經濟合作（尤其是以共同注資的方式）也是普遍做法。因為所有社會經濟階層均如此，那麼這"不一定是經濟需要的結果，而可能是文化價值觀的表現"[13]。強調家庭成員之間有經濟互助義務，即使家境相對富裕的本地領袖也不例外。約翰遜（Johnson）曾描述在一個工業社區中，本地領袖對孝順重要性的看法："僅有 11 人（12%）表示他們的子女沒有贍養父母的義務，僅有 16 人（18%）表示子女沒有贍養祖父母的義務。"同時，"與更普遍的文化要求（例如，服從和尊敬父母）相比，對年邁父母提供金錢協助被視為子女（尤其是男性）極端重要的責任"。[14]

需要注意的是，上述證據主要涉及家庭組織中核心成員和近親之

間的經濟往來行為。與遠親和非親屬之間的經濟往來雖不常見,但仍重
要。至少,遠親和非親屬能否與家庭組織的核心成員形成經濟互惠,是
他們能否被接納進入家庭組織的主要標準。香港至今沒有深入探討家庭
核心成員和邊緣成員之間的經濟互惠的相關研究。單從印象看,我們很
容易假定這種情況存在。一項於 1978 年進行的香港年輕工人研究為這
個假定提供了證據。在 373 個年輕工人樣本中,研究者發現,家屬(包
括遠親)、朋友和工友是工人們在需要幫助時的主要援助力量。[15] 如果
在年輕工人中這種情況很普遍,那麼可以預料的是,在中老年人中,應
存在更多家庭組織核心成員與邊緣成員之間經濟往來的現象。

　　在構建家庭成員關係時,經濟互助的重要性遠高於非經濟事務。
我的調查證實,不到一半的受訪者表示與不同住的家庭成員維持緊密的
聯繫(與近親和遠親的來往更加稀少);然而,60.5% 表示曾接受家庭
成員金錢或其他形式的幫助,73.3% 表示曾以金錢或其他形式幫助過家
庭成員。至於近親和遠親,無論是接受還是提供金錢幫助,數額都非常
小,這意味着只有少數親屬被接納進入家庭組織。此外,從受訪者對以
下問題的回應可以看出,在家庭成員的人際交往中,非經濟事務並不重
要。這個問題是:如果他們的家人與外人發生爭執,他們是否會提供支
持?僅 16% 的受訪者表示會支持,70.9% 表示視情況而定,而 11.6%
明確表示不會支持。因此,除經濟上的聯繫,香港華人家庭成員之間的
其他聯結紐帶(包括情感)似乎都很脆弱。

　　第四,家庭不再具有賦予家庭成員社會地位的作用。家庭成員之
間的經濟聯繫極端重要,與功利家庭主義的另一主題密切相關,即家庭
不再具有能帶來社會地位的重要意義。從另一角度看,提升家庭社會地
位,已不再被視為很值得做的事情;增強家庭榮譽感,也不再是個人行
為的主要動機。如果這種情況對家庭來說屬實,那麼對家庭組織有更大
影響。當被問及在香港身為子女有沒有責任提高家庭成員的名譽和地位

時，46.2% 的受訪者態度相當淡然——"有些責任"，而 30.5% 則回答全無責任。同樣地，家庭中其他成員贏得的聲望似乎也不能增強受訪者的榮譽感。當被問及是否會因為家庭成員的成功而分享光榮時，63.1% 的受訪者表示不會。這些數據顯示，家庭（以及家庭組織）不再具有賦予家庭成員社會地位的作用。祭祖雖在一定程度上仍普遍，但明顯地，其作為整合家庭和家庭組織象徵儀式的重要性在降低。[16]

第五，帶有功利主義接納家庭成員和家庭組織邊界的模糊性。重點強調家庭組織成員間的功利主義關係，意味着接納新成員和排斥其他符合資格（根據血緣和聯姻）成員可用更變通的方式進行。特別是針對邊緣成員，這種接納和排斥的簡便易行尤其適用，因為核心成員是經過深思熟慮才決定挑選他們加入家庭組織的。由於成員身份靈活變動，所以家庭組織的範圍會變化很大，這取決於可獲得的人力和資源，以及核心成員能夠成功擴大羣體的能力。

家庭組織的實際大小僅能粗略地從成員的空間分佈反映。香港住房短缺且狹小，不可避免地導致家庭和家庭組織的成員分散居住。1976 年中期人口統計發現，60.2% 的香港住戶屬於核心家庭。[17] 儘管如此，家庭的組織結構並不能顯示其社會文化功能和效能的大小。米切爾指出："華人中沒有太多的大家庭（包括聯合家庭和主幹家庭）這個事實並非特別重要，因為居住單位並非家庭實力和成員間相互提供服務的關鍵所在。"[18] 香港地域狹小意味着無論家庭成員居住得多麼分散，只要他們想維持聯繫，就能做得到。在香港，構建家庭組織時，人們有意識地採納功利理性主義的元素，特別是針對那些不屬於核心家庭的個人。

在接納家庭成員的過程中，有幾個特點值得注意。第一，通過血緣和聯姻與核心成員產生關係的個人中，家人最重要，例如，父母、配偶、子女和兄弟姐妹。當問到受訪者如何看待與父母、配偶、子女、兄弟姐妹的關係時，回答"很親切"的分別有 73.1%、76.5%、75.3%

和 59.5%。此外，視近親和遠親也屬"很親切"關係的分別是 12.9% 和 3.1%。由此可以看出，近親和遠親並非家庭組織可以自動接納的成員，如果想加入，必須由核心成員挑選。第二，兄弟姐妹的概念被擴大到可容納更異質的羣體，這些人可能包括同宗（姓氏相同）、同鄉（語言相通）。第三，除血緣紐帶，姻親關係通常也被用作接納成員的標準。事實上，對很多香港華人來說，從姻親獲得的幫助和服務非常重要，而這些姻親通常最親密，這一點甚至對中產階級華人也真實存在。羅森曾做過香港中產階級鄰里關係的研究，他指出："在香港，因為居住的模式，發展雙邊關係是令傳統親屬網絡社會化的最明顯做法。幾乎每個案例（這些案例中，妻子一方的父母及 / 或兄弟姐妹均生活在香港）都存在大量相互探望。甚至在公婆與小夫妻同住的情況下，這種情況都真實存在（雖然雙方父母很少以社交形式見面）。"[19] 另外，羅森還注意到："居住模式的靈活性在增強；選擇與外圍家庭成員聯繫在增加，以及不再嚴格堅持父系家庭規範；家庭成員地域分佈廣泛的可能性在增強，威脅到家庭聯繫，因為家庭以就近居住為基礎。"[20] 第四，與核心成員沒有血緣和姻親關係的人也可以成為家庭組織的成員，他們通常是核心成員的朋友。然而，"親屬"這個詞在香港具有足夠的靈活性，可以容納這種友誼關係。為額外強化這種做法，可以利用拜把子將關係正式化。通過法律認可親屬關係（最普遍情況是養父母和養子女間的關係）也是廣泛應用的策略，接納朋友進入家庭。在香港市區，我們很難估計有多少人利用這種方式形成親屬關係，但坊間印象是相當普遍。一項在元朗（一個經歷了快速社會經濟變遷的新界社區）進行的研究可以提供粗略數據："元朗 460 位接受調查的中學生中（年齡中位數為 17），有 27% 表示至少有一位擬親屬，可以反映出擬親屬關係的大量存在。"[21] 在最可能被接納的朋友中，最突出的是鄰居和工友，他們可以向核心成員提供經濟或其他形式的幫助。朋友作為潛在家庭成員的重要程度可以通過以下事實顯現：受訪者中，認為密友和自己關係很親切的（15.8%）多於認為近親（12.9%）或遠親（3.1%）和自己關係很親切的。

挑選希望能有互動和親近感的人作為親屬，以及寬鬆和模糊地解釋"親屬"這個詞，以便無差別地接納外人，很大程度上是因為功利主義的考慮，而這種考慮又取決於核心成員身處的社會環境。當這些因素改變時，家庭組織的邊界也會隨之改變，因此家庭組織的組成永遠處於流動和不固定狀態。儘管如此，因為家庭組織的基點通常是核心家庭，香港華人的社會秩序因此得以維繫，即使家庭組織的邊界重疊（因為一個家庭組織的邊緣成員，可能是另一個家庭組織的核心成員），並且會隨着時間而改變。

第六，家庭內部權威的稀釋和平等主義的興起。由於很多成員被接納進入家庭組織是因為對核心成員有用，所以家庭組織內的關係傾向於表現平等主義。當然，這並不意味着家庭組織內部沒有權威等級之分，但至少在成年成員中，父權主義和威權主義並非規範關係的唯一手段，甚至青少年也可以參與決策。[22] 例如，已工作的女兒會給家庭帶來收入，因此也能參與和自己有關的決策。[23] 然而，與一些西方國家相比，我們還是可以說，香港的家庭仍相當專制，父母的權威仍普遍存在，雖然強度已被稀釋。

功利家庭主義是特殊環境下的華人家庭主義

對於沉迷於傳統華人家庭主義"士紳"特徵的學者而言，功利家庭主義原則呈現出一種全然不同的家庭風貌。在一定程度上，過去對華人家庭和親屬關係的研究應受到批評，因為那些研究總是用一種不考慮特殊性及理想主義的視角看待華人家庭主義，沒能考慮其變異形式，而這些形式甚至在鄉村的傳統家庭中都存在。[24] 無論何時，當要解釋這些變異形式時，通常都基於規範價值觀和文化差異。因此，我們會發現，總是訴諸文化將無法解釋很多現象。例如，像科恩（Cohen）強調的那樣，在台灣的鹽寮地區，不少農民家庭屬於在其他很多地區並不普遍的聯合家庭，這一現象可以輕易地挑戰傳統文化的解釋力。

近期實證研究不僅揭示了在鄉村 [25] 和經歷了早期工業化的城市環境下 [26] 華人家庭主義的一些主要變異形式，還成功展現了結構主義在解釋這些變異時的效用。雖然研究數量不多，而且僅針對香港和台灣，但已能令我們在認識傳統華人家庭主義上有"質的飛躍"。

我們從這些實證研究中得悉，傳統華人家庭主義的組織和規範特徵會隨着結構條件的不同而有所差異，差異的範圍和程度在不同家庭主義成分上又截然不同。組織上的變化可能比理想標準的變化更快，而不同的組成成分可能自行改變（在有限範圍內）。華人家庭可以被分解為幾個部分，各自的變化可追溯到獨立或重疊的結構性因素上，之前關於華人家庭的研究已模糊認識到了這一點。庫普（Kulp）的研究即是例證之一，他把家庭分為自然、家族、宗教和經濟四類。[27] 弗里德曼（Freedman）區分了華人家庭中的"貧窮"和"富裕"發展循環 [28] 則是另一例證，其重要意義只是近期才被發現，系統和全面的比較研究也剛剛開始。科恩對於家產、經濟活動和組織的區分，代表了這一領域的理論創新嘗試。[29]

這些實證研究顯示，即使我們仍有可能討論鄉村及傳統環境下理想類型的華人家庭主義，其內容只能以一般化的詞彙描述，在用來理解具體的現實世界時有局限性。進而，對現實進行理想類型的描述時也會忽略整體現象，如果這些現象沒能進入理想類型的範圍，例如華人家庭中個人之間和組織之間不停地對立衝突。[30] 最後，華人家庭在組織模式上的變異也引發了我們的思考，家庭的傳統意識形態除了被士紳階層吸收外，是否也會被普通華人內化？內化的程度會有多深？

　　事實上，在某種結構性條件下，鄉村及傳統環境下的華人家庭主義展示出與功利家庭主義要素非常類似的特徵。雖然近期的實證研究並沒提供足夠的數據讓我逐條比對傳統家庭主義"非傳統"表現和功利家庭主義的特點，但我還是可以挑選出一些要點進行比較。

　　在中國鄉村，家庭和親屬紐帶的情感至上特徵並未阻止與非親屬合作，共擔風險和受益。在參與這些活動時，血緣和姻親的關係不再顯著，取而代之的是培育出的超越家庭和親屬關係的非親屬關係。[31] 接納非親屬進入家庭組織，並帶有功利家庭主義的工具主義考量，屬於同一種社會策略。

　　功利家庭主義認為，家庭利益和社會利益是分離的，因此並不強調個人對社會的責任，一個人承擔義務的出發點和落腳點都是其家庭。在中國鄉村，儘管文化規範的要求走向對立面，但社會利益和參與通常被忽略，甚至為人所不齒。一項對華人家譜所列家規的內容分析揭示，家規強調個人誠實正直、家庭繁榮、家庭和諧，以及通過擴大家庭利益實現宗族團結一致。[32] 與親屬之外的個人和組織接觸，被限制在最低水平。家規的目的是追求一種理想類型的個人特性，它甚至只與家庭緊密相連，而很難期望家族在社區生活中扮演積極角色，更不用説處理政治事務。

　　我們發現，雖然並未在實證研究中得到詳盡闡述，但功利主義考慮常用於構建中國鄉村家庭的人際關係。甚至祭祖（這一傳統華人家庭主義的儀式根基）也涉及功利主義考慮，祭祖儀式、相信從先人獲益、與先人的恩怨情仇，這在很大程度上都作為構建人際關係的條件。[33] 與祭祖重要意義密切相關的是，人們會感到有義務提高家庭聲望，並強化與其他家庭成員的情感認同。功利家庭主義不重視提升家庭社會地位，以及接納家庭成員時的功利主義考慮，與鄉村及傳統環境下的華人家庭主義只是程度有異。

　　我們還必須檢視對傳統家庭主義的正統看法，例如，家庭由未被稀釋的父權主導。事實上，權力和權威不同，差別就在於經濟權力可以掌握在年輕人和有能力的人手中，而儀式性的權威一定要由家族長老控制。當家庭發現身處受敵視和威脅的環境時，父權會更進一步受到侵蝕。[34]

　　因此，功利家庭主義與鄉村及傳統環境下的華人家庭主義並沒有質的差別，必須被概念化為華人家庭主義的適應性改變，即適應一套特殊的結構性條件，而這是由香港的城市化及工業化帶來的。

有利於功利家庭主義出現的結構性條件

　　對香港華人社會產生功利家庭主義來說，有 3 個結構性條件極為重要，它們之間互相關聯，共同構成香港社會的特徵，並可以用來解釋大量個別的社會現象及個人行為。

　　第一個結構性條件是華人移民及其傾向。香港自 1842 年割讓給英國後，居民主要由移民組成，其中很多是中國難民，尤其在近幾次難民潮中，大量難民移居香港。1949 年新中國成立前，移民通常以不定期、時起時落的方式湧入，這在很大程度上是受中國內地發生的事件的影響。[35] 大多數移民並不想永遠定居在香港，一旦政治動盪結束，或積累了足夠財富，可以在家鄉過上體面生活，就會回去。後一個因素並不適用於因國共內戰和新中國成立而逃到香港的難民。[36]

　　最大的一次難民潮發生在 1945 ～ 1950 年，這一批移民羣體的規範傾向和組織經驗與解釋功利家庭主義的生成最為有關。與香港歷史上大多數華人移民一樣，這些難民多為求財。海斯（Hayes）在描述更早期的華人移民時，曾給出如下評論："追求財富一直是港人的共同目標。這個目標從西方和中國內地吸引了幾代商人來港。香港也總是能為有才能者提供發揮空間，廣東以盛產人才聞名。幾個世紀以來，在別人的眼中，廣東人愛財，對財富的追求勝過一切。"[37] 伴隨着移民的強烈經濟動機的是他們對政治的嚴重反感，尤其是那些曾在中國內地的政府任職，或是與國民黨政權有關的人。[38] 寬泛地說，移民和難民是自願湧入香港，傾向於遠離政治。殖民政府進一步強化了他們對政治的冷漠，它的做法就是讓所有"不幸"有政治抱負的華人不能從政。結果是，經濟上的激勵日益突顯，並受到戰後經濟騰飛的支撐。

華人移民本身的組織特徵促使他們強調經濟上的功利主義，不重視社會對家庭威望和地位的象徵性獎賞。那些來自中國內地城市化及工業化中心（例如，上海）的人只是少數，他們也習慣於相互間激烈的經濟競爭，旨在提高自己家庭的利益，大部分人也曾經有此競爭經歷，雖然原因極為不同。大多數移民來自廣東省（確切地說，來自珠江三角洲地區），在那裏，商業化、外國商品入侵、農地自有率低、鄉村貧困、人口壓力、土匪猖獗、社會不安定是過去一個多世紀的常態。生存競爭激烈且無情，廣東移民也帶來了他們適合競爭的生活習慣。一旦到了香港，與家鄉的道德紐帶便被斬斷，他們就不再受傳統道德規範制約。因此，移民更不會僅為保留或提升家庭榮譽與聲望而自縛手腳，因為其家鄉也在經歷劇烈社會轉型，家族威望標準已成疑。如果一個人根本不關心或尊重自己的家族聲望，那麼要求他關心在香港家庭的社會地位，難免過於勉強和不切實際。移民相互間和對社會整體缺乏責任感，催生了高度的政治和社會疏離，他們也傾向於用功利主義考慮來建構人際關係。

香港在 1945～1950 年的移民潮有一種不尋常方式，這種方式對家庭內的關係有長期影響，也稍微不同於 1945 年之前的移民潮。在"二戰"之前移居香港的家庭都是計劃周詳和安排得當的："首先是能幹的年輕人，隨後是其年幼的兄弟姐妹，他們能夠儘早學習如何謀生，幫助家庭在商業競爭中嶄露頭角。需要贍養的親屬最後來港，定居於此。"[39]
這種流動特徵不會令家庭關係過於緊張，能讓原始理想的親屬關係保持
完整。1945 年之後的家庭移居計劃並不周詳，通常還包括家庭關係的
急劇破壞，因為不斷出現的突發事件以及個人安全得不到保障，從而把
道德規範連根拔起。[40] 家庭流動的無序性導致親屬結構變得脆弱、支離
破碎乃至四分五裂，這使得用"親屬"詞彙來規範人際關係變得不可行。
家庭也難以強制家庭成員遵守親屬之間的義務。在挑選親屬作為家庭互
動對象上，父權主義的重要性在減退，通過運用模糊的親屬標籤接納非
親屬進入家庭組織變得可行。

第二個結構性條件是制度不足和家庭成員相互依靠的需要。戰後
移民湧入的香港是英國的殖民地，奉行自由放任的資本主義經濟哲學，
制度架構主要是為了維護法律與秩序，以及為資本主義經濟活動提供合
適的環境。這些因素與香港經濟高度依賴國外市場的事實結合在一起，
過去如此，現在亦如此，這意味着客觀和主觀的經濟不穩定是殖民地常
態，社會缺乏制度安排，只在有需要時提供支持和協助。

在這樣一個制度真空中，華人家庭在照顧新移民上扮演了重要角
色，我們可從 1945 年以後香港能接收大量難民清楚看到家庭制度的功
能。巴尼特（Barnett）創造了一個新詞"社會滲透"[41] 用於描述難民（無
論是個人、家庭，還是小羣體）在香港通過家庭制度維持生計的過程。
他說："很難估計有多少失業或兼職的難民親屬和朋友得到個人關係網
絡中較富裕成員的接濟。幫助的形式可以是直接提供金錢，也可以是提
供工作，兩者之間很難劃清界限。結果是，在其他社會可能成為公共負
擔的大量人士，在香港則順利融入社會，外人也不覺得困難。"[42] "社
會滲透"的結果是，湧入香港的難民沒有導致社會無序，並且家庭成員
對互助（尤其經濟方面）的需求令他們更重視彼此的功利主義關係。在
大多數情況下，因為可獲得的資源並不足以讓所有親屬都能分一杯羹，

也因為每個家庭單位傾向於接納新成員以擴大自己的資源基礎，那麼挑選外人加入家庭組織，以及賦予"親屬"這個詞獨特含義以覆蓋非親屬的人士，成為自然的結果。

制度不足至今仍是香港特徵。雖然政府和其他公共組織（特別是志願團體）為解決工業化和城市化帶來的問題，設立制度、增撥資源，已些許改變這個特徵，但香港的社會保障短缺（例如，養老金、老齡補貼、失業保險、社會救濟，以及其他西方國家的基本福利）與社會設施不足（從就業服務到幼兒看護）鞏固了功利家庭主義及其職能持續的生命力，它可以服務香港華人，尤其是那些資源基礎有限的人。

第三個結構性條件是社會經濟發展。香港的工業化和城市化進程幾乎掃清了傳統家庭主義可蓬勃發展的結構性條件，最具抑制作用的因素包括：缺乏共有的土地，很多社會服務由公共機構（尤其是政府）承擔，個人的地域和社會流動，個人（特別是年輕人和女性）可以在經濟和社會上獨立自主，以及親屬分散居住（很多人住在內地）。

此外，考慮到現代化相對較晚才出現，因此香港華人普遍存在的家庭主義文化基因還很強。在殖民統治下，華人被排斥在政治之外，家庭組織因此成為唯一的社會組織，與政治疏遠的華人可以退守其內，對家庭也有認同感。與政治制度相比，經濟制度的開放性和經濟的持續繁榮自然而然地將港人的精力和資源轉移到經濟事務上，導致贏利的動機膨脹擴大。因為香港經濟的特徵是小家族企業佔主導地位[43]，業務失敗的風險高，那麼家庭和親屬結構轉型為一種資源動員的手段便是合乎邏輯的社會結果。以工具主義的視角看待家庭組織和成員，與不重視家庭組織的社會和政治地位一起，促成了華人家庭主義在香港新社會經濟環境下的適應與發展。

比較視野下的功利家庭主義

　　功利家庭主義是華人家庭主義的一個理想類型,根源於香港特殊的歷史環境。從這個角度看,它在實踐中是獨特的,想複製到其他歷史背景下幾乎不可能。但另一方面,如果把功利家庭主義概念化,即它是一套結構性條件結合在一起所產生的結果,又可以明確區分這些因素,比較它們對不同社會文化背景下家庭結構的影響,那麼分析功利家庭主義就對家庭結構和社會變遷有理論上的貢獻。通過與其他家庭制度相比,我們可以探討一些理論課題。

　　廣義上說,雖然我們會同意從長遠看,無論是在理念上還是在現實中,所有家庭結構都趨於核心化,但在發展過渡時期,家庭結構以多種多樣的形態展現出來。[44] 儘管如此,從發展角度看,香港是一個高度工業化社會,功利家庭主義而非核心家庭佔主要地位,這帶來了一個悖論。為分析這個悖論,我們必須關注香港發展不平衡這個特點。這種不平衡表現在高水平的經濟發展和低水平的政治發展並存。"二戰"結束後,香港經歷了令人驚訝的經濟增長,生活水平快速提升。然而,香港的政治制度屬殖民統治,一直維持威權、官僚和異族(政治權力把持在英國人手中)管治,港人被排除在外。在這些條件下,香港華人在政治上雖處於邊緣地帶,但享有經濟上的權利和自由。政治邊緣化和經濟公民權的獨特結合,可用來解釋功利家庭主義與那些同時承受政治和經濟邊緣化者的家庭主義之間的差別,後者如低下階層的意大利裔美國人[45]、奉行非道德家庭主義的南意大利人[46]、倫敦東部的低下階層[47]、墨西哥的窮人[48] 以及特立尼達的低下階層。[49] 同那些與命運抗爭、追求安全、經濟被動的人相比,香港華人追求成就,相信努力工作和個人奮鬥會有收穫,並且在經濟上積極進取。此外,香港華人和這些人一樣,遠離社會和政治制度,投身"擴大財富"的工作[50],以此證明和信服創造財富的正當性，既自信有能力獲得財富，亦看不起落後的人。在一定意義上，香港華人類似於波納茨（Bonacich）描述的"中間階層少數"，這類人處於四面楚歌的政治環境，但通過節儉及各自的家庭和商業組織，能在一些經濟事務上有效競爭，並獲得成功。[51] 但是，香港華人不是社會中的少數羣體，他們身處的政治環境敵意更少，面對的是一個更開放和友善的經濟環境。結果是，他們在經濟表現上更均衡，家庭組織也更少排外，因此也更少強調團結。

華人家庭主義在工業化早期階段出現，通過集合家庭資源匯聚資本，這非常重要，在很大程度上解釋了親屬長期重要以及核心家庭主義延後出現等現象。即使在其他現代化社會的工業化早期階段，家庭和親屬紐帶也有助於資本的形成和商業活動的擴張，例如，新英格蘭商人和猶太商人的家庭結構。[52] 經濟機遇及利用這些機遇的強烈動機引發了家庭組織職能的轉變，即從地位取向轉變為派系取向（faction-oriented）。[53] 作為一個派系取向的實體，家庭組織會運用理性自我構建和接納成員，目的是使動員和利用資源的效率最大化。家庭組織邊界的模糊和不穩定就是這種理性考慮的結果，也是原因。

除了工業化，移民潮也會令香港的傳統親屬價值觀和規範變得鬆弛。城市移民急需各種各樣的市政和社會服務，當公共機構提供服務不足時，便迫使親屬成員自行組織資源交換網絡。在一些發展中國家，這種網絡普遍存在，例如，印度[54]、墨西哥[55]、危地馬拉[56]、剛果[57]、尼日利亞[58]、布基納法索[59]。

互相依靠的親屬組織帶來 3 個附帶特點。首先，在嘗試最大化親屬資源的過程中，父母雙系主義逐漸取代父系主義，並成為家庭的組織原則。其次，接納親屬進入家庭組織更多的是基於社會情感距離，而不是系譜距離[用施奈特（Schneider）的話來說][60]，當然這並不適用於嫡親，因為排斥嫡親會嚴重損害主流親屬規範。最後，民眾利用擬親屬關係

（例如，意大利的教父母子女關係）作為擴張家庭組織的手段。甚至在現代社會，親屬關係仍是城市居民獲取資源的重要渠道。[61] 總而言之，不同社會的家庭組織構成取決於在發展過程中的初始點、主流親屬規範以及社會經濟環境。

　　作為一種社會學現象，目前香港的功利家庭主義仍是獨一無二的。然而，過去 20 年來，在第三世界國家蔓延的官僚體制、威權制度、寡頭政治帶來了阻止大眾參與政治的後果，幾乎沒有例外，這些政體明確強調經濟發展的迫切性。我們或可預見，一種與功利家庭主義相類似的家庭主義也會在一些發展中國家出現。

註釋

1. Bartlett H. Stoodley, "Normative Family Orientations of Chinese College Students in Hong Kong," *Journal of Marriage and the Family*, Vol. 29, No. 4 (1967), pp. 773-782; David Chaney and David Podmore, "Family Norms in a Rapidly Industrializing Society: Hong Kong," *Journal of Marriage and the Family*, Vol. 36, No. 2 (1974), pp. 400-407; Robert E. Mitchell, "Family Life in Hong Kong," unpublished project report of the Urban Family Life Survey (1969); Sheey Rosen, *Mei Foo Sun Chuen: Middle-class Chinese Families in Transition* (Taipei: Orient Cultural Service, 1976); Lawrence K. Hong, "The Chinese Family in a Modern Industrial Setting: Its Structure and Functions," (D. Phil. dissertation, University of Notre Dame, 1970); Fai-ming Wong, "Modern Ideology, Industrialization, and Conjugalism: The Hong Kong Case," *International Journal of Sociology of the Family*, Vol. 2, No. 2 (1972), pp. 139-150; Fai-ming Wong, "Industrialization and Family Structure in Hong Kong," *Journal of Marriage and the Family*, Vol. 37, No. 4 (1975), pp. 985-1000; Robert E. Mitchell and Irene Lo, "Implications of Changes in Family Authority Relations for the Development of Independence and Assertiveness in Hong Kong Children," *Asian Survey*, Vol. 8, No. 4 (1968), pp. 309-322.
2. 我的調查在 1976 ～ 1977 年進行，樣本是從 1974 年香港中文大學社會研究中心（與澳大利亞國立大學合作）進行的生物社會性調查所使用的概率樣本（共 3 983 個家庭）中，先剔除鄉村地區，再隨機抽取的 735 個家庭。調查共完成 550 個訪問，回應率為 74.8%。受訪者中，59.5% 是男性，77.5% 已婚，學歷和收入偏低。社會經濟地位較低的華人佔香港人口的大部分，調查結果大體上可推論至香港的華人總體。
3. Stoodley, "Normative Family Orientations of Chinese College Students in Hong Kong"; David Chaney and David Podmore, *Young Adults in Hong Kong: Attitudes in a Modernizing Society* (Hong Kong: Centre of Asian Studies, University of Hong Kong, 1973); Chaney and Podmore, "Family Norms in a Rapidly Industrializing Society."
4. 超過一半的受訪者不贊成那些保護家庭利益的成員與其他人發生衝突，進而波及無辜。

5. 當問到"你是不是認為寧願自己及自己的家人吃虧,也應該盡量避免和外人發生衝突"時,82.2% 的受訪者回答"是"。

6. 當被問到如何在社會穩定和經濟繁榮間取捨時,87.3% 的受訪者選擇前者。另外,41.8% 甚至願意生活在一個社會穩定但存在很多不合理現象的社會,只有 27.1% 的受訪者不這樣想。對社會穩定的過分重視導致民眾將維持社會穩定當作政府的首要職能,57.3% 的受訪者認為政府職能主要是維持社會穩定。

7. 這些描述源於 1977 年一些大學三年級社會學系學生從事的小規模研究項目,他們要同經濟條件較差的親屬進行深入的訪談,目的是了解他們如何看待社會和自己的生活狀態。

8. Robert E. Mitchell, "Residential Patterns and Family Networks (II)," *International Journal of Sociology of the Family*, Vol. 3, No. 1 (1973), pp. 40.

9. Mitchell, "Residential Patterns and Family Networks (II)," pp. 34-35.

10. Rosen, *Mei Foo Sun Chuen*, pp. 196.

11. Chaney and Podmore, *Young Adults in Hong Kong*, pp. 63.

12. Stoodley, "Normative Family Orientations of Chinese College Students in Hong Kong"; Chaney and Podmore, *Young Adults in Hong Kong*.

13. Hong, "The Chinese Family in a Modern Industrial Setting," pp. 145.

14. Graham E. Johnson, "Natives, Migrants and Voluntary Associations in a Colonial Chinese Setting," (D. Phil. dissertation, Cornell University, 1971), pp. 239.

15. Lau Siu-kai and Ho Kam-fai, "Social Accommodation of Politics: The Case of Young Hong Kong Workers," *Journal of Commonwealth and Comparative Politics*, Vol. 20, No. 2 (1982), pp. 172-188.

16. 在 1967 年進行的一項香港已婚人士調查中(共完成 3 753 個訪問),米切爾發現,32% 的男性和 54% 的女性聲稱會祭祖,這個比例高於中國台北、新加坡、馬來西亞和曼谷。參見:Mitchell, *"Family Life in Hong Kong"*. 我們無法探察這樣做的動機,但令人印象深刻的數據和零散證據表明,祭祖基本上繼承了過去的宗教儀式,很大程度上不具社會意義。參見:Morris I. Berkowitz et al., *Folk Religion in an Urban Setting* (Hong Kong: Christian Study Centre on Chinese Religion and Culture, 1969). 另外,祭祖的目的可能只是取悅祖先,讓祖先可以保佑子孫後代。

17. Census and Statistics Department, *Hong Kong By-Census* 1976: Basic Tables (Hong Kong: Census and Statistics Department, 1977), pp. 43.

18. Robert E. Mitchell, "Residential Patterns and Family Networks (I)," *International Journal of Sociology of the Family*, Vol. 2, No. 2 (1972), pp. 216.

19. Rosen, *Mei Foo Sun Chuen*, pp. 200.

20. Rosen, *Mei Foo Sun Chuen*, pp. 206.

21. John A. Young, *Business and Sentiment in a Chinese Market Town* (Taipei: Orient Cultural Service, 1974), pp. 61.

22. 黃輝明分析了配偶關係趨向平等的現象,他主要研究中產階級華人家庭。Wong, "Modern Ideology, Industrialization, and Conjugalism". 低下階層家庭中,權威的稀釋也已出現。關於如何對待年輕的家庭成員,米切爾等指出,低下階層家庭的母親不會全面介入子女的生活,很小的孩子也可以自己做決定,母親也不會密切監視孩子的行為,這樣孩子便能通過自行處理如何與外界交往而習得經驗。母親訓練孩子做法的轉變,可能與更為根本的家庭權力分配轉變有關,其中有兩點尤其值得注意:其一,男性(特別是父親)的權力在減少,女性(母親及妻子)在家庭中扮演了一個極為重要的新角色;其二,年齡作為權力基礎的重要性急劇降低,這反映在長兄長姐對幼弟幼妹的關係上。因此,成員之間具有平等關係的家庭正在增多。Mitchell and Lo, "Implications of Changes in Family Authority Relations," pp. 301, 315, 321. 此外,在一些決策領域(例如,挑選婚姻伴侶),年輕人也能擁有愈來愈多的獨立性。Chaney and Podmore, "Family Norms in a Rapidly Industrializing Society," pp. 404-405.

23. Janet W. Salaff, "Working Daughters in the Hong Kong Chinese Family: Female Filial Piety or a

Transformation in the Family Power Structure?" *Journal of Social History*, Vol. 9, No. 4 (1976), pp. 439-465.

24. Mylon L. Cohen, *House United, House Divided: The Chinese Family in Taiwan* (New York: Columbia University Press, 1976).

25. Cohen, *House United, House Divided*; Emily M. Ahern, *The Cult of the Dead in a Chinese Village* (Stanford：Stanford University Press, 1973); Margery Wolf, *The House of Lim* (New York: Appleton Century Crofts, 1968); Burton Pasternak, *Kinship and Community in Two Chinese Villages* (Stanford: Stanford University Press, 1972).

26. Olga Lang, *Chinese Family and Society* (New Haven: Yale University Press, 1946).

27. Daniel H. Kulp II, *Country Life in South China: The Sociology of Familism* (New York: Bureau of Publications, Teachers College, Columbia University, 1925).

28. Maurice Freedman, "The Family in China, Past and Present," *Pacific Affairs*, Vol. 34, No. 4 (1961-1962), pp. 323-336；Maurice Freedman, *Chinese Lineage and Society: Fukien and Kwangtung* (London: Athlone Press, 1966).

29. Mylon L. Cohen, "Developmental Process in the Chinese Domestic Group," in Maurice Freedman (ed.), *Family and Kinship in Chinese Society* (Stanford: Stanford University Press, 1970), pp. 21-36; Cohen, House United, House Divided.

30. Wolf, *The House of Lim*.

31. Ahern, *The Cult of the Dead in a Chinese Village*; Pasternak, Kinship and Community in Two Chinese Villages.

32. Hui-chen W. Liu, *The Traditional Chinese Clan Rules* (Locust Valley: J. J. Augustin, 1959).

33. Ahern, *The Cult of the Dead in a Chinese Village*.

34. Hugh D. R. Baker, *A Chinese Lineage Village: Sheung Shui* (Stanford: Stanford University Press, 1968); Jack M. Potter, *Capitalism and the Chinese Peasant* (Berkeley: University of California Press, 1968).

35. 引發難民潮的事件包括 19 世紀 50 年代的太平天國運動、1900 年的義和團運動、20 世紀 30 年代的日本侵華、"二戰" 結束後的國共戰爭以及 1949 年新中國成立。

36. 一項針對華人移民的調查發現，99.4% 的受訪者不想立即回到中國內地，僅有 0.6% 表示願意。Edvard I. Hambro, *The Problem of Chinese Refugees in Hong Kong* (Leiden: A. W. Sijthoff, 1955), pp. 154.

37. James Hayes, "Hong Kong: Tale of Two Cities," in Marjorie Topley (ed.), *Hong Kong: The Interaction of Traditions and Life in the Towns* (Hong Kong: Hong Kong Branch of the Royal Asiatic Society, 1975), pp. 3.

38. A. Doak Barnett, "'New Force' I: The Idea," *American Universities Field Staff Reports, East Asia Series*, Vol. 1, No. 2 (1952), pp. 2.

39. William T. Liu, "Family Interactions among Local and Refugee Chinese Families in Hong Kong," *Journal of Marriage and the Family*, Vol. 28, No. 3 (1966), pp. 315.

40. Liu, "Family Interactions among Local and Refugee Chinese Families in Hong Kong," pp. 315.

41. A. Doak Barnett, "Social Osmosis: Refugees in Hong Kong," *American Universities Field Staff Reports, East Asia Series*, Vol. 2, No. 5 (1953), pp. 1-8.

42. Barnett, "Social Osmosis," pp. 4. "社會滲透" 過程中第二重要的是華人志願團體 (特別是宗族和社區組織) 起到的作用，這些志願團體的成員通過特殊紐帶聯繫在一起。Robert A. Burton, "Self-help, Chinese-style," *American Universities Field Staff Reports, East Asia Series*, Vol. 4, No. 9 (1958), pp. 1-10.

43. Ambrose Y. C. King and Peter J. L. Man, "Small Factory in Economic Development: The Case of Hong Kong," in Tzong-biau Lin et al. (eds.), *Hong Kong: Economic, Social, and Political Studies in Development* (White Plains: M. E. Sharpe, 1979), pp. 31-63.

44. J. E. Goldthorpe, *The Sociology of the Third World* (Cambridge: Cambridge University Press, 1975).

45. Herbert J. Gans, *The Urban Villagers* (New York: The Free Press, 1962).

46. Edward C. Banfield, *The Moral Basis of a Backward Society* (New York: The Free Press, 1958); Alessandro Pizzorno, "Amoral Familism and Historical Marginality," *International Review of Community Development*, Vol. 15 (1966), pp. 55-66.

47. Michael Young and Peter Willmott, *Family and Kinship in East London* (Harmondsworth: Penguin, 1962).

48. Oscar Lewis, "Urbanization Without Breakdown: A Case Study," in John Friedl and Noel J. Chrisman (eds.), *City Ways: A Selective Reader in Urban Anthropology* (New York: Crowell, 1975), pp. 345-357; Larissa A. Lomnitz, *Networks and Marginality: Life in a Mexican Shantytown* (New York: Academic Press, 1977).

49. Hyman Rodman, Lower-class Families: *The Culture of Poverty in Negro Trinidad* (New York: Oxford University Press, 1971).

50. Rodman, *Lower-class Families*, pp. 193.

51. Edna Bonacich, "A Theory of Middleman Minorities," *American Sociological Review*, Vol. 38, No. 5 (1973), pp. 583-594.

52. Bernard Bailyn, *The New England Merchants in the Seventeenth Century* (Cambridge, MA: Harvard University Press, 1955); Bernard Farber, *Guardians of Virtue: Salem Families in 1800* (New York: Basic Books, 1972); David Landes, "Bleichröders and Rothschilds: The Problem of Continuity in the Family Firm," in Charles E. Rosenberg (ed.), *The Family in History* (Philadelphia: University of Pennsylvania Press, 1975), pp. 95-114.

53. Farber, *Guardians of Virtue*.

54. S. Vatuk, *Kinship and Urbanization: White Collar Migrants in North India* (Berkeley: University of California Press, 1972).

55. Lewis, "Urbanization Without Breakdown."

56. Bryan R. Roberts, *Organizing Strangers: Poor Families in Guatemala City* (Austin: University of Texas Press, 1973).

57. J. S. La Fontaine, *City Politics: A Study of Léopoldville*, 1962-1963 (Cambridge: Cambridge University Press, 1970).

58. Peter C. Lloyd, "The Yoruba: An Urban People?" in Aidan Southall (ed.), *Urban Anthropology* (New York: Oxford University Press, 1973), pp. 107-123.

59. Elliott P. Skinner, *African Urban Life: The Transformation of Ouagadougou* (Princeton: Princeton University Press, 1974).

60. David M. Schneider, *American Kinship* (Chicago: The University of Chicago Press, 1980).

61. Bert N. Adams, *Kinship in an Urban Setting* (Chicago: Markham Publishing Company, 1968); Marvin B. Sussman and Lee Burchinal, "Kin Family Network: Unheralded Structure in Current Conceptualizations of Family Functioning," *Marriage and Family Living*, Vol. 24, No. 3 (1962), pp. 231-240; Schneider, *American Kinship*; David M. Schneider and Calvert B. Cottrell, *The American Kin Universe: A Genealogical Study* (Chicago: Department of Anthropology, University of Chicago, 1975); George S. Rosenberg and Donald F. Anspach, *Working Class Kinship* (Lexington: Lexington Books, 1973); Bernard Farber, *Kinship and Class: A Midwestern Study* (New York: Basic Books, 1971); Betty Yorburg, *The Changing Family: A Sociological Perspective* (New York: Columbia University Press, 1973); Raymond W. Firth et al., *Families and Their Relatives: Kinship in a Middle-class Sector of London* (London: Routledge and Kegan Paul, 1969).

第 3 章 社會變遷、官僚管治和新興政治問題*

自"二戰"以來,曾經將香港管理得井然有序的社會政治制度,在應對一個日趨複雜的城市化和工業化社會時卻變得日益衰敗。多年來,香港的社會政治制度呈現以下兩種並行不悖的特徵:一方面,官僚體系壟斷了政治權力,卻以執行自由放任經濟政策和社會不干預政策為信條;另一方面,社會日趨原子化,卻相對有能力滿足民眾多方面的基本需求。[1] 香港的政治領域和社會領域界限分明,彼此存在着一些作用薄弱的中介機制。在過去幾十年,官僚體系和社會都經歷了持續的變遷,但政治後果是近幾年才逐漸顯現的。長期變化導致公共服務部門得到擴大、官僚管治合理化,以及社會(比之前更加向個人主義和分裂轉化)控制能力下滑導致無法管理自己的事務。所有這些在不同程度上都體現了現代化的必然趨勢,其中經濟快速增長起到領軍作用。這種轉型的負面性是,傳統社會的價值觀正逐漸轉變,普羅大眾開始懷疑現有社會政治制度的認受性,尤其是財富的分配制度。

這些轉型導致的政治後果有 3 個:一,社會羣體政治訴求增加,加重了政府和現存中介機制的負擔;二,社會積壓大量得不到滿足的需要;三,民眾與現存的社會政治制度日益疏離。社會上無論是受過教育的還是身處不利境地的羣體,都瀰漫着失望感、挫折感和無力感。這些感覺雖模糊不明、難以聚焦,但足以令人不安,並引發一些個體的、陸

* 本文原以英文發表,刊於 Lau Siu-kai, "Social Change, Bureaucratic Rule, and Emergent Political Issues in Hong Kong," *World Politics*, Vol. 35, No. 4 (1983), pp. 544-562.

續的試圖解決問題的嘗試。偶爾在具體議題上，這種情緒以集體反政府行動的方式進行宣泄。這種發展變化令現存體制擔憂，因為政府習慣於將認受性主要建立在有能力滿足民眾需要上。

隨着挫折感和疏離感的增長，小部分中產階級的個人和組織要求擴大公眾對決策過程的參與，並認為這是解決社會問題的靈丹妙藥。然而，這更多的是為了宣泄喪失信心的情緒，而非政治上有野心、有組織的務實戰鬥動員。儘管香港在過去幾十年經歷了重大變遷，但現存政治勢力聯盟仍未經歷根本的、明顯的轉變，也沒有新生力量登上政治舞台。雖然原有社會政治制度解決問題的能力在顯著下降，但其特徵在本質上仍保持完整。要求對此進行根本的結構重組是病急亂投醫。想要將香港從目前的困境中解救出來，改革是必要的，但必須由一個更了解現狀、銳意創新、富於想像、堅定果決，以及有能力動員民眾支持的政府來執行。

社會政治制度的基本特徵

以下對香港的描述可能過於簡略，但 1945 年以後其制度的運行可以這樣定義：政治領域和社會領域截然分開，又保持最低限度的整合。這個制度得到普遍認可，具有認受性。英國殖民政府控制政治權力，並傾向於僅將該權力表現在一套特定的"基本"職能上，主要圍繞法律和秩序，以及提供資本主義經濟所需的基本社會服務和市政服務。總的來說，殖民政府希望盡可能不介入經濟和社會事務。

香港社會主要由中國內地移民及其後代組成。他們大多受經濟利益驅動，個人傾向於公開的功利主義、政治冷漠。功利主義和工具主義不僅籠罩港人與外界、政府和社會整體的關係，還塑造了家庭內部的人際關係，特別是針對與核心家庭成員關係不深，或者通過虛擬親屬關係進入家庭的人。[2] 功利家庭主義自然會排除過度的社會介入和政治參與。社會在總體上是向心發展和原子化,由大量家庭組成,而每個家庭都是提供心理歸屬和社會互動的場所。這些家庭資源豐富,可以滿足香港社會羣體大量的世俗需要。這種能力使政治手段在滿足民眾需求上相對不那麼重要,因此造成了政治領域和社會領域的分離。"社會容納政治"就成為確保香港社會與政治制度穩定的基礎。[3]

因為香港社會的原子化和分割性,因此需要一些整合機制將社會秩序中各式要素聚集在一起,形成一個可發揮作用的整體。這些機制中,最重要的一項是政府頒佈和執行的法律。因為官僚體系在行事時奉行最低限度干預原則,所以法律適用的活動領域也相對較少。此外,在這些法律涉及的少數領域內,法律的目標模糊不清和範圍殘缺不全,也降低了規管的有效性。相反,對大多數港人來說,法律精神和制度的功能難以捉摸,對日常生活的影響也有限。因此,需要一些整合機制來補全法律在維繫社會秩序上起不到的作用。

這些整合機制中,有兩種尤其重要。第一種整合機制是社會風俗。它通過社會內部的控制來落實。為了使社會風俗起到整合作用,需要先滿足 3 個條件:第一,政府頒佈的法律不能違反社會風俗,否則社會風俗的權威就會打折扣。迄今為止,這一條件看起來得到了滿足,法律和社會風俗只是偶爾衝突,並導致政府和社會間關係緊張。第二,如果社會希望通過制裁來規範個人行為,那麼社會的組織結構,特別是家庭機制,必須能獨立存在。因此,社會的權威體系必須具有某種程度的穩定性。第三,秩序規範的含混不清和相互衝突只能保持在最低限度,否則社會秩序將受到威脅,而社會本身也將成為政治衝突的根源。直至最近,後兩個條件在香港才基本得到滿足。

第二種整合機制是 1945 年以後的市場機制。它的整合作用絕非僅限於經濟事務。由於港人大多崇尚物質主義和功利主義,市場原則在規範社會關係方面也具有重大意義。對於一個由殖民者組成，因此只獲得有限道德權威和政治信任的政府來說，訴諸政治市場標準來為自己的行為背書，並且有意無意地賦予道德權威，對其統治很有利。例如，在社會結構中，市場理性的至高無上反映在民眾對階級關係的認識上。目前，香港的收入不平等通常被解釋為實行市場經濟的後果之一，因此被合理化，認為是市場經濟制度"自然而然"的事情。香港存在甚麼樣的社會階級？港人對此看法千差萬別，表明香港缺乏對抗性質的階級關係。相反，民眾通常以一種既羨慕又嫉妒的複雜心態去看待富人。[4]當階級結構主要以市場話語來表述時，階級問題就會缺乏使之神聖不可侵犯的道德正當性，但香港的現實是，以這種方式理解階級結構已獲社會更普遍的認可。

儘管如此，要讓民眾接受這種階級分層體系，還要滿足兩個條件。第一，向上流動的機會必須充裕，或至少社會上廣泛認為是充裕的，這樣就會引導大多數人相信他們或其後代最終能獲得成功。第二，一定不能認為富人和窮人正在進行一場零和博弈。戰後的經濟繁榮滿足了第一個條件。與此同時，出口依賴型經濟又提出以下說法，即富人是通過勤勞工作和有好運氣從外國賺取財富的，因此掩蓋了有產者和無產者之間的"剝削"關係。毫無疑問的是，削弱市場原則的認受性會導致社會衝突。更明確的說法是，不願意承認市場機制在分配和再分配上的正當性會導致階級間的對立。另外，任何試圖取代（哪怕只是部分取代）市場原則作為資源（特別是公共資源）分配的指導原則的做法，都可能導致以政治手段解決資源分配問題，那會帶來更深遠的後果。

香港殖民政府的職能有限，社會資源充沛，民眾普遍認可社會風俗、法治和市場原則的正當性，在這樣的背景下，政治常以一種平平淡淡的方式出現。然而，它還是有幾個顯著特徵的：

第一，因政治化程度低，很多社會和經濟問題通常被視為流落於政治舞台之外，因此政治解決方式一直未被視為必需。

第二，官僚體系與社會的關係非正規化。大多數可能引發二者互動的問題都能夠通過特事特辦的方式得到解決。沒有迫切需要去制定先例、規定等一般性原則，或是建立一套複雜的正規制度。缺乏正式的制度框架完全符合雙方都避免同對方打交道的傾向，二者之間薄弱的中介機制（包括一些官方機構和社區組織）也不堪重負。[5]

第三，因為香港社會的原子化性質，社會羣體直接向政府表達的訴求通常很分散，很少能集合起來，形成大規模的、一般性的聲音。政府通常不會遇到大規模、足以考驗其能力的訴求。零碎的訴求很容易通過特事特辦的方式解決，而這些訴求並不常出現，從而使政府有足夠的時間考慮周詳、謀定後動。

第四，政治行為瀰漫實用主義。意識形態（尤其是帶有理想主義和末日啟示意味的意識形態）大體上被當作病態思想，會被鄙視。實用主義與官僚體系的行政理性以及社會的功利家庭主義完美結合，因此即使香港出現政治問題，也大都被視為對具體事務的關注，要看哪個解決方案更划算。統治者和被統治者共享的實用主義成為一個堅實的基礎，使他們可以討價還價、妥協、讓步，並因此快速解決衝突。

以前面的觀察為鋪墊，我接下來就可以評估香港這個低度整合的社會與政體中最近發生的一些變化，以及它們的政治影響。

社會政治制度特徵的變化

自 20 世紀 60 年代末以來，香港社會政治制度最重大的變化反映在兩個方面，即政府更強調以服務為目的，以及社會更加向個人主義和分裂轉化。相關的發展則包括：與社會風俗相比，法律作為整合機制的功能明顯增強；民眾開始懷疑市場作為資源分配和再分配指導原則的合理性。這些變化共同把政府和司法機關推到台前。與之相伴的是，社會組織、社會控制和社會風俗的重要性在消退（下節描述了這些變化的政治影響）。

　　左派發動 1967 年反英抗暴運動之後，政府通過增加社會服務和承擔部分民生責任的方式回應社會問題，並界定政府介入的範圍，由此也擴大了社會介入。[6] 然而，官僚體系如此進入社會領域，並沒有長期、統一、詳細的計劃予以指導。除制定一些可以從物質和金錢上衡量的目標外，政府似乎並未預料到社會變遷可能帶來的後果，無論針對的是自然發展和公共政策，還是可能隨之而來的公共部門及私人領域關係，或是"理想型"社會（它應被想像成政府選擇政策工具的標準）。與官僚體系的精神面貌一致，政府是通過一種特事特辦、前後不一，甚至難以捉摸的方式，體現其在社會、文化和服務上的角色。政府頻繁地針對特定領域制定不成熟的政策（例如，同性戀等爭議性話題），政策矛盾或失誤也會造成前後不一和重心隨意轉變（例如，在土地政策、租金管制、教育和交通等方面）。

　　這樣的問題反覆出現，反映了決策機制僵化和不接地氣的嚴重性。首先，它進一步突顯了奉行自由放任和不干預原則的政府在制定政策上缺乏經驗。墨守成規帶來的必然後果是，公務員（特別是下層公務員）抵制變革，而這又極大扭曲了政府希望扮演的社會服務者的角色。保守、反智、經驗主義，以及寧可漸進變革的心態佔了上風。其次，政府未能精準地把握和定義當代社會問題，更遑論將之解決。在香港的政治環境裏，公眾參與度低，政府對社會問題的認識總是基於狹窄概念，剝離寬泛的政治和社會意義，因此解決方案只能從政府的視角來構建。迄今為止，政府雖嘗試了眾多途徑來提升解決問題的能力，但對問題的政治社會意義的視而不見束縛了它，而經驗表明這足以使政府的行動能力癱瘓。最後，當代社會問題本質上縱橫交錯，這與政府各部門傳統上壁壘分明相互矛盾。解決問題要求調配資源更加靈活和組織安排更有創意。在現存的官僚體系下，回應社會問題的政策既緩慢又無效。不過客觀地講，港英政府也不是唯一陷入行政泥淖而難以脫身的政府。然而，由於政府獨攬了政治權力和公務員扮演主導角色，所以只要民眾認為解決社會問題的責任在政治體系，政府就會不可避免地受到指責或稱讚。在香港，官僚體系幾乎是社會上唯一有能力採取主動措施的組織力量。無法逃避的是，一旦出現社會問題，公眾就會希望它能有所作為。

在政府擴大職責的同時，能力卻不合時宜地在減退，因為其政治權威受到侵蝕，團隊協作能力也下降了。關於團隊協作能力下降，原因包括公務員的職業化、要擔當的服務者角色模糊不清，以及內部和由自身工作帶來的壓力，這在直接和公眾接觸的前線公務員間最為明顯。[7]

政府擴大提供公共服務和社會福利的職責帶來了官僚體系組織結構的變化，一個更專業、界限更分明、更複雜的行政部門產生了。伴隨這些變化，集權化的決策機制和標準化的執行程序成為必需，以協調政府職能專業化所導致的工作分散。這些組織結構上的必要改革，很快就與專業人員的工作倫理和目標定位發生衝突，那些倫理和定位獨立於政府並在國際得到公認。集權化和標準化必然會帶來一系列制約，人們普遍認為集權化和標準化會削弱政府效能，降低處理問題能力，使問題冗餘累贅，因此給專業人士和輔助專業人士的士氣帶來負面影響。將這些專業人士和輔助專業人士納入統一的薪酬架構，難免會引發對比、製造政治壓力要求修訂或放棄現存架構、鼓勵成立工會，以及慫恿工會鬥爭。

專業准入程序也會變得激烈起來，因為處於專業邊緣地位的羣體會尋求專業認同和壟斷選拔機制，以免在分蛋糕時落於人後。由於在現實中建立統一接受的專業人士薪酬標準不可行，以及考慮到他們討價還價和組織的能力，公務員的工會化和工業行動能力會進一步提升。這個結果肯定對官僚體系的統一性不利。最近，通貨膨脹和經濟衰退進一步誘使公務員在經濟放緩時期爭取保持（偶爾甚至還爭取提高）薪酬標準。

迄今為止，政府仍然將擺平僱員當作內部的家務事，只允許自己插手這件令人困擾卻費時費力的工作。公眾不能參與討論，也不會被動員起來向不服管束的公務員施加紀律懲罰。政府不希望民眾參與內部事務，反映出它不願意向民眾放權以換取支持。未來（例如，在財政緊縮時期），這種局面會變得難以掌控，因此公眾的介入絕對必要。政府自然希望盡量避免聲望和權威受損，不讓民眾認為它連家務事也管不好。

政府設計的解決方案是短視的：在薪酬上向僱員讓步。這一政策引發的長期經濟和政治後果令人擔憂：首先，公務員的胃口會大開，以後可能會帶來更麻煩的問題。其次，政府未來的開支肯定會增加，因此"攫取"能力也必須相應提高，導致與社會對立。公務員作為特殊的利益集團，對社會敲骨吸髓會嚴重損害政府在過去幾十年裏孜孜以求建立起來的仁慈形象。公利與私利的衝突出現在最不合時宜的時機，因為政府正迫切需要民眾的信任來落實政策。在經濟困難時期，這種衝突會被放大，帶來巨大的政治代價。

官僚體系和社會的利益日益背道而馳，導致政治疏離，並因官員和民眾令人不滿的接觸而惡化。政府施政的重心從提供有形物品（公路、公園等）轉變為提供服務，包括政府官員要和民眾面對面的互動交流。在這種交流中，可細緻掌握並同情理解對方的感受，並且在此基礎上熟練處理民情民意，應是官員不可或缺的能力。這種技巧明顯是必要的，特別是對前線公務員，如護士、警員、市政服務員、社工、教師而言，他們頻繁地與大眾接觸，部分前線公務員人際交往技巧不足，是因為在這些新生領域裏缺乏經驗，以及需要新的工作定位，而新定位與殖民地背景下官僚體系的精神風貌完全不同，但這不是全部原因。由於無法確定服務者與接受服務者各自的角色包含哪些元素，因此無法界定他們之間恰當的交往模式是甚麼樣的。此外，公眾對服務者抱有高度期望，而其中不可能實現的、過於理想主義的期望很容易變成失望。前線公務員所承受角色的焦慮，以及歧視那些由他們定義的"不值得救助的窮人"，都使已經惡化的關係雪上加霜。

陷入困境的不僅是官僚體系。香港社會也處於解體（disorganization）的困境，使它愈發沒有能力處理問題，滿足基本需要，以及有效地控制社會羣體。矛盾的是，當社會逐漸與政府疏離時，卻愈來愈依賴政府來滿足需求和維持秩序。因此產生惡性循環：組織鬆散的社會要求政府擴大服務職能，官僚體系的回應反過來加劇社會解體、政治疏離和政治權威被侵蝕，繼而需要政府更多地介入社會事務。

總體而言，香港社會的解體源於"二戰"以來民眾經歷的快速工業化、商業發展、城市化、西化，以及生活水平的提高。這些變革帶來的破壞性令一個適應力已降低的社會組織無法消解或包容。與很多國家或地區相比，香港社會秩序的認受性並不是源於權威的傳統制度，例如，宗教、神權、等級結構、教育制度或者國家強制。此外，最近才發生的秩序瓦解，也沒給香港社會足夠的時間來發展現代社會控制機制（例如，自治組織、政治團體、社區團體、生產企業、利益團體、宗教團體）來緩和目前的局面。結果，傳統組織的衰落（即使在它們如日中天的時候，整合能力也是屢弱的）也為社會控制留下空隙和隱患。

香港社會一直充斥着功利主義和實用主義，突出表現為不看重道德標準和抽象的價值。實際上，從功利家庭主義轉變到追求私利的個人主義並無甚麼障礙。社會內部愈來愈多的互動、依賴、組織複雜性是現代工業社會的必然現象，事實上已消除了由小家庭羣體設置的社會障礙，經濟繁榮也已降低家庭成員間的相互依賴。社會流動和地域流動的機會增加，帶來家庭成員的利益多元化和眼界多元化，並導致傳統社會秩序的瓦解。社會一直依賴社會分割和社會障礙來限制社會溝通，並對個人進行社會控制。社會經濟結構變遷把個人從小家庭羣體的控制下解放出來，現代大眾傳媒的發展為社會溝通創造了機會，個人愈來愈無所依靠，更容易受到某些不能理解和控制的勢力所說服和操縱。

個人的選擇自由極大增加。隨着傳統的衰落，人際關係變得易於形成，也易於打破，結果產生一個更不穩定和流動性極大的社會。傳統社會風俗遭到現代價值觀和除舊潮流的嚴重威脅；文化流變得傾向於削弱歷史悠久的行為規範，但沒有提供替代措施。社會問題和心理問題大量湧現。很多人以前可以把家庭當作避風港，現在卻變得孤獨無依，成為政府的責任。一些年輕人淪為新生自由和經濟繁榮的受害者，他們隨心所欲，將精力花費在負面和無意義的行為上。

過去幾十年，香港史無前例的經濟快速增長令時局變得更加複雜。經濟增長一般都帶來高期望。民眾會食髓知味，不再輕易接受個人處境理應保持不變的心態。以自我為中心的個人主義逐漸代替了功利家庭主義，從追求物欲、積極進取、貪得無厭，到拒絕淡泊明志、守約居窮，其影響無處不在。

面對社會不可逆轉的私有化過程，社會風俗的整合功能無法起到應有的作用。迄今為止，香港的社會風俗作為整合機制，在關係緊密的小羣體裏相當起作用。更準確地説，作為私人道德的載體，它主要規範家庭羣體內部的行為。但不足以在更大的社會環境裏進行社會控制。隨着社會風俗的整合作用降低，市場和法律作為整合機制就獲得了額外的重要意義。

然而，市場原則也面臨困境。民眾對市場理性的懷疑逐漸增加，原因有 4 個。第一，被假定自由競爭的市場並不完美，並日趨明顯。經濟事務上的壟斷在擴大，意味着市場失靈。過去假定通過市場的自由運作，社會可以逐漸積累收益，現在也不再有保障。第二，逐漸惡化的收入不平等（被視為靠剝削弱者致富的地產商暴發戶是典型形象）使人們更難接受市場原則作為分配機制。逐漸惡化的收入不平等，一小撮億萬富豪的出現，有錢人自我放縱、窮奢極侈的消費，以及他們被視為逃避社會規範要求的道德責任感，似乎全都提升了大眾的階級意識，階級分層日益明顯。有產者和無產者在進行零和博弈，這個概念的出現肯定不利於社會和諧。第三，經濟體系逐漸僵化，限制了很多人向上流動的機會，自己做老闆的前景更加渺茫。第四，隨着資本主義經濟的發展，社會問題和個人需求激增，不可能只由奉行市場理性的私營經濟部門解決。以前，傳統組織和家庭在處理這些問題上起到顯著作用，但這些組織的衰落和社會問題的急劇增加迫使政府介入。公眾日益需要設定資源分配的政治標準，政府要站出來馴服巧取豪奪的市場力量。

　　法律成了最後的武器，可以將類似秩序施加於正在瓦解的社會。近年來，港人日趨偏好訴訟、訴訟文書積壓擱置、政府立法和執法活動急劇膨脹，這些都證實了法律的社會整合功能在當今香港得到加強。雖然法律維繫秩序的能力巨大（因為有政府的強制力做後盾），但遠不足以整合現代社會。第一，民眾認為法律由殖民政府制定，反映了官僚體系的意願。遵守法律是因為違法就要受到懲罰。第二，法律基本上只規範人的行為，教育效果遠遠不足，因此法律沒能將社會秩序建立在更具認受性也更安全的基礎上。第三，法律不是按計劃制定的，以符合正面和長遠的社會文化政策。制定和修改法律都只是為了便宜行事，對社會重組的累加效果降到最低。第四，社會行為規範和社會秩序的減弱，使法律看起來是一種外在的、毫無情感的力量，缺乏人情味，因此不能促進社會形成親密團體。第五，政府廣泛承擔執法工作，都是規制性、禁制性的做法，導致公眾在政治上與政府疏離，也使政府更難獲得公眾的政治信任。同樣帶來疏離效果的是訴訟費用不菲，讓法律看似"劫貧濟富"。結果，逐漸增加對法律的依賴只能治癒部分社會病症，而過度使用或濫用法律也肯定會帶來不良後果。

新政治模式

官僚體系職權擴大、更強調社會服務、社會虛弱不堪、貪得無厭的個人主義蔓延、對市場理性有所懷疑、法律的規制作用日趨顯著，在這樣的背景下，香港未來的政治模式肯定會與之前的不同。這種模式可能不是預示一場迫在眉睫的政治危機，但會展示一種改變了的政治行為，影響官僚體系和社會的長期關係。

與戰後香港的政治模式相比，新模式包括政治化程度提升、官僚體系和社會關係逐漸正規化、政治訴求逐漸增多，以及民眾在政治行動中的意識形態更突顯。

第一，香港社會已變得更加個人主義和分裂，沒有能力滿足個人和社會羣體的需求。社會內部收入鴻溝的擴大以及社會風俗效能的降低，驅使愈來愈多的民眾轉向政府尋求幫助。由個人需求累積而成的一般性需求，是一個複雜的工業化、城市化社會所必然提出的：交通、住房、教育、公共安全、社區設施和市政設施。最近的一般性需求是，要求政府介入經濟運行的聲音不斷加強，雖然緊迫性還沒有得到廣泛承認。

我們可以找到兩種類型的需求，它們以某些方式相互關聯。第一種需求是一般性或總體的需求，會普遍影響所有人，雖然程度不同。這些需求的性質和組成隨時間而變化，但總體而言相對穩定，因此在公共議程上反覆出現。公眾期望公共服務有更高質量，令政府支出愈來愈多。因缺乏其他變革，政府幾乎不能期望私營部門提供自願的支持。這些需求的存在，要求政府提供長期和全面服務，這就必須考慮能否和不同領域的政策相互兼容。

一般性需求愈來愈突出和緊迫已經夠讓人煩惱了，但這只是難題的一部分。另一類需求是特定、有時效和具體的需求，只有一小部分人有這類需求。這給公共服務部門帶來了挑戰，這種挑戰難以逾越，也說明為甚麼新政治模式帶來了棘手難題。首先，在顧及這些需求時，官僚體系和接受服務的民眾建立了個人化關係，因此二者間也更易產生緊張氛圍。前面談道，這種關係帶來的政治影響大多是負面的。其次，很多特定需求包括提供和分配市政服務，都是個人化和針對某特定地區的，因此政府提供這種服務的工作和市民的訴求都高度分散。結果，政府不斷受質疑，要回應大量零散的、難以預料的訴求。同時，因為這些訴求太具體，提出的人很容易看到訴求是否得到回應，並因此表達滿意或不滿意。拖延很容易被發現，並因此給公眾帶來挫敗感和疏離感。最後，特定訴求多種多樣。"個人需求和對整個城市服務的需要極不相同。對於服務的需要，在同一座大廈居住的每個人和各人之間、每座大廈和各大廈之間，乃至每個街區和各街區之間均不同。這些需要隨着種族、經濟地位、年齡、性別和家庭組成而改變。" [8] 特定訴求高度分散就要求政府特事特辦。公共服務部門要保持靈活性，與官僚體系要求的集權化決策和標準化執行截然對立。

　　隨着一般性需求和特定需求的累積，以及尋求通過政治途徑解決，香港的政治化程度和政府在解決問題方面所起到作用的顯著性也相應提高。港人無論在看法上還是行為上，仍然對政治無動於衷，但非常清楚政府在幹甚麼。一旦他們開始認識到自己和家庭的利益與政府施政有關，就會期望得到政府的協助，也可能積極爭取。通過這種方式，他們會逐漸被引導進入政治過程，雖然仍只在最低程度上了解一般性議題。

　　社會的政治化過程本身就帶來推動力。一個主要原因是民眾的渴望愈來愈強烈。政府向民眾提供公共服務，會引導民眾期望政府在自己有需要時施以援手。嘗過甜頭的市民可能會得隴望蜀。因為社會自行解決問題的能力會持續衰退，由此產生的問題將進一步刺激社會的政治化。

　　第二，官僚體系和社會保持非正式關係，公眾有具體需求時才會訴諸官僚體系尋求解決，這種現象日益被視為有缺陷。法律作為整合機制的意義日趨重要，而官僚體系是這個社會唯一的立法者，肯定會使二者的關係變得更正規。公眾也頻繁地表示，需要有更正式的制度和程序，以方便和規範政府與人民的互動。考慮到公眾的大量需求得不到滿足，以及總體上缺乏中介機制，這個問題更為緊迫。因為提出訴求的羣體和個人多種多樣，因此也需要某種正規安排，使政府有規律地、穩定地與市民打交道。首先，處理手段的正規化符合官僚體系內部的秉性，即以標準化的程式處理事務。其次，這種正規化在某程度上幫助社會去政治化，因為正規化可以引導政治訴求通過行政和合法的渠道予以解決。自1981 年開始的香港地方行政改革就是一個例證[9]，成立正規團體以解決公眾關注特定議題的做法也是如此。另一個正規化嘗試是，政府長期以來都會賦予諮詢組織一些執法權和監督權。

正規化自然會提高公眾對政府施政的參與度，雖然在形式上受限制。伴隨公眾參與，各式各樣帶着明顯政治動機的公民團體將湧現。很明顯，正規化的總體效果還未被政府充分理解，公眾亦如是。迄今為止，正規化的改進過程還只是小步遞進。

第三，複雜的、相互依賴的社會導致一般性需求愈來愈突出，令總體的、普遍的社會訴求加速出現。可以假定，大多數市民都有這些需求，並能從滿足過程中受益。通常，這些需求並不會在市民內部造成利害衝突，而是為了限制一些特權集團的勢力，如公共汽車公司。這說明了為甚麼公眾廣泛接受它們的存在，而且近期普遍要求滿足這些需求的呼聲愈來愈高。兩個典型的例證是，公眾發起了反對公共汽車車費加價，以及要求市民有權監督電力公司的運動。在這些運動中，大眾傳媒扮演了至關重要的角色，從而驗證了在一個缺乏其他中介機制的環境裏，大眾傳媒的重要性在增強。

雖然在本質上，大量特定的、具體的訴求不是那麼容易集中起來處理，但其中有一些比較類似，足以要求修改某些一般性政策。例如，各種對交通設施不足的抱怨，遲早會使政府啟動對交通政策的全面檢討。如果問題足夠普遍，政府就會應對集合在一起的、有着廣泛羣眾基礎的訴求，因為這些訴求如果得不到滿足，可能會帶來政治難題。另外，一般性問題累積起來會給政府帶來巨大壓力，如果得不到釋放，殖民管治的有效性就會被懷疑。更壞的可能性是，一個無力償債的政府會引發財政危機，這個陰影可能會逐漸顯現出來。

　　一般性問題嚴重影響政府與社會之間未來的關係，而多種多樣的特定問題又進一步讓這個局面複雜化。從本質上講，那些具有緊迫性、即時性、可預見性的不滿常會促使受影響的民眾採取行動，並希望行動可以令問題得到解決。近年來，小規模的、零星的、短暫的集體動員行動穩步增長。集體動員帶有對抗和感情宣泄性質，迫使政府即刻採取措施以平息無序狀態，避免自身形象受損。然而，臨時抱佛腳也會帶來問題。因為要爭取時間，政府不斷陷入以下局面：它要快速作出決斷，但以政策的長遠性考慮為代價。公共資源因工作方式的雜亂無章、毫無規劃而被耗費掉。這些特定訴求的緊迫性（如我們已看到的，這些訴求在某種程度上是由具廣泛影響力的大眾傳媒製造的）迫使政府無法花時間以更加考慮周詳的方式來回應，從而令局面惡化，讓這些人胃口大開，也埋下更多麻煩。更嚴重的局面是，政府缺乏必要的時間教育民眾，引導他們考慮特定政策的長期後果，以及說服他們小不忍則亂大謀。這樣一來，決策的連續性和合理性被打斷。

　　第四，香港的新政治模式帶來更高程度的意識形態。因為目前幾乎所有的訴求都沒有涉及殖民地權力分配的問題，因此大家對意識形態的提升稍感意外，但這並不難解釋，有幾個因素看起來在起作用。首先，大多數社會問題的鎖定、解決方式和程度都難以捉摸，這是帶來無休止爭議和論辯的原因。社會問題與相關社會的性質有必然聯繫，遲早會將討論擴展到社會分析領域，而在那裏，意識形態的相關性就變得更顯著。其次，官僚體系與公眾間的中介機制的不足和無甚實效，讓無權勢的平民百姓感到不安。意識形態論述提供了某種形式的合理化論證，使這個動盪的世界有意義，也促成了有組織的、積極進取的反政府行動。最後，因為存在大量特定問題和一般性問題，意識形態化可以有效地把政府和大眾傳媒的注意力吸引到特殊領域議題上。因此，這些議題要被普遍化和戲劇化，要和公共利益建立關聯，隨意使用一些標籤和可造成刻板印象的詞彙，所有這些設計都將反映局部利益的訴求提升到與社會總體相關的地位。港英政府的組成和驚人的收入不平等為意識形態理論家提供了充足和有用的資源。

香港新政治模式中，意識形態程度的上升帶來好壞參半的後果。意識形態的教育作用和動員能力不容忽視，但對社會政治制度運作帶來的負面影響同樣明顯。首先，一直指導香港政治行為的實用主義將逐漸消磨殆盡，結果出現一個更不穩定和好鬥的社會。其次，意識形態的形式多種多樣將分化社會，特別是分化政府和人民、有產者和無產者。在新背景下，衝突將呈現集體行動性質。最後，考慮到意識形態論斷無所不包和自以為是的本質，多樣化的訴求將提前集合起來，因此很難被全部滿足。意識形態傾向與政治的實用主義性質不相容，後者強調妥協、遷就，問題能解決多少是多少，並區分對待問題。意識形態訴求則不可調和，使它們難以獲得滿足，又為進一步意識形態化播下種子，接下來會在政治化的過程中反映出來。

結論

低度整合的社會與政體在"二戰"後支持了香港非比尋常的經濟發展，但已經愈來愈不足以應對新湧現的政治和社會需要。香港正以一種無聲無息的方式體現一些顯著的社會政治特徵，這些特徵目前也讓很多西方民主政體頭疼。這些特徵包括：政府功能不可逆轉地擴張、政治因素逐漸主導官僚體系、社會訴求無休止地累積、政府在滿足或克制這些訴求方面無能為力、政府的認受性降低，以及這些特徵給民眾帶來的政治挫敗感和不信任。此時我無法預測，從長遠看香港是否會重走西方民主政體走過的老路。但至少從短期看，這些表面特徵的相似性掩蓋了香港和西方民主政體在權力結構配置上的一些根本差異。因此，表面類似性更多的是掩飾而非揭露一些問題。

　　西方社會現時面臨的困境有各式各樣解釋：西方國家不可避免地必須承擔資本積累和工業生產的經濟職能、福利計劃帶來的財政負擔，經濟停滯，後資本主義和後物質主義價值抬頭，市民期望攀升、政治精英競相動員社會大眾，以及組織良好、各自利性社會團體之間競爭激烈。這些問題既導致政治衝突數量增加，也帶來其性質的改變。新政治模式使政治建制（特別是政黨）愈來愈難以生存，而新模式也愈來愈以非傳統的、失範的方式表達自己。在這種結構性背景下，佔主導地位的政治議題是經濟增長、收入和財富的分配與再分配、政府權威下滑、環境議題，以及集中於自我表達和個人發展的議題。

　　與西方民主政體經歷相比，香港的困難之處在於發展模式的不對稱：經濟增長遙遙領先於政治發展和社會發展。在幾乎原始的資本主義制度下，經濟高速發展帶來了瓦解作用，讓政府和社會的適應能力都感受到不同尋常的張力。當政府仍然維持最低限度地介入經濟和社會事務的政策時，發現自己愈來愈受到巨大壓力，要以毫無規律的方式設計救濟機制，處理更緊迫的問題。香港社會自始以來就缺乏強勢的社會領袖和整合道德規範的價值體系，因而逐漸瓦解分裂，在這過程中產生了社會問題，帶來了嚴重的政治後果。簡言之，香港社會正變得"大眾化"。同時，以自我為中心的個人主義逐漸成為流行的文化主題，體現出香港社會人際關係的特徵。

　　香港的困境在於，一個備受打擊的政府要直面聚合起來的社會問題和個人問題，但沒能力予以解決，因為它只有很微弱的自我規管能力；普羅大眾對政府寄予更高的期望，並要求提供更多的公共服務，因為他們一直都在追求改善自己的生活標準。因此，政治議題在很大程度上都是和社會需求或物質需求緊密相關，需要具體解決。公眾逐漸要求參與政府的決策過程，更多是出於實用主義和工具主義，而非意識形態和表達意見。

　　至少從短期看，西方社會面對的問題是要求他們改變現狀，要有某些手段去政治化，以及通過勞資合作、社會法團主義（social corporatism）等方式來增強國家權威。然而，香港要做的更多的是政治化，要有更多的制度供公眾參與政治。然而，這種措施只能由政府提議。可以預料的是，通過增加公眾參與政治的機會，香港社會的領導能力將得到發展和鞏固。香港社會的自我規管能力只要恢復到可以維持的水平，並建立新的社會組織，那麼萎靡不振就能得到緩解。

註釋

1. Lau Siu-kai, "Utilitarianistic Familism: The Basis of Political Stability in Hong Kong," in Ambrose Y. C. King and Rance P. L. Lee (eds.), *Social Life and Development in Hong Kong* (Hong Kong: Chinese University Press, 1981), pp. 195-216: Lau Siu-kai, *Society and Politics in Hong Kong* (Hong Kong: Chinese University Press, 1982).

2. Lau Siu-kai, "Chinese Familism in an Urban-Industrial Setting: The Case of Hong Kong," *Journal of Marriage and the Family*, Vol. 43, No. 4 (1981), pp. 977-992.

3. Lau Siu-kai and Ho Kam-fai, "Social Accommodation of Politics: The Case of the Young Hong Kong Workers," *Journal of Commonwealth and Comparative Politics*, Vol. 20, No. 2 (1982), pp. 172-188.

4. Lau and Ho, "Social Accommodation of Politics."

5. Lau Siu-kai, "The Government, Intermediate Organizations, and Grass-roots Politics in Hong Kong," *Asian Survey*, Vol. 21, No. 8 (1981), pp. 865-884.

6. Joseph Y. S. Cheng, "Goals of Government Expenditure in a Laissez-faire Political Economy: Hong Kong in the 1970s," *Asian Survey*, Vol. 19 (1979), pp. 695-706.

7. Michael Lipsky, "Toward a Theory of Street-level Bureaucracy," in Willis D. Hawley and Michael Lipsky (eds.), *Theoretical Perspectives on Urban Politics* (Englewood Cliffs: Prentice-Hall, 1976), pp. 196-213.
8. Douglas Yates, *The Ungovernable City: The Politics of Urban Problems and Policy Making* (Cambridge, MA: MIT Press, 1977), pp. 22.
9. Lau Siu-kai, "Local Administrative Reform in Hong Kong: Promises and Limitations," *Asian Survey*, Vol. 22, No. 9 (1982), pp. 858-873.

第二部分

選舉政治

第 4 章　區議會選舉 *

　　1982 年在市區和新界區舉行的兩場區議會選舉是香港政治發展史上的新鮮事。這是港英政府第一次舉辦地區層級的選舉，成年人享有普選權，目的很明確，就是選出一些基層領導人擔任公職，期望他們能把政府和市民的距離拉得更近。

　　雖然作為一個政治 / 行政管理機構，尤其考慮到香港在 1997 年可能回歸中國，區議會的長期發展前景仍然不明朗；但從短期看，它的功能和作用卻毫不遜色。18 個區議會將填補中層政治領導的真空，這種真空在過去 20 年間隔膜了政府和民眾的關係，也帶來了兩者間愈來愈難以忽視的溝通障礙。[1] 按照預先設定的計劃，區議會將負起政府和民眾的中間人角色，區議會沒有行政職能，只能通過地區民意諮詢者的身份協助施政。隨着社會服務職能的擴大，港英政府發覺有必要在行政管理上放權，以緩解民眾訴求過度集中在政府中央層級所帶來的壓力，同時要提升行政當局的整體效率。區議會的另一個功能是把民眾日益高漲的政治參與訴求疏導至較易控制的地區層面部分事務。[2]

　　政府舉辦的這兩場選舉聲勢浩大、人盡皆知。甚至可以推測說，兩場選舉是政府檢驗聲望和認受性的試金石。政府花了大力氣動員民眾登記、投票，選舉過程中，政府通過大眾傳媒廣泛宣傳，並僱用了大量臨時工作人員在街邊巷口，甚至到家中游說符合資格的選民登記和投票。在一定程度上，這算是刻意的過度宣傳，以營造民眾對選舉非常感興趣

* 本文與關信基合著，原以英文發表，刊於 Lau Siu-kai and Kuan Hsin-chi, "District Board Elections in Hong Kong," *Journal of Commonwealth and Comparative Politics*, Vol. 22, No. 3 (1984), pp. 303-317. 感謝港英政府政務總署提供區議會投票統計數據和候選人個人資料。

的氣氛。社區和居民組織，如鄉事委員會、街坊會和居民互助委員會（特別是由政府資助的組織），紛紛積極參與動員、集結選民。香港的社會組織雜亂無章、軟弱無力，動員選民的方式基本上是集體動員，而非依靠個人關係。

香港區議會選舉相當獨特：它們是在一個社會結構原子化，以及缺乏強大、根基深厚和有羣眾基礎的社會政治羣體環境下舉行的普選。雖然香港可以吹噓自己有無數各式組織，但唯獨缺乏政黨或強有力的公民團體，從而以大規模動員、集結利益的政綱來團結選民，要求效忠，按組織的指引投票，以及鼓勵民眾信任組織領袖。當普通民眾突然獲得普選權，可以在區議會選舉中投票時，便深刻感到無論是組織上的準備度，還是主觀上的投入感（兩者都是積極參與選舉的必要條件），均付諸闕如。在此獨特處境中，理論上最讓人感興趣的是選舉過程的開展方式和有利於候選人成功的因素。若以一種既簡化又誇張的方式講述這個問題，那就是：在政治社會組織軟弱無力的背景下，我們能從大眾選舉中看到些甚麼？

選舉結果

為了安排選舉，香港被劃分為兩個區域、18 個地區和 122 個選區。除少數的例外情況，選區數目與席位是相對應的。例外的情況是，沙田和屯門的席位各比選區多 4 個、大埔的席位比選區多兩個，即總共有132 個席位開放給候選人競爭。候選人、選區和議席的數目分配情況見表 4-1。

表 4-1　18 個地區的候選人、選區和議席數量

	候選人	選區	議席
市區			
中西區	12	5	5
灣仔	14	5	5
東區	34	10	10
南區	21	6	6
油麻地	9	4	4
旺角	17	5	5
深水埗	22	9	9
九龍城	30	8	8
黃大仙	29	12	12
觀塘	41	12	12
合計	229	76	76
新界區			
沙田	15	4	8
西貢	15	5	5
荃灣	36	10	10
屯門	20	4	8
元朗	27	6	6
北區	22	6	6
大埔	22	5	7
離島	17	6	6
合計	174	46	56
總計	403	122	132

　　根據人口普查，香港在 1981 年的人口為 4 986 560 人。因此，每個選區的人口平均約 4 萬，對於希望每個選區都能發展出有效的凝聚感來說，這個人數實在太多。城市生活不帶人情味的感覺亦不利於凝聚共同感。香港華人的功利家庭主義直接削弱社會參與。在此背景下，着實需要極大的組織能力，才可以動員符合資格的成年人登記，並在投票日投票。

在處理選民參與的問題前，讓我們先考察一下選舉的競爭程度。如表 4-1 所示，競逐議席的候選人相當多，共 403 位。除 4 個（兩個在市區、兩個在新界區）候選人在無競爭的情況下自動當選，其他每個議席均有 2～7 人競逐。數據給人的初步印象是選舉競爭激烈，但多少帶點誤導。有如此多的人參選，背後是政府不遺餘力地動員，如指派地區官員主動游說社區中有一定地位的人士參選。在市區，有可能參選的人士主要來自社區組織，它們或是由政府發起組建（例如，住宅樓宇的互助委員會），或是與政府有工作上的聯繫（例如，街坊會）。政府也會從委任的地區諮詢組織中挑選並說服部分成員參選。在新界區這個香港快速城市化的腹地，大量候選人從屬於鄉村諮詢機構，包括鄉議局、鄉事委員會和村代表。無論是在市區還是在新界區，大量來自各種組織（教育、專業領域、社區服務、商界）的候選人也紛紛加入，他們的出現（不管是出自個人意願還是經人游說）都極大地增加了候選人數目。因為很多候選人並非抱着必勝的信念來競逐，所以他們參與選舉的整體精神風貌就是不溫不火。結果，有些人沒有積極拉票，有些人甚至敷衍了事。更重要的是，絕大多數候選人不為人知。選民不了解候選人，難免會減損區議會的聲望。

因為香港缺乏類似政黨的政治組織和強有力的社會團體，無法在選舉中發揮組織的優勢，大多數候選人就不得不單槍匹馬，參加競選。區議會並不是能作出重大決策的機構，因而限制了候選人提出可信的、具有實質內容的政綱。同時，候選人無法借助具有威望的組織打出旗號來參選，這進一步驅使那些意態堅定的候選人只能以突出自己是成功人士作為競選策略。

總體而言，候選人的政綱可以分為三類：強調個人背景和工作方式；承諾為選區爭取特定的項目或服務；將區議會轉變成針對全港性議題的意見表達機構。雖然採納第三類政綱的候選人數量很少，但粗略考察各候選人的政綱，無疑會讓我們認識到很多候選人並未透徹理解區議會的功能，區議會在香港政制中的位置，以及區議員的職權。在這種背景下，由於缺乏廣泛的組織支持，很多候選人誇大口頭承諾就變得容易理解了。

　　但是，市區和新界區候選人之間仍有很大不同，顯示出這兩個區域在過去有不同的政治經歷。在區議會成立前，政府沒有授權市區居民選舉任何代表，政府和民眾間的關係在很大程度上是由各個社區的頭面人物協調，他們在本質上依附當局。[3] 實際上，在過去幾十年，新界原居民通過民政事務專員和鄉事領袖在殖民政府已有了較好的代表。原居民是新界區的一個特殊羣體，它的出現和繼續存在在很大程度上是為了便於政府的行政管理。從嚴格意義上講，原居民是指在 1898 年英國向清政府租借新界時，已經在政府認可村落居住的居民及其後裔。由於英國政府當初租借新界是出於建立軍事緩衝區的考慮，所以針對原居民的政策，就是保持其地位不變。為了安撫一開始持敵對態度的原居民，同時出於殖民者渴望保留異域風俗和本土制度的想法，原居民被授予大量特權，用以鞏固村落和血緣關係羣體的凝聚力。如今，在住房短缺和土地價格飆升的情況下，新界原居民的一些特權（例如，成年男性後裔一生中有權免地價建造一間丁屋）已變成貴重的資產。由於大多數香港居民不能享有這類特權，原居民自認為是特殊的利益集團，捍衛既有權益的意識也愈來愈強烈。作為一個羣體，原居民是現行行政安排下的受益者，因此有強烈動機在行政和政治轉型期保護自己的利益。

　　在政治領域，因為政府施以的恩惠，原居民同樣處於有利地位。"二戰"後，新界區建立起一套等級分明的諮詢體制，該體制由村代表、鄉事委員會和處於最上層的鄉議局組成，構成了原居民表達訴求的渠道。這套體制最與眾不同的地方在於它引入了選舉制度。因此，新界區在政治上比市區更先進。此外，儘管現代化的影響不可逆轉，但在新界邊遠地區，很多村落和家族組織仍是進行社會和政治行動的可靠力量，是鄉村領袖強化自己與政府議價能力的組織基礎。近年來，原居民的領袖頗有能力保護和改善其選民的利益，會為要求高調發聲，也能策略性地督導政治行動的進程，以獲得一定程度的獨立性，調解政府和原居民之間的矛盾。

戰後，市區民眾向新界地區外移以及新市鎮的建造（例如，荃灣、沙田和屯門）已經削弱了原居民在新界區作為一個人口羣體的重要性。1981 年，原居民人口估計僅有 25 萬，而整個新界區的總人口躥升到了165 萬，並以不可阻擋的趨勢繼續增長。新界區人口分佈的變化，難免會帶來政治制度安排的轉型。新界區議會的設立，被認為是以鄉村領袖的政治地位作為代價，重新分配政治權力。鄉村領袖面對的挑戰是，如何在新政治環境下保留政治影響力，否則便可能危及其切身利益，這也就可以解釋為何在這次選舉中，他們有強烈動機挑選候選人，以及不遺餘力地動員選民投票。與外來的競爭者相比，原居民的候選人有 3 個優勢：首先，政治上更有經驗；其次，可依靠經驗豐富的鄉村政治人物和組織的支持；最後，可訴諸原居民的宗族和地緣觀念而動員其支持。[4]結果，在選舉戰中，原居民成功地用經驗、組織能力和羣眾路線彌補了人數上的劣勢。除新市鎮和較城市化的選區外，原居民在選舉中輕鬆拔得頭籌。在屯門（剛開始發展的新市鎮），強有力的原居民領袖幾乎囊括所有區議會席位。

從以上分析看，區議會選舉在市區與新界區的重要性有所不同。在市區，區議會選舉的作用部分是要彌補政府和公眾間缺乏中介機制的弊端，以及為原子化的大眾培養地區層面領導，其目的是發展新的利益而不是消除舊的利益。這種考慮也存在於新界區的區議會選舉，但必須被理解為一個公開的平台，傳統和自我意識的利益在這裏要站穩腳跟，而不被破壞。表 4-2 列出的選民登記率和投票率形象地說明了區議會選舉在兩個區域的不同含義。

表 4-2　18 個地區的選民登記和投票情況

	估計符合資格的選民人數	登記選民人數（佔比）	投票人數（佔比）	投票率
市區				
中西區	175 000	49 968 (29%)	16 506 (9%)	33.0%
灣仔	158 000	46 952 (30%)	12 892 (8%)	27.5%
東區	255 000	101 527 (40%)	32 705 (13%)	32.2%
南區	120 000	48 680 (41%)	21 883 (18%)	45.0%
油麻地	91 000	31 398 (35%)	7 802 (9%)	24.8%
旺角	163 000	42 329 (26%)	10 633 (7%)	25.1%
深水埗	277 000	87 063 (31%)	30 896 (11%)	39.2%
九龍城	272 000	80 540 (30%)	28 053 (10%)	34.8%
黃大仙	264 000	98 830 (37%)	33 774 (13%)	37.5%
觀塘	316 000	119 546 (38%)	49 832 (16%)	41.7%
合計	2 091 000	706 833 (34%)	244 976 (12%)	35.5%
新界區				
沙田	65 000	15 673 (24%)	7 105 (11%)	45.3%
西貢	25 000	5 912 (24%)	3 565 (14%)	60.3%
荃灣	320 000	70 675 (22%)	26 481 (8%)	38.0%
屯門	64 000	25 551 (40%)	13 819 (22%)	54.1%
元朗	93 000	28 337 (30%)	17 454 (19%)	61.6%
北區	60 000	19 311 (32%)	12 352 (21%)	64.0%
大埔	36 000	12 564 (35%)	8 109 (23%)	64.5%
離島	26 000	14 703 (57%)	8 903 (34%)	65.5%
合計	689 000	192 726 (28%)	97 788 (14%)	51.3%
總計	2 780 000	899 559 (32%)	342 764 (12%)	38.9%

註：括號內數字為登記選民人數和投票人數佔合資格選民人數的百分比。

　　雖然市區的選民登記率（34%）略高於新界區（28%），但新界區的投票率更高。在市區的登記選民中，僅有 35.5% 真正投票，而在新界區，這一投票率是 51.3%。然而，從整個香港看，無論是選民登記率

（32%）還是投票率（38.9%），都不太理想。

選民的投票熱情低説明區議會及其選舉難以吸引公眾的注意，同時説明香港民眾的組織參與度很低。由於無法通過組織大規模動員和拉票，所以候選人不得不採用一系列通常無法深入選民的競選策略，包括家訪、用擴音器宣傳、街頭握手、打橫幅、發傳單、郵寄競選的小冊子和單張、張貼海報，以及在大眾傳媒上有限地露面。有關部分候選人利用不合法手段競選（例如，請客吃飯、賄選、敲詐）的傳言也流傳開來，但整體上，區議會選舉是"乾淨"和誠實的。這些競選策略主要以客觀的手段向選民介紹候選人，但在培育二者關係上無甚成效。在新界區城市化程度較低的選區，競選風格以較個人化的方式展開，此策略之所以可行，是因為宗族和地緣觀念仍有一定的影響力。鄉村領袖擁有的主從關係（patron-client relation）網絡也被盡量利用以鼓勵選民投票。因為這些原因，新界較偏遠地區，如元朗、北區、大埔和離島的投票率高逾60%，而沙田、屯門和荃灣則偏低。

這次區議會選舉在很大程度上是個人特質而非組織能力的比拼，這一事實通過一個非同尋常的發現得到驗證。在正常情況下，每個席位的候選人數量與投票率有正相關的關係，因為更多的候選人會動員更多的選民投票。但是在這次區議會選舉中，這兩個變量的相關度非常弱，市區選舉的相關系數是 0.20，新界區的是 0.25。

另一個證據更符合通常的預想。當更多候選人參選，獲勝者和敗選者之間的選票差距通常會降低。候選人數量和當選者得票比例的相關系數在市區是 -0.59，在新界區則是 -0.69。這表明，香港相當缺乏可主導選舉走向的知名候選人。

因為投票率低，候選人不需要拿到太多選票就可以當選，在市區，候選人拿到的選票從 548 ～ 3 802 張不等，在新界區則介於 189 ～ 2 486 張之間。這種情況特別有利於選民基礎在地域上比較集中（如宗族和村落) 的候選人。

成功當選的因素

　　在這次區議會選舉中，組織因素只屬次要，成功當選更多地取決於個人背景，其中以候選人的社會經濟地位最為突出。表 4-3 列舉了當選者的組織背景，從中我們可以看出，原先以為在選舉中可能起到很大作用的市區社區組織 (如街坊會和互助委員會)，表現不太理想；但鄉村組織 (如鄉議局、鄉事委員會和村代表) 卻相反，推出的候選人贏得大多數席位。雖然所有當選的候選人都是各志願團體的成員或幹事，但這些團體在選舉中大都扮演可有可無的角色。總之，它們起到的作用是確認身份而非動員選民。

表 4-3　當選候選人的組織背景

	互助委員會	街坊會	鄉議局 / 鄉事委員會 / 村代表	其他	總數
市區					
中西區	—	1	—	4	5
灣仔	—	2	—	3	5
東區	3	1	—	6	10
南區	—	—	—	6	6
油麻地	—	1	—	3	4
旺角	1	2	—	2	5
深水埗	2	2	—	5	9
九龍城	2	—	—	6	8
黃大仙	6	1	—	5	12
觀塘	4	1	—	7	12
合計	18	11		47	76
新界區					
沙田	5	—	1	2	8
西貢	—	—	3	2	5
荃灣	3	—	1	6	10

(續表)

	互助委員會	街坊會	鄉議局 / 鄉事委員會 / 村代表	其他	總數
屯門	—	—	2	6	8
元朗	—	—	—	6	6
北區	—	—	2	4	6
大埔	—	—	3	4	7
離島	—	—	2	4	6
合計	8	—	14	34	56

註：如果當選者從屬於多個組織，本表只列出主要的一個。因為候選人所屬組織的信息並不完整，我們也難以親自接觸他們來彌補這個缺陷，所以表中的數據僅供參考，在使用時要格外慎重。鄉議局 / 鄉事委員會 / 村代表推出的候選人應被低估，因為很多與這些組織有關係的候選人並非其知名成員，因此這層從屬關係顯得沒有其他關係那麼重要。

即使就鄉村組織而言，我們也不能完全肯定，候選人成功當選的原因是組織因素的重要性超過個人背景。表 4-4 顯示，原居民贏得的席位與他們在新界區的人口數量不成比例，這證明原居民擁有更大的組織動員能力。但在表 4-4 中我們也可以看到，當原居民候選人之間的競爭激烈，以及假設組織因素已被控制時，成功當選的決定因素又必然回到個人背景上。因此，我們的討論將集中到這些因素上。

表 4-4　按原居民背景劃分新界區候選人和當選候選人

	候選人			當選候選人		
	總人數	原居民人數（佔比）	非原居民人數（佔比）	總人數	原居民人數（佔比）	非原居民人數（佔比）
沙田	15	6（40%）	9（60%）	8	3（38%）	5（63%）
西貢	15	9（60%）	6（40%）	5	3（60%）	2（40%）
荃灣	36	6（17%）	30（83%）	10	1（10%）	9（90%）
屯門	20	16（80%）	4（20%）	8	7（88%）	1（12%）
元朗	27	18（67%）	9（33%）	6	3（50%）	3（50%）
北區	22	11（50%）	11（50%）	6	4（67%）	2（33%）
大埔	22	20（91%）	2（9%）	7	5（71%）	2（29%）
離島	17	9（53%）	8（47%）	6	6（100%）	0（0%）
總計	174	95（55%）	79（45%）	56	32（57%）	24（43%）

比較市區和新界區候選人的個人背景，市區候選人中，長者、女性、委任區議員[5]以及從事專業工作和白領工作的人比例較高；新界區候選人中，中年、男性以及從事商業、餐飲業、工業和建築業等工作的人比例則較高。表 4-5 和表 4-6 列出了市區和新界區候選人的年齡和職業分佈。

表 4-5　候選人和當選候選人的年齡分佈

	市區				新界區			
	候選人		當選候選人		候選人		當選候選人	
	人數	佔比	人數	佔比	人數	佔比	人數	佔比
21~30 歲	18	8%	9	12%	17	10%	2	4%
31~40 歲	49	21%	22	29%	34	20%	13	23%
41~50 歲	50	22%	15	20%	51	29%	18	32%
51~60 歲	72	31%	22	29%	45	26%	13	23%
60 歲以上	40	18%	8	11%	27	16%	10	18%
總計	229	100%	76	101%	174	101%	56	100%

表 4-6　候選人和當選候選人的職業分佈

	市區				新界區			
	候選人		當選候選人		候選人		當選候選人	
	人數	佔比	人數	佔比	人數	佔比	人數	佔比
商人	93	41%	27	35%	78	45%	22	39%
餐飲業從業人員	4	2%	2	3%	15	9%	6	11%
工業和建築業從業人員	16	7%	7	9%	26	15%	11	19%
教育工作者	24	10%	18	23%	13	7%	5	9%
公眾取向專業人士	14	6%	4	5%	9	5%	7	12%
其他專業人士	23	10%	6	8%	7	4%	2	4%
白領	17	7%	5	7%	4	2%	2	4%
農民和工人	6	3%	2	3%	2	1%	0	0%
其他	32	14%	5	7%	20	12%	1	2%
總計	229	100%	76	100%	174	100%	56	100%

註：“教育工作者”主要指教師和中小學的校長。“公眾取向專業人士”包括牙醫、醫生、律師、社工、銷售人員和公關經理。“其他專業人士”包括會計師、工程師、出版商、技術人員和其他。

根據現有數據，我們可以挑選出 3 個變項來分析：年齡、委任區議員身份和職業。性別變項很快被排除，因為只有 20 位女性（市區有 16 位，新界區有 4 位）參選，其中僅有 5 位成功當選（市區有 4 位，新界區有 1 位）。表 4-7 和表 4-8 表明了這 3 個變項與選舉成敗的關係。

表 4-7　市區候選人社會經濟背景與選舉成敗的關係

	候選人人數 （總數 =229）	當選者人數 （總數 =76）	落選者人數 （總數 =153）	當選率
年齡				
21~30 歲	18	9	9	50%
31~40 歲	49	22	27	45%
41~50 歲	50	15	35	30%
51~60 歲	72	22	50	31%
60 歲以上	40	8	32	20%
	（卡方值 =8.92，自由度 =4，顯著度 >0.05）			
在任區議員身份				
委任區議員	48	29	19	60%
非委任區議員	181	47	134	26%
	（卡方值 =20.31，自由度 =1，顯著度 <0.05）			
職業				
商人	93	27	66	29%
餐飲業從業人員	4	2	2	50%
工業和建築業從業人員	16	7	9	44%
教育工作者	24	18	6	75%
公眾取向專業人士	14	4	10	29%
其他專業人士	23	6	17	26%
白領	17	5	12	29%
農民和工人	6	2	4	33%
其他	32	5	27	16%
	（卡方值 =22.10，自由度 =8，顯著度 <0.05）			

表 4-8　新界區候選人社會經濟背景與選舉成敗的關係

	候選人人數 （總數 =174）	當選者人數 （總數 =56）	落選者人數 （總數 =118）	當選率 （%）
年齡				
21~30 歲	17	2	15	12
31~40 歲	34	13	21	38
41~50 歲	51	18	33	35
51~60 歲	45	13	32	29
60 歲以上	27	10	17	37
	（卡方值 =4.56，自由度 =4，顯著度 >0.05）			
在任區議員身份				
委任區議員	7	5	2	71
非委任區議員	167	51	116	31
	（卡方值 =5.15，自由度 =1，顯著度 <0.05）			
職業				
商人	78	22	56	28
餐飲業從業人員	15	6	9	40
工業和建築業從業人員	26	11	15	42
教育工作者	13	5	8	38
公眾取向專業人士	9	7	2	78
其他專業人士	7	2	5	29
白領	4	2	2	50
農民和工人	2	0	2	0
其他	20	1	19	5
	（卡方值 =19.4，自由度 =8，顯著度 <0.05）			

　　就年齡而言，無論是在市區還是在新界區，年齡和選舉成敗都沒有統計學上顯著的關係。這表明在香港華人社會中，年齡已不再帶來無可置疑的尊重和地位。儘管如此，當我們比較兩區當選候選人的年齡時，仍可發現輕微的差別：市區候選人的平均年齡較新界區高，但新界區當選者的平均年齡高於市區。新界區較傳統的社會背景應是解釋這種差異的原因之一。

　　就委任區議員身份而言，候選人如果具有委任身份，會比沒有的更具優勢。這主要是因為委任議員的身份會提升地位，與區議會的組織因素應該沒有甚麼關係。如表 4-7 和表 4-8 所示，無論是在市區還是在新界區，在任的委任區議員有更大的機會在選舉中獲勝：市區有 60% 當選（48 位候選人中，29 位當選），新界區有 71% 當選（7 位候選人中，5 位當選）。

　　就職業而言，候選人的職業是預測選舉成敗相對重要的變項，而職業則是候選人的社會經濟地位最重要指標。如表 4-7 和表 4-8 所示，從人數看，無論是在市區還是在新界區，成功當選的候選人中以商人居多；然而，商人參選的成功率並不高，市區只有 29%，新界區只有 28%。在市區和新界區，廣義的專業人士比其他候選人更有優勢。如果我們把教育工作者、公眾取向專業人士和其他專業人士合在一起，他們的成功率在市區是 46%，在新界區是 48%。在市區，餐飲業候選人與專業人士成功當選的機會大致一樣，都是約 50%。這個職業界別的候選人和專業人士一樣，因為他們的職業性質能利用廣泛的公眾聯繫。

　　將專業人士再細分為不同的類別我們發現，市區的教育工作者和新界區的公眾取向專業人士非常有機會成功當選，前者的當選率是 75%（24 位候選人中，18 位當選），後者的當選率是 78%（9 位候選人中，7 位當選）。為甚麼教育工作者在新界區的選舉表現不如在市區好？公眾取向專業人士在市區的表現不如在新界區好？針對前者，我們的猜測是新界區學校相對較小，因此不能像市區那樣提供大量的選舉支持。至於後者，市區的公眾取向專業人士的客戶可能分散在很多不同界別，因此不能全面支持那些候選人。此外，新界區的公眾取向專業人士的客戶在地域分佈上更集中，荃灣可以作為例子來說明這種關係，它比新界其他選區更加城市化，教育工作者在荃灣當選的機會與在市區的同行相當。

雖然教育工作者的個案數量有限，我們的觀察明顯不足以下定論，但對這一羣體還是有一些額外評論的。我們對市區選舉的教育工作者進行了更詳細的分析並發現，年輕教育工作者比年長教育工作者有更大的當選機會。性別因素對教育工作者能否當選沒有顯著的影響。在任區議員的身份對教育工作者的當選機會也沒特別的好處。選區內的競逐者數量對教育工作者能否當選的影響並沒有一致模式。最後也是最有趣的情況是，如果教育工作者候選人敗選，他們是敗在專業人士和白領候選人的手上，而不是其他職業的候選人。

結論

總體而言，香港首屆區議會選舉是場比拼個人背景的競賽，而非組織能力的競爭。結果，候選人如果成功當選，就會憑藉個人的專業和獨立判斷來行使權力。我們預計，他們會將自己的區議員角色看成是受託人，如果民眾表達自己的期望，這些議員會聆聽，但不一定會遵從。

區議會選舉並不肯定帶來中層領導的重大改變。要承認的是，在這次選舉中會有很多新面孔出現，他們會利用自己的知識和專業來強化未來香港的地區行政管理。然而，作為一個羣體，民選區議員的政策觀點（根據他們的參選政綱看）與其他地區領袖似乎無明顯分別。"壓力團體"推選的候選人在選舉戰中的表現並不出色，至於那些少數當選者能否在冷漠的政治環境中做出好成績，也令人存疑。

絕大多數當選的區議員都傾向於維持現狀，着眼於當下的議題和設施。他們未能掌握區議會在香港政治制度的定位，也未能根據社會整體和自己選區的性質與需要，甄選和凝聚民眾的訴求。從這個意義上講，他們難以構成一股強大的力量，以抗衡區議會裏如鐵板一塊的官員羣體，實際那些官員壟斷了信息、行政效率以及政策執行和影響的知識。

在這種準行政管理遊戲中，民選區議員根本不是官員的對手。

區議員各自為政，與自己的選民也沒制度化聯繫，最終會讓他們無法履行中間人的角色。就個人而言，區議員很容易被官員操縱，或屈服於官員的壓力；缺乏有組織的羣眾聯繫，他們也不能動員羣眾支持自己。區議會現在的組成和運作阻礙其發展有關特定公共決策的問責機制，因而不能提供足夠誘因，鼓勵民選區議員為取悅選民而積極投入議會事務。相反，對他們而言，更明智的做法是集中在那些與區議會職能無關，但可能安撫支持者的活動上。

如果區議會要成為香港的制度化中介機構，並為培育中層領袖提供肥沃土壤，按首批民選區議員的組成和內部組織來推斷，應是不勝其任。為彌補這種局面，除擴大區議會的職能和權力外，我們需要未來的候選人更扎根於有效的政治組織，對各方面的政策議題表達更清晰和敏銳的看法。

註釋

1. Lau Siu-kai, "The Government, Intermediate Organizations, and Grassroots Politics in Hong Kong," *Asian Survey*, Vol. 21, No. 8 (1981), pp. 865-884.
2. 有關區議會的組成和職能，參見：Lau Siu-kai, "Local Administrative Reform in Hong Kong: Promises and Limitations," *Asian Survey*, Vol. 22, No. 9 (1982), pp. 858-873。
3. 香港中層領袖的組成正在發生變化，參見：Lau Siu-kai, *Society and Politics in Hong Kong* (Hong Kong: Chinese University Press, 1982), pp. 121-155。
4. 有關新界政治發展的描述，參見：Kuan Hsin-chi and Lau Siu-kai, "Development and the Resuscitation of Rural Leadership in the New Territories," *Hong Kong Journal of Public Administration*, Vol. 3, No. 1 (1981), pp. 72-89; Kuan Hsin-chi and Lau Siu-kai, "Planned Development and Political Adaptability in Rural Areas," in Ambrose Y. C. King and Rance P. L. Lee (eds.), *Social Life and Development in Hong Kong* (Hong Kong: Chinese University Press, 1981), pp. 169-193; Chau Lam-yan and Lau Siu-kai, "Development, Colonial Rule, and Intergroup Conflict in a Chinese Village in Hong Kong," *Human Organization*, Vol. 41, No. 2 (1982), pp. 139-146。
5. 1982 年區議會選舉之前，香港多個地區已成立由委任議員組成的區議會，時間從半年到兩年不等。

第 5 章　1985 年區議會選舉與殖民地的政治動員 *

　　香港第二屆區議會選舉於 1985 年 3 月，即中英簽署《中華人民共和國政府和大不列顛及北愛爾蘭聯合王國政府關於香港問題的聯合聲明》(簡稱《中英聯合聲明》) 後不久進行。《中英聯合聲明》規定，香港將於 1997 年回歸中國，中英針對香港未來進行了漫長曲折的談判，儘管讓大多數港人感到困惑和恐慌，但這場談判不可避免地將他們帶進一場喧囂吵鬧的政治體驗，進而影響他們的政治觀點。

　　自 1984 年 12 月中英簽署《中英聯合聲明》後，香港開始進入到 1997 年 6 月 30 日才結束的過渡期。雖然棘手的主權問題得到解決，但走向並跨越"九七"的政治前景仍晦暗不明，也沒有完全排除出現嚴重政治動盪的可能性。這種充斥着不確定和焦慮的狀況不僅因為中國內地和香港的政治經濟制度大為不同，也因為香港要維持政治個性，最終還需依靠中國的善意和容忍。由於大多數港人不信任中國，因此政治上的不安進一步複雜化。

　　為了緩解港人的憂慮，中英為香港設計了看似兼容但各自為政的政治發展計劃。在英國看來，關鍵字眼是"代議政制"和"自治"，而中國認為是"高度自治"和"港人治港"。因為英國在過渡期負責管治香港，中國在回歸後行使主權，只有互相合作，各自為香港設計的計劃才有可

---

* 本文與關信基合著，原以英文發表，刊於 Lau Siu-kai and Kuan Hsin-chi, "The 1985 District Board Election in Hong Kong: The Limits of Political Mobilisation in a Dependent Polity," *Journal of Commonwealth and Comparative Politics*, Vol. 25, No. 1 (1987), pp. 82-102. 感謝港英政府政務總署、多位政府官員和社區領袖提供區議會選舉的資訊和經驗。

能實現。英國在 1997 年之前發展的代議政制缺乏可信性，因為不可能帶來政治上的自治。同樣地，英國若沒有轉移部分政治權力給港人打下基礎，那麼中國承諾的"港人治港"也是空洞的。

雖然從理論上看，中英在政制改革領域進行合作不僅可欲，而且迫切需要，但這種合作充滿困難。首先，"代議政制"和"自治"因缺乏實質內容，只是模糊的描述，中英總是能用不同甚至對立的概念解釋，並抱着不同的急迫心情實施政制改革。儘管香港政治獨立的選項已被排除，中英對一些具體改革措施的必要性和可欲性以及進行的時間，仍可能有對立的看法。其次，政制改革是一個分裂香港的議題。即使大多數人並不關心，但"民主化"（不管這個詞的確切含義是甚麼）的可能性仍然刺激了一小部分正在發展的政治活躍分子，他們將"民主化"視為獲得和行使政治權力的機遇。與之相反，"民主化"令資產階級和專業人士感到恐懼、驚慌失措，因為他們擔心"過度民主化"會削弱香港的資本主義制度，並帶來政治不穩定。

因為香港的上層精英自認為缺乏政治能力，也沒建立有效的政治組織，所以他們大部分將自己的行為局限在向中英兩國請願和表達意見上。然而，政治活躍分子不遺餘力地組織化，在回歸前幾年成立大量小型、積極論政的政治團體（例如，港人協會和匯點）和準政治團體（例如，太平山學會和香港教育專業人員協會）。這些團體以中產階級人士為主，並主張漸進式改革。雖然這些團體也對政治、社會、經濟改革的範圍和步伐有不同理解，但迄今為止，它們只能表達廣泛的政策建議，沒有實質性對策。在意識形態領域，它們並未激進到採取反資本主義立場，也大多不信任中國和英國（程度或有不同），在政治競爭中均避免挑釁中英雙方。

這些新生團體的出現在一定程度上改變了香港的政治格局。此前香港的威權官僚政制僅培育了一個虛弱的社區、公民和鄉村領導層，這些領袖主要是下列組織的幹事，包括街坊會（鄰里組織）、互助委員會（設立在高層住宅樓宇中）、地區委員會（按行政地區劃分）、鄉事委員會和鄉議局（由新界原居民組成）。[1] 所有這些組織都由政府設立，作用旨在諮詢。其領袖多帶傳統意識、威權意識，保守並服從政治權威。

自 20 世紀 70 年代開始，因政府擴大施政措施以及民眾對公共設施和服務的需求上升，香港出現了大量的 "壓力團體"（例如，香港公共房屋政策評議會）[2]，它們聚焦於特定議題，並推動符合財富再分配目標的公共政策。"九七回歸" 和政權轉移的前景直接催生了政治和準政治團體，但它們也在一定程度上令非政治團體政治化。傳統的領袖突然意識到，只要強有力的政治組織和領袖不出現，他們的支持基礎雖然相對薄弱，但仍能轉變為政治資本。但與此同時，他們也受到剛剛登上政治舞台的政治組織和咄咄逼人的 "壓力團體" 的嚴重挑戰。對 "壓力團體" 而言，獲取政治權力以實現自己的再分配目標，是一個突然出現的光明前景，推動它們在體制內爭奪權力。同樣看到政治機遇的光明前景，並認識到新生政治力量的威脅，兩個成立已久但不甚積極的政治與公民組織（香港革新會和香港公民協會）也加入混戰。到 1985 年，雖然官僚政府仍主導香港政治，但已遭到一羣政治團體、準政治團體以及雛形政治團體的圍攻，它們已經做好準備，為爭奪大量下放、移交的政治權力而戰。權力下放是配合非殖民化政策的需要，對香港而言，這是破天荒的事情。

區議會選舉

因預料到香港最終會回歸中國，港英政府在 20 世紀 80 年代早期就開始了政制改革，並從地方行政層面展開，包括設立 18 個區議會（1985 年增加到 19 個）。區議會是民意諮詢組織，沒有行政職能；一半議席通過選舉產生，任期 3 年。首屆區議會選舉在 1982 年舉行，選民反應相當冷淡。[3] 從那時起，政府採取一系列措施提升區議會的政治地位以及在香港政制中的重要性，例如，將民選議員的比例提高到 2/3（1985年）；區議會主席不再由政府官員擔任，而是由議員互選產生；區議會承擔少量行政職能；增加區議員的薪酬。最重要的是，區議會將選出 10 位議員進入新一屆立法局（在 1985 年共有 56 位議員）。

因此，我們在評估這次區議會選舉的重要意義時，要考慮到政治環境的改變和新一屆區議會政治地位的提升。但這並非此次選舉的全部，要理解這次選舉的真正意義，還必須考慮其他源於香港特殊政制的因素以及現在面臨的關鍵轉折點。

首先，區議會在政治上的實質作用和重要性含糊不清，並隨着政治環境而變化。它的突出特徵不是其諮詢功能、有限的行政職能和地區基礎，而是它作為民選的政治組織，代表真正的民意，不局限於劃定的公共論述。隨着政府走向代議政制，1985 年的區議會選舉必定具有更大的重要性。香港中文大學進行的電話調查顯示，58.3% 的受訪者相信 1985 年的區議會選舉比 1982 年的更重要。[4] 因此，初步證據應讓人預料公眾會更支持 1985 年的區議會選舉。另外，政府和大眾傳媒投入大量精力宣傳這次選舉，差點蓋過了選舉的政治意義。儘管如此，政府對選舉的態度是喜憂參半。投票率雖表明了這場選舉的受歡迎程度和認受性，但政府也謹慎地不將區議會過分渲染為政治機構，因為政府擔心這樣會造成民眾不切實際的期望，進而在未來鼓勵民眾提出不可接受的政治訴求。

這次選舉之所以重要的另一個因素是，它在中英談判剛結束及造成社會壓抑時，隨即給港人提供了一個政治表達的統一渠道。因此，是否參與投票的意義就遠大於如何挑選候選人。選舉會給出一些線索，讓我們觀察港人的政治心態，他們剛經歷了一段長時期的情感煎熬，選舉至少可以讓他們釋放壓抑的心情，雖然發展方向並不明確。

　　區議會選舉也為政治團體提供了特定場域，可以讓它們在不斷演進的政治制度中"扎根"，以及為將來更大的政治之爭做好準備。事實上，幾乎所有本地政治團體都參加了這場選舉。對大多數政治團體和準政治團體而言，1982 年區議會選舉的意義不大，以至於不能保證花費的精力物有所值。很多壓力團體甚至認為那是一種專門設計出來的政治手段，背後不可告人的目的是壓制它們。但是到了 1985 年，這些壓力團體全面轉變，以最大的熱情投入競爭。右派（親台灣的活躍分子）和左派（擁護中央政府的活躍分子）均如此。右派希望贏得一些席位，以抗衡日益興盛的左派，但在組織上潰不成軍，因此難以帶來真正的威脅。[5]左派認識到自己處於更尷尬的境地，作為一股巨大的政治力量，仍無法強大到足以控制整個選舉結果。它們全力以赴地動員選民不僅無法確保成功，反而可能帶來反效果，令公眾認為中國已提前出動，要從政治上掌控香港。另外，左派還對英國的動機產生懷疑，猶豫是否要參加由港英政府設計的競賽。

　　但是，完全不參加選舉也同樣困難。首先，權力，雖然是最低限度的，仍會落入他人手中。任由權力旁落總會讓人不快。其次，不參加選舉會令港人認為中英不和，從而導致政治動盪。最後，不參選意味着自治承諾（帶着"民主"的言外之意）是一場鬧劇，會打擊港人的政治積極性。為了使自治承諾可信，同時恰如其分地控制選舉結果，顯示中國及其支持者能負責任，擁護中央政府力量僅在選舉中適當地扮演不引人注目的角色。他們（特別是香港工會聯合會）發起了小規模的競選活動，幫助自己的支持者登記為選民，這些活動也僅僅獲得有限的成功。他們向大約 80 位候選人提供支持，但也是有限、秘密、小幅度的，這些候選人或是直接隸屬於擁護中央政府的組織，或是友好人士。[6]

　　按道理說，在這樣的政治環境和歷史時刻，第二屆區議會選舉應引來熱情回應的選民，但實際結果與預期相比，基本令人失望。

候選人與選民

此次選舉香港被劃分為兩個區域、19 個地區和 145 個選區，候選人共角逐 237 個席位（見表 5-1），比 1982 年區議會選舉（132 個）多，增加席位旨在刺激選民和候選人參加選舉。

表 5-1　19 個地區的候選人、選區和議席數量

	候選人	選區	議席	候選人／議席
市區				
中西區	19	7	13	1.5
東區	42	12	18	2.3
九龍城	30	8	16	1.9
觀塘	37	12	20	1.9
旺角	22	6	10	2.2
深水埗	28	10	18	1.6
南區	23	6	11	2.1
灣仔	21	5	10	2.1
黃大仙	39	12	21	1.9
油麻地	17	5	8	2.1
合計	278	83	145	1.9
新界區				
離島	17	7	7	2.4
葵涌／青衣	38	8	15	2.5
北區	22	6	8	2.8
西貢	12	5	5	2.4
沙田	32	8	15	2.1
大埔	17	7	7	2.4
荃灣	18	6	9	2.0
屯門	35	8	16	2.2
元朗	32	7	10	3.2
合計	223	62	92	2.4
總計	**501**	**145**	**237**	**2.1**

　　從表 5-1 可以看出，此次區議會選舉可供競逐的席位幾乎翻倍，但並沒令候選人數量相應增加。1985 年區議會選舉共有 501 人參選，1982 年是 403 人。第二屆選舉平均只有 2.1 位候選人競逐一個席位，遠低於上屆的 3.1 位。具有諷刺意味的是，更多的利益和政治團體參與這次選舉，不僅沒有提高選舉的競爭性，反而降低了。一般來説，候選人數量與選民的參與水平成正相關關係。候選人猶豫不決是始料不及的，這表示選民沒甚麼投票熱情。

　　造成候選人人數比預期少的因素有多個，其中最重要的是，儘管不同的利益和政治團體野心勃勃，但組織能力較差，難以動員大規模的公眾支持。很多團體實力太差，根本不成熟，難以在政治舞台上有任何重大影響。那些建制團體（例如，街坊會、互助委員會、地區委員會、香港公民協會和香港革新會）普遍組織不濟、政治無力。新界的鄉村組織（鄉議局和鄉事委員會）稍好些，因為它們能憑藉傳統和原屬的紐帶與鄉村選民保持聯繫，當然這需要物質利益來維繫。但這些紐帶也受到了現代化和城市化的衝擊，特別是近期市區居民搬入政府規劃和建造的新市鎮生活。

　　除了組織上的不足，新成立的政治團體和壓力團體均不擁有足夠資源進行大規模競選。它們只是設法在選定的幾個選區推選少量的候選人，儘管可能會對其他候選人提供名義上或象徵性的支持。與上次選舉相比，這一次的特徵是，不少候選人具有利益或政治團體背景，或者至少是選舉夥伴關係。各種選戰聯盟的形成確實嚇跑了相當多有意參選的人士，特別是傳統的參選者，他們仍認為參與選舉是履行公民責任，而不是公開爭取政治權力。

　　進一步觀察後發現，"團體"因素在 1985 年區議會選舉中更多是表面現象。針對首屆區議會選舉，我們的結論是：這是一場比拼個人背景，而非組織能力的競爭。[7] 儘管表面上看起來相反，但我們還是認為，第二屆區議會選舉同樣適用這個結論，雖然適用程度會稍弱。真實的情況是，自上次選舉後，新的團體開始登上政治舞台，而很多沒有參與上次選舉（或參與度偏低）的舊團體，如街坊會、互助委員會、香港公民協會、香港革新會、香港教育專業人員協會等，也把目光集中在這次選舉上。但是，這些團體的參選目標並不明確，選舉結盟亦不成氣候，是權宜之計，贏取選票的有效性也備受質疑。因此，競選聯盟和政治團體的表現都遜於預期。

兩個最受矚目的競選聯盟（在東區和中西區）都是非常鬆散的臨時性團體，主要依靠權宜、便利和相互熟識，缺乏組織、紀律和共同的政綱。政治團體通常不會在自己的官方政策中表明支持哪位候選人，沒有正式的提名程序，沒有競選主任或機構協調選區內的競選活動，沒有共同的政綱，實際上也沒有財力支援，團體最多是提供象徵性的支持，實質性的支援（如競選活動工作人員、培訓設備、支持信、慶祝活動等）只是提供給特定選區中的特定候選人。團體內部的紀律鬆散，很多時候是因為候選人先決定參選，然後有關團體才考慮是否接納其成為成員。新成立的政治團體更需要招募已證明（或正在證明）自己獨立於該組織也能發展的才俊加入。因此，候選人通常具有多重團體身份，在競選時選用哪一身份，取決於在哪一個選區參選。總之，沒有團體可以依靠忠誠的、全心投入的成員。

利益和政治團體的參與，以及各種針對不同議題、定位於社區的壓力團體的介入，都對候選人的社會經濟特徵產生影響。因為這些團體大多由中產階級人士組成，成員的學歷較高，專業和管理人士較多，年齡也較輕。他們的一個明顯特點是：不是香港的上層精英，後者仍不願意參與地區層面的選舉政治。因此可以說，在香港政治轉型的早期階段，帶着改革目標的中層精英首先站出來，扮演積極的政治角色，發現身處的政治場域裏充斥着大量軟弱無力、支持政府的傳統政治領袖和組織。

儘管如此，與 1982 年相比，1985 年的候選人更為年輕，具有更高的學歷，也有更高的職業聲望。

在 1985 年區議會選舉中，除議席和候選人增加外，登記的選民數量也有所上升。選舉前，政府發起大規模的選民登記活動。這些宣傳難免受到仍在進行的中英談判的影響，令政治在香港成為熱門話題，結果選民登記冊多了 521 832 人。可以預期，新登記選民在政治上的投入應不如原先的選民。

表 5-2 提供了這屆區議會選舉的登記選民人數、投票人數和投票

表 5-2　19 個地區的選民登記和投票情況

	登記選民人數	投票人數	投票率（%）	1982 年投票率（%）
市區				
中西區	68 711（53 778）	16 257	30.2	33.0
東區	143 175（128 171）	41 323	32.2	32.2
九龍城	107 534（97 491）	28 666	29.4	34.8
觀塘	174 801（148 780）	53 581	36.0	41.7
旺角	72 361（72 361）	17 777	24.6	25.1
深水埗	112 565（78 351）	28 951	37.0	39.2
南區	70 435（48 795）	18 483	37.9	45.0
灣仔	59 364（59 364）	17 856	30.1	27.5
黃大仙	142 350（116 397）	39 878	34.3	37.5
油麻地	44 025（44 025）	11 370	25.8	24.8
合計	995 321（847 513）	274 142	32.3	35.5
新界區				
離島	19 945（17 754）	10 408	58.6	65.5
葵涌 / 青衣	90 853（90 853）	37 425	41.2	—
北區	34 542（34 542）	17 064	49.4	64.0
西貢	12 448（12 448）	7 402	59.5	60.3
沙田	61 751（61 751）	31 237	50.6	45.3
大埔	27 850（27 850）	12 442	44.7	64.5
荃灣	51 019（51 019）	20 994	41.1	38.0
屯門	72 196（72 196）	36 903	51.1	54.1
元朗	55 466（55 466）	28 541	51.5	61.6
合計	426 070（423 879）	202 416	47.8	51.3
總計	**1 421 391（1 271 392）**	**476 558**	**37.5**	**38.9**

註：選區內如果沒有競爭對手，候選人可自動當選，自動當選的議席包括：中西區 3 個，東區 3 個，九龍城兩個，觀塘 3 個，深水埗 5 個，南區 4 個，黃大仙 3 個，離島一個。括號內數字是減掉自動當選選區的登記選民人數之後的數字。

在 1982 年選舉中，葵涌 / 青衣是荃灣的一部分。假如葵涌 / 青衣和荃灣在 1985 年選舉中重新合併在一起，投票率會是 41.2%，仍然高於 1982 年選舉荃灣的 38%。

率。實際投票選民從 1982 年的 342 764 人增加到 1985 年的 476 558 人，增加了 133 794 人，表明選民的熱情更高。選民的絕對數字雖有所增加，但投票率從 1982 年的 38.9% 降到 1985 年的 37.5%。這一降幅在新界同樣明顯，而那裏的傳統鄉村力量更有能力動員選民投票。就新界而言，可能的解釋是，政治上不積極的市區居民搬入新市鎮，拉低了投票率。此外，年輕和稍微積極的市區居民更希望搬到新界居住，他們離開市區導致市區的投票率下降。

另一個背景因素可能是選舉前夕新登記的選民在政治上更不熱心，因此在整體上降低了選民參與度。雖沒有確實的數據，但選民的投票似乎與其社會經濟地位沒有太大關係。在社會問題較突出的選區，壓力團體似乎能號召更多選民參與投票。儘管有各種歡欣鼓舞的官方和非官方評價，但如果從選民的反應來評價，1985 年區議會選舉並不能說是成功的。值得關注的是，符合資格的選民中，僅約半數登記為選民；登記選民中，僅約 1/3 投票。所以嚴格來說，當選的候選人獲得的選民授權並不穩固。

從香港的政治發展來看，最令人感興趣的是，"九七回歸"是否會對港人的政治傾向帶來顯著影響？如果有影響，是否會表現在他們的投票行為上？即使針對這個問題還沒有系統化研究，各方組織和人士在選舉前後進行的大量調查[8]也能讓我們對這個問題有個簡單認識。調查發現，這次選舉除了可能稍微激發民眾對民主程序的興趣，令他們更多地意識到政府在改善民生上的作用以及更願意發表意見外，實質改變的東西並不多。另外，選民基本的政治態度沒有太大的改變，這影響了他們的投票行為，並且反過來嚴重限制了候選人的競選行為。從政治上看，香港仍是個原子化社會，沒有為政治目的而組織起來。僅當危及具體的利益，看起來不需花費太多成本就能夠解決時，一些小規模的、針對特定問題的組織才會在普羅大眾中應運而生，由中產階級出身的活躍分子充任領導。與這種結構性限制平行的，是選民的工具主義、實用主義、個人取向和自我取向的政治傾向。

選民的工具主義表現在對區議會的認知上，他們認為它是為自己或鄰里謀取利益的工具，不重視它與日常生活無關的政治價值。選民的實用主義體現在很少受意識形態的驅動，無論這是理想主義的還是啟示災難的；選民的注意力只集中在當下，在眼前的一畝三分地，在他們的實際利益。所謂個人取向是說，選民在決定投票給某候選人時，會看重這個人的特徵，例如，誠實、有知識、正直和有能力。由此我們可以看出，這些特徵主要強調候選人的個人屬性，只偶爾包括他和選民間的組織聯繫與社會關係。候選人所屬組織對選民評價候選人的影響並不重大，即使有也非常輕微。這種在選舉中只認人、不認組織和議題的現象，將香港選民與西方國家的選民區分開來。然而，也許除較少受現代化侵蝕的鄉村外，市區普遍存在的非個人化環境也不利於候選人發揮和展示長處。缺乏突出的、可以讓民眾產生共鳴的魅力型領袖，更進一步強化了香港的這個特點。因此，選舉中個人取向只能通過一種方式表現出來，即候選人通過大眾傳媒或偶爾的接觸（例如，家訪）讓選民間接地推斷其個人特徵。在這個過程中，讓選民看到的候選人屬性，如容貌、衣着和白紙黑字的資歷有非常突出作用，可塑造選民對候選人的印象。

選民內心的自我取向進一步將他們與西方的選舉區別開來，不過，這可能是短暫的現象，因為香港的政治體制縱使基本上仍不民主，但港人已開始接受民主原則。自我取向體現在選民對自己為甚麼投票的解釋上。零星的證據表明，香港選民投票的最主要原因是盡公民責任。因此，他們的投票行為可以被理解為一種自我強加、模糊的個人責任，而不是針對某個政治團體或議題的外部責任感。儘管如此，除投票這種簡單的行為，選民的責任感通常不會轉變為努力參與政治活動。同樣地，除偶爾通過大眾傳媒獲得的隻言片語外，選民也不會積極了解候選人的背景等情況。儘管政治團體蓬勃發展,它們還是被港人視為令人討厭的東西。沒有團體自稱是政黨,足以說明問題。全港性問題對選民來說可能重要,但選民在處理這類問題上的無力感似乎也折射到候選人身上,候選人認為他們也無能為力。

正在成長、愈來愈積極的候選人羣體和大量政治上冷漠的大眾同時存在,令香港的競選風格十分獨特:候選人僅通過讓步或妥協來迎合一個不怎麼支持他們的政治環境。區議會作為公眾意見和壓力的容器與來源,並不真正局限在地區事務和問題上。用以規定區議會職能的用語較為模糊,在實踐中使它可以涉及全港性事務的議題,將在很大程度上提升其公共地位。但在 1985 年區議會選舉中,全港性議題明顯沒有體現在候選人的政綱中。這次選舉很少談及香港的未來、政制改革、與中國內地的關係,甚至區議會在未來政治制度中的角色等問題;相反,候選人主要聚焦於改善地區服務和設施,他們認為這對選民有更大吸引力。

同時,鮮有政治團體把自己和候選人聯繫起來。除公共房屋政策評議會(一個壓力團體)、香港公民協會和香港革新會(兩個較資深的政治公民團體)外,其他政治團體的候選人都是以個人身份參選,背後的團體不公開提供支持。然而,貼上明顯政治團體標籤的候選人發現,這種聯繫並不一定是優勢,有些甚至遇到嚴重的難題,因為他們和政治團體有明顯聯繫,令選民質疑他們參選的政治意圖。另外,無論是否有明顯的政治團體標籤,一個不可否認的事實是,有團體支持的候選人,在競選時可以更有效率。因為團體有優勢,可以幫助候選人更有效和更經濟地利用直接(如家訪、街頭拉票、論壇等)與非直接(如電視、廣播、傳單、路邊橫幅、信件、海報等)的手段吸引未被組織的民眾。如果我們一定要為 1985 年區議會選舉中的團體或組織因素打分,那麼最可能的結論似乎是:有團體支持的候選人比沒有團體支持的略佔優勢。矛盾的是,這些略微的優勢來自團體可以通過自己的活動提升候選人的個人吸引力。這是如何做到的？是通過將團體的支持局限在某些預先挑選的候選人身上（他們已具有值得誇耀的個人特徵），以及通過更有效的現代傳播途徑來"推銷"這些個人特徵。簡言之，團體因素在 1985 年區議會選舉中只是得到強化，而非取代重要的個人因素。選民的政治惰性迫使政治團體根據其具體情況制定競選策略。

選舉結果

雖然"團體"因素必須放在適當的角度予以評估，但它還是給那些擁有政治和準政治團體、壓力團體背景的候選人帶來一些神奇的影響力。因為這些團體派出的候選人很少，所以即使他們贏得漂亮，也不能從根本上改變區議會中政治力量的對比。[9] 但是，他們的表現還是嚴重威脅到了傳統勢力，後者候選人在很大程度上是單兵作戰，依靠主從關係（patron-client relation）網絡、傳統紐帶、利益互惠，或者在選區的聲望。[10] 考慮到選民選擇候選人時的自我取向，我們不能簡單地認為，傳統的領袖在政治上注定如此，因為他們中的很多人也具有吸引選民的個人特徵。他們還有更強優勢，即政府的支持。如今他們怎樣重組和招募人才，很可能決定未來的政治命運。在 1985 年區議會選舉中，傳統勢力在一些新市鎮（屯門和葵涌 / 青衣）和破舊不堪的徙置區鎩羽而歸，這些選區無一不受嚴重社會問題的影響，極度缺乏社會服務和社區設施，自然是壓力團體發力的溫床。

我們將在下文分析 1985 年區議會選舉中當選候選人的個人社會經濟特徵和組織背景，並在可能時與 1982 年的選舉進行比較。

就性別而言，當選候選人中，男性和女性的分佈只有輕微變化。在新一屆的區議會中，女性比例仍嚴重偏低（見表 5-3）。

表 5-3　當選候選人的性別分佈

	1982 年		1985 年		百分比變化
	人數	百分比	人數	百分比	
男性	127	96.2%	220	92.8%	−3.5%
女性	5	3.8%	17	7.2%	+89.5%
總計	132	100.0%	237	100.0%	

就年齡而言，1985 年的當選候選人比 1982 年的年輕。在 1982 年，21 ～ 30 歲和 31 ～ 40 歲年齡組別中，當選候選人的比例分別是 8.3% 和 26.5%，在 1985 年這兩個組別的比例分別躍升至 19.4% 和 36.3%（見表 5-4）。但我們也注意到，在 1982 年選舉中，這兩個組別的候選人佔所有候選人的比例分別為 6% 和 20%，1985 年選舉的相關數字是 12% 和 30%，從這個角度看，1985 年選舉中當選者的年輕化情況就不那麼顯著。這種情況的一個可能解釋是，年輕人在 1985 年選舉中更活躍，因而具有稍大的當選機會。

表 5-4　當選候選人的年齡分佈

	1982 年		1985 年		百分比變化
	人數	百分比	人數	百分比	
21 ～ 30 歲	11	8.3%	46	19.4%	+133.7%
31 ～ 40 歲	35	26.5%	86	36.3%	+37.0%
41 ～ 50 歲	33	25.0%	45	19.0%	−24.0%
51 ～ 60 歲	35	26.5%	45	19.0%	−28.3%
60 歲以上	18	13.6%	15	6.3%	−53.7%
總計	132	100.0%	237	100.0%	

就職業而言，工商業人員繼續佔據區議會的多數議席，雖然總體而言其勢力有所削弱。教育工作者、社工和專業人士在新一屆區議會中有極大進展，這與政治團體和壓力團體在選舉中的成功有很大關係。就知識和專業技能而言，新一屆區議會比上一屆稍佳（見表 5-5）。與年齡

和性別相比，職業似乎是預測選舉結果的可靠和有效指標。因為職業本身與社會地位、學歷和收入水平緊密相連，具有個人取向和工具主義的選民較傾向於利用職業來挑選候選人，這一點確定無疑。

表 5-5　當選候選人的職業分佈

	1982 年		1985 年		百分比變化
	人數	百分比	人數	百分比	
商人	58	43.9%	67	28.3%	−35.5%
工業從業人員	4	3.0%	3	1.3%	−56.7%
教育工作者	22	16.7%	42	17.7%	+6.0%
社工	4	3.0%	20	8.4%	+180.0%
專業人士	5	3.8%	30	12.7%	+234.2%
辦公室人員	15	11.4%	35	14.8%	+29.8%
建築業從業人員	7	5.3%	5	2.1%	−60.4%
家庭主婦	1	0.8%	2	0.8%	0.0%
工廠工人 / 技工	6	4.5%	8	3.4%	−24.4%
司機	0	0.0%	5	2.1%	—
退休人士	3	2.3%	7	3.0%	+30.4%
記者	0	0.0%	4	1.7%	—
其他	7	5.3%	9	3.8%	-28.3%
總計	132	100.0%	237	100.0%	

就在任區議員身份而言，共有 120 人參加這一屆區議會選舉，其中 108 位是民選議員，12 位是委任議員。他們的成功率很高，這意味着港人接受了區議會，擔任區議員亦是選民重視的候選人條件。這一屆選舉中，共有 89 位在任區議員再次當選，當選率是 74.2%。經進一步劃分，市區在任區議員的當選率是 76%，新界區則是 71.1%；委任議員的當選率是 83.3%，高於民選議員的 73.1%。從總體上看，在任區議員身份似乎是參與選舉的重要資本。

就原居民背景而言，新界原居民利用過去的政治經驗、較緊密的社羣關係和較有效的領導能力，在上屆區議會選舉中打贏了漂亮的一仗。表 5-6 顯示，具原居民身份的候選人在城市化程度較低地區（離島、大埔、西貢和元朗）仍保持優勢，但在社會問題較多的新市鎮屯門卻失敗了。[11] 更值得關注的是，新界區的席位已從 1982 年的 56 席增加至 1985 年的 92 席，但具原居民身份的候選人只有 81 位，少於上屆的 95 位。鑒於原居民的現有領袖已相對年長，這種情況或預示其領導層的繼承危機。城市化的持續圍攻可能進一步侵蝕原居民及其組織的政治影響力。與此同時，由於選舉競爭的新穎性以及新近冒起的政治領袖未臻成熟，具有原居民背景的知名政治領袖依然能在變遷的政治制度中獲取大量領導地位。[12] 換言之，原居民的領袖如果能轉型為地區範圍的政治領袖，那麼就可以從政制改革中獲益，延續政治生命，但培育他們的組織會衰落，其餘的原居民領袖也將如此。

表 5-6　具有原居民背景的候選人在新界區的選舉表現

	議席	具有原居民背景的候選人數	具有原居民背景的當選人數	具有原居民背景者的當選率（%）	具有原居民背景當選者佔議席百分比（%）
離島	7 (6)	12 (9)	6 (6) [0.0]	50.0 (66.7) [-25.0]	85.7 (100.0) [-14.3]
葵涌 / 青衣	15 (–)	1 (–)	0 (–) [–]	– (–) [–]	– (–) [–]
北區	8 (6)	11 (11)	4 (4) [0.0]	36.4 (36.4) [0.0]	50.0 (66.7) [-25.0]
西貢	5 (5)	7 (9)	3 (3) [0.0]	42.9 (33.3) [+28.8]	60.0 (60.0) [0.0]
沙田	15 (8)	3 (6)	2 (3) [-33.3]	66.7 (50.0) [+33.4]	13.3 (37.5) [-64.5]
大埔	7 (7)	9 (20)	5 (5) [0.0]	55.6 (25.0) [+122.4]	71.4 (71.4) [0.0]
荃灣	9 (10)	13 (6)	2 (1) [+100.0]	15.4 (16.7) [-7.8]	22.2 (10.0) [+122.0]
屯門	16 (8)	10 (16)	5 (7) [-28.6]	50.0 (43.8) [+14.2]	31.3 (87.5) [-64.3]
元朗	10 (6)	15 (18)	5 (3) [+66.7]	33.3 (16.7) [+99.4]	50.0 (50.0) [0.0]
總計	**92 (56)**	**81 (95)**	**32 (32) [0.0]**	**39.5 (33.7) [+17.2]**	**34.8 (57.1) [-39.1]**

註：小括號內數字是 1982 年選舉數字。中括號內數字是兩屆選舉數字的百分比變化。

就地區委員會和互助委員會背景而言，在市區，具有這兩個社區或街坊組織身份和得到其支持的候選人，在這屆選舉的成績普遍失色。

他們在東區、深水埗和南區等地的區議會中均失去了主導地位；在深水
埗，也許還有葵涌 / 青衣，則輸給敢言的壓力團體候選人。此外，他們
主要敗給溫和的專業人士候選人。在新界，地區委員會和互助委員會的
領袖能在若干地區勝出，如大埔、屯門和元朗。據估計，他們得益於原
居民領袖的衰敗。壓力團體在屯門表現積極且有影響力，而地區委員
會和互助委員會的領袖在此選區仍能贏得比 1982 年更多的席位（見表
5-7）。

表 5-7　具有地區委員會和互助委員會背景候選人的選舉表現

	具有相關背景的候選人數量	具有相關背景的當選人數量	具有相關背景者的當選率（%）	具有相關背景當選者佔議席百分比（%）
市區				
中西區	10	8 (5) [+60.0]	80.0	61.5 (100.0) [-38.5]
東區	7	2 (10) [-80.0]	28.6	11.1 (100.0) [-88.9]
九龍城	6	2 (3) [-33.3]	33.3	12.5 (37.5) [-66.7]
觀塘	20	10 (7) [+42.9]	50.0	50.0 (58.3) [-14.2]
旺角	14	6 (4) [+50.0]	42.9	60.0 (80.0) [-25.0]
深水埗	11	4 (9) [-55.6]	36.4	22.2 (100.0) [-77.8]
南區	8	3 (5) [-40.0]	37.5	27.3 (83.3) [-67.2]
灣仔	7	1 (1) [0.0]	14.3	10.0 (20.0) [-50.0]
黃大仙	30	16 (11) [+45.5]	53.3	76.2 (91.7) [-16.9]
油麻地	6	4 (4) [0.0]	66.7	50.0 (100.0) [-50.0]
合計	119	56 (59) [-5.1]	47.1	38.6 (77.6) [-50.3]
新界區				
離島	1	0 (0) [0.0]	0.0	0.0 (0.0) [0.0]
葵涌 / 青衣	20	8 (−) [−]	40.0	53.3 (−) [−]
北區	2	1 (0) [−]	50.0	12.5 (0.0) [−]
西貢	4	2 (0) [−]	50.0	40.0 (0.0) [−]
沙田	22	10 (6) [+66.7]	45.5	66.7 (75.0) [-11.1]
大埔	3	2 (1) [+100.0]	66.7	28.6 (14.3) [+100.0]
荃灣	9	5 (8) [-37.5]	55.6	55.6 (80.0) [-30.5]
屯門	14	5 (2) [+150.0]	35.7	31.3 (25.0) [+25.2]
元朗	8	3 (1) [+200.0]	37.5	30.0 (16.7) [+79.6]
合計	83	36 (18) [+100.0]	43.4	39.1 (32.1) [+21.8]
總計	**202**	**92 (77) [+19.5]**	**45.5**	**38.8 (58.3) [-33.4]**

註：小括號內數字是 1982 年選舉數字。中括號內數字是兩屆選舉數字的百分比變化。

　　地區委員會和互助委員會是政府成立和資助的組織,用以促進公眾參與社區事務、建立睦鄰互助精神,以及動員公眾支持政府政策。政府本對這些組織的選舉表現寄予厚望,卻以失望告終。事實上,地區委員會和互助委員會可算是相當無效的組織,只取得極低的公眾支持[13],其成員的選舉表現不理想並不讓人意外,真正讓人驚訝的是,作為一個羣體,地區委員會和互助委員會仍能在區議會中取得比其他鄰里組織(無論是不是壓力團體)加起來大得多的影響力,這證明香港確實缺乏能幹和受公眾歡迎的地區領袖。

　　就壓力團體、政治團體和準政治團體背景而言,壓力團體在1985年選舉中的表現令人印象深刻,特別是在新市鎮葵涌/青衣和屯門(見表5-8和表5-9)。更多的壓力團體的領袖進入原本寧靜祥和的區議會,難免會改變區議會的定位和運作風格。然而,壓力團體的領袖總體上在區議會裏仍是少數,但如無意外,他們的影響力應會繼續提升。政治團體和準政治團體只派出少量候選人,亦取得極大的成功。這對新成立的政治團體和準政治團體來說有很大鼓勵,它們急需選舉來證明自己具有

表 5-8　壓力團體支持的候選人的選舉表現

	當選候選人數量	當選候選人佔議席百分比(%)
市區		
中西區	4	30.8
東區	7	30.9
九龍城	3	18.8
觀塘	3	15.0
旺角	3	30.0
深水埗	4	22.2
南區	1	9.1
灣仔	0	0.0
黃大仙	4	19.0
油麻地	1	12.5
合計	30	20.7

（續表）

新界區		
離島	0	0.0
葵涌 / 青衣	6	40.0
北區	0	0.0
西貢	1	20.0
沙田	4	26.7
大埔	0	0.0
荃灣	1	11.1
屯門	8	50.0
元朗	0	0.0
合計	20	21.7
總計	**50**	**21.1**

爭奪政治影響力的實力。成立較久的政治團體和準政治團體也能通過選舉重拾活力，雖然沒有團體能借此次選舉贏得盟主地位，但至少大家在政治上都更成熟，並激起更大的欲望。

表 5-9　壓力團體、政治團體和準政治團體的選舉表現

	候選人總人數	當選候選人人數	當選率（%）
香港公民協會	53	21	39.6
香港革新會	33	17	51.5
東區聯盟	11	11	100.0
中西區聯盟	12	10	83.3
香港教育專業人員協會	30	24	80.0
香港工會聯合會	10	5	50.0
匯點	4	4	100.0
香港公共房屋政策評議會	11	7	63.6
港人協會	9	9	100.0
太平山學會	3	3	100.0

註：大多數候選人自稱是多個組織的成員。本表僅包括主要的壓力團體、政治團體和準政治團體。

　　就區議會內政治勢力的重組而言，新區議會與上屆不同之處在於成員的異質性。上屆區議會主要由傳統的領袖和獨立的公民領袖組成，新

區議會則加入了具有政治相關團體背景的積極從政者。即使具有地區委員會、互助委員會和原居民背景的議員在比例上仍維持較大影響力，但無疑已失去壟斷優勢（見表 5-10）。

表 5-10　當選候選人的政治相關團體背景

	當選候選人人數	當選候選人佔議席百分比（%）
傳統勢力		
地區委員會、互助委員會	92	38.8
原居民	32	13.5
香港公民協會	21	8.9
香港革新會	17	7.2
新勢力		
壓力團體	50	21.1
選戰聯盟、政治團體和準政治團體	47	19.8

註：候選人可屬於多個政治相關團體。

　　區議會加入更具政治抱負、專業技能以及組織能力的成員，無疑會給內部帶來更激烈的爭論，促使成員間的派系分化，對政府來說，區議會或許會變成一個更難駕馭、更喧囂吵鬧、更不願妥協的政治組織。區議會由民選議員主導，享有更高的民意認受性，自然會被視為匯聚和代表民意和民情的組織。然而，區議會新的、被提升的公眾地位與其缺乏行政職權並存。可以預料，新一屆區議會將爭取更多的行政職能和與之相伴的財政權力。與此同時，擁有公眾認受性和缺少真實權力間的巨大落差難免會促使個別議員轉用新手段來表達訴求和表現自己，如肆意謾罵公共政策和政府。區議會內部的個人和團體相互攻訐，再加上議員較傾向於通過大眾傳媒來吸引選民，毫無疑問會增加尖酸刻薄，甚至不負責任的口頭攻擊。

結論

　　考慮到香港過去幾年的重大政治變革，1985 年區議會選舉帶來的意義是，區議會本身的實際政治功能並不如它所預示的政治未來重要。這次選舉是測試，用來檢測港人可以被政治動員的程度和方向。這很重要，因為選舉政治在未來香港政治體制中將扮演雖非主導但更重大的角色。從英國、中國以及香港上層精英的角度看，這次選舉也有意義，因為這標誌着新湧現的政治勢力在保持香港的繁榮穩定上發揮的作用不容忽視。

　　區議會選舉描繪了以下畫面：一小部分中層精英為把握獲取政治權力的誘人機會，試圖循普選進入地方諮詢團體而得到政治體制上的立足點。他們竭盡全力從未被動員和組織的大眾那裏獲取支持。活躍分子和普羅大眾對政治現實，乃至政治目標，多有不同的視野和取態，競選策略偏重迎合選民的實用主義、自我取向和工具主義的期望，選民則傾向於將政治個人化，強調候選人的個人特徵，講求候選人能否帶來物質利益。香港選民的特性妨礙了新生政治團體的形成和發展。在大眾感受不到嚴重政治危機的情況下，政治團體亦無從凝聚和發揮政治力量。動員和組織均無力的選民羣體，進一步削弱民選區議員的代表性，並鼓動他們的分化和衝突。在這種環境下，活躍分子雖然仍在政治動員中起作用，但更確切的說法是，積極從政者已成為大眾政治冷漠的犧牲者。

　　上層精英極少參與區議會選舉，這顯示他們對選舉政治的逃避甚至厭惡心態。他們對擴大政治參與的敵意給政制改革帶來難以逾越的障礙，甚至會阻礙嘗試兼顧強勢和弱勢羣體利益政治團體的發展。

　　夾在政治冷漠的普羅大眾和頑強反對政制改革的上層精英之間，一部分政治上 "受壓制" 的中層精英可能會採取激進化措施，尋求循選舉途徑向上攀升路徑。如果真的如此，鑒於中英結盟的壓倒性力量，以及兩國對穩守香港這片資本主義樂土的決心，香港的政治制度或許會轉向更威權的方向發展。雖然區議會選舉毫無疑問代表了"民主化"的趨勢，但頗具諷刺意味的是，它也可能成為威權主義和反政治動員平行發展趨勢的溫床。

註釋

1. 新界是快速城鎮化的香港腹地。原居民是新界區的一個特殊羣體，原居民的出現和繼續存在很大程度上是為了便於政府行政管理。從嚴格意義上講，原居民指那些在英國租借新界時，就在政府認可村落居住的居民及其後裔。他們被賦予大量特權，可以幫助鞏固村落和血緣關係的一致與穩定。因為絕大多數港人不擁有這些特權，所以原居民有很強烈的團體意識，認為自己屬於特殊的利益羣體。

2. 目前幾乎不可能為香港的壓力團體下一個確切的定義，因為這是個新生事物。在過去 10 年，壓力團體多採用非暴力的行動策略，並贏得愈來愈多的民眾認可。那些曾認為"壓力團體"是一種污名的團體，現在也開始使用這個頭銜。就我們研究的目的而言，壓力團體被定義為：在目標上相對激進、要求制定再分配政策的團體。

3. Lau Siu-kai and Kuan Hsin-chi, "District Board Elections in Hong Kong," *Journal of Commonwealth and Comparative Politics*, Vol. 22, No. 3 (1984), pp. 303-317.

4. 1985 年 1 月，就在區議會選舉前夕，香港中文大學的阿特伍德（Erwin Atwood）與鄭惠和（Philip Cheng）進行了一項有關大眾傳媒使用的隨機抽樣電話調查，共完成 725 個訪問，回應率為 72.5%。

5. 嚴格來說，1985 年區議會選舉中只有很少的當選者屬於強硬的右派人士。12 位親台灣的候選人贏得了席位，佔全部當選議員的 5.1%。

6. 在 1985 年的區議會選舉中，5 位與強硬左派組織有聯繫的候選人贏得議席。總體來說，大約 23 位當選者可被視為左派或是擁護中央政府人士，佔全部當選議員的 9.7%。如果包括所有看起來對中國友善的當選者，總計有 43 名，佔 18.1%。

7. Lau and Kuan, "District Board Elections in Hong Kong," pp. 309.

8. 例如，阿特伍德和鄭惠和（見注 4）、香港中文大學學生會和香港大學社會科學學會。

9. 在隨後進行的區議會主席選舉中，民選議員僅贏得 19 個席位中的 5 席。

10. 在市區，吸引選民的傳統要素並不必然有效，互助委員會在 1982 年選舉中動員選民無甚實效即是一個例證。J. L. Scott, *Local Level Election Behaviour in an Urban Area* (Hong Kong: Centre for Hong Kong Studies, The Chinese University of Hong Kong, 1985).

11. 新劃定的葵涌 / 青衣區已經高度城市化，所以沒有一位候選人具原居民背景。

12. 在隨後進行的新界區議會主席選舉中，具原居民身份的議員贏得了 9 個席位中的 7 席。

13. Kuan Hsin-chi et al., "Organizing Participatory Urban Services: The Mutual Aid Committees in Hong Kong," in Y. M. Yeung and T. G. McGee (eds.), *Community Participation in Delivering Urban Services in Asia* (Ottawa: International Development Research Centre, 1986), pp. 239-254.

第6章 媒介環境和選舉 [*]

引言

本章着重探討比較政治學中兩個相關的核心問題：一，選舉行為背後的傳播過程；二，從威權政府到競爭政府的轉型。選舉行為本身就是威權主義轉型的標誌。此外，選舉對新競爭政府的鞏固和素質具有累積效應。因此，研究選民如何被動員參與選舉及相關活動，對理解民主化進程極為重要。

公民並不是在真空中參與選舉活動的。當他們在競選宣傳活動中作出決定時，其實無時無刻不沉浸在充滿各種政治傳播的媒介環境中。媒介環境指的是個體在日常生活參與其中、相互交換信息和觀點的網絡。大多數時候，這樣的傳播活動不帶政治內容。但是一旦涉及政治，媒介環境則可以看作具有中介功能，將個體與其他人和整個國家或地區聯繫起來。媒介環境的核心在於：個人的偏好、選擇和行為不僅受自身特質影響，還反映周圍外部環境的特點。而個人與環境的關係是隨機的，就像個人無法完全掌控所處環境一樣，環境亦無法完全決定個人。但是當個人身處巨大的社會整體環境，偶爾想要了解政治的需求時，就可以通過社會溝通來滿足。換句話說，政治信息通常通過社會進行傳播，例如，借助人際討論或大眾傳媒。通過媒介環境，政治信息得以在社會傳

* 本文與關信基合著，原以英文發表，刊於 Kuan Hsin-chi and Lau Siu-kai, "Intermediation Environments and Election in Hong Kong," *Democratization*, Vol. 7, No. 2 (2000), pp. 65-89。

播，成為社羣中個人與國家或地區聯繫的紐帶。[1]

　　媒介環境大體有 3 種：初級社會網絡（primary social networks）、次級社團（secondary associations）和大眾傳媒（mass media）。雖然"媒介環境"這個詞仍較少被提及，而且各個媒介環境常被單獨研究，但這些網絡的重要性，自拉扎斯菲爾德（Lazarsfeld）等人的著作問世起[2]，就已在選舉研究中得到廣泛認可。

　　本研究與過往研究的不同之處在於，我們將 3 種媒介環境放在一起討論，並將討論重心放在其傳播方面。接續施密特—貝克（Schmitt-Beck）的研究[3]，我們認為，要充分了解選民在競選活動中的傳播關係，必須同時研究所有的媒介環境。受篇幅所限，我們無法在此闡述不同媒介環境之間如何重疊、相互促進或抵消。我們的研究重點在於媒介環境中的政治傳播是基於如下假設：與參加非政治團體或單純地接觸媒體相比，有政治內容的社會聯繫或對媒體特別關注會更多地影響人們的選舉行為。

　　我們用 1998 年 5 月 24 日香港特別行政區第一次立法會選舉後所進行的調查[4]對以下 3 個問題作出分析，以期給未來媒介環境的相關研究提供參考：一，香港的公民在多大程度上嵌入（embedded）（或不嵌入）媒介環境？二，參與這些傳播環境是否會對選舉行為產生影響？三，置身於媒介環境中（或置身其外）的公民對香港民主發展有何更廣泛的啟示？

　　關於嵌入媒介環境的香港公民研究和以下 3 個假設較為有關：首先是科恩豪瑟（Kornhauser）的大眾社會理論（theory of mass society）。[5]從結構上看，大眾社會的特點就是精英與大眾直接關聯，中間沒有中介羣體。由於缺乏中介關係，因此政治精英疏於同社會聯繫，並直接接觸大規模的公眾運動。同樣地，在大眾社會中，非精英階層也與社會隔膜重重，並直接受到大眾導向的精英階層動員。從文化意義上說，大眾社會的特點在於價值標準的一致和易變。由於缺乏多樣而穩定的價值規範，精英階層和非精英階層沒有堅定立場，易受民粹主義煽動。根據科恩豪瑟的理論，大眾社會在結構和文化上的共同特點所導致的廣泛社會運動很可能推翻民主政治體系。也就是説，沒有嵌入媒介環境的公民不利於民主進程。

但是，根據格蘭諾維特（Granovetter）的"弱關係力量"假設[6]，公民不嵌入媒介環境，或社會缺少中介關係，也並非一無是處。格蘭諾維特研究的要點是，弱社會關係具有通過傳遞新信息，將分散的社會網絡聯繫起來的重要功能。而強社會關係首先意味着將一個嚴格分割的社會轉化為封閉的、小範圍的社區；它還意味着從這些分割的單位所產生的信息，只限在自身範圍內循環，無法跨界。相反，弱社會關係有助於將信息在分割的社區外傳播，因而對形成真正意義上的公眾意見十分有用。

對格蘭諾維特的分析進行討論之後，我們再來看看理查德森（Richardson）對日本選民兩種投票模型的研究。[7]在其早期對社會宏觀大環境和具體微觀小區的影響所做研究的基礎上，理查德森發現日本存在兩類截然相反的選民。第一種是"地方嵌入式選民"（parochially embedded voters）。他們通常居住在同一個地方很多年，積極參與小區活動。鄉村的住戶組織或鄰里關係親密的城中村是產生這類選民的絕佳土壤。他的分析與格蘭諾維特"強社會關係"的論述有異曲同工之妙。理查德森研究發現的創新之處在於，強勁的小區聯繫令日本選民更加小心處理媒體對政治信息的報道，以及他們與別人的政治討論。第二種選民是"非嵌入式世界公民"（unembedded cosmopolitans）。他們居住在同一地方的時間較短，不積極參與小區活動，不怎麼關注媒體的政治報道，也較少與他人傾談。正如現代化理論所指出的，理查德森預見了日本會出現愈來愈多的"非嵌入式世界公民"。[8]他的分析給本文最重要的啟發是不同類型選民的不同投票行為。與地方嵌入式選民相比,非嵌入式世界公民一般不投票,並且很少始終如一地投票給某一個政黨。換言之,在日本,政治參與在大部分情況下是由長期居住某地的選民及當地的組織行動所推動。隨着現代化的不斷推進,日本人的政治參與會出現下滑。

我們對香港公民特質研究的成果可進一步釐清上述 3 種理論。我們認為,除了選民的社會經濟背景外,媒介環境中的傳播過程也對公民的選舉參與產生影響。然而,這些媒介環境既微弱,也非政治化。香港公民可以看作是"非嵌入式世界公民",而這類公民在初級社會網絡中幾乎從不與人談論政治,也不怎麼參加非政治化及次級的社團。與此同時,除非大量地接觸媒體信息,否則他們也不怎麼關注大眾傳媒,並對選舉作為推進民主的主要手段持懷疑態度。更廣義地說,政治制度在媒介的連接過程中難有作為,因而使政府必須直接應對公眾。這樣的結構有走向民粹主義政治,從而危害香港民主化進程的風險。在探討研究結果前,我們有必要對香港選舉的背景做一個簡單介紹。

局部民主和受限的選舉

在香港,選舉還是新生事物,並受到一定的限制。從英國殖民地轉變為中國的一個特別行政區,其民主化的目標必須首先服從政治穩定。普選在 1991 年才被引入,儘管如此,也僅適用於立法機關的組成,而非行政長官的推舉。但其實,此次立法會選舉改革也只有 1/3 議席開放給直選,其餘議席則由選舉委員會和功能界別間接選出。所以,香港的選舉並不能影響政府的構成。也就是說,政府並不用向選民負責。雖然是選舉產生,但與行政相比,立法仍相當弱勢,原因有二:一是立法會由 3 個不同界別選舉產生,要分別向不同的選民負責,因此呈現分裂局

面；二是立法會議員在政策制定、立法和監督上的權力受到對個人提出
議案程序和分組點票有嚴格要求的相關憲制規定的鉗制。總而言之，香
港的選舉受到極大限制，並且看似開放而廉潔，充其量也只能算是局部
民主。[9]

　　正如其他地方，香港的每次選舉都有獨特之處，1998 年的立法會
選舉也不例外。這是自 1997 年 7 月香港回歸中國後的首次選舉，有極
大的象徵意義。特區政府和中央政府都把它看作是港人第一次為香港的
未來投票，具有里程碑式意義。在經歷中英之間就香港政制改革長達
10 多年的爭拗，以及 1995 年選出的立法局被 1997 年通過委任產生、
缺乏認受性的臨時立法會取代之後，1998 年的立法會選舉還標誌着香
港政治終於走向正常化。這些歷史因素以種種方式影響着港人的選舉參
與。例如，當年打破紀錄的 53.3% 的投票率，是對香港殖民時代的終
結作出回應。

媒介環境的初級社會網絡

　　在要探討的所有媒介環境中，初級社會網絡是一個人在其社會生
活中最親密、最重要的網絡。家庭像一個保護傘，給個人以情感支持，
保護他們不受外界侵害。家庭成員間的交流基於互信，並且可以強化
既有的個人偏好。一直以來，在選舉研究中都有這樣的研究傳統，即
家庭的社會化對黨派性有持續影響。[10] 除核心家庭之外，人際交流傳播
還發生在更廣泛的親戚、朋友、同事和鄰居之間。他們共同構成一個
政治討論小組，在選舉期間互相交流信息和參考意見。[11] 胡克菲勒德特
（Huckfeldt）已證實（尤其是鄰里之間的）社會傳播對政治行為有重要影
響。[12]

　　本節將探討兩種類型的初級社會網絡。第一種是"親密網絡"，指

的是配偶或其他類似關係的人，這類人是受訪者傾談重要事務的對象。我們希望研究的是，親密網絡是否政治化，他們之間是否談論政治以及談論的頻率。針對第二種初級社會網絡，我們直接詢問受訪者是否在選舉期間與親戚、朋友、同事或者鄰居討論政治，並簡便地稱之為"討論網絡"。[13] 我們發現，"親密網絡"和"討論網絡"都是非政治化的環境。

就"親密網絡"而言，在受訪者中，超過一半已婚人士(57%)從不與配偶談論政治，表示常與配偶談論政治的只有 2%，表示"有時談論""很少談論"的相關百分比都是 14%。在問及除了配偶，受訪者還會與哪些人商量重要的事情時，回答分別是朋友(30%)、父母(27%)和其他親戚(22%)。受訪者與第一個被點名非配偶交談者的討論幾乎都是無關政治的，51% 表示他們之間從不談論政治；而與第二個被點名交談者從未談論政治的受訪者也有 45%。

就"討論網絡"而言，提問時直接詢問關於政治討論的問題，而不是先詢問談論哪些重要事情，這樣所得結果同樣顯示了社會傳播網絡的非政治化情形：93% 的受訪者表示從未與鄰居討論過政治。朋友似乎是較好的政治議題討論對象，但仍有 64% 的受訪者表示從未與朋友討論過政治。接下來是同事和親戚，從未與他們討論過政治的受訪者佔比均為 59%。[14]

與其他工業社會的研究結果相比，香港初級社會網絡的傳播環境非常薄弱。表 6-1 呈現了中國香港與德國(東德和西德)的比較。

表 6-1　按不同關係劃分的政治討論：香港和德國的比較(從不討論政治的受訪者佔比)

	配偶	親戚	鄰居	同事	朋友
中國香港	57% (675)	59%(962)	93% (965)	59% (767)	64% (974)
西德	5% (603)	15% (388)	9% (153)	2% (215)	11% (527)
東德	0.4% (270)	1.5% (229)	1.0% (102)	0.4% (238)	0.7% (161)

註：括號內數字是樣本數，百分比根據這個樣本數計算得出。
資料來源：Schmitt-Beck, "Intermediation Environments of West German and East German Voters," Table 2. 德國數據是基於 1990 年進行的調查。

媒介環境的次級社團

次級社團有兩種類型：政黨和志願組織。這兩種社團的重要性在學術文獻中已被充分證實，無須贅言。例如，根據韋爾巴（Verba）等人在 7 個國家進行的一項政治參與研究[15]，由個人的動機、資源等特性決定的政治參與，其實很受政黨或志願組織等機構動員參與政治活動的影響。而普特曼（Putman）早已證明次級社團對民主的促進作用。[16]

但是，在本研究中，我們不討論政黨。原因有二：一方面，在我們抽樣調查的 988 位受訪者中，只有兩人屬於某政黨[17]，這樣的數據無法作出任何進一步分析。另一方面，政黨的確曾在競選期間拉攏公眾支持，我們的受訪者也表示曾被政黨聯絡。令人驚訝的是，這些聯絡不是很頻繁。事實上，只有 6% 的受訪者表示曾被政黨用電話聯絡，家訪的比例則為 24%。[18] 這些數據與美國選舉時的相關數據相比，實在是小巫見大巫。[19] 相關分析顯示，政黨拉攏和政治知識水平以及選舉參與的相關性並不顯著，說明香港的政黨提供選舉信息和動員投票的效用不大。[20]

話題回到志願組織上。最根本的問題是，這些組織到底有多政治化。本研究通過詢問受訪者是否為某黨黨員以及參與組織活動及競選活動的情況來衡量他們與社團的聯繫，結果再次顯示社團是非政治化的媒介環境。

首先，成為某些組織成員的受訪者只佔極少數。確切地說，75% 的受訪者不是任何組織的成員，18% 屬於一個組織，而 6% 則屬於兩個或兩個以上的組織。其次，即使是某一組織的成員，也並不意味甚麼。因為在所有屬於某組織的成員受訪者中，只有 24% 經常參加組織的活動，34% 表示有時參加，很少參加和從不參加的各佔 29% 和 14%。最後，這些組織對選舉拉攏也毫不積極。在有組織成員身份的受訪者中，

41% 表示曾收過競選資料，9% 表示曾接到所在組織拉票的電話。表示曾在一些常規會議、競選活動集會或與同組織的人交談時提到選舉話題的各佔 14%、19% 和 16%。總而言之，港人的社會聯繫較弱，並且次級社團所起的媒介作用也並不明顯。

由此我們可以看到，與其他國家或地區的狀況相比，香港的初級社會網絡和次級社團這兩種媒介環境都較弱，有表 6-2 的數據為證。

表 6-2　按國家或地區劃分的組織聯繫（百分比）

	屬一個組織	屬多個組織	政治 "積極性"
中國香港	18% (988)	6% (988)	9~41% (244 ～ 242)
美國	25% (970)	32% (970)	41% (551)
英國	31% (963)	16% (963)	40% (453)
德國	32% (955)	12% (955)	40% (419)
意大利	24% (995)	6% (995)	20% (291)
墨西哥	23% (1 007)	2% (1 007)	4% (242)

註：括號內數字是樣本數，百分比根據這個樣本數計算得出。

政治 "積極性" 不可直接比較。對香港來說，政治 "積極性" 是指被組織以任何方式聯絡過的成員佔所有成員的比例；對於其他 5 個國家，則是認為他們所屬的組織參與政治的成員比例。

資料來源：香港之外的數據來自 Gabriel A. Almond and Sydney Verba, *The Civic Culture：Political Attitudes and Democracy in Five Nations* (London: Sage, 1989), Table X. 5 and Table X. 11

媒介環境的大眾傳媒

有關大眾傳媒與政治變遷的研究不計其數。[21] 選舉中媒體所扮演的角色吸引了學者近半個世紀的研究興趣，但對於其效果，學術界頗有爭議。[22] 近期的研究已不再假設媒體受眾是被動的，而是將我們的注意力引向讀者或觀眾的信息認知心理。這些受眾已嵌入社會傳播網絡，並可以進行主動的詮釋。[23]

我們預計，大眾傳媒將在香港公民和政府之間起到最重要的媒介溝通作用，原因如下：一，家庭作為政治信息傳播的渠道或政治教化的功能，在香港家庭中並不存在；二，香港缺乏社團生活，及社團非政治化本質；三，香港政黨和政黨體系欠發展；四，在香港急劇變化的社會中，社會經濟分化易變不定。香港的大眾傳媒以其開放、多元和普及而著稱。[24] 根據其他人對香港傳媒的研究，港人認為報紙和電視是最值得信賴的消息來源，也是最普及的信息來源，因為每天有超過一半的成年人從這兩個渠道獲取信息。[25] 最重要的是，媒體在香港政治體系中得到民眾的信賴，遠遠超過立法機關、公務員和政黨。[26] 在這種情況下，我們認為媒體在傳播政治信息上具有優勢，這種假設也是合理的。

有兩種方法可以衡量大眾傳媒的媒介作用。第一種是民眾在多大範圍內接觸媒體，第二種是他們有多關注媒體上的信息。[27] 我們假設第二種是更有效衡量大眾傳媒政治連接作用的方法。[28] 很明顯，如果一個人只是瀏覽一份報紙而沒有留意上面的信息，那麼他對信息的接收是很少的。同樣地，人們可能一邊做其他事情，一邊聽廣播或看電視。儘管如此，我們的研究既衡量媒體接觸，也衡量媒體關注。

表 6-3 總結了港人的媒體使用模式。不出所料，在媒體接觸和媒體關注兩個方面，電視都是最重要的。在選舉期間，93% 的受訪者表示曾收看電視新聞，71% 更表示每天都收看。在所有媒體中，表示對電視傳播的信息關注和很關注的受訪者比例是最高的，報紙緊隨其後，是第二重要的媒體。而雜誌在接觸度和關注度方面都是最不重要的媒體。港人對廣播的使用也較少。

表 6-3　大眾傳媒使用模式（百分比）

	報紙	雜誌	廣播	電視
A. 選舉期間，曾經閱讀 / 收聽 / 收看新聞或評論	76% (988)	13% (988)	56% (988)	93% (988)
每天通過上述媒體閱讀 / 收聽 / 收看新聞或評論	52% (734)	43% (101)	37% (502)	71% (629)
B. 對選舉報道或節目的關注（樣本數：988）				
很關注	3%	1%	2%	4%
關注	14%	2%	9%	17%
不太關注	44%	8%	31%	44%
完全不關注	14%	1%	13%	26%
缺值	25%	88%	46%	9%
總百分比	100%	100%	101%	100%

註：括號內數字是樣本數，百分比根據這個樣本數計算得出。

　　香港與其他地方在媒體使用習慣上的比較又如何？為方便起見，我們用報紙來替代其他大眾傳媒，並選了一些可將差異最大化顯現的國家進行媒體使用數據的收集。表 6-4 呈現了一個有趣的結果。中國香港與日本的情況相似，有很大比重的公眾每天閱讀報紙，但卻對報紙上的內容甚少關注。事實上，港人對報紙內容的關注度是所有研究對象中最低的。我們將在本章結尾討論非嵌入式世界公民概念時，重新對這個現象進行探討。

表 6-4　媒體接觸度和關注度的比較（百分比）

	中國香港	美國	德國	保加利亞	智利	日本	新加坡
調查年份	1998 年	1993 年	1990 年	1996 年	1993 年	1993 年	1991 年
每日閱讀報紙	52%	47%	5% *	22%	11%	86%	67%
	(734)	(1 097)	(979)	(639)	(895)	(1 283)	(434)
對上述報紙的內容很關注	4%	26%	23%	17%	5%	14%	–
	(743)	(1 315)	(979)	(1 147)	(895)	(1 283)	–

註：括號內數字是樣本數，百分比根據這個樣本數計算得出。
* 表示這個數字可能有點誤導性，65.8% 的德國受訪者表示平均每週有 6 天會閱讀報紙。
資料來源：新加坡數據是根據 Eddie C. Y. Kuo et al., *Mirror on the Wall* (Singapore: Asian Mass Communication Research and Information Centre, 1993) 計算而得；其他國家數據來自 Comparative National Elections Project (CNEP) II

傳播媒介的全景

目前為止，我們已總結出香港媒介環境的三大特徵：一，初級社會網絡非政治化，因此在選舉期間，人們並不能從這些網絡的傳播交流中獲得甚麼；二，極少數港人曾參與次級社團，即使曾加入，也甚少參加組織活動，因此社團或組織不能成為提供信息或選舉動員的機構；三，大眾傳媒稍微能給我們一些安慰，因為絕大多數港人表示曾接觸媒體，尤其是電視的政治信息。但是，大部分受訪者表示並不關注大眾傳媒的政治新聞或節目，因此政治傳播的效果有限。總而言之，港人並未嵌入，或最多只是微弱地嵌入將他們與遙遠的政治世界聯繫起來的媒介環境中。

但即使這樣又如何？非嵌入式世界公民對政治世界的非嵌入性會對社會產生甚麼負面影響？在這裏，我們只集中探討一個問題，即媒介環境可能產生的影響，也就是它在多大程度上會影響人們參與與選舉相關的活動。但在開始討論前，我們必須先檢視媒介環境對人們政治知識的影響。媒介環境通過這種方式實現其重要的連接功能，即政治信息的社會傳播。

媒介環境和政治知識

為了衡量受訪者的政治知識，我們請他們分別回答香港特別行政區的財政司司長、俄羅斯總統以及中國共產黨中央委員會總書記是誰。[29]結果顯示，能準確回答上述 3 個問題的受訪者比例各有 78%、64% 和 60%。我們將 3 個問題相加，合併成一個變項"政治知識"，結果顯示有 13% 的受訪者全部答錯，16% 至少答對一題，答對兩題和三題的百分比分別是 28% 和 43%。為了便於呈現分佈趨勢，我們將受訪者分為

"無政治知識者""有些許政治知識者""有中等程度政治知識者"和"有豐富政治知識者"。我們發現，港人掌握頗多的政治知識。

那麼，媒介環境對政治知識有甚麼影響？政治知識可以通過多種途徑獲得，包括學校教育和個人的政治興趣。事實上，學歷和政治興趣在統計上都與政治知識呈一定相關性。[30] 因此，當我們檢視媒介環境的影響時，必須將學歷和政治興趣這兩個因素一併考慮（見表 6-5）。這裏有幾點值得注意：首先，無論是否控制學歷和政治興趣這兩個變項，次級社團在促進政治信息的傳播上都是無力的。其次，其他的媒介環境——討論網絡和大眾傳媒——對政治知識的確有獨立影響力，但在控制了學歷和政治興趣這兩個變項之後，該影響力顯著降低。再次，當控制了學歷和政治興趣兩個變項後，親密網絡的影響力下降至不顯著。即使是與配偶談論政治這一變項，若同時考慮學歷和政治興趣，其影響力亦會呈現顯著下降。最後，大眾傳媒是人們獲得政治知識的最重要的傳播環境。

表 6-5　與政治知識的相關性

配偶	親密網絡	討論網絡	次級社團	媒體接觸	媒體關注
0.17***	0.16***	0.25***	0.04	0.35***	0.31***
(0.08*)	(0.02)	(0.11***)	(-0.03)	(0.25***)	(0.19***)

*p<0.05　***p<0.001

註：表中數字是皮爾森相關系數（Pearson's r），括號內數字是控制了學歷和政治興趣後的淨相關系數（partial correlation coefficient）。

親密網絡是合併了"與配偶談論政治"（如適用）和"與其他兩位經常談論重要事情的人談論政治"而成的因素；討論網絡是合併了與親戚、鄰居、同事和朋友談論政治各項；次級社團是合併了"是否某組織成員""成員參與活動的主動性"和"社團在競選活動中的參與度"；媒體接觸將對 4 種媒體的使用相加而得；媒體關注是對 4 種媒體的關注度相加而得。下同。

除了表 6-5 呈現的總體情況，繼續分析具有獨立影響力的幾個媒介環境也呈現出很有意思的結果。[31] 對於初級社會網絡來說，通常情況是人們與他人談論政治愈頻繁，政治知識就愈豐富。這裏有三點發現值得關注：一，鄰居並不是有效的交談對象；二，在所有有效的交談對象中，朋友似乎是最重要的;三,在通過交談來獲得政治知識這個層面,親密程度並非最重要,與朋友談論政治似乎比與配偶談論更有效果。[32]

如前所述,大眾傳媒作為媒介環境,可以通過媒體接觸和媒體關注兩個方面來衡量。一個接觸大眾傳媒的人,比沒有接觸媒體的人更易掌握更多的政治知識。不僅如此,報紙是所有媒體中最有影響力的政治信息來源。[33] 媒體接觸愈多,媒體關注就愈會令受眾汲取更多政治知識,但這一情況僅限於雜誌以外的媒體,並且在報紙上體現特別突出。總之,我們可得出如下結論,即大眾傳媒在傳播政治信息方面扮演着重要的角色,並且媒體接觸和媒體關注是同等有價值的傳播機制。

媒介環境和選舉參與

本章開篇我們提出的假設是,媒介環境對選舉參與有影響。針對本章的研究目的,我們把 3 種類型的活動囊括在選舉參與值中:登記成為選民、競選活動、投票。選民因自身資源的不同在這些活動中有所差異。在香港,公民必須首先登記成為選民,才有投票資格。登記過程非常簡單。為了提高投票率,政府花費大量資金進行宣傳,鼓勵市民登記成為選民並投票。在我們的調查中,所有受訪者都是年滿 18 歲 (開始符合資格成為選民的年齡) 的成年人,均符合資格登記為選民。調查顯示,大約 50% 的受訪者表示特區政府曾派人員請自己登記成為選民,66% 表示已登記。投票比登記要投入多一些精力,但也相當容易。在調查中,73% 已登記為選民的受訪者表示曾投票,而政府統計顯示當年的投票率是 53.3%。在所有受訪者中,48% 為已登記並投票的選民,說明人們登記成為選民和作出投票行為之間仍有一定距離。[34] 對於公民來說,參與競選活動需要投入更大的精力。我們詢問受訪者是否曾嘗試說服別人為某一政黨投票,以及是否曾參與政黨舉辦的活動。不出所料，表示曾參與此類活動受訪者的比例極低，曾參與拉票活動和競選活動的受訪者分別佔 8% 和 1%。

為作出進一步分析，我們將登記成為選民、投票、參與拉票活動和參與競選活動 4 項答案相加，構成一個新的"選舉參與"變項，該變項的值為 0 ～ 4。結果顯示，32% 的受訪者表示，從未參與上述任何一種形式的活動，他們在"選舉參與"這一變項的得分為 0。表示曾參與一項至全部 4 項的受訪者比例分別是 18%、44%、5% 和 0.2%。

為證明媒介環境和選舉參與之間的關聯性並非似是而非，我們必須將其他可能產生影響的變項剔除，如每個公民不同的特質、年齡、性別、學歷、職業和收入；此外，動機、信念和態度也常常需要考慮。可能與媒介環境一同產生影響的因素過多，為方便分析和呈現，我們僅選取 4 項來作為控制變項。首先，學歷將代表所有的社會經濟資源作為第一個因素，接下來我們分別用政治興趣、政治效能感和對民主化的支持度來代表動機、信念和態度。政治興趣已在選舉參與研究中被廣泛提及，無須多解釋。在本研究中，我們基於一條問題來衡量受訪者的政治興趣有多大。政治效能感則由 3 個問題合併而成。[35]

政治態度，如對民主化的支持，應當納入選舉參與的研究理論中，但問題在於如何衡量，調查中的一些變項或可解決這個問題。我們將是否渴望在未來的特首選舉和立法會選舉中以一人一票的普選形式投票這兩道題目相加，構成一個新的因素。我們把支持普選的人當作態度上民主化的支持者。[36] 隨後我們進行了部分相關分析[37]來進一步確認媒介環境是否對選舉參與產生影響。結果顯示，學歷、政治興趣、政治效能感和對民主化的支持度都具有顯著的獨立影響力（見表 6-6）。

表 6-6　媒介環境與選舉參與

A. 初級社會網絡（政治討論的對象）

配偶	親戚	鄰居	同事	朋友
0.22***	0.28***	0.07*	0.21***	0.22***
(0.15***)	(0.19***)	(0.03)	(0.14***)	(0.13***)

B. 次級社團

	是組織成員	"主動性"	競選活動
	0.13***	0.14***	0.14***
	(0.10**)	(0.10**)	(0.12***)

C. 大眾傳媒

依媒體使用頻率劃分的媒體接觸

報紙	雜誌	廣播	電視
0.18***	0.08***	0.13***	0.15***
(0.12***)	(0.02)	(0.09**)	(0.11***)

對所使用媒體的關注度

報紙	雜誌	廣播	電視
0.29***	0.14***	0.24***	0.27***
(0.20***)	(0.06)	(0.17***)	(0.19***)

*p<0.05　　**p<0.01　　***p<0.001

註：表中數字是皮爾森相關系數，括號內數字是控制了學歷、政治興趣、政治效能感和對民主化的支持度後的淨相關系數。

　　整體來看，初級社會網絡呈現出如下景象：愈嵌入該環境，即與這個社會網絡中的其他人愈多地討論政治，他們的選舉參與就愈多。但鄰居的情況除外，原本與選舉參與呈顯著相關的"與鄰居討論政治"，在控制了學歷、政治興趣、政治效能感和對民主化的支持度這 4 個變項之後，變得不顯著。在初級社會網絡各項中，配偶和親戚似乎比朋友和同事更具影響力。這說明親密網絡比日常聯絡的人更重要，這與我們之前的論述有點矛盾。[38]

　　對於次級社團的影響，我們沒有對任何特定的組織（如香港工會聯合會）進行研究，一個簡單的理由是，在調查中，有 75% 的受訪者表示並不是任何一個組織的成員。如果我們用受訪者屬於幾個社團這一數據作為變項，很明顯看到它與選舉參與之間有顯著的相關性。但是否屬於某些社團，其實並不是一個最好的衡量媒介環境次級社團影響力的變項，因為我們無法單從受訪者屬於的社團數量來判斷政治信息的重要觀點是如何在這些社會傳播中實現的。因此，我們創建了兩個新的變項以便進一步分析：第一個是受訪者在所屬社團參與活動的主動性，第二個是上述社團在競選活動中的參與度。如表 6-6 的 B 部分所示，這兩個變項都與選舉參與呈顯著相關。不出所料，競選活動在所有次級社團中脫穎而出，是最具相關性的變項。

表 6-6 的 C 部分為媒體接觸對選舉參與的影響提供了數據支持。首先，細看每一種媒體，當控制了其他變項之後，雜誌與是否參加競選相關活動的相關性變得不顯著。其次，除雜誌以外，其他媒體與競選參與的相關度相近。再次，接觸報紙和電視比接觸廣播有較強的相關性。最後，電視不比報紙更具影響力，這一點與我們的直覺有些相反，因為比起報紙，港人更依賴電視。在調查中，93% 的受訪者表示在選舉期間看電視新聞，而看報紙的只有 76%。此外，71% 表示每天收看他們提及的電視，報紙的相關數字只有 52%。這顯示出的問題或許是，讀報紙和看電視是很不同的媒體接觸。前者需要投入更多的精力，因而能更好地接收信息，這帶出了問題的核心：人們對媒體投入的關注。

與媒體接觸一樣，除了雜誌，人們對媒體的關注對選舉參與也有正面影響（表 6-6 的 C 部分）。而雜誌對選舉參與的最初影響經考慮其他變項之後則證明是虛假的。結果依舊顯示電視並不比報紙重要，只要人們對其投入一定的關注，兩者對受訪者參與選舉有關活動的影響力是相當的。

表 6-6 聚焦於每一個構成媒介環境的因素的影響力。表 6-7 則更宏觀地總結出各媒介環境之間的比較。部分相關分析顯示，在香港，所有的媒介環境對選舉參與都有獨立的影響力。但需要注意的是，當控制了

其他影響因素後,其影響力有所下降。每一項媒介環境影響力的下降各有不同,其中討論網絡下降的幅度最大,而次級社團的下降幅度最小。但總體上講,次級社團在聯繫公民和政界上影響力最小,大眾傳媒的影響力最大。表 6-6 和表 6-7 的研究結果顯示,媒體關注比媒體接觸更重要。正是通過媒體關注,大眾傳媒的動員效應才得以實現。[39]

表 6-7　與選舉參與的相關性

親密網絡	討論網絡	次級社團	媒體接觸	媒體關注
0.26***	0.31***	0.16***	0.24***	0.33***
(0.17***)	(0.21***)	(0.12**)	(0.16***)	(0.23***)

**p<0.01　***p<0.001

註:表中數字是皮爾森相關系數,括號內數字是控制了學歷、政治興趣、政治效能感和對民主化的支持度後的淨相關系數。

結論

前面的分析要點可以簡要地總結為兩個描述性解釋,如表 6-7 所示,初級社會網絡、次級社團和大眾傳媒這 3 種媒介環境都對政治信息的社會傳播有影響,起到將個體公民與遙遠的政治體系聯繫在一起的功能。但是,香港的公民並未嵌入這種媒介環境中,或只是稍稍地嵌入(見表 6-1、6-2、6-3)。[40]其結果是,媒介環境的效力被削弱。

那麼,這種非嵌入式公民對香港的局部民主化有甚麼啟示?讓我們引用科恩豪瑟、格蘭諾維特和理查德森的理論予以解釋。首先,香港似乎符合科恩豪瑟筆下的大眾社會。社會結構上,香港分為兩個部分,一部分是高度有組織的小圈子精英,另一部分為普羅大眾,普通民眾則在政治上各不相關。文化上,香港瀰漫着實用主義和依情境而變的道德風氣,為民粹主義的滋生提供了溫床。在一個大眾社會,非嵌入式公民意味着像香港這樣不斷演進的政權[41]不得不直接面對民眾而沒有任何政治上的媒介保護。沒有嵌入到任何結構性聯繫或政治進程中的公民很難對公共事務有所了解。此外，作為非嵌入式公民，他們極易受政治煽動者的動員，要麼政治上退卻疏離，要麼情緒上一陣陣的高漲。換言之，非嵌入式公民非常容易使社會陷入民粹主義政治。

雖然香港的民粹主義政治並不明顯，但仍有一些令人擔心的跡象。首先，愈來愈多的政客將抽樣的民調結果等同於公共輿論。[42]其次，政府似乎愈來愈容易被情緒化的"民意"左右。[43]香港還未曾遭受如科恩豪瑟假設的威權運動之害，這可以從 3 個方面解釋：香港是移民社會的本質、"行政吸納政治"[44]以及"社會容納政治"。[45]一個移民社會必定易於出入境，由此帶來的不滿和失望不需要通過政治途徑解決，而鑒於香港特區政府試圖與潛在的反對派精英合作，並將其納入政治程序，因此行政吸納政治的重點在於維護香港的穩定。有關社會容納政治的假設為社會和政治體系的分離提供了解釋，前者由於掌握足夠資源，因此可以通過自身來解決社會經濟問題。[46]

前面所有的解釋其實很難應用於當前環境，因為移民所佔比例正逐漸減少，精英很難再壟斷主導政治議程和過程，並且社會愈來愈依賴政府提供更多服務。在社會動員逐步發展的過程中，保持穩定日益艱難，是一場雖未來臨但已知的嚴峻考驗。目前，普通民眾特別是年輕人的政治覺醒尚緩慢，香港還未曾迎來政治參與的激增。比較而言，港人的政治參與度其實極低。[47]幾十年的經濟增長為民眾積累了豐富財富，人們足以應對由當前經濟衰退帶來的負面影響。同時，政府也擔當了從未有過的介入者角色，提供社會經濟服務。結果是，除了我們看到政治參與機會上的明顯不平等，香港也沒有沮喪的公眾可供那些心存不滿的精英動員。因此，眼下並沒有亟待處理的大範圍社會不安。但如果經濟增長變得不可持續，貧富差距拉大，這種現狀也是會改變的。

如果我們能夠論證媒介環境的缺乏在結構上無關緊要，那麼在大眾社會引發民粹主義政治的危機就可以忽略。這看上去是個貌似合理、基於格蘭諾維特"弱關係力量"假設的論斷。如果香港符合格蘭諾維特的描述，那麼就不是一個讓人憂慮的大眾社會，反而是個能真正反映民意的快樂社會。為了更接近事實真相，我們需要正確理解格蘭諾維特的假設與僵化的社會分割前景背馳，在他眼中，相對較弱的社會關係反而成為優勢。對香港來說，重點不在於強社會關係的存在，而在於關係弱至不能起任何作用的盛行情況。雖然可能有點誇大，但我們幾乎可以確定，在交流政治信息的社會傳播方面，港人的社會關係不只是薄弱，甚至是幾乎沒甚麼社會關係。正如我們所看到的，家庭範圍內極少有政治討論，而在鄰里、朋友之間，或在辦公場所，政治討論也幾乎不存在。次級社團只有少數成員，並且在政治上也不活躍。唯一有價值的是人們在很大程度上置身其中的大眾傳媒。但除了人們對大眾傳媒不甚關注外，我們也很懷疑香港的大眾傳媒是否能如預期般成為有力的政治信息提供者。[48]

如果說科恩豪瑟和格蘭諾維特的假設在香港僅具有限的適用性，那麼理查德森的分析看起來似乎更切題。鑒於香港幾乎已完全城市化並高度現代化，我們假設港人就是理查德森所說的"非嵌入式世界公民"。事實上也的確如此。首先，除新界原居民外，港人不屬於任何與政治相關的微小社區；其次，大多數志願組織並沒有很好地組織起來，並且多數是非政治化的。在我們的調查中也看到，大部分港人不屬於任何一個次級社團，無論是工會還是政黨，有些人甚至是像原子般的獨立個體。他們在親密網絡，如家庭中，也不討論政治。因此，根據理查德森的假設，港人是典型的"非嵌入式公民"。此外，非嵌入的港人又普遍接觸大眾傳媒，而且很少關注這些媒體是如何處理政治信息的，因此符合理查德森對"世界公民"的描述（見表 6-3）。所以，香港的公民可以歸類為"非嵌入式世界公民"。那麼預期的結果是,未來他們的政治參與度低,且具有高度選舉傾向易變性(electoral volatility)。香港的低政治參與度已是不爭的事實。[49] 而選舉傾向易變則要等待未來驗證,因為到目前為止,也只舉行了 3 次立法會選舉。[50]

總結本章內容,港人普遍的"非嵌入"給香港的局部民主帶來嚴重後果。自 1991 年引入,現時仍在循序漸進地推行的直選,是為普羅大眾提供的在殖民時期無法實現、決定自己前途命運的主要途徑。如今,我們發現,初級社會網絡、次級社團和大眾傳媒並未對促進公民的政治參與起到甚麼作用。這些媒介環境在提供政治傳播上的不足必然會侵蝕形成高素質政治偏好和公共輿論所需的理性對話基礎。而"非嵌入式世界公民"的盛行引起了對作為實現民主主要途徑的選舉素質的懷疑,因為沒有足夠的政治傳播或討論過程讓選民作出自己的選擇。不僅如此,"非嵌入式公民"再一次強化低政治參與,這對我們希望將民主方式擴大至其他政府部門來說,並不是個好兆頭。從更廣泛的意義上說,香港在組織或社團上嵌入不足,意味着欠缺公民參與的規範和網絡,而這兩點都是自 19 世紀以來理論家[如托克維爾(Alexis de Tocqueville)等人]看重的強大力量,因為它們會促使產生有效和負責任的政府。有鑒於此,我們不得不悲觀地在本章結尾得出如下結論:就民主化而言,香港仍有相當長的路要走。

註釋

1. Robert D. Putman, "Political Attitudes and the Local Community," *American Political Science Review*, Vol. 60, No. 3 (1966), pp. 640-654; John M. Orbell, "An Information Flow Theory of Community Influence," *Journal of Politics*, Vol. 32, No. 1 (1970), pp. 322-338; Michael B. MacKuen and Courtney Brown, "Political Context and Attitude Change," *American Political Science Review*, Vol. 81, No. 2 (1987), pp. 471-490.
2. Paul Lazarsfeld et al., *The People's Choice: How the Voter Makes Up His Mind in a Presidential*

Campaign (New York: Columbia University Press, 1944). 根據他們的研究，投票是一種羣體經驗，例如，一起工作、生活或玩樂的人們傾向於投給同樣的候選人。

3. Rüdiger Schmitt-Beck, "Intermediation Environments of West German and East German Voters: Interpersonal Communication and Mass Communication During the First All-German Election Campaign," *European Journal of Communication*, Vol. 9, No. 4 (1994), pp. 381-419; Paul A. Beck, "Voters'Intermediation Environments in the 1988 Presidential Context," *Public Opinion Quarterly*, Vol. 55, No. 3 (1991), pp. 371-394.

4. 調查的總體是年滿 18 歲的香港華裔居民，樣本為概率樣本。調查主要在 1998 年 5 月 25 日～6 月 26 日進行。調查結束時，共完成 988 個訪問，回應率為 46.5%。以香港的情況看，該回應率頗令人滿意。

5. William Kornhauser, *The Politics of Mass Society* (New York: The Free Press, 1959). 另有相關的論述，可能未必與香港的情況有關，參見：H. Arendt, *The Origins of Totalitarianism* (New York: Harcourt Brace Jovanovich, 1973).

6. Mark Granovetter, "The Strength of Weak Ties," *American Journal of Sociology*, Vol. 78, No. 6 (1973), pp. 1360-1380.

7. Bradley Richardson, "Political Communications, Voting Styles, Embedded Electorates and Political Stability in Japan," paper presented at The CNEP II Conference at Istituto Carlo Cateneo, Bologna, Italy, 30 June to 1 July 1998.

8. 若想參考更多關於現代化侵蝕了人們對初級社羣的依賴並帶來政治個人化的文獻，參見：Russell J. Dalton and Martin P. Wattenberg, "The Not So Simple Act of Voting," in Ada W. Finifter (ed.), *Political Science: The State of the Discipline II* (Washington, DC: American Political Science Association, 1993), pp. 193-218.

9. Kuan Hsin-chi, "Election Without Political Clout," in Kuan Hsin-chi et al. (eds.), *Power Transfer and Electoral Politics: The First Legislative Election in the Hong Kong Special Administrative Region* (Hong Kong: Chinese University Press, 1999), pp. 277-301.

10. Herbert H. Hyman, *Political Socialization* (Glencoe: Free Press, 1959); M. Kent Jennings and Richard G. Niemi, "The Transmission of Political Value from Parent to Child," *American Political Science Review*, Vol. 62, No. 1 (1968), pp. 169-184; Richard E. Dawson et al., *Political Socialization* (Boston: Little, Brown, 1977).

11. 朋友這個羣體類似於家庭，也有為個人提供保護的功能，只是保護的程度小於家庭。Ada W. Finifter, "The Friendship Group as a Protective Environment for Political Deviants," *American Political Science Review*, Vol. 68, No. 2 (1974), pp. 607-625.

12. Robert Huckfeldt, Politics in Context: *Assimilation and Conflict in Urban Neighborhoods* (New York: Agathon Press, 1986); Robert Huckfeldt and John Sprague, "Networks in Context: The Social Flow of Political Information," *American Political Science Review*, Vol. 81, No. 4 (1987), pp. 1197-1216.

13. 詢問的方法還有很多種。我們其實也可以首先詢問受訪者是否與他人討論政治，如果回答是，那麼我們可以進一步詢問他們與誰討論。這種問法與文中使用的問法相比，結果會有兩點不同，我們或許會得到一個較小的政治討論頻率，還有可能會發現一些與受訪者談論政治的交談者，如教會的夥伴。

14. 港人與配偶、父母或其他親戚很少談論政治，意味着香港對兒童和青少年的政治教化非常薄弱，這的確是事實：69% 的受訪者表示在他們的童年，家裏從來不談論政治；只有 4% 表示年少時家裏常常談論政治；表示 "有時談論" 和 "很少談論" 的各有 14% 和 13%。

15. Sidney Verba et al., *Participation and Political Equality, A Seven-nation Comparison* (Cambridge: Cambridge University Press, 1978).

16. Robert D. Putman, *Making Democracy Work: Civic Traditions in Modern Italy* (Princeton: Princeton University Press, 1993).

17. 港人不屬任何一個政黨，一點也不奇怪。因為香港的政黨其實沒有公眾基礎。最大的政黨民主建港聯盟（1992 年成立），其黨員由初期的 56 人增加到現在的 1 440 人。1994 年，自由黨（1993 年成立）的黨員有 1 500 人，現在減少到 490 人左右。而最受歡迎的民主黨，目前有 547 名黨員，而在該黨成立之初的 1994 年，有 801 名黨員。其他政黨則在人數上遠遠落後於這三大黨。如欲參考歷史數據，參見：Anthony Y. H. Fung, "Parties, Media, and Public Opinion: A Study of Media's Legitimation of Party Politics in Hong Kong," *Asian Journal of Communication*, Vol. 5, No. 2 (1995), Table 3. 較新的數據參見：《信報》，1999 年 6 月 14 日，A21 頁.

18. 鑒於政黨在競選活動時只將注意力放在已登記的選民身上，而並非所有的成年人，我們可以將樣本縮小到只包括已登記的選民再進行一次調查，相關結果分別輕微地提升至 7% 和 27%。

19. 例如，根據一項 1984 年對美國南本德大都市圈進行的研究，有 1/3 的受訪者表示曾經至少被一個政黨聯絡過。Robert Huckfeldt and John Sprague, *Citizens, Politics, and Social Communication: Information and Influence in an Election Campaign* (Cambridge: Cambridge University Press, 1995), pp. 234.

20. 對香港政黨發展有興趣的讀者可參考：Lau Siu-kai and Kuan Hsin-chi, "Partial Democratization, 'Foundation Moment' and Political Parties in Hong Kong," *The China Quarterly*, Vol. 163 (2000), pp. 705-720.

21. 較新的例子參見：E. Fox (ed.), Media and Politics in Latin America: *The Struggle for Democracy* (Beverly Hills: Sage, 1988); Vicky Randall, "The Media and Democratisation in the Third World," *Third World Quarterly*, Vol. 14, No. 3 (1993), pp. 625-646; Gary D. Rawnsley and Ming-yeh T. Rawnsley, "Regime Transition and the Media in Taiwan," *Democratization*, Vol. 5, No. 2 (1998), pp. 106-124.

22. John Zaller, "The Myth of Massive Media Impacts Revived: New Support for a Discredited Idea," in Diana C. Mutz et al. (eds.), *Political Persuasion and Attitude Change* (Ann Arbor: The University of Michigan Press, 1996), pp. 17-78; J. William Cavanaugh, *Media Effects on Voters* (New York: University Press of America, 1995); Larry Bartels, "Messages Received：The Political Impact of Media Exposure," *American Political Science Review*, Vol. 87, No. 2 (1993), pp. 267-285；Scott C. Flanagan, "Media Influences and Voting Behavior," in Scott C. Flanagan et al., *The Japanese Voter* (New Haven: Yale University Press, 1991), pp. 297-331.

23. Stuart Hall, "Encoding and Decoding in the Television Discourse," in Stuart Hall et al. (eds.), *Culture, Media, Language* (London: Hutchinson, 1980), pp. 128-138；Richard R. Lau, "Political Schemata, Candidate Evaluations, and Voting Behavior," in Richard R. Lau and David O. Sears (eds.), *Political Cognition* (Hillsdale: Lawrence Erlbaum Associates, 1986), pp. 95-126; D. Morley, *Family Television* (London: Routledge, 1988); Kathleen McGraw, "Political Information Processing: A Review Essay," *Political Communication*, Vol. 13, No. 1 (1996), pp. 131-138.

24. 如李少南和朱立所言，香港的大眾傳媒相對自由，因為香港有着自由主義的政治結構、多元化的經濟、營利性的媒體經營文化、媒體從業者的專業文化以及增長的參與文化。Paul S. N. Lee and Leonard L. Chu, "Hong Kong Media System in Transition: A Socio-cultural Analysis," *Asian Journal of Communication*, Vol. 5, No. 3 (1995), pp. 90-107.

25. Joseph M. Chan, "Mass Media and Socio-political Formation in Hong Kong, 1949-1992," *Asian Journal of Communication*, Vol. 1, No. 3 (1992), pp. 106-129; Joseph M. Chan and Paul S. N. Lee, "Mass Communication: Consumption and Evaluation," in Lau Siu-kai et al. (eds.), *Indicators of Social Development: Hong Kong 1990* (Hong Kong: Hong Kong Institute of Asia-Pacific Studies, The Chinese University of Hong Kong, 1992), pp. 79-103.

26. Lau Siu-kai, Democratizaion, *Poverty of Political Leaders, and Political Inefficacy in Hong Kong* (Hong Kong: Hong Kong Institute of Asia-Pacific Studies, The Chinese University of Hong Kong, 1998), pp. 13-14.

27. Steven H. Chaffee and Joan Schleuder, "Measurement and Effects of Attention to Media News,"

Human Communication Research, Vol. 13, No. 1 (1986), pp. 76-107; Steven H. Chaffee and S. Y. Choe, "Time of Decision and Media Use During the Ford-Carter Campaign," *Public Opinion Quarterly*, Vol. 44, No. 1 (1980), pp. 53-59; Dan Drew and David Weaver, "Media Attention, Media Exposure, and Media Effects," *Journalism Quarterly*, Vol. 67, No. 4 (1990), pp. 740-748.

28. 了解媒體接觸與媒體關注的不同效果，參見：Chaffee and Choe, "Time of Decision and Media Use During the Ford-Carter Campaign"; Ran Wei and Louis Leung, "A Cross-societal Study on the Role of the Mass Media in Political Socialization in China and Taiwan," *Gazette*, Vol. 60, No. 5 (1988), pp. 377-393.

29. 要準確衡量受訪者的政治知識知曉程度確實很難，本研究選取政治領導人作為一個較為方便的指標，是因為這些人物無論在日常生活的交談還是媒體的新聞報道中，都被大量提及。選這些特定的領導人是為了在後續研究中顯現出最優的分別，但結果不如預期般好。

30. 學歷的卡方值是 86.6，政治興趣的卡方值是 47.8。兩項的自由度均為 6，顯著度均達 0.001。

31. 篇幅所限不列出表格。另外，我們不對次級社團進行討論，因前文已充分討論其對政治知識影響的無力。

32. 這一論斷來自"與配偶及親戚談論政治"（卡方值為 41）和"與朋友談論政治"（卡方值為 51）在自由度和顯著水平相同時，兩者的卡方值呈現頗大的差距。坦白說，我們原本可以將"親密朋友"和"經常聯絡的人"分開，那樣的話，就可以有更多的證據來分析親密關係和經常聯絡的人的相對影響力。

33. 在自由度和顯著水平相同的情況下，接觸報紙新聞與政治知識的關聯性（eta 值為 0.37）約是電視（eta 值為 0.17）的兩倍。

34. 官方投票率是以已登記選民人數為基數計算得出，而不是以有資格成為選民者人數為基數計算。在我們的調查中，所有受訪者均為有資格成為選民者，因此最終的投票率和政府統計數據相近。如果以有資格投票者為基數計算，那麼投票率將是另一種景象。這樣的落差可能來自兩個原因：一是受訪者的偏見，即願意接受採訪的人本身就比較有公民意識，他們傾向於投票；二是社會期望效應，即一些沒有投票的受訪者會謊稱自己投了票，因為投票符合社會期望。

35. 3 個問題是：一，"你是否同意像我這樣的人對政府的決策沒有任何發言權？"二，"你是否同意對我這樣的人來說，政治極其複雜難明？"三，"你是否同意政府官員不太在乎我這樣的人的想法？"

36. 我們詢問受訪者的第一個問題是，"你是否同意香港的行政長官應該盡快通過直接選舉產生？"第二個問題是，"香港的立法會是由 3 種不同的選舉方法產生，分別是地區直選、功能界別和選舉委員會。對其中任何一種方法都有人很喜歡，主張永遠保留下去，但亦有人很不喜歡，認為應當盡快取消，請問你怎麼看？"之後受訪者被分別問及對這 3 個類別的態度。

37. 有兩點需說明：一是相關分析並不能證明各變項之間有因果關係，但根據邏輯和理論，相關分析可以為我們更好地重新構建影響選舉參與的因素；二是我們並未嘗試通過回歸分析來確定各變項的相對影響力，或模型對解釋變項有多擬合，最主要的原因是，在關鍵變項"選舉參與"均值為 1.23、標準差為 0.97 的情況下，並不能很好地衡量各因素對其影響力。此外，變項"選舉參與"的散點圖與我們假設中的各獨立變項，並沒有顯示出任何的線性關係。

38. 為甚麼親密網絡對政治知識沒有影響而對選舉參與有影響，還有待未來在區分了親密網絡和日常聯絡網絡之後，再進一步研究。

39. 在同等的自由度和顯著水平情況下，媒體關注和選舉參與之間的卡方值是 120.5，約是媒體接觸與選舉參與之間卡方值（65.7）的兩倍。

40. 概括地說，香港的絕大多數人並沒有加入任何組織。一半以上的人表示從未在私人網絡裏與他人談論過政治，不少人也從未關注他們置身其中的選舉新聞或節目。

41. 因為香港是中國的特別行政區，"政權"一詞不指國家的政權。

42. 民調，尤其是那些當某事件發生後，在沒有公眾參與討論的情況下立即進行的調查，是公民投票的把戲。而公共輿論則是在公眾充分討論之後的意見。Jürgen Habermas, *Between Facts and Norms: Contributions to a Discourse Theory of Law and Democracy* (Cambridge, MA: MIT Press, 1998), pp. 362. 書中寫道："公共輿論在統計數據上並不具有代表性。因為它不是將每個人單獨的、私底下的意見收集起來，因此不能將公共輿論與調查結果混淆。政治民調只有在進行了集中的公眾討論，並隨之而來有意見形成的過程之後，才能在一定程度上反映公共輿論。」

43. 1999 年 1 月 29 日，香港終審法院就 3 個代表個案作出里程碑式的重大裁決，即後來的居留權裁決。這次裁決確立了香港永久居民在中國內地所生子女的居留權是絕對的，即不可有其他行政附加條件，例如持有內地發出的《前往港澳通行證》（俗稱單程證）。特區政府對《基本法》中相關條款的含義有不同的理解，因此隨後提請全國人大常委會釋法。1999 年 6 月 26 日，終審法院的裁決被宣佈無效。公眾一開始認定終審法院的裁決代表香港的司法獨立，但隨後他們又接受人大釋法的裁決，最大的原因是考慮到若實施終審法院的裁決，會有大批港人的內地子女來港，對當前香港的生活水平造成負面影響。特區政府通過發佈預計有資格移民來港的內地人將達 167 萬左右公共輿論，最終贏得公關戰。對居留權爭議更詳細的介紹，請參考：Kam C. Wong, "Testing the Limits of 'One Country, Two Systems': An Overview of the 'Right of Abode' Case," *China Perspectives*, No. 23 (1999), pp. 42-53.

44. Ambrose Y. C. King, "Administrative Absorption of Politics in Hong Kong: Emphasis on the Grass Roots Level," *Asian Survey*, Vol. 15, No. 5 (1975), pp. 422-439.

45. 黎安友（Andrew J. Nathan）認為，最重要的原因是缺乏主權。他問到，威權運動的訴求是甚麼呢？誰將會是運動的對象呢？

46. Lau Siu-kai, *Society and Politics in Hong Kong* (Hong Kong: Chinese University Press, 1982).

47. Lau Siu-kai and Kuan Hsin-chi, "The Attentive Spectators: Political Participation of the Hong Kong Chinese," *Journal of Northeast Asian Studies*, Vol. 14, No. 1 (1995), pp. 5-24.

48. Joyce Y. M. Nip and Yiu-ming To, "Television Coverage: Objectivity and Public Service," in Kuan et al. (eds.), *Power Transfer and Electoral Politics*, pp. 215-253.

49. Lau and Kuan, "The Attentive Spectators."

50. 有關這一點，我們想將中國香港與新加坡做比較。兩地都曾經是英國的殖民地，卻有完全不同的公民。香港公民基本上更偏重自由主義和個人主義（liberal-individualist），新加坡則表現出更多的公民性和共和式（civic-republican）。在香港，公民更多是一種地位（status），而在新加坡，公民是一種政府鼓勵的行為。此外，與港人是非嵌入式公民不同，新加坡的公民深深嵌入社團或組織中，如公民諮詢委員會。因此，香港和新加坡在媒介環境與政治參與的關係方面，是極為鮮明的對比。我們預期的結論也應符合理論中的效應：即強有力的媒介環境導致新加坡人的政治積極性，而微弱的媒介環境則導致港人的政治冷漠。由於理論和實施上的考慮，我們在這裏暫不對此問題進行探討。

首先，提到理論假設，兩個城市有很大差異。新加坡是主權國家，而香港是中國的特別行政區，沒有主權。在新加坡的政治領域，種族問題很突出，尤其談及公民身份的建立；在香港卻沒有明顯的種族問題。與香港不同，新加坡有執政黨，即新加坡人民行動黨，有能力動員公眾。選舉投票在新加坡是公民的義務，但在香港選舉投票是自願參與。基於這些巨大的差異，我們根本無法確認媒介環境對選舉參與的獨立影響力。

其次，基於實證數據，我們距離真正有意義的比較還有很大一段距離。實證的政治研究，尤其類似於本文的研究內容實在非常少。而對於新加坡人是如何嵌入其媒介環境中的，仍有待解答。由於大眾傳媒受到嚴格的政府控制，並且很多社團和組織都是政府資助的，我們並不能確定媒介環境是否自主地在政府與公民之間起到媒介作用，抑或是服務於政府的傳遞信息。總而言之，我們認為，在作出任何確實的論斷前，需有大量的實證研究。我們感謝以下學者提醒我們具媒介作用的組織的本質。Thomas T. W. Tan 在他的文章 "Voluntary Associations as a Model of Social Change," in *Southeast Asian Journal of Social Science*, Vol. 14, No. 2 (1986), pp. 82 中指出，大多數社團或組織不可當作是自主成立的，在政府和公民之間自發傳遞信息。同樣地，在 *The Politics of Nation Building and Citizenship in Singapore* (London: Routledge, 1995) 一書的第 6 章和第 7 章，Michael Hill 和 Lian Kwen Fee 也認為，許多社團和組織是政府控制政治動員的工具。

第 7 章　認知動員與對香港民主黨的選舉支持 *

在關於選舉行為的文獻綜述中，巴恩斯（Barnes）指出，在一些民主國家，對普羅大眾進行動員的基礎，已從階級、宗教的社會分歧轉移到對特定政黨或社會運動的認同，以及在價值觀與知識增長的過程中，影響個人選擇的認知動員之上。[1] 普羅大眾動員基礎的變遷可以用現代化理論來解釋。用 "認知動員" 這一概念的研究先驅達爾頓（Dalton）的話來講，正是由於教育的普及，才令政治成熟的西方民眾出現這樣的質變。[2] 與此同時，大眾傳媒的信息披露也令獲取政治信息所需的成本減少。由於愈來愈多的選民能應對政治的複雜性，因此對愈來愈多的人來說，政黨依靠提示引導投票行為的功能性也逐漸弱化。達爾頓之後的政治心理學家，在分析認知上受到動員的民眾如何選擇政治議題方面，取得了一些新進展。[3] 部分文獻也表明，由於認知能力及水平不同，選民以不同的方式作出決定。[4]

本章的研究便發端於這樣的假設，依照埃克斯坦（Eckstein）所提出的 "認知動員" 概念[5]，香港提供了最合適的研究案例。1998 年 5 月舉行的立法會選舉則為我們提供了一個絕佳機會，以檢定上述假設是否正確。

---

* 本文與關信基合著，原以英文發表，刊於 Kuan Hsin-chi and Lau Siu-kai, "Cognitive Mobilization and Electoral Support for the Democratic Party in Hong Kong," *Electoral Studies*, Vol. 21 (2002), pp. 561-582. 本文的撰寫是基於香港中文大學香港亞太研究所政治發展研究計劃所主持的 "1998 年立法會選舉" 研究項目；本項目參與了跨國選舉比較計劃（Comparative National Elections Project），研究團隊包括保加利亞、智利、德國、希臘、匈牙利、意大利、日本、西班牙、英國、烏拉圭和美國。

最有可能成為"認知動員"案例的香港

在香港，由於其他動員基礎失效，認知動員應是進行任何動員行動最重要的基礎。這首先是因為，在香港，幾乎不存在由種族、語言、宗教乃至地域差別引起的社會分化，其他階級之類的社會分化也不是主要問題。以下幾個原因促成了目前的狀況：

第一，香港過去是一個移民社會，其各種分歧形成都具有一定的流動性。

第二，過去 60 多年，香港從一個自由港轉變為工業城市，再轉變為金融中心，以及 20 世紀 60 年代以來高度的社會流動性，都令階級的形成變化無常。[6]

第三，在長達一個多世紀的華人社會與殖民統治政權相分隔的背景下，香港民眾早已習慣通過自身或家庭力量來解決問題，因此與第三方進行合作的能力十分薄弱，也遏制了將社會分化進行政治化的動機。

第四，重要的民主改革或獨立社會運動的缺乏，使政治精英沒有成長的空間，因此也剝奪了他們在分化形成及社會動員中的領導力。[7]

第五，階級形成的進程也受到了政治制度及實踐的影響。[8]當制度與實踐變化時，以階級為基礎的分化便會變得不穩定。這種情況尤其體現在香港中產階級的形成過程中。一項比較台灣與香港民主化的課題研究正好解釋了兩地的差異[9]，即為何台北（這個民主化比香港更成功的地方）的中產階級在評估自身在民主進程中的角色時，比香港的中產階級更為積極肯定，而香港的中產階級在政治過渡期間的真正角色頗具爭議性。[10]

論及動員的政治基礎，不可能說不存在機會，但其基礎相當薄弱。首先，英國和中國主導着香港這個沒有獨立可能性的非殖民化進程，而主權的缺位也使得政局混沌不明，從而流失了一批本土精英。雖然自 20 世紀 80 年代中期以後，民眾對民主管治的追求激發了一些集體行動，但其背後的體制支撐脆弱不堪。畢竟，港人並不擅長參與任何團體活動[11]，由於香港很晚才引入選舉制度[12]，再加上社會上存在反政黨的文化[13]，因此政黨和政黨體系都不發達。[14] 在這種環境下，香港可以説在政治體制上已被剝奪有效動員大眾的能力。

因此，對於認知動員的各種前提香港已充分具備，在大眾真有可能參與政治時，已跳過社會與政治動員的這些階段。當 1991 年引入直選時，香港已是一個現代化城市。以其他地方的經驗來説，現代化往往會稀釋狹隘的羣體意識，並最終導致政治的個體化。此外，發達的大眾傳媒強化了政治的個性化[15]，因為它為公眾搭建了直接與政府和政客聯繫的平台。甚至政黨也傾向於依靠大眾傳媒，而不是做基層工作或服務於選區的選民來培養支持度。上述這些觀察自然也會受到地區上更複雜情形的限定，因為在香港的政治生活中，特別是在地區層面，民眾對社區和街坊組織的效忠都相當狹隘。

根據以上種種，我們可以合理地預估，香港選民的選擇將主要基於認知動員。換言之，社會經濟地位、政治意識形態、政派取態在選民的選擇上並不那麼重要。基於 1998 年立法會直選的隨機抽樣調查[16]，本章對上述各種假設都進行檢定，並提出政治信息的多寡會影響選民的認知能力，進而影響他們的投票選擇。由於民主黨是所有政黨中最受歡迎的，我們的研究將以選民是否選擇民主黨為中心。為了預估這項研究的主要結果，我們將展示，原假定"香港是研究認知能力最合適的案例"是無法通過檢定的，因為政派取態在選舉抉擇上依舊是一個舉足輕重的決定因素。但最終研究表明，認知動員的確能擴大選民決定投票去向的基礎。具體而言，信息不靈通的選民僅依靠政派的取態來投票，但信息更靈通的選民會依靠評估各種因素來作出投票給民主黨的決定。也就是説，選民愈成熟與老練，政黨認同的作用愈弱，而有些因素的作用就會愈強，這些因素包括政治意識形態、政府表現、民主改革，乃至自身與政黨之間的政策距離。

局部民主、限制型選舉與民主黨

在呈現我們的研究發現之前，正確地理解公眾對民主黨的選舉支持，並以此釐清香港選舉的生態非常重要。選舉是民主內在的組成部分，但是當民主改革僅部分地實施，選舉便受到限制，這正是香港目前的情況。於 1990 年頒佈的《基本法》設計了民主轉型的漸進規劃，要旨是慢慢地擴大立法會直選議員的比例，到 2007 年進行再檢討時，直選議員數目要達到整體議員數目的一半，其他非直選的議席則絕大多數由功能界別代表補充。此外，更有針對立法機關職權範圍、提交私人條例草案的程序進行規管的規定，以及針對私人條例草案提出的分組點票的要求[17]，總之是希望借這些規定來鉗制立法機關的權力。《基本法》的憲制目標在於確保行政主導，並防止民選政客佔大多數，控制立法會。因此，香港民主特點的最佳寫照就是局部民主化。在這種情形下，選舉的本質不在於組成政府，而是在一定程度上制衡政府，選舉也不是現任執政者與挑戰者之間的較量，因此也無法用來確保政治問責。在如此受限制的選舉下，選民選舉行為的解讀方式必然與現有文獻大相徑庭，故我們也會針對自己的實證數據進行非常規的解讀。[18]

概念框架

在"認知動員"概念最初形成時，它代表民眾內在的政治技巧和資源，據此，其政治參與可不受外部因素的引導。我們從西方的相關著作中[19]借用了以下幾項假設：一，民眾在政治上的推斷認知能力各有差異；二，認知驅動的推斷主要依靠政治信息；三，選民總體來說並不熱衷於主動尋找政治信息，絕大多數信息是夾帶在日常生活中的副產品；四，為彌補在政治知識上的空白，選民會選擇獲得信息的捷徑（information shortcut）。而我們假設認知動員是選民在選舉時支持香港民主黨的最重要因素。我們預期，與信息不靈通的選民不同，信息靈通的選民會較少依靠信息捷徑，而是更多地應用其認知驅動的推斷能力。由於不同選民作出決定的方式大相徑庭，因此投票模式自然不會是單一和統一的。[20]

開始時，我們會運用單一因果模型來解釋選民作為一個整體對民主黨的支持。然後根據政治信息的多寡，將選民分為兩類，研究的問題是信息靈通與不靈通選民的動員基礎是否有差異。最初使用的投票模型也是依照傳統的方法，即我們認同投票支持任何一個特定政黨，均受以下因素的影響：社會經濟背景、意識形態傾向、政黨取態、表現評價、選民與政黨政策立場之間的距離。此外，我們還會增加以下幾條：一，作為認知動員指標的政治信息（控制學歷與政治興趣的影響）；二，對政府工作的滿意度；三，對民主改革的滿意度。[21]

變項測量

本研究的依變項為對民主黨的投票。投票給民主黨為 1，投票給其他政黨或獨立候選人則為 0，沒有投票則處理為缺失值。[22] 在自變項中，我們在前文已經闡述，社會分化削弱了動員基礎，所以與社會分化相關聯的指標需要詳細地處理與分析。此處闡述一些關於社會分化與選舉之間的關係是合適的，然而從選舉動員的效果來看，其中一些諸如種族、語言與宗教的社會分化指標則明顯對香港不適用，因為香港種族單一，亦沒有明顯的宗教爭端。其他社會和經濟的分化又如何？比如 1991 年的立法局選舉，在涉及社會經濟變項對選票選擇的影響上，我們並沒有結論性的發現。根據曾榮光的研究，民主黨候選人的支持者較多是居住公屋、學歷較高、擁有較好職業及較高收入的年輕人士。[23] 然而，梁燕紅指出，社會經濟背景不是選民選擇候選人的重要因素，反而候選人對待中央政府的態度才是至關重要的因素。[24] 梁世榮的觀點與梁燕紅遙相呼應（儘管有點迂迴），即同樣認為擁護中央派，也就是民主派的對手，其候選人的失敗是由於"反共綜合症"，而不是年齡、學歷、收入等社會經濟背景因素造成的。[25] 同樣的原因也主導了 1995 年的選舉，尤其 13 個選區中的 8 個，反共情緒作為指標在均值上表現出的差異，是了解選票是否投給民主黨的重要預測指標。[26] 李彭廣進一步闡述政治分化已成為重要的動員基礎，他提出政治上呈現兩大主要分化，一個是中心與邊緣，另一個是個人與集體消費。第一個層面的分化在 1991 年與 1995 年的選舉中已成為重要因素，反對中央政府的選民更傾向於投票給民主黨。[27] 然而，李彭廣強調，這種政治分化的分析方法並不意味着結構決定論，他甚至認為這種中心與邊緣的分化可能變得更為緩和，而在消費層面的分化將會被提升至更重要的位置。

　　1991 年和 1995 年選舉中表現出的政治分化取代了社會分化成為主導因素，再加上上述研究中提到港人甚少參與任何組織生活，都進一步加深了我們的看法：香港幾乎是一個原子化社會，因此沒有主要的社會分化所形成的相應的政治結構定型。對於這種觀點，也許有人會以立法會功能界別為論據提出反駁[28]，他們認為功能界別是特定利益集團討價還價的結果，也就是說，這些結構性因素在香港政治中是起作用的。我們的回應是，不論是選舉委員會還是功能界別，大多數都沒有羣眾基礎，並且一些利益集團本就是設立選舉委員會和功能界別選舉規則的直接產物。選舉規則造就結構政治，但是這種結構並非傳統上李普斯特（Lipset）與羅傑（Rokkan）所理解的那種社會分歧。[29] 的確，同其他社會一樣，香港的利益集團之間同樣充滿政治，然而他們中的大多數都沒能與大眾接觸，參加香港任何一次普選。

　　無論怎樣，我們仍關心性別（女性 =0，男性 =1）、年齡、學歷（文盲 =1 ～ 研究生程度 =12）、職業（沒有 =1，非經理、行政和專業人員 =2，經理、行政和專業人員 =3）、住戶月收入（10 000 港元以下 =1，10 000 ～ 30 000 港元 =2，30 000 港元以上 =3）、階級認同（下層 =1，中下層 =2，中層及以上 =3）、基督教信仰（非基督徒 =0，基督徒 =1）等社會經濟背景因素是否會結構性地影響投票的選擇。而雙變項分析的結果顯示，年齡、學歷、職業都會影響民主黨的選票。然而，若再用多變項分析（表 7-1 中的模型 0）則發現，社會經濟背景因素中，只有學歷的影響是顯著的。因此，為簡化模型，下文只用學歷來代表社會經濟背景，學歷的總體均值為 6.32，相當於九年多一些的學歷水平。

　　政治興趣用一條簡單問題來衡量："一般來說，你對政治的興趣有多大呢？"回應以四分尺度衡量，從 "1 毫無興趣" 到 "4 很大興趣"，得分愈高，代表愈感興趣。

　　對於意識形態傾向，我們把它定義為支持民主的政治態度。支持民主人士投票給民主黨的可能性，一般被認為會大於不支持的人。親民主意識形態指數是由受訪者對 8 個問題的回應（以四分或五分尺度量度）相加而得[30]，得分愈高，代表愈支持民主；指數得分從 2 ～ 35，均值為 22.8。

　　對於政黨取態，我們採用 3 個問題來衡量：一，受訪者是否認同個別政黨；二，若認同，繼續詢問認同的強度；三，若沒有認同的政黨，繼續詢問是否有願意接近的政黨。作出正面回應的給予 1。政黨取態得分從 0 ～ 4，得分愈高，代表愈認同民主黨，總體均值為 0.8。[31] 由於調查問題內容廣泛，所以我們在實證數據討論的部分使用政黨取態（partisan attachment），而在文獻討論的部分仍然使用政黨認同（party identification）。

表 7-1 投票給民主黨的對數回歸分析

	模型 0	模型 1	模型 2	模型 3	模型 4	模型 5	模型 6	模型 7
性別	0.09							
年齡	0.01							
職業								
職業組別 (1)	-0.01							
職業組別 (2)	0.03							
收入								
收入組別 (1)	0.10							
收入組別 (2)	0.05							
階級認同								
階級認同 (1)	-0.27							
階級認同 (2)	-0.15							
基督教信仰	0.56							
學歷	0.19**	0.11**	0.07	0.04	0.03	0.00	0.03	0.03
政治興趣		0.22*	-0.10	0.04	0.06	-0.03	0.05	0.08
政黨取態			0.53***	0.52***	0.45***	0.38**	0.32***	0.35***
政治信息				0.36***	0.30***	0.27***	0.23**	0.24*
意識形態					0.06*	0.05*	0.05	0.05
政府評價						-0.18	-0.11	0.17
民主進程評價						-0.39*	-0.55*	-0.56*
政策距離							-0.16*	-0.22*
政府評價 × 政策距離								-0.17*
常數	-2.79**	-1.11*	-1.77***	-3.14***	-4.43***	-2.60*	-2.08	-2.06
-2 log likelihood	466.6	717.9	657.8	622.4	600.1	501.2	385.2	380.4
模型卡方值	18.5*	19.6***	79.7***	115.0***	122.8***	99.4***	76.3***	81.1***
自由度	10	2	3	4	5	7	8	9
預測正確率 (%)	75.10	73.86	74.82	76.97	77.30	75.75	73.45	74.80
樣本數	652	642	642	642	629	516	383	383

*p<0.05　**p<0.01　***p<0.001

註：表內數字除另有注明外，皆為回歸系數。

　　對於表現評價，我們採用兩個問題來衡量[32]：一，對香港特區政府工作表現的評價；二，對香港民主政治實行情況的滿意度。政府表現評價得分從 -2 ～ 2，得分愈高，代表評價愈高，總體均值為 -0.2，表明公眾對政府表現的總體評價是負面的。民主進程評價得分從 1 ～ 4，得分愈高，代表評價愈正面，總體均值為 2.6。

　　為衡量選民與民主黨之間在政策立場上的距離，我們採用以往從未在香港研究中使用過的方法，即左—右圖式（left-right schema）。在香港的政治語言中，"左"包含擁護中央政府或與中國共產黨有某種聯繫的政治成分，而"右"則用於表示親台灣國民黨的政治勢力。[33] 不過隨着右派勢力淡出政治格局，其影響已經衰落。[34] 然而，這樣的開放式衡量方法依舊相當有用，它具有減少政治複雜性的優點[35]，能為不熟悉政治的選民提供表達信息的捷徑，具有可操作性，故而在充分了解"右"這個概念的變化後，我們決定使用這種方法。[36] 問題是："當提及政治上的左派和右派，自己及香港各主要政黨在某種程度上屬於哪一種？"為防止概念上引起混亂，受訪者可以表示不了解定位。結果有 21.5% 的受訪者在自行定位時選擇此項；為民主黨、自由黨和民主建港協進聯盟（簡稱"民建聯"）定位時，各有 29.7%、34.3% 和 32.4% 的受訪者選擇此項。[37] 後續分析沒有包括這些受訪者。由於允許大量缺失值存在，顯示左—右圖式是一個可接受的方法。從最左邊的 0 到最右的 10，共 11 個分值點，民主黨被認為是在較右的位置，均值為 7.20，而民建聯在較左的位置，均值為 3.18，自由黨和自身則在二者之間，均值各為 5.13 和 5.77。最後，政策距離指數便是自身位置減去政黨位置的絕對值[38]，指數得分從 0～8，總體均值為 2。

　　如上所述，我們假設選民是按照他們的認知水平來作出選票決定，但應該承認，通過調研探究個別選民是否有理由和基於甚麼理由來投票絕非易事。為操作方便，我們簡單地讓政治信息代表認知能力。但我們與達爾頓的概念不同，達爾頓所説的認知動員包括兩個組成部分：資源／技能以及心理參與，分別採用學歷和政治興趣來表示。[39] 在我們看來，政治興趣不是一個合適的指標，因為認知動員的關鍵在於處理信息的能力，而政治興趣屬於動機與情感的範疇。我們還認為，將政治興趣與投票率高低相聯繫是符合邏輯的，但投票選擇並非如此。總的來説，學歷是衡量認知能力的合適指標，但比起學歷，我們認為政治信息是一個更好、更直接的指標。香港的教學環境以死記硬背式的學習為主，學歷能反映社會經濟地位而不是理性的認知能力。然而，為避免僅運用政治信息可能不足以準確衡量認知能力[40]，我們在檢定政治信息與投票給民主黨的關係時，將控制學歷的影響，所以在本章，學歷變項具有雙重意義，除檢視社會經濟地位的影響外，也可以降低誤判認知能力的風險。

在問卷調查中，政治信息可以通過很多“表述”來衡量，我們採用的是詢問受訪者兩組問題，即要求受訪者說出香港與國際政治人物的名字，這樣的範圍就是為了保證對受訪者認知角度的衡量不至於太過局限。我們預期在正常環境下，受訪者若不能說出幾位著名政治人物的名字，那麼也不可能深入理解和處理過於複雜的政治議題。[41] 受訪者在政治信息量上的差異使後續分析結果變得有意義。第一組問題是要求受訪者說出中國共產黨中央委員會總書記、俄羅斯總統和香港特別行政區財政司司長的名字[42]；第二組問題則需要受訪者說出其選區 5 位立法會選舉候選人的名字。兩組問題的回應經因素分析後，得出各自的因素負荷量；受訪者的回應根據相應的因素負荷量加權後，再加總為政治信息指數，指數值從 0 ～ 6.14，總體均值為 3.99，眾數為 2.24。在以下的分析中，得分從 0 ～ 2.24 者被歸類為信息不靈通的選民（共 298 人），得分 2.24 以上者則為信息靈通的選民（共 356 人）。[43]

支持民主黨的相關因素

我們首先使用上述投票因果模型對全體選民的數據進行分析，結果簡列於表 7-1。如前所述，學歷是所有社會經濟指標中唯一達顯著水平的變項。比較模型 1 與模型 2 ～ 7 我們會發現，相繼加入其他變項後，學歷和政治興趣均失去對選民投票選擇的獨立影響力，這說明我們在分析認知動員時，比起學歷及政治興趣，更重視政治信息是合理的。此外，政治信息對投票給民主黨，一直具有正向的獨立影響力（模型 3～7）。

模型 2 則表明，公眾對民主黨的政黨取態十分重要。儘管如此，單憑政黨取態並不能主導香港的選舉。而且，一旦把如民主進程評價的評估因素加入模型，政黨取態的重要性就會大幅下降。

如果將最後 3 個模型一併研究，我們可以給出以下解讀。單就政府評價一項變項來說，其對投票選擇不起作用，但若公眾不滿意民主進程，就會對投票選擇產生影響。這便說明，一方面，民主黨能享有選舉支持，是基於其扮演的批判政府的角色。另一方面則說明，民主改革步伐是個比政府工作表現更流行的表達不滿的議題。當我們把政策距離納入考慮後，民主改革的議題則變得更為相關。因此，再看加入了政策距離的模型 6，選民對民主化的不滿相比之前，重要性增加了。政策距離在選民對民主黨的選擇上也發揮了一個儘管較弱但是獨立的影響，暗示政策距離愈大，選民投票給民主黨的可能性愈小。[44]

到目前為止，我們已經發現，對民主黨的認同、政治信息、對民主化進程的不滿、自身與民主黨在政策上的接近，都是選民決定投票給民主黨的原因之一，然而仍留下如何排序這個重要的問題。相繼引入多項因素能更好地理解因果模型，卻沒有提升其整體解釋力，甚至可以說模型 7 不及較簡潔的模型 4。這可能與不同選民以不同方式來決定投票的假設有關，因此單憑一個投票因果模型來分析是不足的。我們相信，政黨取態、意識形態傾向、對政府表現與民主化的評價、本身與民主黨關心的政策的接近程度，都需要不同程度的政治信息。因此，選民以不同方式作出投票選擇，主要依靠以政治信息來衡量的認知能力。鑒於此，我們以政治信息的眾數值為門檻，將登記選民分為兩個子樣本進行比較分析。

政治信息的影響

雙變項分析顯示，政治信息的量與投票選擇有關（Beta 值為 0.32，顯著水平 <0.001）。相較於信息不靈通的選民，信息靈通的選民更年輕、學歷更高、更傾向於民主，且對政府表現和民主進程持較低評價。信息不靈通者傾向於縮小民主黨與民建聯之間的政策差距，而信息靈通者則傾向於強調它們的差距（見圖 7-1），這說明後者在鑒別政黨上有更強的認知能力。信息靈通者比不靈通者有較大可能把民建聯的立場想得更"左傾"，同時兩者對民主黨的定位區別不大。

圖 7-1　自身與政黨的政策立場位置均值

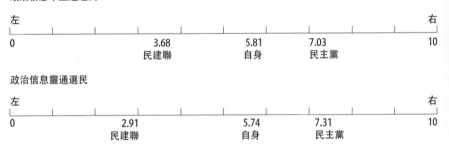

多變項分析提供了更有趣的結果。為了便於討論，表 7-2 只呈現表 7-1 中的兩個投票模型（模型 4 和模型 7），兩個模型均就整體選民（共 387 人）、信息不靈通者（共 117 人）和信息靈通者（共 270 人）進行分析。模型 4 僅納入學歷、政黨取態和意識形態 3 個解釋變項，模型 7 在上述 3 個變項的基礎上加入了政府評價、民主進程評價以及政策距離。[45] 研究結果清晰地證實，政治信息是通過其他變項對選民的投票選擇產生影響的。對於信息不靈通的選民來說，唯一投票給民主黨的理由便是對這個政黨的取態。這個因素甚至在其他變項被引入時產生更大的影響力。

為何政黨取態會主導信息不靈通選民的決定？原因與促使我們進行比較分析的相近：除由學歷代表的社會經濟地位外，所有其他因素都要求一定的認知能力才能起作用。沒有一定程度的政治信息，很難使人獲得傾向於民主的意識形態。同樣地，對政府表現的評價、對民主進程的評價以及在左—右圖式中的政策位置，都取決於獲取及處理信息的能力。這勾勒出信息靈通選民的情況，信息不靈通選民也許是受情感驅動而投票給民主黨，我們將在結論部分重新審視這個假設。

表 7-2　政治信息與投票給民主黨

	整體選民		信息不靈通選民		信息靈通選民	
	模型 4	模型 7	模型 4	模型 7	模型 4	模型 7
學歷	0.05	0.05	0.03	0.15	0.04	−0.03
意識形態	0.09***	0.08*	0.05	0.02	0.09***	0.11**
政黨取態	0.44***	0.33***	0.38**	0.48**	0.47***	0.26*
政府評價		0.13		0.40		0.06
民主進程評價		−0.53*		0.19		−1.07***
政策距離		−0.21*		−0.17		−0.29**
政府評價 × 政策距離		−0.16*		−0.25		−0.15
常數	−3.94***	−1.83	−3.39***	−2.34	−3.78***	−.42
-2 log likelihood	625.5	390.8	222.2	126.8	389.5	241.9
模型卡方值	101.4***	73.8***	19.0**	15.1*	63.3***	72.3***
自由度	3	7	3	7	3	7
預測正確率 (%)	76.40	72.60	85.05	79.00	71.78	74.00
樣本數	636	387	248	117	388	270

*p<0.05　**p<0.01　***p<0.001

註：表內數字除另有注明外，皆為回歸系數。

　　正如表 7-2 最後一欄所示，信息靈通選民的投票選擇既擁有較廣闊的視野，又出於認知判斷。因為這類選民不僅兼顧意識形態、政黨取態、對民主進程的評價以及政黨的政策立場等因素，還會就事論事，依據政府表現和選舉議題處理進行推斷評估。與信息不靈通的選民形成鮮明對比的是，當模型納入其他變項後，政黨取態對信息靈通選民的影響力變弱，對民主進程的評價則成為最重要的因素，親民主意識形態和政策距離的影響力較弱，但均是顯著的。總而言之，信息靈通選民會是一個理智的選民，但我們不能因此認為，理智的選民會完全不受情感因素影響。正如表7-2模型7所顯示的，即使在信息靈通選民的投票選擇中，政黨取態依然扮演一定的角色。否則，我們就可以判定在香港有兩種理想類型的選民：情感驅動型與認知驅動型。

選舉動員兩種模式的理論意義

在本章，我們提出香港是研究認知動員的最理想現實例子。在將近一個世紀裏，香港社會與政治的動員基礎都維持在不發達的狀態，這是因為殖民地的制度和做法，以及在難民或移民社會"不搞事"的心態使然。在殖民統治接近終結並引入選舉，讓公眾在一定程度上參與政治過程時，香港已成為一個有着個人主義傾向的現代城市。在社羣聯繫薄弱的情況下，聯繫公眾與政治系統的重要功能大多落在大眾傳媒上，而不是家庭、學校、利益集團或政黨。因此，選民對民主黨的選舉支持應較依靠認知驅動，而不是結構性或情感型驅動。我們的實證研究表明，對於整體選民來說，社會經濟結構並沒有產生強烈作用。不過，政黨取態仍然顯著，哪怕不是最顯著的因素。如果政黨取態被看作屬於情感因素，那麼我們的假設前提，即香港是最理想的認知動員案例，將會遭到否定，儘管這種否定也有條件。問題的核心是不同的選民受到不同的動員，單一投票模型的說服力是不夠的。所以，對本研究的子樣本（即信息靈通與不靈通的選民）進行比較分析，我們會發現香港存在兩種不同的選舉動員模型，即情感型和認知型。

　　具體而言，1998 年投票給民主黨的信息不靈通選民投票選擇只是基於政黨認同。相比之下，信息靈通選民的投票選擇基礎更寬泛，包括意識形態、政黨取態、對民主進程的評價，以及自己與政黨的政策距離。此外，後兩個因素比其他因素重要，如此看來是政治信息通過其他因素影響選民的投票選擇。此外，我們也可以説，信息靈通選民比信息不靈通選民更有能力進行複雜的推斷。因此，兩種不同的選民雖然最終都選擇投票給民主黨，但選擇基礎不同。我們傾向於解讀政黨取態是鼓動信息不靈通選民的情感因素，而信息靈通選民的投票屬於回顧式（retrospective）投票或是前瞻式（prospective）投票。

　　這裏有必要先釐清到底政黨認同的確切含義是甚麼。例如，有學者把政黨認同看作是一種正面的情感聯繫，從而鼓勵選民作出一致的行為[46]，亦有學者認為這是一個獲取信息的捷徑。[47] 有兩個方法可以辨明政黨認同是一個評估的因素還是情感的因素。一個方法是匡威（Converse）提出的，政黨認同是社會學習的結果[48]，民眾需要逐漸適應具競爭性的政黨制度，而政黨認同的發展是把社會和經濟方面的分化鎖定在政黨制度中[49]，或者是受父輩的耳濡目染，將對某一黨派的忠誠代代相傳。[50] 這種情況包括在適應期間，政黨認同在很大程度上是經過評估而得，經過兩代半人之後達到成熟的程度，從而凝聚成一種忠誠的感情。[51] 作為一種情感，政黨認同以一種根深蒂固的投票習慣來鞏固自身，然而在香港，問題卻出在沒有足夠的時間。由於政治僅僅是在近幾年才向民眾打開大門，選舉與政黨制度都還處於“萌芽時代”，社會經濟分化即使存在，也還未與政黨“綁定”。此外，政治上的父輩式薰陶幾乎不存在。[52] 有證據顯示，對民主黨的習慣式投票[53]，意味着政黨認同已成為一種穩定的情感取向，儘管我們尚不能確定這種穩定性從何而來。

　　另一個確定政黨認同本質的方法是基於假設政黨認同與政治信息

之間的關係。我們發現，信息不靈通選民單單依靠政黨認同就作出投票選擇，但這不意味着他們完全信息閉塞。否則，他們是如何知道這些政黨的存在，接受其中的一個，以及認出貼着這些政黨標籤的候選人？我們想強調的重點是，選民並非依靠少量信息引導選擇，而是直接運用政黨取態作為一個信息獲取的捷徑。將政黨認同視為信息捷徑，則時間因素會變得無足輕重。這裏必不可少的因素就是對該黨信念的概括性形象，或是"對當前政黨所進行的連續標籤式評估"。[54] 政黨認同的穩定性不在於時間，因為前提是理性選民不會刻意收集政治信息，他們不認為耗費這種心力會有合理回報。如果當斯（Downs）的觀點是正確的[55]，即政黨認同是一個信息捷徑，特別是當其他信息有所遺漏或限制時，我們可以預期信息不靈通選民比靈通者會更依賴政黨認同來投票，因為後者擁有更多的政治信息。這便是我們在表 7-2 中顯示的調查分析結果。因此，我們擁有選民對民主黨習慣性投票的證據，從而支持政黨認同是種情感因素的觀點，同時支持在政黨投票上的信息差異作為信息捷徑的觀點。這種在政黨認同上的模糊性，恰恰反映了政治體系過渡期的特點和本質。同時，在理論上可以推斷，當認知動員的重要性日趨增強時，並不意味着作為一種情感紐帶的政黨認同就完全式微。政治心理學流行的看法是，推斷可以既由情感驅動，也可以由認知驅動。[56] 換句話說，信息靈通者的投票選擇無法避免像政黨取態這樣的情感因素（表 7-2 中的模型 7）。

我們的研究發現也在一定程度上證實了關於信息靈通選民回顧式及前瞻式投票的假設。前者代表選民的選擇是對現任政府表現進行評價後的一種回饋或懲罰；而後者則假設選民基於政策承諾而決定支持某個候選人或政黨。這兩種方式都把選舉當成是定期的機會，從而影響政府構成或控制公共政策的決議。在表 7-2 的模型 7 中，對於信息靈通的選民，對民主進程的評價可以被認為是回顧式投票的證據，政策距離則是

前瞻式投票的一種表現。不過,無論是回顧式還是前瞻式投票,對香港
都沒有甚麼重大意義,因為政府不可能下台(或改選),而且沒有政黨
或政黨聯盟能在現行體制下執政。在本研究中,我們關注的是公眾對民
主黨的投票。該黨自香港引入直選以來就是最受歡迎的政黨,但從未指
望可以得到能控制立法機關的多數席位,更不用說有掌管政府的可能
性。那麼,選民為何會浪費選票來支持民主黨?如果我們用工具性的思
維來理解投票,那麼這將是個讓人困惑的問題。不過,如果我們把投票
看作一種表達,那麼選票就沒有白費,因為它起到表達憤怒或不滿的功
能。[57] 選舉受限制的特點本身就放大了政治系統中反對黨的重要性,選
民愈是不滿意政府,民主黨作為政府的主要批評者就會得到更多的選舉
支持。我們的研究數據支持這種解讀,關鍵在於對當前政府表現的評價
是基於認知動員。讓我們回顧之前的研究成果,政府評價與政策距離之
間的互動,都對整體選民的政黨選擇起一定作用。此外,對民主進程評
價的高低也對信息靈通選民支持民主黨產生極強的影響,只是這種影響
與評價反向相關。不過,這一點不適用於那些信息不靈通的選民。[58] 所
以說 1998 年選民對民主黨的選舉支持,主要是受到政治因素的影響。
總之,對民主改革進程的不滿以及親民主黨的傾向,再加上不同程度政
治信息的調和,最終把選票引向民主黨。

選舉動員兩種模式的實踐意義

本次研究發現對香港政治的未來有甚麼更寬泛和實際的意義?政
黨動員或認知動員兩者中,哪個會在未來選舉中變得更重要?而這對香
港的政黨和政治穩定又有怎麼樣的願景?

我們可以假設黨派重要性的增加,政黨認同對政黨發展與選情穩定
的貢獻會多於認知動員的提升。正如在西方所見,認知動員已導致政黨

派系之間從"分裂"到"結盟"，再到選舉波動。而香港政黨聯盟還處於發展期且薄弱。由於香港政黨必須與著名的政客和功能界別競爭選民的忠誠度，所以我們並不確定黨派是否會變得更為重要。在其他文章中[59]我們提出，當政黨成立時，香港的政黨及港人都是那個歷史時刻的"產物"。這個"成立契機"是指主宰了20世紀80年代後期與20世紀90年代早期的政治議題背景，特別是中國即將收回香港主權，以及由此產生的中英摩擦和雙方對民主改革的爭拗，再加上更重要的因素，即香港民眾與中央政府之間的不信任。因此，政黨的定位不是基於社會經濟分化所引發的階級問題，或是像失業等經濟問題，而是由不同政黨之間"支持民主且不信任中央政府"與"對民主議題保守且擁護中央政府"這樣的政治劃分而決定的。這些劃定的政治分野並沒有被回歸之後廣為關注的社會經濟議題或其他政治議題所取代，政治經濟話題一一呈現，但政黨未能有效地回應新環境。因為在憲制上政黨並沒有機會執政，因此香港政黨擔當着"永遠反對黨"的角色。與此同時，香港民眾始終對中央政府的意圖較警惕，對特區政府也感到不滿，因此希望政黨能起到監察與制衡政府權威的作用。所以，1998年的選舉，政黨取態的重要性便反映了港人在政黨"成立契機"期所產生的那種糾結情愫的延續。然而，在選舉中，社會經濟議題愈與選舉相關，就愈發顯出政黨在適應新需求上的失敗，以及民眾對所有政黨的不滿[60]，這些都說明社會對當前政黨定位的支持最終必將銷蝕。2000年9月立法會地區直選的結果便為上述假設提供了證明。這次選舉的投票率比1998年選舉更低，除民建聯之外，涵蓋香港的所有大黨都經歷了選民支持滑坡。民主黨的遭遇最為嚴重，在所有選區丟失了171 412張選票。民建聯在新界西收穫頗豐，在新界東也說得過去，因此補償了在其他3個地區的損失。民主黨和民建聯在選票上的差距從1998年的43%與25.2%，縮小到2000年的34.7%與29.4%。

相對於政黨動員的停滯甚至式微，認知動員則呈現出明顯的上升態勢。由於香港民眾教育水平的提高，以及信息科技、大眾傳媒的不斷發達，其認知能力更強，而認知動員是根植於政治信息、評估與推斷的。憲制發展的軌跡、媒介環境中的傳播互動、焦點事件的層出不窮、為迎合政策需求的政黨戰略與策略，這些都具有內在的不穩定性，所以可以預估民主化議題作為憲制發展的一部分是不會消失的。[61] 從大眾傳媒的商業化趨勢以及公眾對社會經濟議題的關心不斷增長的角度看，沒有政黨能在未來的選舉中獨佔政治議題。但政黨的發展將受到限制，尤其是政黨領導力的欠缺、有限的資源以及缺乏有效處理政策議題的能力。這就必然導致社會對政黨支持的基礎薄弱，從而給獨立政治人物、社會經濟組織以及議題壓力團體在選舉舞台上發揮影響力提供足夠的空間。而政黨持續的弱勢將會加劇選舉政治的流動性，進而導致立法機關中各代表的分割，以及立法與行政機關之間的緊張關係。如果失去政黨的利益聚集功能，我們預期輿論將在解決香港政治衝突方面扮演更為重要的角色。以認知動員的關鍵中間人（新聞業）為媒介，輿論將進一步成為行政與立法機關以及其他既得利益團體之間的仲裁者。

註釋

1.　Samuel H. Barnes, "Electoral Behavior and Comparative Politics," in Mark I. Lichbach and Alan S. Zuckerman (eds.), *Comparative Politics: Rationality, Culture, and Structure* (Cambridge: Cambridge University Press, 1997), pp. 115-141.

2.　Russell J. Dalton, "Cognitive Mobilization and Partisan Dealignment in Advanced Industrial Democracies," *Journal of Politics*, Vol. 46, No. 1 (1984), pp. 264-284.

3.　Samuel L. Popkin, *The Reasoning Voter: Communication and Persuasion in Presidential Campaigns* (Chicago: University of Chicago Press, 1991); Samuel L. Popkin, "Information Shortcuts and the Reasoning Voter,"in Bernard Grofman (ed.), *Information, Participation, and Choice: An Economic Theory of Democracy in Perspective* (Ann Arbor: University of Michigan Press, 1993), pp. 17-35; Paul M. Sniderman et al., "Information and Electoral Choice," in John A. Ferejohn and James H.

Kuklinski (eds.), *Information and Democratic Processes* (Urbana: University of Illinois Press, 1990), pp. 117-135; Franz U. Pappi, "Political Behavior: Reasoning Voters and Multi-party Systems," in Robert E. Goodin and Hans Dieter Klingemann (eds.), *A New Handbook of Political Science* (Oxford: Oxford University Press, 1996), pp. 255-275.

4.　非常感謝斯奈德曼（Sniderman）等學者將認知心理學應用於選舉抉擇的研究。Paul M. Sniderman et al., *Reasoning and Choice: Explorations in Political Psychology* (Cambridge: Cambridge University Press, 1991).

5.　Harry Eckstein, "Case Study and Theory in Political Science," in Harry Eckstein, *Regarding Politics* (Berkeley: University of California Press, 1992), pp. 117-176.

6.　呂大樂甚至認為，由於結構性變化為人們提供了流動的機會，因此社會上沒有一個階級為了社會經濟的提升與其他階級對抗，也沒有必要為此建立自己的政治組織。Tai-lok Lui, "The Hong Kong New Middle Class on the Eve of 1997," in Joseph Y. S. Cheng (ed.), The Other Hong Kong Report 1997 (Hong Kong: Chinese University Press, 1997), pp. 207-225.

7.　雖然我們曾分析香港政治領導力形成所受到的結構性限制，但這並不排除一些政治領袖的出現。Lau Siu-kai, *Public Attitude toward Political Parties in Hong Kong* (Hong Kong: Hong Kong Institute of Asia-Pacific Studies, The Chinese University of Hong Kong, 1992); Lau Siu-kai, "Colonial Rule, Transfer of Sovereignty and the Problem of Political Leaders in Hong Kong," *Journal of Commonwealth and Comparative Politics*, Vol. 30, No. 2 (1992), pp. 223-242；Lau Siu-kai, "Public Attitudes toward Political Leadership in Hong Kong: The Formation of Political Leaders," *Asian Survey*, Vol. 34, No. 3 (1994), pp. 243-257. 從結構的角度分析，相較於其他曾經歷獨立運動或全面民主改革的國家，香港政治還是缺乏政治領導力的。公眾也認為沒有幾個值得信賴的政治領袖。在1995年的大型調查中，40.2% 的受訪者回答沒有政治人物值得支持，16.9% 持不同觀點，而餘下的 42.9% 沒有提供確定答案。

8.　Timothy K. Y. Wong, "Issue Voting," in Kuan Hsin-chi et al. (eds.), *Power Transfer and Electoral Politics: The First Legislative Election in the Hong Kong Special Administrative Region* (Hong Kong: Chinese University Press, 1999), pp. 105-129.

9.　蕭新煌，尹寶珊. 台灣、香港和新加坡中產階級的集體社會政治意識[M]// 劉兆佳，等. 市場、階級與政治：變遷中的華人社會. 香港：香港中文大學香港亞太研究所，2000：459-492.

10.　關於階級與政治的研究大多集中在中產階級，這可能主要基於以下兩個原因：第一，由於香港政治中擁護中央的陣營與親台灣勢力的傳統分裂，也由於香港的工業以中小企佔主導地位，而它們的工會聯盟薄弱，再加上政府嚴格的勞工條例，以及香港製造業的長期衰退等，因此香港的工人階級從沒有自發地開展任何大型或有效的工人運動。第二，由於中產階級長期以來都被西方文獻認為是民主化的先驅，而學者也對研究他們在香港民主化過程中的政治角色頗有興趣。然而，香港的中產階級是龐雜的、分化的，對待民主的態度也是矛盾的，他們中的積極分子雖佔了支持民主運動政治領袖的大部分，但四分五裂的中產階級對進一步的民主改革未必都那麼支持。較早期的討論可參見：呂大樂，黃偉邦. 階級分析與香港 (九八增訂版)[M]. 香港：青文書屋，1998. 近期的論述，可參見：Alvin Y. So, *Hong Kong's Embattled Democracy: A Societal Analysis* (Baltimore: Johns Hopkins University Press, 1999).

11.　在調查中，我們詢問受訪者是不是以下哪些組織的成員：工會、商會或專業協會、宗教團體、教育藝術文化團體、政黨或政團、環保或愛護動物團體、青年團體、體育團體、婦女團體、業主、住客團體或鄰舍互助組織、家長會或者其他（由受訪者注明）。如果他們回答是組織成員，則會繼續問其參加的積極程度，以及這些組織是否參與過選舉活動。其結果是，僅 18% 的受訪者屬一個組織，6% 屬於兩個或以上的組織，其中，僅約 9% ～ 41% 的組織在政治上活躍（取決於活動類型）。與西方同類型研究所得數據相比（美國的相關數字是 25%、32% 和 41%，墨西哥是 23%、2% 和 46%），香港公眾的組織生活確實極為匱乏。Gabriel A. Almond and Sydney Verba, *The Civic Culture: Political Attitudes and Democracy in Five Nations* (London: Sage, 1989), Tables X. 5,

X. 11. 我們之前的研究也發現，如果用一個比較廣闊的角度，即若把組織生活算作政治的一個組成部分，從結構上來說，港人始終未曾嵌入政治中。Kuan Hsin-chi and Lau Siu-kai, "Intermediation Environments and Election in Hong Kong," *Democratization*, Vol. 7, No. 2 (2000), pp. 65-89.

12. 基於普選基礎的直選於 1991 年首次引入香港，60 個議席中佔 18 個。

13. Lau, *Public Attitude toward Political Parties in Hong Kong*; Lau, "Colonial Rule, Transfer of Sovereignty and the Problem of Political Leaders in Hong Kong."

14. Chris K. H. Yeung, "Political Parties," in Joseph Y. S. Cheng (ed.), *The Other Hong Kong Report* 1997 (Hong Kong: Chinese University Press, 1997), pp. 49-70.

15. 除有線電視與衛星電視外，兩個常規的電視台都運營一個中文和一個英文的頻道。香港一共有近 700 份注冊期刊及 70 家報紙。在嚴肅報紙中，有 4 家是中央政府控制的，另外 4 家大眾報刊約涵蓋整個讀者群體的八成，另有 6 家是信息類報紙，流通量不大但公信力高。以"傳媒曝光"來衡量，香港的大眾傳媒使用度很高，平均每 4 個人中就有一人看報紙。一項問卷調查顯示，受訪者中約 52% 每天閱讀報紙，這個數字僅次於日本（86%，1993 年），不過高於美國（47%，1993 年）和保加利亞（22%，1996 年）。然而就"關注度"而言，僅 4% 的受訪者表示對報紙的內容很關注，相較之下，美國則是 26%，日本為 14%，保加利亞為 17%。Kuan and Lau, "Intermediation Environments and Election in Hong Kong".

16. 1998 年的立法會選舉，全部席位的 1/3（即 20 個）由 5 個地方選區直選產生，30 個產生於功能界別，10 個產生於選舉委員會，本研究只專注於直選部分。

本研究的調查對象是年滿 18 歲的香港華裔居民，樣本為概率樣本。調查主要在 1998 年 5 月 25 日～ 6 月 26 日進行。調查共完成 988 個訪問，回應率為 46.5%。調查的子樣本僅包含登記選民，並根據選舉事務處的官方數據，按登記選民的年齡和性別分佈進行加權。653 名受訪登記選民中 53.3% 投了票，比官方投票率低 0.1%。

17. 如果立法會的私人條例草案想要通過，需要分別得到經分區直選議員及其他非直選（功能界別和選舉委員會選舉）議員兩部分出席會議議員各過半數才可以達成。

18. 本章為理解比較政治中的一個重要問題作出了貢獻，那便是人們如何在局部民主化的限制型選舉中進行投票。香港的公眾擁有言論自由，所以當前的民調結果會比其他非民主體制下收集到的數據更可信，而本研究也使我們對非民主社會下選民的政治行為有進一步的理解。

19. Pappi, "Political Behavior"; Popkin, *The Reasoning Voter*; Popkin, "Information Shortcuts and the Reasoning Voter"; Sniderman et al., "Information and Electoral Choice"; Sniderman et al., *Reasoning and Choice*.

20. 本章從一開始就強調研究的問題重點不在於認知動員與選民投票與否之間的關係。但是鑒於處於局部民主化的限制型選舉，香港市民中不參與投票的人可能是認知動員最強的一羣，因為對他們而言，投票幾乎沒有任何實際用處。

21. 首先，控制是必需的，正如達爾頓將學歷和政治興趣作為認知動員的指標。其次，後兩個因素會被加入傳統的因果模型，因為民主黨被普遍視為民主鬥士以及對抗政府的象徵。

22. 在受訪選民（共 653 人）中，25.7% 投票給民主黨，23.9% 投票給其他黨派或獨立候選人，50.4% 則沒有投票或拒絕透露投票選擇。根據官方數據，19.7% 的登記選民投票給民主黨。

23. Tsang Wing-kwong, "Who Voted for the Democrats? An Analysis of the Electoral Choice of the 1991 Legislative Council Election," in Lau Siu-kai and Louie Kin-sheun (eds.), *Hong Kong Tried Democracy: The 1991 Elections in Hong Kong* (Hong Kong: Hong Kong Institute of Asia-Pacific Studies, The Chinese University of Hong Kong, 1993), pp. 149.

24. Joan Y. H. Leung, "Political Orientations: Turnout and Vote Choice," in Rowena Y. F. Kwok et al. (eds.), *Votes Without Power: The Hong Kong Legislative Council Elections* 1991 (Hong Kong: Hong Kong University Press, 1992), pp. 70-71.

25. Leung Sai-wing, "The 'China Factor' in the 1991 Legislative Council Election: The June 4th Incident and Anti-Communist China Syndrome," in Lau and Louie (eds.), *Hong Kong Tried Democracy*, pp. 216.

148

26. Leung Sai-wing, "The 'China Factor' and Voters' Choice in the 1995 Legislative Council Election," in Kuan Hsin-chi et al. (eds.), *The 1995 Legislative Council Elections in Hong Kong* (Hong Kong: Hong Kong Institute of Asia-Pacific Studies, The Chinese University of Hong Kong, 1996), pp. 201-244.

27. Li Pang-kwong, "Elections and Political Mobilisation: The Hong Kong 1991 Direct Elections" (D. Phil. dissertation, University of London, 1995); Li Pang-kwong, "Elections, Politicians, and Electoral Politics," in Stephen Y. L. Cheung and Stephen M. H. Sze (eds.), *The Other Hong Kong Report* 1995 (Hong Kong: Chinese University Press, 1995), pp. 51-65; Li Pang-kwong, "The 1995 Legislative Council Direct Election: A Political Cleavage Approach," in Kuan Hsin-chi et al. (eds.), *The 1995 Legislative Council Elections in Hong Kong*, pp. 245-273.

28. 香港的立法會議員循 3 種不同的途徑產生：選舉委員會、功能界別以及地區直選。

29. Seymour M. Lipset and Stein Rokkan, *Party Systems and Voter Alignments* (New York: Free Press, 1959).

30. 這 8 個問題包括：一，像香港這樣的地方，民主就是最好的政治制度。二，民主可以解決香港今日所面對的問題。三，香港特區行政長官應該盡快通過直選產生。四，直選產生的立法會議員比其他選舉方法產生的議員更能解決公眾的問題。五，應永遠保留地區直選的選舉方法。六，應盡快取消功能界別的選舉方法。七，應盡快取消選舉委員會的選舉方法。八，特首必須受立法會監督。

31. 與那些擁有悠久黨派傳統的國家或地區相比，我們可能高估了香港的政黨取態。絕大多數港人（78.3%）對任何黨派都沒有認同感，其中 64.8% 甚至不覺得接近任何一個黨派。鑒於政黨仍非常年輕且處於選舉政治的初級階段，香港基本上缺乏對黨派忠誠的情況也就不令人驚訝，這也是為甚麼像學歷這樣的社會經濟背景變項，會與作為潛在解釋變項的政黨取態在投票選擇行為中的作用一樣重要。政黨取態也與一些社會經濟背景因素有關，在那些聲稱有政黨取態的受訪者中，年紀較輕、學歷較高和收入較低者均較傾向於認同民主黨，性別、階級、職業、宗教信仰等因素則沒有顯著的影響。

32. 我們在初步的雙變項分析中還包括另外兩個變項：對近來經濟狀況的滿意度，以及對現任臨時立法會議員是否了解一般市民想法的觀感。分析發現這兩個變項對投票給民主黨的行為都沒有顯著影響。為簡化模型，多變項分析沒有納入這兩個變項。

33. Joseph M. Chan and Chin-chuan Lee, "Press Ideology and Organizational Control in Hong Kong," *Communication Research*, Vol. 15, No. 2 (1988), pp. 185-197.

34. 在回歸前，預期中國恢復在香港行使主權已經對新聞界的意識形態光譜起到收窄的作用。在回歸時，3 份極右報紙（《香港時報》《工商日報》和《工商晚報》）以及 4 份右傾報紙（《華僑日報》《華僑晚報》《新報》和《快報》）相繼倒閉。另一個右傾報業集團（《星島日報》和《星島晚報》）則改變成為中立的立場。然而直到當下，依然還有一小部分右傾工會力量存在。

35. Dieter Fuchs and Hans-Dieter Klingemann, "The Left-Right Schema: Theoretical Framework," in M. Kent Jennings et al., *Continuities in Political Action: A Longitudinal Study of Political Orientations in Three Western Democracies* (Berlin: Walter de Gruyter, 1990), pp. 205.

36. 在這裏有一問題，就是在一個政治分層已延伸至多維的地方，左—右圖式是否過多地減少了許多信息？一方面，在香港，一個人可以主張支持擁護中央或親民主的政治態度，也可以親商界或親基層利益。另一方面，左—右圖式可以理解為一個多維的結構，如果親商界被認為右傾，則親基層便是"左傾"；而親民主是右傾，擁護中央便是"左傾"，這樣便可以將許多內容組合在一個簡單的從左至右範圍之內。公眾所認為的香港兩大主要政黨陣營的位置，便可以用這樣的方式切實地反映出來。而在兩個跨政制的選舉研究中〔一個是密歇根大學政治研究中心統籌的選舉體系比較研究（Comparative Study of Electoral Systems），另一個是俄亥俄州立大學政治科學系統籌的跨國選舉比較計劃〕，僅使用簡單的左—右圖式便可揭示其中複雜的多維性。香港同時參與了這兩個跨國研究，出於比較研究的興趣，我們將左—右圖式用於調查。對於那些在擁護中央派（或稱反民主化）及親民主派層面有興趣的讀者來說，可以仔細觀察"意識形態"變項在表 7-1 與表 7-2 中的作用，我們沒有單獨為親商界及親基層層面的政策爭議設置一個獨立變項，作為一個勉強的替代，可以觀察表

7-1 模型 0 中 "階級" 變項的作用。

37. 民主黨成立於 1994 年，一直以來是民主支持者的旗艦黨派，該黨以強烈支持民主為目標，但只擁有溫和的社會經濟改革綱領，目前，民主黨在立法會 60 個議席中佔有 13 席。自由黨成立於 1993 年，是一個親商界、親政府以及溫和擁護中央政府的黨派，擁有 10 個立法會席位。民建聯成立於 1992年，該黨採取堅定不移地擁護中央路線、親基層利益，在社會經濟政策上屬溫和改革者，在 1998年立法會選舉中，民建聯贏得了 9 個席位。

38. 衡量政策距離的方法多種多樣，採用哪種方法主要取決於我們視選民為消費者還是投資者。Joel M. Guttman et al., "Voting as Investment vs. Voting as Consumption: New Evidence," *Kyklos*, Vol. 47, No. 2 (1994), pp. 197-207. 前者是選民自身位置與最喜歡的政黨之間的距離，後者則是最喜歡的政黨與其對手之間的距離。我們選取了前者，因為政策在香港的競爭不是以兩黨制為框架的。但在個別選區，如果確定是民主黨與民建聯兩黨互相激烈競爭，亦可採用第二個方法。

39. Dalton, "Cognitive Mobilization and Partisan Dealignment in Advanced Industrial Democracies".

40. 有人會爭辯，我們需要動機才會去吸取信息。比如，一個人對政治有興趣，才有可能會說出以下政治人物的名字。對此，可以產生以下兩個反駁意見。首先，我們需要解釋為甚麼一個人會對政治感興趣，但這個問題的因果關係會不斷擴展，然後循環往復。其次，也是最重要的，便是這些政治人物的名字在日常生活中與朋友聊天或觀看電視節目等便可得知，並不需要刻意由興趣激發，尋找相關信息，也就是在這種情況下，政治信息才會獨立於學歷和政治興趣而對選民產生影響。

41. 我們預期，相較於信息靈通者，信息不靈通的受訪者更傾向於認為政治複雜、難以理解。此假設在回歸分析的結果中得到證實：控制學歷後，標準化回歸系數為 0.1，顯著水平為 0.01。

42. 我們選擇這些政治人物是希望此變項的值能具有一定差異，但結果並不令人完全滿意。

43. 信息不靈通與靈通選民之間的信息差距（information gap）主要在於是否有能力正確地說出他們各自選區的候選人。平均來說，前者連一個也不能正確地列出，後者則可以列出 3 個。但在能正確說出著名政治人物的能力上，兩者差距僅為一個。

44. 我們僅說 "暗示"，因為關於政策距離的發現必須進行非常謹慎的解讀。正如之前所說，用於本調查的左一右圖式尚未成為廣及應用、可以引導選舉行為的判斷捷徑，大量的缺失值也會影響統計估算。

45. 這輪分析沒有納入政治興趣，因為如表 7-1 所示，政治興趣在模型 2 ～ 7 均沒有獨立解釋能力。我們保留了學歷變項，是因為需要一個指標來衡量社會結構分歧，以及降低誤判認知能力的風險。

46. Angus Campbell et al., *The American Voter* (New York: Wiley, 1960).

47. Anthony Downs, *An Economic Theory of Democracy* (New York: Harper and Row, 1957); Michael A. Maggioto and James E. Piereson, "Partisan Identification and Electoral Choice: The Hostility Hypothesis," *American Journal of Political Science*, Vol. 21, No. 4 (1977), pp. 745-767; Ivor Crewe, "Party Identification Theory and Political Change in Britain," in Ian Budge et al. (eds.), *Party Identification and Beyond* (London: Wiley, 1976), pp. 33-61.

48. Philip E. Converse, "Of Time and Partisan Stability," *Comparative Political Studies*, Vol. 2, No. 2 (1969), pp. 139-171.

49. Lipset and Rokkan, *Party Systems and Voter Alignments*.

50. Herbert H. Hyman, *Political Socialization* (New York: Free Press, 1959).

51. Converse, "Of Time and Partisan Stability," pp. 141-142, 165-167.

52. 在我們的調查中，69.3% 的受訪者回答年輕時在家中 "從不談論" 政治，12.6% 回答 "很少談論"，13.5% 聲稱 "有時談論"，而僅有 3.5% 表示 "經常談論"，另有 1.1% 拒絕給出任何答案。

53. 根據調查，在 1995 年立法會選舉投票給民主黨的受訪者中，61.7% 再次於 1998 年投票給該黨，不投的則有 38.3%。1995 年與 1998 年投票給民主黨的卡方值為 144.75，自由度為 1，顯著水平低於 0.001。

54. Popkin, "Information Shortcuts and the Reasoning Voter," pp. 26.

55. Downs, *An Economic Theory of Democracy*.

56. Sniderman et al., *Reasoning and Choice*, pp. 22-23.

57. 在過往選舉中，投票在本質上似乎更多成為要求的表達，如對民主黨（前身為香港民主同盟）的支持，便在很大程度上是基於"反共綜合症"的作用。Leung, "The 'China Factor' in the 1991 Legislative Council Election"; Li, "Elections and Political Mobilisation".

58. 這兩者的評價因素不屬同一種類，政府工作內涵寬泛，直接影響公眾社會經濟利益的調控與（再）分配，而民主化是一個直接嫁接政治力量的右傾政策具體領域。所以從這個意義上講，民主黨已把民主化議題作為自我定位的特徵。自然，在當下選民的考慮中，對民主化進程的評價比對政府表現的評價相關度更高。

59. Lau Siu-kai and Kuan Hsin-chi, "Partial Democratization, 'Foundation Moment' and Political Parties in Hong Kong," *The China Quarterly*, Vol. 163 (2000), pp. 705-720.

60. Wong, "Issue Voting"; Lau and Kuan, "Partial Democratization, 'Foundation Moment' and Political Parties in Hong Kong."

61. 《基本法》制定了最終達到普選產生行政長官和全體立法會議員的目標，且預定在 2004 年進行檢討。

第三部分

非殖民化下的政制改革

第 8 章　政制改革的矛盾與選擇[*]

　　縱觀香港歷史，政治舞台顯得如此混亂，使我們對前景難做確切預測。中英兩國經過曲折的談判，終於達成協議，將香港的主權交還中國，從而改變了香港政治制度的內外形勢。中國勢力在香港政治舞台上的崛起，即將離去的統治者勢力的淡出，殖民政府下放權力的迫切，各方政治勢力湧現，致力於獲取從非殖民化過程中解放出來的部分或全部權力。在這個歷史轉折點，政治團體要求參與政治的呼聲愈來愈高。上述種種因素，令香港政治出現不可逆轉的改變。這些令人難以掌握的內外因素轉變，使任何人預測政治變化的嘗試縱非無能為力，也極其困難。

　　雖然存在眾多變數，但香港政治發展的途徑也並非完全不可預測。鑒於香港政治勢力普遍薄弱及對其擴張的結構性限制，香港的政治發展方向仍大部分掌握在香港、英國及中國的統治精英手上，但他們不能為香港政治體制的改革草擬一份詳盡的藍本。《代議政制綠皮書——代議政制在香港的進一步發展》(簡稱《綠皮書》) 的短期性建議¹，以及《中英聯合聲明》的含糊和簡單規條，可以支持上述看法。若考慮到中英政府兼容的基本利益，以及這些利益對香港的影響，我們仍能在大方向上粗略地預測香港政治制度轉變的路向。

　　除非出現一些難以預料的情況（例如，中英雙方對香港的態度產生劇變，或經濟出現崩潰），在未來 10 年，香港的政制變化將是以下各

---

*　本文原以英文發表，刊於 Lau Siu-kai, "Political Reform and Political Development in Hong Kong: Dilemmas and Choices," in Y. C. Jao et al. (eds.), Hong Kong and 1997: Strategies for the Future (Hong Kong: Centre of Asian Studies, University of Hong Kong, 1985), pp. 23-49. 中文版曾以 "香港的政制改革及發展：矛盾與選擇" 為題，刊於《信報財經月刊》，第 8 卷，第 11 期 (1985)，12-21 頁；現在的譯本再經修訂。

種力量的總和：中英兩國政府對自身基本利益的理解、對政制改革衝擊其利益的認識、對香港社會本質和兩國要實現目標（主要是經濟上的）的了解，以及對政制改革所須面對的結構性限制的衡量。

中英兩國的統治精英對政制改革目標的看法必然存在矛盾，這反映了兩國政府不同的利益、政治傳統以及政制改革對他們的迫切程度。整體上，我覺得兩國必會依據雙方利益，部署香港政制轉變的過程及內容。

在計劃政制轉變的過程中，無論香港政治活躍分子如何大吵大嚷要求干政，他們在香港自發行動的影響力將僅屬次要。由於參政機會及渠道都是由中英兩國的統治精英提供的，因此我們如果說香港正冒升的政治精英本質及成分是逐漸由現在的統治精英通過改革措施來決定的，實非誇大其詞。簡而言之，雖然形勢尚不明朗，但香港政制的發展是按照有計劃、自上而下的形式進行的。

政制改革的矛盾

對英國政府來說，殖民統治即將結束，把一定的政治權力轉到港人手上，便成為當前急務。縱使沒有"九七問題"，政府職能的擴大及香港社會本身的轉變，也會使更多的人要求增加政治參與渠道。對政府而言，擴大政治參與不單是為了爭取更多公眾在政治上的支持，同時是為了改善政府的效率及能力[2]，"九七問題"增強了政制改革的推動力。

在談判期間，港英政府的權威被以下幾種因素逐漸侵蝕：由於中國政府增強對香港影響而出現的"雙重"政治權威形勢；殖民統治走向末日的不可逆轉事實。在如此艱困環境下，人們預料政府執行權力時會搖擺不定，並在制定政策時猶豫不決，政治上的風派"精英"也會為取悅未來的政治領袖而改變立場。

中英協議使港英政府得到一個維持認受性的新契約，即繼續在

1985 ～ 1997 年的統治，因而保證可免受反殖民主義宣傳及行動的騷擾。但協議絕不能使一個已經削弱的政府權威恢復往昔光彩，特別是因為其決策權必須與一些不同功能的中英聯合工作小組分享。

從政府的角度考慮，為了在權力日削的艱苦歲月中維持良好管治，必須相當快速地推行加強民眾參與權力下放的政制改革。再者，光榮撤退的迫切需要，把"一籃子"開明的政制改革措施"賣"給英國人，使中英交易顯得更美好，這些都是有利於改革的要素。英國人在時間上強烈的急迫感，與中國政府的觀點形成對比，後者表現得較為從容，對香港未來的政制形式，未急於作出清晰決定。

在中國政府還未能對香港政策發揮決定性影響力之前展開政制改革，可以確保港英政府能單方面設計改革的內容，同時可以讓香港強大的左派勢力不能在"自由權力開放"的遊戲中贏取決定性勝利（這種情況若出現，會使大多數港人產生焦慮）。在改革這件事上，中國政府因英國政府沒有進行足夠磋商而被激怒，是完全可以理解的。但中國政府亦可以因此避免與英國政府一起對這套使其支持者不能取得政治優勢的改革計劃負責。為維持香港的安定繁榮，左派政治勢力在港膨脹也不是中國政府急欲見到的事。

在英國政府推行第一批改革措施的同時，他們也被不少困難和矛盾拖累，其中包括中國政府可能作出的反應。與其他英國殖民地非殖民化過程不同的是，英國不准許香港獨立，而只是把主權在 1997 年移交中國。在取得中國政府明確的批准之前，任何意圖給予港人真正及最終政治權力的改革措施，顯示出英國悍然違反中英協議，在 1997 年只交回一個有名無實的主權給中國。中國絕不能容許這種情況出現。根據此看法，非殖民化的傳統步驟，即把權力轉移到一個直接由公眾選出的立法機關，同時建立一個向該機關直接負責的部長制，在香港是不可行的。[3]因此，需要設計一套全新的方法，或改變傳統的非殖民化方式，以適合全新的形勢。

除了香港完全不同性質的非殖民化過程外，英國改革者還要面對其他政治矛盾，這對他們的改革構思產生了很大影響。

第一，政制改革的推動力基本源自外部環境，且與殖民統治逐漸完結及主權轉移關係緊扣。雖然以往要求改革的呼聲在香港依稀可聞，卻極其微弱。在"九七問題"出現前，我們可以肯定地說，大部分港人對現存的政治制度表示認可。[4]"九七問題"及兩國政府解決此問題的方法，促使了一大羣政治活躍分子及組織的出現，卻未能形成推動公眾的政治力量，更遑論成為具實力的政治組織。

從一般人對香港初步政制改革及中英協議的反應看，我相信，從長遠來說，香港有可能出現慢性政治"兩極化"現象。其中一端是少數但人數日增的政治活躍分子及倡議改革人士，他們主要屬於中產階級，政治上推動民主及自治，並近乎無望地努力阻遏未來可能出現的中國政府"干預"。另一端則是對政治冷漠的公眾，他們對政治感到無能及無助的心理源於在決定前途的談判過程中被摒諸門外，只能扮演旁觀者的角色，同時在中英聯合力量面前感到無能。政治活躍分子不單欠缺公眾支持，也未獲得其他人信任，這些領袖被懷疑為逐私欲而別有用心，還有一些人覺得他們在中英極強勢力下，不可能有所作為。因此，香港長久以來的政治領袖"真空"問題仍未能解決。在缺乏有能力領袖（特別是有一定公眾基礎、有組織能力的領袖）的情況下，為避免出現政治混亂，必須小心防止權力出現急速轉移的現象。換言之，改革過程首先必須為政治領袖的崛起提供機會，其後的改革則需建基於領袖勢力的形成及鞏固。但我們不能保證在不久的將來，有足夠的有能之士成為領袖，以滿足形勢需要。

第二，英國政府雖然認識到政制改革是一項極為迫切的需要，但殖民政府可用於完成改革的時間極為短促。為了減少來自中國的干預，政治活躍分子不斷要求在回歸前成立一個完全自治的組織架構，從而使時間短缺的問題更加突顯。但英國方面似乎不打算滿足這項要求，即使他們有此打算，也沒有足夠的政治力量付諸行動。因此，由於時間有限，改革的範圍及大小必須經過謹慎估量。

第三，香港需要一個有力且有效率的政府，以確保至 1997 年的過渡期內，香港一切經濟、社會及政治發展都能穩定進行。不可否認，要增強政府被日漸侵蝕的權威，向民主化發展的政制改革是當務之急。但不適當的改革措施及不小心的實行，很容易醞釀出相反的且可能難以逆轉的結果。除上述疑問及可能出現的現實情況（例如，貪污、集體暴力行為、犯罪活動、經濟投機活動、通貨膨脹、社會衝突及公眾福利開支的削減）外，還有一個趨勢就是，目前仍不彰顯的政治威權主義可能會在香港發展起來。在戰後的發展中國家，當經濟及社會出現混亂時，便會訴諸政治控制及限制政治參與。[5] 縱使在邁向政制開放的過程中，我們也不可以對這種威權主義傾向掉以輕心。

第四，20 世紀末的政治環境，瀰漫着主張民主及挾民主以自重的氣氛，而世上沒有任何統治權力敢於否定民選政府的大原則。因此，假如港英政府要成為某種形式的民選政府，也必須給予所有成年人同等的選舉權，而不可能只玩弄片面的、有限制的選舉把戲。這種選舉把戲在 19 世紀的歐洲十分普遍，做法包括利用多套分隔的選民登記冊、多重投票權、候選人資格的嚴格限制、逐步擴展選舉權及收買選民等。[6]

但在一個沒有推行民主的社會中推行這種全球認可的制度，是一個非常冒險的舉動。由於香港缺乏溫和、堅定的政治領袖及組織，因此選民容易被那些追逐短期及個人政治私欲的政客煽動及游說，進而遭受損害。下列因素會增強這些不負責任言論的吸引力：一，經濟衰退；二，社會人士意志消沉；三，貧富懸殊；四，公眾情緒激動；五，政治權力搖擺不定；六，心理上的疑惑及焦慮；七，發展過度及競爭激烈的傳播媒介;八,公共福利及服務減少。這些因素或多或少可以在香港見到,它們造成的影響雖然可以因為人們傾向於重視實際及懷疑政治領袖動機而得以改善,但我們也絕不可掉以輕心,因為與煽動性呼籲許下的承諾相比,選民在投票時所須付出的代價(或成本)是那般的微不足道。

第五,社會的既得利益者(資本家及專業人士)對民主化產生的憂慮甚至敵意態度,也會對政治參與範圍的擴展產生一股強大的制衡力量。這裏,我並非說這些人毫無保留地反對所有的政制改革,事實上,他們也看到了改革的需要,因為他們希望在英國人落旗西去後,可以在政治體制中扮演有影響力的角色,以保障自己的利益。而那些可以讓他們在公共決策中扮演重要角色的政制改革,自然會深受歡迎。現在已有一些來自既得利益階層的政治活躍分子組織政治團體,希望在即將來臨的選舉遊戲中加入政治競爭的行列。從英國的角度看,這些來自社會重要部門的精英是權力轉移的最合適人選。但這些重要部門的精英同樣對政治民主化有莫大的疑慮,主要是因為他們缺乏一個可動員公眾、爭取支持的組織,且缺乏政治經驗;再者,因為時間緊迫,且中央政府對他們參政的反應也不明確。因此,在這種情況下,他們對如何確立政治地位沒有充分信心。

事實上,建制階層不能左右政治的感覺,成為塑造他們對民主化態度的基本因素。這種政治無能感反過來使他們過分地高估了以公眾為主(但仍沒有足夠的公眾基礎)且有溫和的財富再分配企圖的壓力團體政治力量。香港的社會精英是公平競爭及無情的個人競爭的忠實信徒。通常情況下,具有這種看法的人都不願支持政府的種種財富再分配措施。他們對底層民眾非常刻薄,瞧不起接受救濟的人。[7] 面對經濟前景不明朗及可能出現的經濟困境,在選舉遊戲中,他們對於以"免費午餐"吸引廣大公眾,從而建立政治實力的行動也猶疑不決,因為這可能需要付出很大代價。由於他們較希望見到溫和的政制改革,以確保自己在政治舞台上的地位，而不用大規模地動員公眾，所以他們會反對"過分民主化"，甚至轉向中國政府尋求"保護"，因為後者同意保持香港的資本主義制度不受干擾。

隨後出現的問題是，為何社會精英會產生如此強烈的"政治無能感"？這可以從他們的特殊性格中找到答案。香港在工業化過程中，未能成功培養出一羣有自信心和具備獨特政治抱負的資產階級。這些人通常以個人身份進入權力架構，在取得社會地位後，他們不會嘗試改變這個架構。由於殖民統治剝奪了他們掌握政治實權的機會，以及他們對社會主義制度不理解，從而驅使他們在殖民政府保護下尋找安全庇蔭。同時，殖民政府的行政政策不僅賦予他們一個相當高的社會地位，也讓他們可以在經濟上大展拳腳。簡而言之，香港的資產階級以賺錢機會取代統治權力。經濟開放、對出口的依賴及經濟利益多元化產生的資產階級內部的分歧及競爭，也解釋了他們向政治組織邁進的微弱動力。

香港的勞工階層一向分化且軟弱，導致資產階級組織政治團體參政的需要不那麼強烈。結果是，現在需要參政時，社會精英不僅不能好好地組織公眾，以保衛自己的利益，而且在政治上也與公眾分離。假如選舉權慢慢擴展，社會精英還可以組織以上層及中層人士為基礎的政治團體，同時可以逐漸把下層人士納入組織成為支持力量。這種做法與西方民主制度內保守派及中產階級黨派的出現相仿。但是假如馬上推行普選，並在一個不穩定及財富分配不均的經濟環境下進行，再加上公眾的經濟要求可能逐漸增加，那麼就無法保證這些精英有足夠的能力、資源、機會及決斷力去面對公眾，並向他們許下資源再分配的承諾。[8] 不論在香港或其他地方（例如，獨立後的印度及 19 世紀的美國）[9]，政治突然轉變為民主會使一些地位崇高的團體逐漸引退。這些人之所以參政，是感到在政治上能有所作為，但假如面對一個他們認為會以低下階層行為模式為主導的政治組織時，他們將感到不能發揮作用而越趨不前。

第六，對於民主化、經濟發展及公平收入三者之間的相互關係，港人（特別是社會精英們）有一個很普遍的看法，就是縮小收入差距的措施將使經濟增長放緩。事實上，很多西方學術界人士及資本家也接受這個看法。一個放緩的經濟將刺激民眾對公共福利及服務的需求，進而降低投資欲望、激發通貨膨脹，並破壞收支平衡。民主化（把政治中心轉到公眾身上）會使政府更重視收入再分配，同時出現公共部門膨脹，以及政府管制條例激增的現象。最後，資本主義體系及其經濟自由與企業精神會受到破壞。

經濟發展、政治參與及經濟平等的相互關係異常複雜，社會科學的研究結果充其量只能作為參考，因為再分配政策可以在很多種政權中使用，而再分配也不一定會打擊投資。[10] 當然，在擴展公共福利及服務方面，社會民主及社會主義政府有較強傾向。換言之，增加政治的參與機會使政治走上一個無休止及無情的把經濟、社會及文化事務不斷轉化為政治事務的軌道。這樣就會擴大政府在福利及調節功能上的角色，也擴大了經濟中公共部門的相對比重，而最後會抑制投資的興趣。

下列原因更能說明目前的情況：一，香港的經濟精英相信，在經濟不穩定、外國經濟競爭日漸加劇的情況下，政府擴大福利措施必會導致打擊投資的後果。二，由於香港經濟主要依靠出口帶動，香港產品的本地市場相對狹小，而由收入再分配政策導致的公眾對本地產品購買力的增加不會多，因此也不會使資本家從中得到充分利益。三，本地資金的流動性及資本家民族主義的淡薄，使其在撤離香港時面對很少的客觀及主觀限制。四，在《中英聯合聲明》簽署後數年內，香港資金將不可避免地外流，外國投資則日漸重要，這要求香港必須維持低稅率，以保障私有經濟部門的增長。五，事實上，很多要求民主化的政治活躍分子，也是要求以不同形式把收入再分配的壓力團體領袖，這些要求使社會精英感到更加恐懼，他們害怕突然開放政制後，會立刻導致政府參與更多經濟事務、稅率攀升，以及公共福利負擔增加。六，令人沮喪的事實是，戰後有良好經濟表現的少數發展中國家或地區（如韓國、新加坡、中國香港、科特迪瓦、墨西哥及巴西）推行的都是專權政體，這令社會精英更加相信民主化會對經濟產生負面影響，進而加強了他們反對"過分民主化"的政治立場。

第七，到目前為止，香港雖然極其幸運地避免了基本結構的分裂衝擊，從而導致政治不穩定，但並不表示這些分裂不存在。事實上，它們的確存在，我們可以從多個角度對它們進行界定：左派與右派、富人與窮人、種族及政府與公眾。

左派與右派的分裂在香港內政中並不顯著，因為他們被剝奪了表達彼此矛盾的政治渠道。港人信奉經濟機會平等及個人努力，加上缺乏政治參與機會，從而減少了貧富分裂的政治矛盾。殖民政府在社會經濟事務上的有限參與，以及香港經濟體制的開放，使不同種族人士均有機會參與競爭，而經濟表現良好，使種族分歧的政治問題變得不那麼突顯。政府在社會經濟領域只扮演有限角色，政府的行政表現、公眾缺乏政治組織以及他們對公共服務的有限依賴，減弱了殖民政府與公眾間的不協調。無論如何，假如上述條件（不論部分或全部）消失，一個全新的政治形勢便會出現。殖民政府的權威被削弱，中國勢力逐漸增加，可能產生一些反英情緒及行動。一些當地精英希望在中國政府和港人面前表示與殖民政府決裂。中國政府期望在港人之間營造一種更具民族主義及擁護中央的立場。但假如政治架構開放，在一個完全自由的政治遊戲規則下，人人皆可自由爭取政治權力，那麼反英情緒可能會更加高漲。

其中兩種分裂形勢，即左派與右派、富人與窮人，肯定會在民主化過程中逐漸顯現出來。左派與右派的分裂和衝突都有可能造成不穩定局面。從長遠來説，隨着中國登上政治舞台，這種分裂會自然減退。在過渡時期，貧富懸殊日漸加劇，人們的要求日高，經濟上的焦慮及困難可能加深裂痕。香港民眾已組成眾多小規模的政治團體，並提出種種要求。在《中英聯合聲明》簽署數年後，它們是否會變成一股難以對付的政治勢力也未可料。超過四成的港人居住在公共房屋，當經濟出現嚴重困境和財政預算收緊時，本來隱藏着的階級對抗情緒將借助有關房屋問題針對政府而顯露出來，因為對公共房屋居民來說，政府是唯一及明顯的"施惠者"。

與其他潛在分裂不同，政府與公眾的分裂可能會在民主化過程中受益，但只有在這個過程中，政府能滿足不斷增加的要求，否則也不能導致上述結果。由於我們不能保證會出現最好情況，因此急速的民主化可能引發低下階層提出很多不能滿足的要求。由於社會各階層在政治動員及參與準備上程度有別，廣泛參與反而會使部分羣體得到過多政治代表權，而另一部分得到較少甚至完全沒有代表權。這會在很多人心中產生政治挫敗感，進而使人們對民主政體失望。

第八，政制改革對公務員表現及士氣的影響也要認真研究。在香港的威權及官僚政制下，公務員在制定政策過程中通常扮演主導及自主的角色。政制改革肯定會削弱他們在政治體制中的霸主地位。雖然他們大多已經察覺到改革的需要，但只會極不願意地接受。另一個棘手問題是，高級公務員對一般的"政客"（特別是"極端分子"及"滋事分子"）都採取一種不能忍受、輕蔑及高高在上的態度。回顧英國很多殖民地在獨立後的表現可以發現，官僚及政客之間存在很多或明或暗的衝突。[11]

未來 10 年會是過渡時期，公共服務保持高水平表現是維持政治穩定及統治地位不可或缺的元素。殖民統治即將結束及政治前景不明，將使公務員士氣低落，而官員本地化會激起海外及本地公務員的矛盾。鑒於上述種種原因，英國政府不太可能通過政制改革降低公務員所享有的優待及地位。在新崛起政治領袖的地位及聲譽仍待建立之際，猝然降低官僚架構的優越及正統地位，確實是極危險的一步。

第九，在政制改革過程中，英國面對的最大矛盾與中國的利益及其對政制改革的反應有直接關係。假如英國政府倡議的政制改革得不到中國政府首肯，便會出現所謂"遠景拉近"效果（telescoping effect），使人相信改革只是短暫的，並於回歸後瓦解。在這種情況下，改革焉有成功機會。

中國政府不認為政制改革必須急切實行，這與英國政府的看法迥異。此外，根據我的推想，中國政府認為現存的一套組織架構運作良好，無須做任何不必要的改變。在英國政府撤退後，政制可以基本上維持現狀，並如常運作。假如中國政府認為真有改革的需要，必定與下述各種需要緊密聯繫：讓社會精英知道他們會在新制度下獲益、使有資格的港人在殖民政府離去後填補空缺、向全世界展示香港特別行政區擁有真正的自主權，並顯示殖民統治結束後，會出現更民主的政府。但上述需要不一定要通過民主化過程來實現權力架構的基本轉變。事實上，中國在政制改革一事上，同樣遭遇了很多使英國頭痛的矛盾。

對中國政府來說，最重要的考慮是保證中國所擁有的香港主權是真實的，而非形式的。加上中國對"一國兩制"的構想寄予厚望，任何可能威脅其成功的不可知因素必須消除。由是觀之，對任何改革的努力，中國政府寧願過分保守，也不會過分激進。假如這一判斷無誤，中國政府對在香港任何可能引起衝突的改革，必會反對，這些改革禁忌包括：一，建立一個中國政府不能控制的政治實體；二，動員香港的政治力量，使政治環境混亂及難以預測；三，破壞香港的資本主義制度，使其失去經濟價值；四，製造與中國政府對抗的勢力；五，借示範效果，在中國內地製造不適當的政治期望；六，破壞國際對香港政治穩定及經濟活力的信心；七，鼓勵香港與中國內地的政治力量結合，從而損害中國的政治穩定性；八，在中國內地製造敵視香港的力量。

提倡改革的英國人在面對所有矛盾時，中國因素必定是最首要考慮。

政制改革的初步措施

縱觀上述各種矛盾的討論，我們可以了解港英政府初步推行的改革措施的優點及缺點。雖然《綠皮書》包含很多改革措施，但最早的改革可以追溯至 1982 年，當時具有諮詢作用的區議會已經成立，並有部分民選議席。隨之而來的改革措施有：增加區議員席位及權責、重新組織一個有半數民選議席的市政局、在新界成立區域市政局。

《綠皮書》的建議顯示了短期內香港會出現的政制改革方向，其重點在於討論立法局 (政治系統的中央諮詢機關) 的組成，除過往一律委任的成員外，會加上兩個具同等議席的議員組別。此外，委任及官守議員的數目會逐漸減少。[12] 立法局議員的數目會從 44 人增至 1985 年的 56 人。兩組立法局議員包括來自區議會、市政局以及新成立的區域市政局所組成的選舉團代表和由政府特別欽點的功能界別代表。選舉團本身分為 12 個投票組，每一組推選一位代表進入立法局[13]；功能界別的議席則公開賦予社會精英額外的代議權利。[14] 在新的立法機關中，不會通過直接公開選舉選出議員，立法機關的功能及權力也不會有很大的增長。

改革措施的主要目標：一，維持以行政為主導的政府架構，把部分權力給予從政人士 (不論是選舉的還是委任的)；二，強化政治領袖階層，從而提高政府的效能；三，維持社會及政治穩定；四，防止湧現突發及未能預料的政治力量；五，加強政治領袖的權力及認受性；六，以刻意的政治設計保護現行社會經濟秩序；七，擴展有意義的政治參與渠道；八，促成社會精英及中層人士的政治上升；九，維持國際對香港繼續推行資本主義制度的信心；十，促進公眾對香港的認同；十一，處理社會及政治衝突。

為實現上述目標，初步的改革措施具備以下 9 個特點：

第一，所列條款只是短期性的，缺乏長遠的計劃。若沒有中國政府的參與，以及在經濟及政治情況未明朗前，長遠的措施肯定不能建立。

第二，改革是溫和漸進的，政府在提出新建議時顯得異常審慎。由於時間短促，時間上的漸進轉變極難推行，遂設計出結構上的漸進主義，利用制度上的安排，限制公開選舉產生的政治參與。

第三，在組成未來立法機關時，引用多個組成原則。因此，為適應未來的政治情況，政府會為將來預留一條後路，以期有更多選擇機會。

第四，轉移出來的政治權力是支離破碎且分散的。由於有大量的地區及功能界別，除非他們之間出現根本的意識形態分歧，所以暫時很難產生較大規模的利益衝突。在立法機關中，眾多依地區及功能劃分的組別代表不同的狹隘利益，並成為互相制衡的 "否決" 羣體。除一般性及爭論性不大的事件外，要取得一致的取向及行動將異常困難。在此環境下，要出現一個集體、結構嚴謹且有紀律的領導階層極其困難，代之而起的將是一個鬆散、派系主義及互相利用的形勢。

第五，由於香港缺乏成熟的政黨，大眾傳媒在政治領袖爭取公眾支持的過程中非常重要，加上港人對政治冷漠，使政治領導階層出現分裂、不定型及個人主義的性質，政制改革有必要朝着解決這些問題的方向來構思。選舉團及功能界別多少會發揮一般政治組織監察和制約個別領袖的功能。縱然間接選舉不及直選般 "民主"，但選舉團中有經驗及活躍參政的領袖能在分裂的政治體系中做一項極其重要的工作，即以候選人與其他領袖的關係以及他們從事集體合作的表現來衡量其能力。這種安排的好處之一是，使一些慣於向公眾直接發表煽動性言論的極端領袖被篩選或制約，除非他們可以贏取選舉團中的大多數選票。

　　第六，在改革後的政治制度中，社會精英所獲得的特別代表權明顯是為他們而設計，以期能給他們一個舉足輕重的政治地位。政府單方面且獨斷地賦予某些團體代表進入立法機關時，把所擁有但已削弱的權威運用殆盡。功能界別代表也是一項動員政治力量的設計，可以培育政治組織及社會重要部門分子的政治參與。事實上，政府是要為社會精英爭取時間，使他們在即將來臨的選舉"遊戲"中做好充分的準備。在推行的過程中，社會重要部門精英的政治化似是無法避免。同時，不同的團體為爭取特別的代表權，亦會加強政治活動，以求改變誰應進入（立法）局誰不應進入的標準，達到自利目標。

　　第七，由於立法機關不能提供穩定且有組織的政治領袖階層，因此政策的建議也不可避免地要繼續來自官僚架構。但立法機關的諮詢權力及正統地位得到增強，仍會提升這一組織的政治重要性，同時減少立法與行政機關間關係不平衡的程度。

　　第八，一個縱橫交錯的政治制度將成為間接選舉及功能代表的結果。這個具有控制及平衡作用的連鎖系統可以有效遏止政治極端情況的出現。因此這個設計出來的政治制度具有強烈的保守慣性。

　　第九，這個設計使各政治團體很難通過廣闊的集體利益立場、較大型的爭論事項、廣泛的不滿情緒、對較大羣體的效忠或認同感來取得權力。與此相連的是，在競選時通過大眾傳媒向選民作出直接政治宣傳而取得成功的可能性也因此大大降低。

　　我們若細讀《綠皮書》各項建議，一定能留下一個極清晰的印象：初步的改革建議是一大堆臨時拼湊出來應付短期需要，又只能局部達成一系列相互矛盾目標的措施。這一系列互相抵觸的目標源於英國人身處的獨特政治環境。這些目標的矛盾主要源於英國人在改革過程中必須面對且要盡快脫身的窘境。由於上述目標既多且繁雜，所以注定它們只能局部達成。

　　總的來說，改革的整體目標是保留現存政治體制的基本形態，或者可以反過來說，盡量減少激進政治勢力崛起的機會。在這個擴大了的政治舞台上，由於勢力分散，香港內部基本且帶結構性的分裂力量，不容易在政治領域顯露出來。在改革過程的後期，中國政府的參與不僅是意料中的事，也會被公眾所允許。

　　這些改革的象徵意義比實際作用更大。細觀《綠皮書》我們不難發現，政府的表現往往是遲疑不決且自相矛盾的。《綠皮書》顯示，政府既保守、又創新，既讓步、又執着，既果敢、又怯懦，既高瞻遠矚、又目光短淺。同時，《綠皮書》的建議提供了一系列可能的發展路徑，但政府未能對任何一項措施的實踐作出承諾。因此，《綠皮書》所提出的建議很容易在一些人心中產生難以滿足的期望，但由於社會組織結構的限制，以及中英領袖對這些限制的理解，也會使大部分建議難以實現。若上述眾多目標能部分同時實現，那麼改革可以在短期內起到穩定作用，但大部分與目標有關及受改革影響的團體也不會感到完全滿意。很明顯，改革不可能取悅所有人。

　　樂觀地說，這些改革可以使社會的不同階層相互協調，建立共識，因為他們將要在同一政治舞台上碰頭，更因為他們之中沒有一個能具備足夠力量擊倒對手。上述情況能否出現的決定因素不在於改革本身，而在於一些只受政制改革輕微影響的因素。在眾多因素中，最重要的因素是經濟繁榮、公眾（特別是位居要職的精英）對香港前途的信心、社會精英和中層人士在政治上的積極參與，以及中國維持香港現行制度及架構的決心。

政制發展的前景

　　香港政治體制的發展仍處於蛻變階段。不論政制改革帶來多少反對或贊成的勢力，它本身必然具有自行發展的動力。在可預見的將來，安定繁榮必然會繼續成為任何改革的主要考慮因素，而中國政府在改革過程中的參與也必然愈來愈多，且更加明顯。細觀改革過程中所遇到的種種矛盾、不確知因素及限制，對未來政治體制細節的任何預測也會極端危險。在這裏，我只能針對大方向的轉變作出預測。

我認為，在可預見的將來，最穩定的預測是，在政治舞台上不會出現組織嚴密、紀律嚴謹、擁有羣眾基礎及層級領導的政黨。另一個預測是，由於缺乏成熟的政黨，立法機關不會在政治體系中領導行政機關。實際上，這兩種現象是有機地緊扣在一起的，而它們也一起形成了香港未來政治架構的基本特徵。

下列幾點可用作衡量政黨勢力的指標：一，政黨在其創辦人及繼任領導人死亡或離去後繼續存在的能力，也就是說，政黨制度化及“非人化”的程度。二，是否存在一個黨的結構，即在積極的領導人及其追隨者之間，是否具有一些比較恆久、有規則及穩定的聯繫。三，政黨組織的複雜性，也就是說，政黨組織與社會經濟組織和選民的聯繫。四，政黨成員的特性，可以將來自社會的支持者類別、密度（即支持者在全體人民中所佔的比例）及穩定性作為衡量的指標。五，政黨在社會中擁有主要類型政治力量的程度，例如，提名候選人、在選區內進行競選活動、監管政府、統籌公共決策、協調不同團體間的利益、制定立場及全面政綱，以及調和並引導新動員起來的團體參與政治活動，卻不致破壞整個體系的穩定。[15]

選舉政治的引進、由間接選舉進入立法局促成近似“全港性”政治活動舞台的出現以及全港性功能選民組別的形成，都會刺激某種類型的政黨成立。但組織政黨的動力也受到很多對抗力量的壓抑。

第一，未來立法機關在體制內力量薄弱，而官僚架構會繼續成為公共政策及資源的主要來源。這有可能導致政黨的支持者及跟隨者轉向官僚架構尋求幫助、滿足要求及輔導，從而使政黨可能擁有的追隨者基礎受到嚴重破壞。[16]

第二，公眾長期的政治冷漠使政黨在找尋領袖及追隨者時也遭遇困難。在中英會談中，很多政治領袖的表現不佳，加上他們見風使舵的性格，引起了公眾的反感。

第三，間接選舉制及功能代表制使政治權力過於分散，不利於鞏固精英及政黨的力量。即使直選最終得以實行，但假如仍未成為主要的選舉方式，制度上對強大政黨出現的不利條件必會繼續存在。

第四，現在根本沒有任何關乎意識形態的緊迫問題，以激起廣泛群眾的支持，並建立政治組織。反社會主義固然不可能，即使強烈的反殖民地思潮也不可能出現。把資本主義信條納入一套政治美德中是不可能的事，因為它本身很難意識形態化及道德化，而且在社會主義政權將掌握香港主權時，很難想像資本主義得到公開甚至大力的吹捧。利用階級分歧進行意識形態的鼓吹可能出現，但也只局限於嚴重經濟困境時。港人高度務實的傾向凌駕於上述一切，甚至使他們遠離理想主義的意識形態。事實上，港人的普遍信念是含糊、重視實際、互相利用、利益多樣化及機會主義的，這些信念很難對政治思想與行動提供有效指引。在尋求突出一己的過程中，政治領袖往往在一些無關緊要的事情上產生分歧，而非在核心、重要及原則性的問題上互相對立。[17]

簡而言之，在缺乏意識形態及公眾冷漠的形勢下，精英在政治上的參與必然會造成分裂及不穩定的局面。我們看到的領袖及派別之間不固定聯盟，一般都建基於短期利益、相類似作風、相近的性格、權宜之計、私下交易、種種攻擊性及自保性的目的之上，所欠缺的是穩定的"全港性"領導及組織。在這種形勢下，具有不同"壽命"及影響力的小型政治組織會不斷衍生，卻不是權力鞏固的領導力量。

第五，香港政治領袖很難擺脫政治上半依附的形象，這會降低他們在人們心目中的地位。這種半依附性源於政治制度的兩個結構特點：一，香港先是一個殖民地，後轉為一個特別行政區，在憲法上處於比英國政府或中國政府低的地位；二，在分配政治權力時，普選只能是一個作用有限的方法。

回歸前的英國政府及未來的中國政府在香港是最高的政治權威，任何人在行使有效的領導權之前，必須先獲得最高當局的支持及認可。公開選舉的制度必然會促使有野心問政的領袖爭取選民支持。但那些錙銖計較、互相利用和喜怒不形於色的選民，會依據候選人從公共部門獲取公共資源的能力，以及他們把這些資源傳送給支持者及團體的辦法來衡量政治領袖的能力。

由於政府的行政部門會在政策制定過程中繼續扮演中心角色，也由於官僚架構基本會保持制度的完整性，不輕易屈從於特殊利益集團的分贓式政治，所以政治領袖被迫與官僚建立良好關係，進而得到官僚的支持。在這種情況下，便出現一個矛盾現象，即政治領袖的領導地位是否被公眾認可，取決於他們是否得到最高當局的承認及支持。政治領袖的半依附形象，在公眾的政治冷漠下，進一步被加強，這種態度使領袖在面對更高權力時的"討價還價"能力更加微不足道。因此，半依附性領袖的政治弱點使建設政黨工作成為一項異常艱巨的任務。

第六，據上所述，這個遊戲的重點是一羣有意逐鹿的領袖在進行惡性競爭，因此政治精英勢力團結的可能性也相應降低。作為一個未成形的政治團體領袖，如果要得到公眾或統治精英的認同，那麼無論在傳播媒介還是在精英圈子中，他必須能以獨特的姿態出現。為了取得統治精英的認可，他可能被迫作出諂媚行為，以引起統治精英的注意或博取好感。這樣做是一種手段，目的在於爭取上位者的注意，承認其崇高地位，以及減少與其交往過程中的不安和焦慮。結果，領袖間的關係會變得割裂，同時會被一種不祥和的氣氛籠罩，當中充滿不信任、猜忌、嫉妒、不確定、欺詐及自保性。

第七，我估計，在公眾對政治表示冷漠及從政可能遭遇重大危險的環境下，渴望攀上政治高位的領袖的性格將極其獨特。除垂涎於一些全球公認的政治利益，即權力、優越感、地位及成就感外，他們之中很多人都會着眼於真正的政治職位。由於有志競選者的數目遠超競選的議席，假如有志之士未能被所屬政治團體推舉為候選人，他們也大可出走或轉投新的團體、自組團體，或以獨立候選人的姿態出現。有志角逐區議員的候選人同時屬於數個團體也非罕見，這樣固然可以增加投身政治的機會，但也降低了他對任何一個團體的認同及責任，使政治團體在保留大量具政治才智的人士，借此擴大自身號召力及鞏固力量時，倍感困難。結果是，這些參與角逐的政治團體數目很多，但規模不大。

自發性政治團體的形成過程並不足以使它們匯集成強大的政黨。改變這個形勢，並促成強大政治組織出現的最大動力，只能來自中國政府。中國政府可以利用強大的政治勢力，通過其駐港的負責人及支持者引發這股動力。由於這會危害香港的安定繁榮，與中國政府的利益相違背，所以在短期內不可能出現。除非有未能預知的情況出現，使這種行動變得刻不容緩。

假如沒有一個強大而有紀律的政治團體居中策動，立法機關也不可能有效行使領導權。但這只是整件事的一部分。以我之見，香港政治發展可能出現的方向及中英草簽協議顯示，不論通過何種選舉方法，以及選舉議席的比例怎樣安排，選舉出來的立法機關也不可能在制定政策及法律上起決定性作用。這一結論部分建基於實際的經驗，少數極端情況除外（如美國國會），全球絕大部分立法機關目前在釐定政策及法律的過程中，也只是居次要及輔助的地位。[18] 我們很難想像香港的立法機關會成為一個異數。

此外，香港立法機關可能欠缺一些有力的憲制條件，而正是這些條件，使西方立法機關能在民主系統中作為一個有意義的政治實體而存在。香港的最高行政長官是獨立的，而且其在位與否不由立法機關操縱。換言之，立法機關不可以通過譴責或不信任投票等方法來撤換最高行政長官。與目前的立法機關相比，未來的組織肯定會更具實權，因而處於更高的政治地位，同時不能隨意被行政機關漠視。我預料，未來的立法機關可以彈劾政府官員、要求官員提供資料及解釋、在政府委任高級官員前接受諮詢、批閱及修正財政預算，以及具備監管官僚架構的權力。再者，立法機關在以下各方面可以發揮重要作用：作為政治代表、為政治體制爭取公眾的支持、政治教育、表達各方面的利益立場、表達不滿情緒、提拔領導人才、在官員與市民間做中間人，及選民工作（為個別選民服務）。雖然與法律及政策的釐定相比，這些工作顯得沒有那麼重要，但對於一個面臨隨主權轉移而受到震盪的社會來說，在公眾間建立對一些重要事物的共同認識確有需要，而新的立法局的工作將對這一方面有所裨益。

結論

沒有強大且受擁戴的政黨，加上立法機關只有有限的憲制力量，構成了用以了解香港政治體制未來可能發展的背景。就算在最有利的條件下，我估計，下列的發展形勢將是未來 10～15 年香港所能體驗到的發展"極限"：

第一，未來的政治制度極可能是一個以行政為主導的體制，但經由選舉產生的立法機關扮演重要的政治角色。除在憲法上獨立於立法機關外，行政機關還藉着掌握信息、專業知識、優越地位及相對的團結性以鞏固其實力。鑒於香港社會日趨複雜，加上這個工業城市中公共行政的重要性日益增加，有可能會出現行政機關擴展政治勢力，令立法機關新增的權力再次被削弱。

第二，不論是經選舉產生，還是經委任產生，最高行政長官將扮演仲裁者及平衡者的角色。在香港的行政問題上，他最終向中央政府負責。他一方面要協調中國內地及香港兩方面的利益，另一方面要處理行政及立法機關的矛盾。在日常行政工作上，他可能並非活躍分子。但為了顯示中國擁有香港主權，並且在適當的時候，貫徹中國最終利益，行政長官除擁有任命高級官員的權力外，還將擁有以下憲法權力：推翻立法機關決定的否決權、發佈香港進入緊急狀態的命令、在中央政府同意下調動中國駐港軍隊，甚至在緊急關頭解散立法機關。

第三，一個經修改的部長制度可能逐步建立。經行政長官挑選的立法議員可被委派領導某些部門的工作。一經委任，他們基本上要對最高行政長官負責，其次才向立法機關負責。由於這些"部長"向最高行政長官負責，同時只能被最高行政長官罷免，因此這個修改後的部長制，跟一些西方議會式民主政體的內閣責任制，還是有很大差距的。[19]

第四，高級官員或部長的職位不一定由選舉出來的立法局議員及公務員壟斷，其中有一部分可能由立法機關及官僚架構以外的人擔任。在未來數年，政府的高級行政人員會逐漸離職；而由於曾受到"九七問題"及政治改革的衝擊，官僚架構也要更新其政治地位，所以可能會導致一些高層位置的填補逐漸改以"橫向切入"，即從商界、專業人士及學術界選拔人才擔當。

第五，在未來，行政局將肩負兩項任務：一是作為一個立法機關的執行委員會，提供集體性的領導，雖然集體性的程度會因立法機關的不團結而有所限制；二是作為立法及行政機關的橋樑，確保雙向信息及影響力的傳遞。

第六，官僚間的官官相護減少，也會形成一個較重視民意的官員集團。以往，官僚架構的高度中央集權性及政治權力的獨攬，使官僚們沒有需要也沒有機會讓外來政治勢力介入官僚間的內部鬥爭，這導致官僚們可以繼續官官相護，並使他們脫離公眾。

由於有政制改革，而政治任命又不穩定，致使高層官僚間的凝聚力相應降低。高層地位可以"橫向切入"也產生了相類似的效果。現在最重要的是，一個政治上有重要性的立法機關及維持這個機關的選舉政治逐漸浮現。個別部門或官僚會發覺他們需要與被選的政客及利益團體發展關係，以增加在官僚政治中的影響力。官僚如果表現出更大的對外傾向，會幫助帶出一個更能向公眾負責的官僚組織，雖然隨之也必定會出現決策統籌及其他急待解決的問題。

第七，假如，香港未來的經濟環境變得更加穩定及有利、中國內地及香港對事物達成共識、位居要職的精英肯出來當政治領袖、港人對香港及中國內地的前途恢復一定的信心、中國的四個現代化發展良好、中英繼續保持良好關係，那麼，一小部分的直選議席可能會加進立法機關，但這只會在一個分區制的基礎上，而不會全港性地實行。反之，間接選舉及功能界別代表的重要性會相應降低。但是，除非中英兩國政府對直選採取與現在截然不同的態度，最少在未來 10 ～ 15 年，直選成為香港選舉主流的可能性非常低。

第八，雖然香港的主要政治力量仍握在擁護建制的團體手中，但政治系統仍有一個內發的趨勢，即更多顧及低下階層的需要。選舉過程迫使位居要職的精英向公眾爭取政治上的支持，以對抗那些所謂"激進分子"的動員力量。同時，為保證"富人統治"，使其合法化，必須對低下階層作出讓步。因此，香港雖然並非步向全面的福利政體，但演變中的政治制度會使低下階層獲取較好的待遇。

香港未來的政治制度改革與全面民主還有很長的路要走，但與現行的政制相比，無疑已跨出一大步。對於保持香港的安定繁榮，這雖不是一個充分條件，卻是必要的。

　　還有一個問題，即在香港政治生活中正規制度的重要程度。中國
法治傳統的薄弱、港人稀少的民主經驗、香港政治功利主義兼帶順民色
彩的政治文化，以及政治領袖半依附的性格，使未來的政治制度充滿很
強的個人主義（personalism）成分。制度及個人的因素、正式及非正式
的制度和安排、強大的個體利益及相對被忽視的公眾利益，相互交疊左
右着未來的政治關係和行為。因此，香港未來制度發展雖然並非無跡可
尋，但我們仍然難以預測其未來的實際走勢。

註釋

1. 代議政制綠皮書：代議政制在香港的進一步發展. 香港：政府印務局，1984.
2. Lau Siu-kai, "The Government, Intermediate Organizations, and Grass-roots Politics in Hong Kong," *Asian Survey*, Vol. 21, No. 8 (1981), pp. 865-884; Lau Siu-kai, "Local Administrative Reform in Hong Kong: Promises and Limitations," *Asian Survey*, Vol. 22, No. 9 (1982), pp. 858-873; Lau Siu-kai, *Society and Politics in Hong Kong* (Hong Kong: Chinese University Press, 1982); Lau Siu-kai, "Social Change, Bureaucratic Rule, and Emergent Political Issues in Hong Kong," *World Politics*, Vol. 35, No. 4 (1983), pp. 544-562.
3. D. G. Austin, "The Transfer of Power: Why and How?" in W. H. Morris-Jones and Georges Fisher (eds.), *Decolonisation and After*: The British and French Experience (London: Frank Cass, 1980), pp. 3-34: Henri Grimal, *Decolonization: The British, French, Dutch and Belgian Empires*, 1919-1963 (London: Routledge and Kegan Paul, 1965); Ruth B. Collier, *Regimes in Tropical Africa: Changing Forms of Supremacy*, 1945-1975 (Berkeley: University of Claifornia Press, 1982).
4. 我在 1982 年進行的一項問卷調查中發現，在觀塘、屯門、大坑東及西營盤的受訪者中，分別有 62.9%、62.6%、58.2% 及 66.3% 同意："雖然香港的政治制度並不完美，但在香港的現實環境下，這已經是最好的了。"
5. David Collier (ed.), *The New Authoritarianism in Latin America* (Princeton: Princeton University Press, 1979); Amos Perlmutter, *Modern Authoritarianism: A Comparative Institutional Analysis* (New Haven: Yale University Press, 1981); Gino Germani, *Authoritarianism, Fascism, and National Populism* (New Brunswick: Transaction Books, 1978).
6. Eugene N. Anderson and Pauline R. Anderson, *Political Institutions and Social Change in Continental Europe in the Nineteenth Century* (Berkeley: University of California Press, 1967), pp. 307-344.
7. Harold L. Wilensky, *The Welfare State and Equality: Structural and Ideological Roots of Public Expenditures* (Berkeley: University of California Press, 1975), pp. 15-49.
8. 注釋 5 提及的 1982 年調查已發現，約半數受訪者期望政府為他們解決社區問題，觀塘、屯門、大坑東及西營盤 4 區受訪者的相關比例為 63.3%、55.6%、42.2% 及 55.8%。

176

9. Samuel P. Huntington and Joan M. Nelson, *No Easy Choice: Political Participation in Development Countries* (Cambridge, MA: Harvard University Press, 1976), pp. 82-83.

10. Huntington and Nelson, *No Easy Choice*, pp. 42-78；Robert W. Jackman, *Politics and Social Equality: A Comparative Analysis* (New York: John Wiley and Sons, 1975); William Ascher, *Scheming for the Poor: The Politics of Redistribution in Latin America* (Cambridge, MA: Harvard University Press, 1984).

11. Lucian W. Pye, *Politics, Personality, and Nation Building* (New Haven: Yale University Press, 1962); Morroe Berger, *Bureaucracy and Society in Modern Egypt: A Study of the Higher Civil Service* (Princeton: Princeton University Press, 1957); James C. Scott, *Political Ideology in Malaysia: Reality and the Beliefs of an Elite* (New Haven: Yale University Press, 1968); Richard P. Taub, Bureaucrats Under Stress: *Administrators and Administration in an Indian State* (Berkeley: University of California Press, 1969).

12. 委任議員議席會從 29 人遞減至 1985 年的 22 人和 1988 年的 16 人；官守議員議席也會從 15 人遞減至 1985 年的 13 人和 1988 年的 10 人。

13. 選舉團的 12 個投票組分別為：港島東、港島西、觀塘、黃大仙、九龍城、深水埗、九龍南、新界東、新界西、新界南、市政局及區域市政局。

14. 在 1985 年，立法局的 12 個功能界別議席會從 9 個組別選出。商界、工業界及勞工界各有兩個席位；其餘 6 個組別（金融界、社會服務界、醫學界、教育界、法律界及工程、建築、測量及都市規劃界）各有一席。

15. Michael L. Mezey, "Legislative Development and Political Parties: The Case of Thailand," in G. R. Boynton and Chong Lim Kim (eds.), *Legislative Systems in Developing Countries* (Durham: Duke University Press, 1975), pp. 107-141.

16. 拉丁美洲的情況相若。Robert E. Scott, "Political Parties and Policy-making in Latin America," in Joseph LaPalombara and Myron Weiner (eds.), *Political Parties and Political Development* (Princeton: Princeton University Press, 1966), pp. 331-368。

17. 美國的情況亦如是。James M. Burns, *The Power to Lead: The Crisis of the American Presidency* (New York：Simon and Schuster, 1984), pp. 151。

18. Boynton and Kim (eds.), *Legislative Systems in Developing Countries*; Allan Kornberg and Lloyd D. Musolf (eds.), *Legislatures in Developmental Perspective* (Durham:Duke University Press, 1979); Joel Smith and Lloyd D. Musolf (eds.), *Legislatures in Development: Dynamics of Change in New and Old States* (Durham: Duke University Press, 1979).

19. Arend Lijphart, Democracies: *Patterns of Majoritarian and Consensus Government in Twenty-one Countries* (New Haven: Yale University Press, 1984).

第9章　中英協議後香港的政制變遷[*]

　　隨着中英兩國政府在 1984 年結束艱苦的談判過程，並簽署了《中英聯合聲明》，香港便踏入一個充滿暗潮的政治過渡期。過渡期的首要政治議程是設計及推行一些必要的政制改革措施，以確保到 1997 年，主權能順利移交給中國，並使香港在未來 12 年或以後，繼續享有安定與繁榮。

　　由於一直以來支配香港政治制度的是一個認受性源自英國皇室、有效地引領戰後香港經濟發展的非民選官僚政府，又由於中英政府都一致表示要保持現狀不變，因此政制改革課題本不應惹來太大爭議。而且，賦予改革的經濟、社會任務也會限制兩國政府的選擇範圍。再加上港英政府在面對中英政府時的無能和香港政治組織的脆弱，對於一些單方面強加於港人的改革，我們預料人們不會提出任何真激烈的反對。我們甚至可以說，政制改革自上而下地推行，便可以支配香港政治組織及動員的形態，進而操縱政治力量，使其維護中英政府政策，並減少政治上的不確定因素。由此可以看出，"政制改革"不應該是一個足以困擾香港前途的棘手課題。

　　但是，現實情況要比上述情況複雜。在未來數年，"政制改革"將會在香港的政治領域佔顯要地位，並帶領香港走進變幻莫測的處境（相對於香港以往的經驗）。雖然幾乎可以肯定的是，政制改革的課題不久

---

*　本文與關信基合著，原以英文發表，刊於 Lau Siu-kai and Kuan Hsin-chi. "Hong Kong After the Sino-British Agreement: The Limits to Change," *Pacific Affairs*, Vol. 59, No. 2 (1986), pp. 214-236. 中文版曾以 "中英協議後的香港：政制變遷的限度" 為題，刊於《廣角鏡》，第 157 期（1985），34-41 頁；現在的譯本再經修訂。

後將按照中英意願得到解決,但具體如何解決?能疏導多少負面的政治情緒?這些問題都會對香港的政治前途產生深遠的意義和影響。

這個看似簡單的政制改革課題所面對的困難,基本上源於一個不利於主權順利移交的時間與社會結構背景。《中英聯合聲明》表明,過渡期是一段頗長的時期,雖然可以避免一些突然或不安的轉變,但過渡期的延長不僅製造了很多困難,而且令政府改革難以立刻有一個總體計劃,這可以從《中英聯合聲明》甚少涉及香港未來政制的事實得到證明。[1]

政制改革的難題

為了釐清中、英、港在政制改革方面可能採取的行動,以及現有制度結構內可以進行改革的範圍,我們先分析一下關於改革的主要困難。

第一,要革新又要維持現狀的弔詭。雖然香港的政治制度是其戰後經濟奇跡發展的一個不可或缺的條件,但歸根結底,是由殖民統治者外加於港人,並依賴其權力而維持的制度。再者,雖然在法理上,香港屬殖民地式政治架構,但這些年來,出於實際需要,該架構已被一些慣例、程序和規範所改變,有別於其他殖民地。不僅這樣,由於該體制已被一般港人接受,因此當一個堅持完全不同意識形態的中國政府要收回香港主權時,港人就會產生恐慌,懼怕現存制度不保。雖然針對此恐懼,中國政府作出了"自治"的承諾,但落實到具體安排時,便會遇到一個困難:要將原本是制度下的被管治者轉變為維護者,需要在制度上進行改革。由此可見,政制改革的目的是保存現有制度的基本特徵,即通過革新手段達到一個穩定的目標。這顯然是一個弔詭的要求,也嚴重限制了改革所能採取的途徑。

第二,中英政府均爭取主動,過早地為未來政制定案,令改革傾向於保守。中英雙方都明言要竭力維持香港的繁榮安定,它們也明白改革香港政制時要面對的限制。但是，由於互不信任和利益立場不同，中英雙方未能就改革的時間及細節達成一致。兩國都知道，各自的改革若要成功，需要對方的合作、協調。最低限度，英國"代議制政府"設想的實踐必須與中國"自治"的承諾掛鈎，反之亦然。但這個認識並不排除雙方在改革事宜上競相採取主動，以求先發制人。在這場"爭奪主動權之戰"中，英國的優勢在於，作為現時掌權一方，能實時將意圖轉化為實際政策。中國的實力在於，只有得到它的默許，英國才有可能實行長久、持續的政策，中國還能動員在港的支持力量，阻撓英國的改革，使其變為紙上談兵。假以時日，中國肯定能在這場角力賽中佔得上風，以決定改革的內容和步伐。但出於對英國的不信任，中國覺得有必要在過渡初期表明意圖，並為改革確立"上限"。[2] 結果是在《中英聯合聲明》簽署的兩三年內，香港未來的政制會有粗略的輪廓。這個在過渡初期作出的決定會帶來兩個主要影響：首先，由於沒有充足的時間去研究和嘗試一些較有創意的可行途徑，因此改革的內容會有濃厚的保守傾向；其次，由於中英雙方幾乎都有絕對權力去塑造和調整香港政治勢力的組合，因此這個保守傾向又將會成為一個自證的預言（self-fulfilling prophecy）。

第三，改革意見紛紜，必須平衡各方勢力。由於長期掌權，香港的官僚政府已培養出一批既得利益勢力作為它的忠實支持者。公務員、資本家和專業人士作為其中的佼佼者，自然對任何改革均表現得驚慌失措。他們只會歡迎能接收撤退中殖民者權力的改革。與此同時，中英政府作出的"代議制政府""港人治港""自治"等令人頭暈目眩的承諾又推動了一些活躍的團體毅然涉足政治，鼓吹民主化。雖然這些團體不能發動公眾支持，政治力量微不足道，但它們都能善用本地自由競爭的大眾傳媒表達要求，使兩國政府身處尷尬局面，而後者又不能輕易壓倒它們，因為這樣做會被指責對較早時的承諾出爾反爾。因此，政制改革便成為對香港社會起分化作用的課題。若要維持現狀，就要一方面照顧官僚、資本家和專業人士的利益，另一方面機巧地處理新興的政治力量。

第四，政治領袖的匱乏。逾百年的官僚政府統治令香港始終未能培育出在官僚架構以外有實力的政治領導層，致使在主權交還中國、治權移交港人的過渡期，政治領袖匱乏成了中英政府面臨的最大難題。雖然在官僚架構中存在着同樣的困難，但程度較輕。加速進行官僚本地化固然可以基本解決領導人才問題，但華人公務員的士氣仍是個難題。如何培養政治領袖，涉及如何改革現存制度，以便提拔中英均能接受的領袖。理想的政治領袖應該是支持資本主義制度的溫和派。他必須是社會精英，同時擁有羣眾基礎，對中英兩國表示友好。不過，在實際提拔人才時，中英都受到限制：有兩件關鍵武器都不能使用，即完全不實行任何形式的普選和實行全面委任制。因此，中英要另外設計一些較間接、細緻的辦法阻止來自基層或善於煽動羣眾的政治領袖出現。同時，民主化將是一個漸進、迂迴曲折且偶有折返的過程。基於港人對政客和政治領袖的不信任，以及中英權力在香港政治所佔的支配地位，任何致力於發展本地領袖的努力都只能取得有限的成果。

第五，港人對中英政府的猜疑。當政制改革旨在強化政府權力，並因此威脅到公眾的社會、經濟自由時，港人自始對中英政府懷有的猜疑便愈加明顯。公眾雖然對參政表現冷漠，但他們對政府企圖侵犯社會及經濟自由的抗拒始終強烈。這種態度為政制改革者添加了限制。

英國的有限選擇

"二戰"後，英國曾相對成功地完成了多個前殖民地的非殖民化過程。這些前殖民地雖然不盡相同，但非殖民化步驟有一定的軌跡可循。殖民政權的開放多由地區層面開始，進而在中央立法機關注入民選成分。然後，政黨會被鼓勵出現。那些肯在獨立後維護英國在該國的經濟、外交利益的政治領袖更加受到器重。非殖民化的最後兩個階段是設立一個大部分席位由選舉產生的立法機關，並由其中取得大多數選票的政黨組成內閣，領導政府的行政架構。在這兩個階段，由英國委任的總督仍會在軍事、外交和安保等敏感領域保留控制權，甚至可以運用特權中止憲法。非殖民化的最後一個階段是前殖民地的獨立，即獨自擁有全部政治權力的主權國誕生。[3]

不過，香港是獨特個案，它的獨特性足以令一向行之有效的非殖民化方式變得落伍。香港案例之所以獨特，首先是因為它不可能獨立，中國收回主權勢在必行，在未得到中國明確允許之前，主權不能直接由英國移交到港人手上。雖然中國政府答應實行"港人治港"，但肯定的是，中國政府不會容忍香港的政治領袖倚仗其民選身份，以得到選民委託作為其認受性的憑證，在香港任意作出不受中國政府控制的行動。總而言之，如果非殖民化不以獨立為目標，那麼民主化的工作會因受到束縛而只能有限的推行。

此外，英國既要繼續管治香港至"九七回歸"，又要維持現狀，即一個穩定、繁榮的資本主義社會，因為可觀的經濟利益依賴此局面。因此，任何急躁的民主改革都會引發一些無法挽回的後果，如嚇走本地或國際資金、引發政治不安、政府對經濟行為的干預，以及隨之而來的公共福利開支增加、政府財政狀態衰竭等，所有這些都會威脅英國管治香港的效率，危害其"光榮撤退"的目標。由於即將面臨本地資金流失及西方市場緊縮的局面，英國可能認為需要強化其在法律執行、輿論影響、反貪污、徵集稅收、武力鎮壓等方面的權力；即使這樣做會打擊港英政府的威信，降低其支配獎懲的能力，也在所不惜。

另一些因素也在英國考慮之列。由於要維持未來12年的有效管治，港英政府不得不培植本地民眾的支持，以便順利制定及推行政策。

因此，引入酌量的民主化，一則可以安撫要求民主的呼聲，顯示其誠意和友善；二則可以利用民眾的支持抗衡中國政府對香港的可能干預，令英國在過渡期內有較多空間作出政治部署；最後，民主化作為一些港人抵禦中國政府的護身符，可以滿足英國的部分輿論要求。

基於上述錯綜複雜的因素，港英政府對政制改革表現得猶疑和見步行步[4]也就不足為奇了。雖然港英政府既明白主權不可避免地要交還中國，又知道英國在政制改革上能保持主動的時間有限（很快便會被中國政府宣佈的一套改革構想所取締），但仍要先發制人地實行一些溫和的改革，希望借此限制中國政府的可能選擇。雖然政府要落實的只是點綴性的輕微改革，但仍遇到了來自社會各界的抗拒，原因眾多，最終可歸因為公眾對這個撤退中的政府缺乏信任。

英國政府秉承其一貫的非殖民化經驗，在香港推行政制改革。其起步階段與其他前殖民地有相似之處。不過兩者也在以下幾個方面有重大區別：下放實質權力的限度、被移交權力的分散性、移交過程的有限計劃。

回顧過去數年來港英政府推行的一系列政制改革，我們大致可以辨認出三大顯著目標：一，在既存的政治體系內創造一定數量的政治團體，使其彼此既能縱橫聯繫起來，又可獨立成為小型的權力中心；二，促進形成有特別功能的利益階層，將其組織成與政治掛鈎的法團，並使其成為資本主義制度的防衛壁壘；三，在一些有利於英國在香港未來12年管治的範圍，加強政府的權力和威信。

關於上述最後一項目標的具體改革，至今仍只是略露端倪，且以暫時、特設的形式出現。近日通過的《立法局（權力及特權）條例》[回歸後改為《立法會（權力及特權）條例》]、商業罪案陪審團的爭議和籌劃中的不良刊物審裁處，雖各有針對性，但無一例外地起到了鞏固政府權力的效果。港人對這些政策都沒有好感，因為他們一向忌諱政府擴大對社會、經濟的干預，他們也有理由擔心中國政府有一天會操縱權力擴大後的港英政府，作為推行政治壓制的工具。因此，港人對政府的不信任會限制權力在某些範圍集中。其實，要有效地在將來應對社會、經濟和政治困難，權力的集中和中國政府的支持有可能是必需的。

　　針對先前提及的另外兩個目標，港英政府自 20 世紀 80 年代初開始已逐步實行若干改革。正如在其他殖民地一樣，香港從地方層面着手，在 1982 年成立了 18 個區議會。這些有民選議席的區議會負有諮詢功能。在 1985 年，各區議會的民選成員增至全體議員的 2/3，主席亦由選舉產生。在區域層面，則有市政局的改組及新界區域市政局的設立。最重要的改革應該是在《中英聯合聲明》簽署之前發表的《代議政制白皮書：代議政制在香港的進一步發展》(簡稱《白皮書》)。《白皮書》確立了政制改革的短期方向，核心內容涉及立法局的組成：通過功能界別及選舉團的選舉產生的民選議員加入立法機構，改變以往全面委任的局面，委任官方成員也會逐漸減少。這種發展令立法局的人數由 44 人增至現在的 56 人。

　　總體而言，這些改革只有象徵性意義，不能喚起公眾對參政的興趣和投入。身居要位的精英對改革的反應較為負面，他們擔心大眾染指政治，對自己在一個準民主遊戲裏扮演重要角色的能力亦感到懷疑。那些鼓吹民主的少數人則對政府零碎的改革感到失望，但在組織和受擁護程度上，又未能迫使政府作出進一步的讓步。到 1987 年政制檢討時，中國政府會以一個舉足輕重的角色登場。到那時，港英政府在政制改革的主動性會因中國因素而失色，因為英國不會冒險觸怒中國，一意孤行。任何未被中國接納的改革，都會被視為短暫、權宜的，只會落得慘痛失敗的下場。在中英就香港政制改革持有若干相同觀點，又遭遇相似掣肘的情況下，英國未必不願意中國在改革上採取主動。最少，中國政府也要和英國政府一同分擔一件不可逃避的任務：抵禦香港激進派鼓吹民主改革的壓力，這是中國政府至今仍在迴避的任務。

中國的有限選擇

中國政府對香港資本主義制度維持 50 年不變的承諾，基本上是個有實用價值的決定，但基於一個先決條件：香港的經濟必須繼續繁榮，以利於整個中國的經濟現代化。若要中國政府考慮任何制度轉變，首先要符合的前提是香港作為中國的一部分，並負有促進中國經濟發展的責任。正因為香港經濟只有繼續繁榮才能保障中國政府對它的優待政策（相對於中國其他地區而言），所以香港不能任由繁榮自由波動。出於保障經濟成就的考慮，加上對港人的信任不足，中國政府將在香港未來發展上扮演活躍，甚至佔控制地位的角色。

中國政府的着眼點是：香港現時非政治化的官僚政府是經濟發展的基礎。很自然地，中國政府認為，任何急進或缺乏周詳計劃的制度變革都會引發一些難以預測和控制的力量，從而危及香港的安定與繁榮。此外，香港與中國內地的政治制度有許多相似之處，如以行政機關為核心、相對地不受制於社會壓力、自上而下的決策模式。這些相似的政府形態都能令中國領導人安心。但兩地政府在不少地方也存在差異。《中英聯合聲明》明確指出，要保持香港司法的獨立性，新聞自由卻是個棘手問題。中國政府寄希望於一旦政府機器被控制，新聞媒介就比較容易應對。基於此，政治現狀的維持是中國政府最保險的選擇。如果新聞界能自律，而法庭又不介意失去司法檢察權力（即評定行政、立法機關的行為是否違反《憲法》），"維持現狀"的方案便更具價值。

這樣看來，對於政制改革，中國似乎並不像英國那般急切。中國政府對港英政府近幾年推行的政制改革所發起的政治力量，一直感到不安。為了能在英國主動的改革裏保留一定的權力、防止其屈從於來自英國或香港民主化的壓力，同時為了調整改革的內容和步伐，以便配合整個中國的利益和需要，中國政府在 1985 年迅速成立了基本法起草委員會，着手設計未來的香港政制。1987 年左右，未來政制的基本輪廓會被勾勒出來，而同年亦是港英政府預定為檢討改革的年份，相信中國政府作為決定香港命運的最終權威，在這個階段會對改革議程起主導作用。

　　無論現時的香港政制多麼有吸引力，若要認真落實 "港人治港" "自治" 等保證，一定的政制改革措施是必要的。這些改革可以用來滿足幾個方面的需要：確保社會經濟精英（尤其工商界及專業人士）在原有制度下的既得利益；填補殖民地宗主國撤走後的領導人才空缺；中國政府要向台灣及國際展示香港特別行政區所享有的自治權是真實無欺的；防止來自中國地方、省級人員對香港作出未經允許的干預。然而，要實現這些目標，民主化並非必要手段，尤其是考慮到經濟領域的精英對民主化始終心懷抗拒。

　　和英國政府一樣，中國政府在處理香港政制改革時要面對很多兩難局面，而最重要的考慮是，香港的資本主義現狀不會是長久之計。"50 年不變" 的一個含義是，香港最終要被吸納進入社會主義中國的母體，與之結合，雖然如何實現這個 50 年後的轉變至今仍是未知之數。如果說，以往香港能免受中國內地政治的影響，那麼在承諾不變的 50 年裏，香港不可能不受影響。

　　現實中，中國政府即使不隨便正面干預香港事務，卻不能接受任何趨於民主化的激進改革。民主化附帶出現的會是羣體活躍化、政局變化無常、政黨不斷冒現。這些現象雖然不會令中國政府控制香港變得不可能，但會增加困難。因此，當中國政府管治香港受阻時，便要運用大眾矚目和決絕的手法去實行政治控制。

　　既然中國政府關注穩定多於革新，那麼對它來說，羣體活躍化和政黨冒現意味着香港政治的複雜化和不確定性。與組織力強大的政治力量相比，個體化的政治勢力更便於中國政府實行控制。傳統上，共產黨政權都不同意政治多元化。今天，在大部分的共產黨執政國家裏，社會團體的合法獨立仍被否認，競爭性政黨也被壓抑。這個普遍現象雖暫未與香港發生關聯，因為中國政府已表明不會將社會主義制度強加於香港。但是，中國政府不能漠視挑戰黨的利益和政策的政黨政治和羣體活躍化。而如果兩者都不能被徹底鏟除，那麼中國政府便面臨一個抉擇：一是通過第三者的影響介入權力之爭，二是由它自己直接參與。但是若直接參與，便可能破壞安定和繁榮，因此通過第三者介入似乎較為可取。在這一方面，中國政府可以巧妙地設置一個為其利益服務的前沿組織，或者可以認同、培養一些擁護中央的團體。假以時日，中國政府權力在香港政壇的上升趨勢會形成很大的吸力，有助於統一戰線的形成。不過，為了使中國政府對香港的控制表現得間接，同時為了避免大張旗鼓地直接介入香港事務，中國政府極有可能選擇在原有的政制上做輕微的改變。

如今，中國政府的這一選擇，即維持現有政府模式的原有特徵，已成為一件愈來愈困難的事。自中英簽署協議以來，香港被政治化已經到了史無前例的程度。社會上出現了一些政治活躍分子和團體，他們大聲疾呼要求民主，雖然勢孤力弱，卻能善用香港自由競爭的大眾傳媒製造輿論壓力。此外，代議政制的發展和《基本法》的起草都引起了公眾對政治事務的關注。無論中國政府如何不情願或毫無準備，都不可能對這股上升的政治期望視若無睹。

雖然鼓吹民主的勢力有很多政治弱點，但中國政府要制約其影響並非易事。其中一個最重要的難題是，中國政府必須對民主政制、代議制原則表示尊重。另外，中國政府的影響力雖不斷提升，但仍不是香港的合法統治者，這個事實限制了它的獎懲能力。令情況更複雜的是，港英政府的存在也為活躍分子提供了法律上的保護，因此任何針對這批人士的謀略或把戲，都會被理解為中國政府對香港事務的干預。總之，港人雖然未必都附和民主人士的理想和目標，但非常害怕中國政府毫無顧慮地公然控制香港。因此，任何針對民主力量的高壓手腕，都極可能引發港人的恐慌。

當然，以上所述並不意味着中國政府在面對這些政治期望和少數的激進聲音時，是無能為力的。作為香港的未來政權統治者，中國政府有的是時間。在現階段，中國政府可以通過耐心和步步為營的政治行動，配以選擇性地採用相應策略，說服或吸納有投機傾向的民主倡導者，同時可以通過動員和組織香港強大的反民主力量，挫敗或淡化民主人士的聲勢及吸引力。要對付少數的死硬分子，中國政府可以運用分而治之、孤立隔離的策略。尤其在公眾對政治冷漠、社會經濟精英支持現有制度、大眾傳媒與日俱增地自我約束等情況的配合下，現時鼓吹大規模民主改革的壓力將會逐漸煙消雲散。在未來數年內，《基本法》的起草及諮詢工作將令中國政府在塑造公眾輿論上扮演重要角色。它可以通過控制討論議程、選擇參與成員、釐定可討論範圍、提供和分發信息等方法，成功地培養出一些符合心意的政治態度和主張。

香港政治組織化的限度

由於中英政府對香港有着不可抗拒的權力，我們無須太多的想像力也可以斷言：在決定自己未來的政制上，香港只扮演微不足道的角色。雖然事實如此，但一些政治活躍分子並未因此氣餒，而自中英開始談判以來，政治或半政治團體的出現已到達令人眼花繚亂的地步，其數目亦不斷增加。雖然這些團體有各自的取向和策略，但彼此亦有可觀的相似點：它們大部分傾向於改革香港社會、經濟和政治；大多數是小型、鬆散、由精英骨幹而非大眾組成的團體；缺乏層級性的領導層、共同遵守的政綱或組織紀律。它們之所以會產生少許影響力，主要依賴大眾傳媒的報道和過去幾年政制改革所帶來的機會。根據現時的情況，這個薄弱的、鼓吹民主政治的領導層是割裂的，領袖之間又因個人的妒忌和敵意而分隔。雖說它們可以基於互利和某些共同目標組成聯盟，甚至組成較龐大的政治團體，但仍不太可能發展成有規模、有強大羣眾基礎、有完備附屬功能組織、能在中英政府面前代表香港利益的政黨。事實上，這些具有基層取向的領袖只是香港領導層的一部分，而大部分領袖是溫和、保守、圓滑且易受影響、傾向於威權主義、善空談且善變的。[5]

香港社會的本質、安定繁榮的重要性，以及中英政府對香港政制無遠弗屆的影響力，都令香港的政治團體在擴大和鞏固其組織、加強自我宣傳等工作中遇到難以克服的阻力。

第一，港英政府通過改革所下放的權力是有限、分散和割裂的，政治或半政治團體要鞏固其政治力量很難。在為數眾多的政治機構和功能界別裏調和各方利益，將會是費九牛二虎之力仍徒勞無功的工作。雖然這些團體偶然會基於共同利益組成一些以精英為骨幹的鬆散聯盟，但這種組合充其量只是暫時性且不穩定的，因為不同利益的組合沒有重複的必然性，並且會隨着現實環境的變化而改變。

第二，大眾對政治的冷漠以及精英對羣眾性、激動性政治的厭惡，都會大大"壓縮"政客的活動範圍。這種情況將不利於一些有普羅大眾取向、主張財富再分配的政治團體開展工作。加上香港的政治文化趨於急功近利，其工具性及實用性令人們要求政治領袖即時兌現益處，以換取支持。在得不到重要精英階層支持的情況下，這些政治團體由於不能滿足基層人士的要求而得不到信任。此外，在香港的政治環境裏，通過階級鬥爭爭取支持是不可思議、注定失敗的辦法。

不過，這些政治團體也不是沒有作為。由於在政治、經濟上感到無能，加上對未來的不確定，因此港人對政治較為冷漠。但他們又像一羣不穩定、被疏離、抱有挫折感的驚弓之鳥，在面臨突變的政治經濟危機時，有可能被動員參與一些小規模的社會短期集體脫軌行動。當然，這類分散的行動並不足以為"無產階級政黨"建立鞏固基礎。再者，一般被認為是民眾激進黨派必然盟友的工會在香港早已各懷異心。滲透到香港工會的左派勢力不會倒戈相向，作出不利於中國政府的行動。至於自 20 世紀 70 年代蓬勃發展的公務員工會，雖在本地工會運動中扮演重要角色，但大多數較保守且以經濟掛帥，故不太可能以激烈行動爭取激進的政治目標。總而言之，香港的工會力量始終較為薄弱，在短、中期內，其力量和所扮演角色的重要性都不會有重大擴張。[6] 除工會以外，有可能被基層政治團體拉攏的是社區及住戶團體，或者一些事件取向的團體。[7] 但無論如何，這種組織不是政治參與的長久、穩定基礎。

以維護資本家利益為目標的政治團體數量很少，主要是由於現狀對他們有利無害，而中英政府同時保證要保護資本主義制度，資本家自然不認為有需要積極涉足政治。此外，考慮到中英雙方對政黨形成的取向，精英仍只持保留態度。況且，即使既得利益者要在政治上組織起來，也很難像科特迪瓦、印度等發展中國家那般，發展出有羣眾基礎的保守政黨，因為香港缺少一個廣大、穩定且忠心的農村基層。在香港的都市社會裏，只有當資產階級願意通過複雜的主從關係（patron-client relation）網絡，使金錢及服務下移至羣眾，才可能發展出保守又有羣眾支持的政黨。但權力精英似乎不願意花心思建立這種網絡。在這種情況下，資產階級政黨的最佳策略便是阻撓不如意的事情進一步發展。

以調和階級利益為目的的跨階級團體，或許會在爭取羣眾支持上稍佔優勢，因為作為"百搭"政黨，它們傾向於四方討好，盡量使每個人都能分享利益，而這個取向又符合港人對融洽、和睦的重視。但是，在招攬不同利益立場的黨員時，該團體會先將社會衝突輸入，從而削弱其內部團結及紀律。跨階級政治團體縱然能在短期內較有效地爭取到選票，但都無法避免內部分裂的危險，且很難以一股團結、整合的政治力量出現，以推行會威脅某一特定階層利益的創新政策。此外，這類團體也難逃解體的命運，尤其在資產階級對政治的不妥協及仇視態度下，這個結局的可能性更大。

第三，政治團體要面對領袖流失的風險。在展望未來政制時，日後立法機關的政治弱點，以及其與行政機關制度的分隔，令人預料官僚架構仍會是釐定公共政策和調配資源的樞紐。政黨的可能支持者及追隨者都不可避免地在表達要求、徵求協助時面向官僚。這樣，政黨的潛在羣眾基礎便會因對官僚的依賴而削弱。官僚架構體制上的分隔和官僚文化的反政治特性，均會令成長中的政黨失去寶貴的領袖來源。在法國、德國和日本等國家，政治領袖主要來自離職官僚。不過，香港的情況有所不同，公務員都不准參與選舉，即使在退休後，官僚體系的道德規範仍是其投身政治的阻力。況且，商界通常會為前任高層公務員提供比政界更大的吸引力和更優厚的薪酬。

第四，當安定繁榮被奉為神明時，政治團體很難訴諸意識形態以凝聚團體和支持者。反共或反殖民主義都不是可能的出路。將資本主義原則轉化成一套政治規範的可能性也不大，因為資本主義本身的意識形態化和道德化潛力有限。再者，在社會主義中國掌控香港主權的情況下，我們很難想像資本主義能提升為信仰系統。利用階級分歧以求吸納支持，縱使可能，也只會在經濟極度困難時期得到可靠的支持者。歸根結底，港人的實用主義傾向一直使其疏遠意識形態。事實上，港人的普遍信念流於模糊、重實際、工具取向、多元化和投機，難以作為政治思想或行動的指引。

第五，香港的政治領袖很難擺脫半依附形象，因此他們在港人眼中地位有限。這種半依附性源自政治系統中的兩個結構形態：其一是香港的憲制地位，無論是殖民地還是特別行政區，都意味着中國政府有權力制約香港的政治領袖或團體。其二是英國政府和中國政府既然分別在現時及未來的香港政治中佔重要地位，那麼要有效地發揮領導作用，必須先取得這兩個國家的支持和默許。選舉制度的設立，固然可以令抱有期望的領袖轉向依賴選票，但投票者往往懷着斤斤計較、工具傾向、不信任的態度，他們只會以公共資源的獲得數量去評估政治領袖的效率及信用。於是香港出現了一個弔詭現象：公眾對領袖地位的認可，在很大程度上要看這些領袖是否取得更高權力的承認。政治領導階層這種半依附性，更由於領袖缺乏羣眾支持而有所加強，使得他們在面對更高權力時的討價還價能力顯得微不足道。這些半依附性領袖的無能令建立政黨工作舉步維艱。

最後，港英政府在社會經濟事務上只扮演有限角色，而經濟仍有可觀表現，這些事實也降低了有資格參政人士對從政的興趣。當政治不能帶來經濟與社會收益，而且這些收益又能通過一些較容易、較安全的方法取得時，政治團體招攬成員及支持者的能力自然減弱。

由於存在上述各種障礙，香港在過渡期以至回歸後的政治組織及領導行為模式也大致露出端倪。

第一，新舊政治領袖交替不會是個清晰、界限分明的過程。相反，未來的領導層將同時包括新舊兩類領袖。由於領袖的半依附性，未來政局的急劇轉變將會淘汰一些無利用價值的領袖。領袖的掌權期也會相對地短暫及不穩定，繼任者會接二連三地快速出現。

第二，大部分領袖都將是業餘而非職業的政客。在香港的現時環境下，政治生涯帶有冒險及不確定成分，故只有少數領袖願意放棄其原有職業，將全部心力放在政治上。當一個社會的政治領域仍未獨立自主地確立時，經濟、社會、文化各界的領袖只要將各自在所屬行業的成就引進政壇，便可以很容易地搖身一變成為業餘政治領袖。在最終會出現的有限民主系統裏，大部分的政治性或半政治性職位將會落入業餘從政者手中。職業政客的缺乏又在另一方面阻礙了強大政治組織在香港的發展。

第三，政治領袖間的妒忌及惡性競爭將是未來政治遊戲的特徵。因為沒有強大的羣眾基礎，任何一位政治領袖若要表現自己並獲得更高權力的賞識和認可，必須在個人的基礎上，在傳媒或領袖圈子裏，證明自己出類拔萃。於是，個人成就和特徵或傳媒的渲染就成為衡量的準則。這種領袖又可能覺得有必要在更高權威的面前阿諛奉承、卑躬屈膝，以便引起他們的注意，或討其歡心。

第四，在政治職位的瓜分上，政治領袖的行為會表現得急躁。這種現象基本上反映了幾個方面的事實：政治流動的渠道突然開放及缺乏層級性；對過往政治經驗和論資排輩制的憎惡；迅速建立個人聲望的需要；政治組織對成員缺乏約束力；政治領袖的不成熟；對地位、名聲和政治職位等物質報酬的重視，高於對該職位應負有的要求和責任。

第五，由於領袖要集中精力爭奪民選或委任的席位，因此會相對忽視維持和發展政治團體的任務。既然政治團體或政黨只是攫取政治席位的踏腳石，那麼最終亦會被拋棄。身兼多個團體將是擴大個人政治機會的慣用手段。對某一團體的忠心也只是因為其有工具價值。隨着此價值的消失，對團體的背叛便在所難免。因此，擴展一個政治團體的較容易方法，是聯合其他現存的社會、政治、經濟團體，以代替較為困難的動員或組織活動，這些政治團體或政黨的聯盟性，以及滲入了成員團體所帶來的多元化效忠對象，會令政治團體難以團結。所以，我們可以預見，社會上會斷斷續續地出現一些建基於短線利益、相同運作作風、相近政治取向的黨派聯盟。

第六，政治領導階層裏的層級階梯將變得有限且脆弱，而身處高位的領袖所擁有的聲望及影響力將超過其實質掌握的權力。較高層領袖的保護、庇蔭權將受到抑制，使得主從關係網絡趨於不穩定。在製造或解散這些脆弱的網絡上，港英政府及中國政府可以通過賦予和剝奪對團體的認可，扮演較實質的角色。

第七，政治團體和政黨的數目雖會增加，但沒有一個能聲稱擁有羣眾支持。在共同利益的基礎上，一個暫時性、鬆散的大型聯盟將會出現。某些團體甚至會聚合成一個類似強大政黨的團體，但始終無法解決內部黨派分裂的問題。逐漸地，政治團體和政黨會變得更像是選舉團體或議會裏的朋黨，而非作為統治或決策的機器。[8]

總之，在一個非意識形態化和公眾對政治冷漠的社會裏，精英參政只會是割裂和流動不定的現象，而這種情況又會誘使港英政府和中國政府增加對香港政治情況的操縱和支配。

制度轉變的限度

將香港政制改革局限為小規模、漸進的轉變，盡可能保持現狀，符合中英兩國的利益。同時，香港有基礎的團體和領袖都因害怕自身利益被威脅而反對急劇轉變。鼓吹民主的活躍分子和團體，在政治上及組織上沒有足夠的能力令政府順從其意向。因此，我們預料，香港未來的制度轉向將沿着兩條主軸發展：一是改善現存制度的結構；二是通過消除以往政制改革所導致的不協調成分，精簡其結構。政制改革的大方向是確立一個威權型、行政主導、容許一定程度政治參與、在一定程度上因施政表現而被民眾接受的政治系統。在正常情況下，這類政體會長期處於不穩定的平衡狀態中，因為它仍有走回寡頭管治的可能，又或者會屈從於民眾對民主的要求。然而，在中國政府的監督下，這種帶有不穩定性質的平衡可以長時期地存在。

在"中央"的層次上，將會出現一個行政主導系統，並由一個強大、

"用人唯才"式的官僚架構扮演有重大影響力的角色。統領行政系統的行政首長會經本地協商或選舉，由中國政府委任產生。由於這位行政首長是中國政府控制香港的媒介，因此中國政府可能會在回歸後的一段較長時間內，在政治上採用較安全的協商、諮詢方法。在協商的過程中，立法機關只是眾多被諮詢的政治、功能團體中的一個，用以加強行政首長並非依賴立法機關認可而存在的印象。行政機關的獨立意味着行政首長及由他委任的高層官員不能任意被立法機關以彈劾或投不信任票的方式罷免。我們預料，作為中國對香港主權的象徵，同時為了確立中國政府的利益，行政首長會被賦予以下憲法權力：對立法機關的決議保留否決權；有權宣佈政府進入緊急狀態；在中國政府的允許下，有權調遣中國軍隊；在緊急時期，有權中斷或解散立法機關。即使當局是用選舉的形式來推選行政首長，選舉制度也很可能是間接的、局限的，並且會充滿諮詢成分，而候選人的提名也會受到一定的約束。

委任制官僚架構將會在兩個方面有所修改。首先，一個打了折扣的部長制將會附加於職業官僚之上。不過，與英國式內閣政府不同的是，各部門的負責人將會經一連串的諮詢、協商確定，個別的由行政首長挑選。他們可能是立法議員、專業人士或高層官員。由於對他們的委任要看他們是否符合行政首長的偏好，故他們會隨時被撤調。行政首長也不太可能受立法機關的制約，而只能委任民選的議員為部長。其實，唯有如此，行政首長及行政系統才可以在憲制上獨立於立法機關。其次，官僚架構的修改可表現在加強從外面招攬官僚的做法。在一個只有局部民主的系統裏，吸納外界賢能進入體制是個極理想的方法，因為一則可以減少政治上的不滿，二則新鮮血液可以令因政治轉變而士氣低落的官僚架構增加生氣。無論如何，由於很多高層官員因懼怕共產黨的報復而離開政府，官僚架構不得不吸納外界人才，以求重新振作。

未來的大部分立法議員將會由民選產生。由於有可能要馴服、牽制帶反叛性的立法機關，因此某種形式的委任制度就算繼續存在也不足為奇。立法議員的選舉將會是直接、間接和功能界別選舉的混合，這樣便可以避免立法機關受反覆無常的選民所支配。我們並不預期會出現一個以直選為主要選舉模式的制度。即使直選被採用，也只會以分區選舉的形式出現。大體上，以全港為選區的直選似乎不大可能，因為會製造出一批以公眾授權為藉口的立法議員，他們會與威權型、以行政機關為核心的政治體系格格不入。

　　與現在相比，將來的立法機關會有較大的影響力，並扮演更重要的角色，行政首長因而不能漠視。我們預料，將來的立法機關會有權監察、審查及質詢政府官員，調查公眾關注的事件，也會在高層官員及行政首長的委任上被諮詢，有權批准及修訂政府財政預算，以及監察整個官僚體系。除此之外，立法機關還會發揮重要的政治功能，如作為民眾的政治代表、為政府號召支持、政治教育、利益表達、申訴冤情、領袖訓練和招攬、作為官員和選民間的橋樑。雖然這些事務的重要性不及法律的制定和政策的釐定，但都與建立社會共識有密切關係。這種共識，在主權轉移的交替轉變中更加重要。在政策釐定方面，只要能發展出一系列詳盡、細緻的委員會去提高掌握信息和進行研究的能力，未來立法機關的角色也會有所提升。至於能在多大程度上充分發揮功能，要看能否形成一個穩定及大規模的勢力聯盟。至少缺少了大部分實權的立法機關仍可依靠營造輿論，對行政部門施加壓力。所以，重要的是，立法機關能否在行動上團結一致，以及能否援引大眾傳媒的支持。

　　在“地方”的層次上，主要改革會着力於精簡和消除體系內的不協調因素。有此需要的原因是，過往地區層面的改革，大多是未經細緻規劃的權宜之計，其結果是積壓出一堆錯綜複雜、架床疊屋的組織和機構，這種組織在功能及法理權力上的區分甚為模糊，常導致“中央”與“地方”的衝突，以及地區機構間的相互敵對。地區上設置的區議會為數眾多（共 19 個），它們雖然沒有行政權力，卻矛盾地被准許討論任何公眾關心，或有可能引起公眾注意的事項。這種情況不可避免地令區議會流於不負責任、浮誇、偽善和煽動民情，忽視地區事務。由於由區議員組成的選舉團會選出代表進入立法機關，區議會無形中與全港性事務掛鈎，在其制定政策的過程中，亦會因此輸入囂張的聲音和維護狹隘利益，結果將會是混亂、遲緩、挫敗和效率低下。相反地，市政局和區域市政局議員在有限的管轄範圍內由於擁有實際權力，如公共衛生、市政服務、文娛康樂等，因而自成一個行政系統，與政府其他行政計劃的配合大多模糊不清。在一個緊密度高的社會裏，這是一個不正規且浪費的行政安排。

為了瘦身政治機構，同時為了扮演有意義的行政角色、促進地方上的政治參與，我們預料，地方政治將有如下的發展路線：一，減少區議會數目，務求更有效地提供服務；二，所有區議會議席由民選產生；三，廢除市政局和區域市政局，將其權力和功能轉移至經鞏固的區議會；四，增加區議會的行政責任，使其僅負責地區事務；五，將區議會製造輿論的角色限制在地區層面。

區議會重組後，由於不一定有自己的獨立財政和官僚架構，故香港只會出現一個類似二級制的政府。中央政府無疑會繼續強大，但很多與公眾的切身利益有關的行政、服務責任都會被授權給低層機構，減輕中央政府政治和行政上的負荷。

誠然，未來的發展不一定如上述預測。我們認為，上述推測應被視為香港政制轉變的可能限度。因此，若事實的發展並不如預料，我們亦不感驚奇。如果民主活躍分子在香港未來政治發展中佔有一席之地，並有一定的影響力，那麼我們認為它將是一股能將政制改革拓展至其實際極限的動力。

註釋

1. 《中英聯合聲明》規定，"政府和立法機關由當地人組成。香港特別行政區行政長官在當地通過選舉或協商產生，由中央人民政府任命。香港特別行政區政府的主要官員（相當於'司'級官員）由香港特別行政區行政長官提名，報請中央人民政府任命。香港特別行政區立法機關由選舉產生。行政機關必須遵守法律，對立法機關負責。" 參見《中英聯合聲明》（附件一）。

2. *Far Eastern Economic Review*, October 31, 1985, pp. 18-19; December 5, 1985, pp. 12-13;《大公報》，1985 年 11 月 22 日；1985 年 12 月 1 日。

3. D. G. Austin, "The Transfer of Power: Why and How?" in W. H. Morris-Jones and Georges Fisher (eds.), *Decolonisation and After: The British and French Experience* (London: Frank Cass, 1980), pp. 3-34; Henri Grimal, *Decolonization: The British, French, Dutch and Belgian Empires*, 1919-1963 (London: Routledge and Kegan Paul, 1965); Ruth B. Collier, *Regimes in Tropical Africa* (Berkeley: University of California Press, 1982).

4. Lau Siu-kai, "Political Reform and Political Development in Hong Kong: Dilemmas and Choices," in Y. C. Jao, et al. (eds.), *Hong Kong and 1997: Strategies for the Future* (Hong Kong: Centre of Asian Studies, University of Hong Kong, 1985), pp. 23-49.

5. Lau Siu-kai, "Local Leaders and Local Politics in Hong Kong," in K. Aoi et al. (eds.), *Family and Community Changes in East Asia* (Tokyo: Japan Sociological Society, 1985), pp. 374-396.

6. Joe England and John Rear, *Industrial Relations and Law in Hong Kong* (Hong Kong: Oxford University Press, 1981), pp. 120-174.

7. Lau Siu-kai, "The Government, Intermediate Organizations, and Grass-roots Politics in Hong Kong," *Asian Survey*, Vol. 21, No. 8 (1981), pp. 865-884; Lau Siu-kai, "Social Change, Bureaucratic Rule, and Emergent Political Issues in Hong Kong," *World Politics*, Vol. 35, No. 4 (1983), pp. 544-562.

8. Lau Siu-kai and Kuan Hsin-chi, *The 1985 District Board Election in Hong Kong: The Limits of Political Mobilization in a Dependent Polity* (Hong Kong: Centre for Hong Kong Studies, The Chinese University of Hong Kong, 1985).

第 10 章　沒有獨立的非殖民化 *

　　英國放棄香港作為其殖民地的方式，與該國過去的非殖民化方式顯著不同。香港將於 1997 年回歸中國，而非走向獨立。雖然英國極不願意歸還香港主權，而且對此存有疑慮，希望即使歸還，仍能保留某種形式的行政存在和政治影響（這個意圖最終失敗了），但最終還是要把主權歸還給中國。在英國餘下的統治過渡期內，"聯合王國政府負責香港的行政管理，以維護和保持香港的經濟繁榮和社會穩定；對此，中華人民共和國政府將給予合作。" [1]

　　這種放棄殖民統治的方式，在英國史無前例，並使英國政府面對重大且富有挑戰性的政治任務。在混合了利他主義、理想和實用主義的動機驅使下，英國決定在香港推行一系列政制改革（香港在過去從未推行過任何重要或有效的改革，即使有這樣的提議，之後也會被推翻），重點是通過權力下放，發展一個讓民眾有更高參與性的政治制度。然而，鑒於香港的特殊性，英國在許多前殖民地進行和遵循的憲制發展程序，不能照搬到香港。[2] 這個程序是：協商性政府（consultative government）半代議制政府（semi-representative government）代議制政府（representative government）半責任制政府（semi-responsible government）責任制政府 / 自治政府（responsible government/self-government）自治領地（dominion status）獨立（independence）。香港不可能獨立，不僅意味

---

* 本文原以英文發表，刊於 Lau Siu-kai, *Decolonization Without Independence: The Unfinished Political Reforms of the Hong Kong Government* (Hong Kong: Centre for Hong Kong Studies, The Chinese University of Hong Kong, 1987). 中文版曾以 "沒有獨立的非殖民化：香港政府尚未完成的政制改革" 為題，刊於《廣角鏡》，第 177 期（1987），42-61 頁；現在的譯本再經修訂。

着這個看似合乎邏輯的發展程序不能完成，而且意味着英國以往的非殖民化政策，應用到香港這個獨特的殖民社會，也不一定恰當（即使對其他殖民地，其適用性也存在疑問）。因此，香港很難走完這個"憲制發展程序"的所有階段。

不過，儘管有所保留、猶疑不決、不協調和緊迫感，港英政府首次宣佈的改革建議明顯帶有過去英國為其殖民地"準備"自治政府的影子（雖然最後並不一定走向獨立）。然而，在《中英聯合聲明》開始施行後的兩年內，英國明顯有所退避。而香港進一步的政制改革只能由中國政府發起或在中國政府同意下推行。由於缺乏與中國政府對抗的政治勇氣，以及愈來愈意識到進一步的改革會威脅到港英政府，因此英國政府流露出放棄任何重要改革嘗試的意圖。

這個改革過程原本獲得了一小部分民主派人士的強烈支持（他們巧妙地利用廣泛的恐共情緒爭取支持）。改革突然終止，不可避免地產生了英國一直未能預料的政治衝擊。港英政府為了擺脫因此而衍生的政治困境，似乎正在找尋另一條政治發展道路，以繼續保持政府的穩定和有效運作。為達此目的，港英政府可能採取的步驟將會帶來重要的政治後果。這個發展過程在某些方面也將是不民主的。總的來説，香港的政制改革在開始時是朝着民主的方向發展的，但在夭折時，很諷刺地轉向較不民主。

不可能獨立為政制改革設限

與英國舊日其他殖民地相比，香港是一個高度現代化的工業城市，享受着戰後經濟的高速發展。表面上，高識字率、西方文化的深入影響、中產階級的增長和經濟繁榮，似乎能為威斯敏斯特模式的移植提供肥沃的土壤。然而，香港比其他英國殖民地經歷了更少的政制發展。這個矛盾現象主要源於英國政府決定不能讓香港獨立，之所以不能讓香港獨立，英國政府曾在幾個公開場合解釋：由於香港地域狹小，加上中國政府的反對，所以不可能獨立。再者，雖然垂死的清政府在 19 世紀曾將香港的一小部分永遠割讓給英國，但大部分領土要在 1997 年租約期滿時歸還。況且，港人過去並沒提出任何民族主義要求以爭取獨立。缺乏反抗的民族主義情緒，以及公眾普遍默許殖民統治，反映了香港作為一個殖民地的獨特性。英國從中國攫取香港，目標是在接近中國的地方獲取一個立足點，以求發展遠東貿易，而不是為了獲得土地或借此取得天然資源。因此，這個荒蕪且實質上渺無人煙的海島便化身為英國的殖民地。與其他英國殖民地不同的是，在人們未到達殖民地前，香港便首先成立了殖民政府。為了吸引中國內地人前來，特別是那些社會地位較高的人，香港的殖民管治方式被迫變得較開明和寬厚，雖然殖民地的正式制度看起來並非如此。自從殖民地建立後，移居香港的中國人主要是為了改善經濟環境和逃避政治混亂及迫害。他們希望推動民族主義運動以推翻殖民統治，因為當殖民統治被推翻後，國民黨或共產黨的威權統治就會取而代之。結果，直至中英就香港前途問題進行談判時，香港在形式上仍是由最典型的殖民模式所管治。權力集中在港督身上，他是受英國皇室全權委任的大臣，接受行政和立法兩局的諮詢（兩者皆由他委任），但兩局的建議對他並不構成任何法律上的制約。不管兩局在法律上的地位有多尊貴，實質上，政府是一個"純粹的"官僚政府。專業的官員在沒有社會壓力的牽制下行使自主的權力。殖民統治下的華人社會既散漫又沒有政治組織。

1982 年之前，香港並沒有實行民選制度，並將其作為吸納政治領袖的途徑。唯一例外是部分市政局議員由選舉產生，但市政局在政治上並不重要，只有很少的市政職能。[3] 但這些由選舉產生的政客，有時候仍足以令政府感到困擾，因為當中有一小部分人刻意扮演一些言過其實的角色，並自詡為公眾領袖。

由於香港始終不可能走向獨立，所以在 1982 年之前，英國政府就已經排除了將威斯敏斯特模式轉嫁到香港的可能性，並不考慮為此做"準備"。[4] 戰後（在 1949 年和 1966 年）唯一的重要改革提議是以市議會的形式出現[5]，而這個形式是英國反對在其他較小殖民地應用的。[6] 但這些溫和的改革建議，最終也沒有應用於香港。被擱置的原因有力地揭示出：不可能獨立使政制改革受到抑制，主要原因是害怕中國政府反對，擔心支持中央政府的勢力滲入，令政府和西化的華人精英都抱有戒心。這樣，他們自然害怕選舉政治（儘管還只是一些對現有權力分配影響不大的選舉）會導致社會和政治的不穩定，於是扼殺了早期的改革嘗試。[7]

在簽署《中英聯合聲明》以後，不能獨立對政制改革的阻力更加突出。主權繼承者（中國政府）最關心的是將來最終擁有主權的"內容"和"實質"。如果權力因"還政於民"而被削弱，那麼要重新取回會遇到困難，中國政府不會容忍收回這種缺乏實質權力的主權。[8]

不可能獨立抑制了改革，並明顯地在幾個方面影響了中國政府及其在香港支持者對改革的反對或暗中阻撓（中國政府的影響不斷上升，加上其在香港組織上的存在毋庸置疑）。改革很難得到廣泛支持，因為許多人會將港英政府的改革視為暫時性安排。港英政府亦很難找到可將權力轉移的合適人選。

中國政府反對英國推行政治民主化（或港英政府常用名詞"代議制政府的發展"）的原因眾多[9]：一，害怕英國政府以此為藉口，逃避管治香港至 1997 年的責任；二，民主化會造就大批的不同政治力量，令港英政府難於甚至不可能繼續有效管治；三，在過渡期及中國政府未接管前，注入不明朗因素將會損害香港的安定與繁榮；四，權力有可能移交到親英分子或對中國政府有敵意的政治組織，中國政府擔心這些政治組織或人士傾向於將香港利益置於整個中國利益之上；五，中國政府被迫在政治上公開動員其在港力量，使其能參與權力移交的競爭，因而帶來不利結果；六，民主化將破壞香港的資本主義經濟，迫使政府採用極度福利主義和限制性的經濟規定，本地和外國資金會因此被嚇跑；七，羣眾性的選舉有可能轉化為長期、定期判斷中國政府在港民望的機會；八，害怕香港的"民主力量"最終會成為顛覆整個中國政治穩定的因素，這是由於"西式民主"的香港可能會對內地產生"示範作用"，以及民主運動人士可能有目的地在中國內地宣傳"西式民主"。

上述因素絕非詳盡無遺，但足以嚴重地限制"港人治港"（作為決定香港長遠未來的政治方程式）。在這項方程式上清楚列明的，只是未來香港特別行政區政府由當地人組成，組成方式和政治晉升的途徑卻含糊不清，並且可以做多種多樣的闡釋。

由於不清楚英國的意圖，中國政府無法預防某些權力的移交，基於戰略考慮和本能地不讓權力旁落的傾向，遂感到不得不參與任何由港英政府策劃的權力攫取遊戲。[10] 在這些遊戲中，中國政府擁有壓倒性優勢，因為它是香港未來的主人。作為香港政治的新中心，中國政府逐漸令現任港英政府黯然失色。中國政府以其在香港的官方和非官方機構為基礎，勢力不斷擴大。它不但能吸引大量的本地領袖和機構，還能培養自己特有的領袖和機構。出於眾多目的（包括愛國主義、權宜之計、自私自利或單純的權力崇拜等），他們都準備聽從中國政府的指示。除此之外，中國政府更證明自己有能力"滲透"到港英政府所成立的半政治性、支持殖民統治的團體。因此，隨着時間的推移，"雙重權力"架構的存在，很有可能會使從港英政府手中轉移出來的權力不斷地落入中國政府手中，而不是由那些親英人士所控制。儘管英國沒有意圖加速它的出現，但這種境況最終是不可避免的。

現任政府與未來政治主人並存的形勢，使得英國無法隨心所欲地挑選喜愛的繼任者。在非殖民化進程中，甄選協作者，並使他們在殖民政府撤退後成為未來的統治者，是英國過去非殖民化的一般做法。

> 如沃斯曼（Wasserman）所言：非殖民化包含兩個顯而易見、互相對立的過程。首先是由宗主國斷斷續續但明顯地撤除直接行使的權力。這一過程涉及戲劇性的政權改變，包括政治制度和決策者招納方式的轉變。沃斯曼認為，第一個過程必須通過第二個過程來理解，後者帶有連貫性，目的在於維護殖民性質的政治經濟體系，以及將土生土長的精英放到權力的位置，使他們（在殖民地獨立後）可以在一定程度上保護前殖民地宗主國的經濟和戰略利益。[11]

> 為了促進親英本土精英的冒升和取得支配權，英國甚至盡可能地阻止"不合格的人選"進入政治競技場。[12]

出於種種原因，許多英國殖民地獨立後不久，英國培植精英繼任者的安排常常以失敗告終，因為原來獲勝的（一定程度上同情英國的）民族主義派系，雖然成為統治羣體，卻無法鞏固力量。但是在香港，英國甚至連培植有利於自己的繼任者的機會都沒有，因為它正面臨前所未有的處境。在中英協議簽署前夕，香港並沒有一個與公眾有較強的組織性聯繫的本地領導層。從某種意義上講，這是港英政府在過去的"疏忽"所造成的。但更重要的是，因為中國政府在香港是一個政治的權力中心，對於一些在"正常"情況下會被英國培植起來的"可能"精英來說，它有着磁石般的吸引力。再者，香港不僅新崛起的領袖不多，甚至英國對其支持者的忠誠度也不清楚，因為很多人會戰戰兢兢、精心計劃地要花招，從而最大限度地增加獲得兩大政治主人賞識的機會。在走向"九七回歸"的路上，英國要面對成為孤獨和衰落政治力量的可悲命運。

沒有獨立的前景，再加上中國政府的強力反對，英國政府發動的政制改革將難以獲得廣泛支持。一般人認為，這些改革將在不久後被推翻，而那些曾熱烈支持改革的人將遭受政治報復。港英政府較早前搬弄來自非殖民化經驗的概念，例如部長制和兩黨制，除了能刺激一小部分民主人士的欲望外，很難喚起大眾的興趣。沒有廣泛和堅定的公眾支持，制度轉移的成功機會極其渺茫。不僅如此，在國際協議的約束下，英國必須負責管治香港至 1997 年，然而，在政治權威日益衰弱，並預計困難會不斷增加的情況下，英國的管治不能沒有中國政府的支持。若要維護香港在過渡期的有效和穩定統治，來自中國政府的支持起碼在以下幾個方面是重要的：一，港英政府的政策能否被接納和成功，要看中國政府是否願意在香港回歸後作出承擔；二，部分政策和行動需要中國政府積極合作才能實行；三，避免中英不和，中國政府會支持部分港人站出來反對港英政府；四，需要得到中國政府壓倒性優勢的力量來支持過渡期港英政府的政權。

　　無法獨立的前景令過去"常規"的非殖民化程序不適用於香港。一個同等重要的因素是香港的社會經濟特質，此特質令香港和英國的前殖民地極為不同。在若干關鍵問題上，這一獨特面貌成為在香港引進"民主"政制改革的障礙。同時，它強化了香港不可能獨立這一因素所產生的影響。

香港殖民時期的社會經濟特質

　　"二戰"以後，民族運動蓬勃發展，迫使英國在其前殖民地進行非殖民化，這激勵了大部分殖民地人民參與反殖民運動。民族主義情緒的爆發，主要是由於殖民主義多方面的壓迫。此外，殖民地宗主國之間的生死搏鬥，令它們在殖民地人民面前顏面盡失。它們在軍事上受挫於日本，以及在危急之時需要依靠殖民地人民的支持和犧牲才能進行全面戰爭，激發了殖民地人民爭取權力的信心。

與其他前殖民地（事實上是所有以前的殖民地）恰恰相反，英國認為有必要在香港着手一項非殖民化計劃的歷史時機，正是民族主義力量在世界上消失之際。在其他殖民地出現的助長民族主義運動的不滿，包括民族的歧視、經濟落後、社會向上流動機會極少以及令大多數民眾陷入貧困，在香港並沒有出現，即使出現了，程度也很輕微。民族主義作為理論或理想，也不能贏得羣眾的擁護，因為人們已自願地接受殖民統治。他們明白，殖民地的統治是短暫的，中國政府能在任何時候收回這個地方，當然也明白，如果激發民族主義情緒，其結局將會是中國政府接管香港。再者，一個不認同中國政府或得其認可的香港民族主義運動，也很難被廣泛接受。由於沒有強大壓力，英國在確定香港非殖民化部署和內容時，自然極少會考慮迎合民族主義者的要求。正因如此，英國最後在香港推行了一套不同的非殖民化方式。

在過去，非殖民化和民族主義都有着強烈的民主內涵，因此基本上都是民主化的過程。出於同樣原因，前英國殖民地的民主化是由廣泛的民族主義運動，以及與爭取政治獨立、民族平等、經濟發展和文化自尊有關的其他運動所承托和加強的。民主運動之所以能夠獲得支持，是因為它是一個大規模及廣泛民族主義運動的重要組成部分。

在香港，作為民主的訓練場和其現代化的進程，殖民統治實際上已經造就了一小部分民主積極分子。在“九七問題”出現前他們已表達對民主的訴求，只是在不久前才獲得支持，之所以如此，主要原因是英國行將撤出所造成的新政治情況，即英國打算發展“代議制政府”，及中國政府承諾准許“港人治港”。新的政治情況甚至使他們得以擴大民主對香港一般人的吸引力，因為他們宣稱“民主”是“抗拒共產主義或中國政府”的手段。儘管這些條件看起來有利，但截至目前，民主派既未能迫使中英兩國政府答應要求，進行廣泛的民主改革，亦未能成功地開展具有羣眾基礎的民主運動。中國政府的反對、香港擁護中央政府勢力的阻撓，以及英國政府對政制改革的猶豫和保留等，均可視為民主運動失敗的原因。香港特殊的社會經濟特質，也是難以發動一個大規模民主運動的重要因素。因此，香港的民主運動只能是寂寞、孤立和小規模的，基本上由中產階級的知識分子和專業人士領導和參與，他們與普羅大眾缺乏組織聯繫和密切的感情關係接觸。因此，民主派的作用是消極的，他們通過高度發達和（大體上）自由放任的大眾傳媒攻擊現任政權，例如選擇性地詮釋社會問題和公共政策，並提出超乎現實的要求，使政府喪失信譽。在傳媒中，他們可以找到大量年輕、理想主義和激進的記者和評論員。即使他們把攻擊的角色演繹得淋漓盡致，仍不能彌補民主派在政治組織和權力上的虛弱，而且最後還可能產生損害傳媒公信力的反效果。更嚴重的是，傳媒攻擊在心理上引起了熱衷於安定與秩序的聽眾的疲勞和反感。

儘管公眾對未來感到憂慮，但他們仍處於對政治冷漠的狀態，這是來自失敗主義、無力感和對政治厭惡的一種意識。[13] 他們不信任香港 "領袖人物" 的動機，並質疑其政治影響力。[14] 此外，他們十分滿足於現狀，擁護現行的政治制度 [15]，並且不認為與民主有關的改變有助於增加個人利益；相反，不少人擔心民主改革會損害現有利益。

對於非殖民化過程中的民主化部分，土生土長的資產階級和中產階級也持反對態度，這也注定了民主派所推動運動的厄運。雖然在其他前英國殖民地，民主改革也遭遇過來自本土資產階級的反對，尤其是一些 "明知自己在當地控制力較為脆弱，對繼續維持歐洲聯繫有興趣的人" [16]，但本土的資產階級是弱小的，他們被殖民統治者的經濟利益所控制，甚至受到其他海外少數民族的支配（例如，在東非的亞洲人和馬來西亞的華人），因此他們對民族主義運動的反對並沒有形成一個難以克服的障礙。本土資產階級很多時候甚至認為，與民族主義者結

合，形成一個反殖民地的聯合陣線，在政治上是有利的。正如埃默森
（Emerson）所言：

> 西方訓練有素的知識分子和專業人士，通常與土生土長的企
> 業家和商人結合，例如在印度或西非（在那裏，女性商人必須包括
> 在內）。除了其他使其加入民族主義運動的誘因外，一個本地商人
> 很可能發現，至少會被說服，他的前途被西方經濟利益集團所阻
> 礙，這些利益集團擁有資金以及現代貿易與經營的技術，而且還可
> 以利用帝國主義和殖民政府的支持。[17]

在印度和其他國家，本土的經濟勢力希望獨立後的政府能給予更衷
心和廣泛的支持，這驅使他們對民族主義運動作出重要的財政捐獻。[18]

香港土生土長的資產階級則截然不同。他們的本土性必須修正一
個事實，即他們的先輩是外來的（來自中國內地，如上海的企業家，或
來自其他發達國家）。這些人在香港根基不深厚。世界主義、非民族主
義、理性主義和掠奪主義，就是香港本土資產階級的標誌。他們全心全
意地爭取利潤，並充分明白不可能在香港控制終極的政治權力，所以他
們願意依靠殖民政府的保護，為賺取利潤尋求有利環境（這種向一個威
權主義政府依附的傾向，某種程度上其他國家的資本家也有）。在這一
方面，殖民政府並沒有令他們失望，香港奉行的"積極不干預主義"信
條，使得本土資本家興家致富。他們現在已經形成一股龐大的、連政府
也不可輕視的力量，甚至殖民政府也要依賴他們，因為雙方的利益聯繫
密切。香港經濟的對外依賴性（依靠外資、外國市場和技術）需要維持
一個可與其他地方競爭的投資環境。這個環境要求稅率低、政府管制極
少，以及勞工運動沉寂。本土資產階級確信，香港經濟的生存必須仰仗
威權政府來保證這些條件。民主化激發了本土資產階級的政治無力感，

使他們產生恐慌。除了向政府宣佈反對民主化[19]，他們也尋求中國政府作為"保護者"。他們明白，在"一國兩制"的模式下，要想資本主義香港成功，中國政府的支持不可或缺。一如他們所料，中國政府立刻作出承諾，以期平息恐懼。在本土資產階級的心目中，他們感到，依靠一個完全有權力的中國政府來實現維護香港資本主義的承諾（如果中國政府違背承諾，他們隨時可以自由離開），比之與弱小和分裂的本土民主積極分子合作，是更為權宜的做法。本土資產階級認為，本土的民主積極分子不重視工商界利益、容易激怒中國，並且在找尋社會和經濟公平時，必然會引起經濟混亂。自《中英聯合聲明》簽署以來，本土資產階級的討價還價能力，或更恰當地說，其否決能力已大為增強。這是由本地資金的國際化和流動性（因為本土資本家將資金用於全球性的多元化發展，及愈來愈多的人持有外國護照或擁有居留權），以及香港面對未來經濟困難的威脅（因為本地資金逐步撤出，國際保護主義不斷增長）所致。再者，在抗擊民主化時，本土資本家找到一個同盟者——外國資本家，外資對香港的唯一興趣，是將其作為一個投資的地方。

香港民主運動的另一個獨特弱點是，即使中產階級（知識分子、律師、教師、新聞從業人員、社會工作者、神職人員）出任運動領袖，也不能在自己的階層獲得支持。一方面，通過教育和西方民主思想的薰陶，香港的中產階級對民主理想和實踐有所憧憬。另一方面，這差不多已是一個通則：全世界的中產階級都傾向於在不同程度上參與政治，以達到他們的目的。從其他一些國家或地區的事例中可以對中產階級的"民主需求"建立清晰印象：

基本上，第一次世界大戰後出現的反殖民民族主義，只不過是非洲中產階級欲望日增的意識形態投射。他們希望得到新的職位及連帶權益，只有政府才能滿足他們的欲望。不可避免地，這些民族主義者要與大批海外（來自宗主國的）催員對抗。在殖民地建立的機構中，海外催員壟斷了最核心的職位，成為民族主義者實現目標過程中最大的障礙。非洲的中產階級很快發現，只有殖民政權讓位，這個障礙才能消失。因而才有非洲民族主義的反殖民方針的確立。[20]

在美國，通過民主程序而達成的集體選擇，是一種讓其他人補貼"新"中產階級的方法，正如威爾達夫斯基（Wildavsky）諷刺地說：

> 那就讓我們假定美國的新中產階級是有錢的（雖然不是最有錢），卻沒有相應的地位或權力。現實的情況是：單靠高收入和專業地位，並不能使中產階級成員擁有他們所追求的地位和特權。他們的錢無法買到所需要的地位和權力，他們為自己界定的任務是，說服其他人集體支付他們單獨不能獲得的東西。因此，政府便處於新中產階級的欲望和行為的中央（因為新中產階級需要通過影響政府政策，滿足欲望）。[21]

反過來說，若現狀對中產階級的利益有利，他們便會成為堅定的支持者，即使它"不民主"。例如，在拉丁美洲，"中產階級所選擇的政治盟友，與現存的社會體制能否滿足他們最低限度欲望有關。哪裏能提供這種滿足，哪裏的中產階級就會與社會上有勢力和特權的人結成聯盟，並為維護現行的社會秩序作出貢獻。"[22] 香港中產階級的取向與拉丁美洲的基本類似，甚至更鮮明。自 20 世紀 70 年代初以來，香港經濟起飛帶動了中產階級迅速增長，由於在金字塔形的階層結構中只佔一小部分，中產階級的自負和自豪高得有點過火。在公共機構（包括政府）裏，他們的就業只遭受了輕微且不斷減少的種族歧視，但因私營部門的就業機會更有吸引力，又不存在不公平的對待，因此公共部門的少量種族歧視也就變得不那麼重要了。形成中產階級社會特性的最重要因素是：他們沒有感受到向社會上層流動的道路被一個牢固和密封的上層階級所堵塞。大多數的中產階級人士在人生中曾經歷過向上的社會流動和生活質量的迅速改善。對他們來說，現行制度眷顧他們，任何重組的建議都有威脅。

對於中產階級，"機會平等"不是要在未來才可能獲得的理想，而是一個已經存在的現實和香港賴以成功的必要條件。這些對個人努力、功績（表現）和平等參與的篤信與支持，把香港的中產階級塑造成極端的個人主義者。中產階級本質上由不同成分組成（這是他們的社會經濟背景和利益多樣化的結果），因而帶有高度分裂的特性，這便防止了一個緊密社會階層的形成，使其無法形成可以採取一致集體行動的政治集團。所以，"這些人所形成的政治問題，與其說（他們的政治行動）可能採取甚麼方式，倒不如說他們是否會採取任何方式。"[23]

香港中產階級對民眾的態度是勢利的，貧窮很容易被他們解釋為個人的失敗，不應以公共福利和援助來修正，因為費用將由自力更生的中產階級負擔。[24] 政府通過干預減少社會和經濟的不平等，將產生事與願違的惡果，削弱"機會平等"和抑制個人的進取。這些態度，加上不需要與一般民眾結盟，與封閉的上層階級"鬥爭"（因為香港沒有這個階級），因此中產階級無須發動民眾，並且對民主改革持懷疑的態度。

香港的中產階級也是一個依附性階級，由於香港不可能走向獨立，因此他們依靠殖民政府的保護，也依靠政府與資本家提供就業機會。因為香港社會較為開放，成功的資本家被中產階級視為較成功的人。而中產階級也沒有把資本家視為對立階級，反而視之為自己的未來，並自豪地認同他們，這種思想加深了中產階級在政治上的保守取向。此外，公務員是中產階級的重要組成部分，其利益與殖民政府聯結在一起，這一事實令中產階級的政治冷漠感更加強烈。[25]

政治和經濟上帶有依附性的中產階級，基本信奉物質主義、享樂主義、個人主義、威權，只關心自己和追求私利。在組織和意識形態上，它都是渙散的。即使是民主積極分子也對中產階級的"痼疾"沒有免疫力，這可以從民主運動的軟弱和缺乏團結中反映出來。儘管他們對共產主義有根深蒂固的恐懼，卻不可能聯合成為一股能戰鬥的政治力量。反之，他們處於組織和心理散亂的痛苦中。香港中產階級典型的風格是個人主義，這可以從他們傾向於如何解決回歸困境的方法（即"移民"）看出來。

政制改革的前進和倒退

雖然在 1982 年以前英國沒有在香港進行過重大的政制改革，但也曾建立一個精心設計的諮詢制度，以聽取專家和公眾的意見。此制度由數目龐大的各種諮詢委員會組成，並成功地吸納華人精英進入政府組織。這個制度使政府得以制定合理的政策。[26]

回歸問題改變了這種情況。鑒於過去的政制改革只限於"傳統範圍"[27]，漸進式的改變不足以應付新的環境。儘管在過去有所保留且遭受失敗，在與中國政府談判香港前途期間，英國政府曾大膽地宣佈會分階段推行一整套的政制改革。這種急切的行動，似乎可以用相當多的理由解釋：將權力移交給港人，使他們在回歸後有能力與中國政府抗衡；通過"民主化"承諾，使英國國會對中英協議感到滿意；需要分配權力給被管治的人，從而在艱難的過渡期得到支持；發動港人支持正在撤退的、力量日衰的殖民政府；可能利用民意，作為與中國政府談判的工具。英國最早期的建議提出了巨大的改革，並在 1984 年的《代議政制綠皮書：代議政制在香港的進一步發展》中列舉出來。改革的主要目的帶有向"自治政府"發展的味道："逐步建立一個政制,使其權力穩固地立根於香港,有充分權威代表港人的意見,同時更能較直接向港人負責。"[28]《綠皮書》提出的政制發展理論,使人想起以前在其他英國殖民地應用過的、為建立威斯敏斯特模式而提出的"準備理論"(Theory of Preparation),其中包括擴大立法機關作為權力中心,以及作為其他附屬制度認受性的來源。正如《綠皮書》的概述:

立法局

(一)應作出安排,使立法局有相當數目的非官守議員,得由下列方面間接選出:(i)一個由市政局、新的區域議局及各區議會所有議員組成的選舉團,及(ii)按社會功能劃分的選民組別。

(二)立法局目前暫時仍須保留若干名委任非官守議員。

(三)立法局官守議員人數應逐步減少。

(四)開始時,這些安排應分兩個階段推行,即在一九八五年及一九八八年,隨着各區議會在這兩年舉行選舉後實行。

(五)到一九八八年時,立法局的成員比例應為:(i)十二名由選舉團選出的非官守議員,(ii)十二名由按社會功能劃分的選民組別選出的非官守議員,(iii)十六名委任非官守議員,及(iv)十名官守議員。

(六)在一九八八年選出議員加入立法局後,在一九八九年即應進行檢討,目的在決定如何作進一步的發展。

行政局

(七)大多數行政局的委任非官守議員,應逐步由立法局非官守議員自行互選出來的人選所取代,但一小部分議員仍須由港督委任,此外,四位當然官守議員仍須留任為行政局議員。

(八)這些安排應分兩個階段實施,即在一九八八年及一九九一年,隨着在這兩年選出議員加入立法局後而實行。

（九）到一九九一年時，行政局的成員比例應為：(i) 最少八名由立法局非官守議員互選出來的議員，(ii) 兩名由港督委任的議員，及 (iii) 四名當然官守議員。這些議員數目，可以在一九八九年檢討立法局當時的情況後，另行修訂。

香港總督

（十）將來在適當的時候，應由立法局非官守議員自行互選一人為議長，以取代目前由港督出任的立法局主席的職位。這項改革可分兩個階段進行。[29]

更重大的暗示是隱藏在《綠皮書》中有關甄選港督方法的可能改變：「將來甄選港督候任人的方式……一個可能辦法就是，作為政府行政首長的港督這個人選，可按照選舉程序選出；舉例而言，可由一個行政及立法兩局全體非官守議員所組成的選舉團，經過一段時間互相磋商後，選出港督。」[30]

《綠皮書》所制定的政制發展進程倘若實現，肯定會徹底轉變香港的政治制度。在中國接管前，一個類似威斯敏斯特模式的政權機關將被建立。英國的這種「突然襲擊」，令中國在察覺時感到震驚與憤怒。但民主派仍不滿意，抱怨改革的步伐緩慢。英國向港人提出政制發展的長遠計劃，其背後動機難以完全明瞭。英國有可能高估了即將公佈的中英協議對香港民意支持的需要；有可能是要造成一個既成事實，使中國政府以後難以改變；也有可能只是英國官員不理會港英政府，自行作出一項草率和倉促的決定，重複試驗在其他殖民地政制改革的模式。不論怎樣，由於某些明顯的原因（例如，我之前討論過的改革障礙，部分也被《綠皮書》所承認，包括「反對派系」參政產生「不穩定」因素）[31] 及一些莫名其妙的因素，英國突然作出一個出其不意的轉變。《代議政制白皮書：代議政制在香港的進一步發展》在幾個月後印發，英國在政制改革的"攻勢"中作出戰略性讓步。雖然向民主派作出了一些讓步，但中長期改革的計劃實際上消失了。英國通過加速一些短期性改革，作出下列讓步：一，立法局間接選舉的非官守議員增加至 24 人（選舉團和功能團體選出的人數均等），以代替《綠皮書》提議的在 1985 年應設立的 12人。二，1985 年委任的非官守議員將減少 1 人，由原來提議的 23 人減至 22 人，從而使民選非官守議員比委任的非官守議員更多。三，1985年的官守議員將是 10 人，而不是《綠皮書》提出的 13 人。四，發展"代議制政府"的檢討，將在 1987 年提出，而不是先前提出的 1989 年（所有這些改革已在 1985 年正式實行）。不過，對於未來改革，英國卻沒有給出明確的承諾。

《白皮書》最受矚目的地方，就是英國明顯的倒退。對於在香港實行直選，英國起初已不熱心，現在更被壓制下來。《白皮書》指出："不少市民擔心太急促實行直接選舉會危及香港未來的安定和繁榮。總括來說，雖然大多數人贊成直接選舉，但極少人希望在短期內便實行。"[32]改變行政局組成的計劃被擱置了，部長制的提案暫緩考慮，《白皮書》也沒有意圖改變港督的作用或甄選港督的方式。從《白皮書》對未來改革保持緘默可以推測，英國暫時放棄了發動進一步改革的計劃。

《白皮書》所提出的一切暗示了英國的倒退。《白皮書》中的一段話值得注意："自綠皮書發表後，有關香港前途的協議草案已在北京草簽，因此任何使港督的地位及其擔任的角色有所改變的建議，必須顧及聯合聲明的條文，而這些重要事項將於日後再作考慮。"[33]

自《白皮書》的提議履行後，中國政府已採取行動奪取政制改革的主動權。這類行動包括兩個方面：一方面，中國政府明顯反對英國政府將立法局轉變為實際權力中心，以及把所有其他政治及管理制度從屬於立法局的意圖。英國政府若一意孤行，便會被理解為對中國政府在香港主權的侵犯。英國政府被要求放棄任何進一步改革的計劃，直至中國政府公佈未來構想；或者除非英國政府的改革能夠與未來制度銜接，才可能取得中國政府的認可。[34] 另一方面，中國政府立即進行《基本法》的草擬，即香港特別行政區的未來憲法，《基本法》的第一份草稿將於1988 年公佈。《基本法》草擬的過程為凝聚香港的保守力量提供了場地。保守力量（特別是工商界團體）被動員起來，反對港英政府推行的不成熟的民主化。同時，中國政府發動新的攻勢，通過正式和非正式的渠道，公佈對香港未來政治制度的構想，或起碼說明有所保留的部分，特別是有關政黨政治、直選和立法局作為權力中心等方面。按照目前事態發展，未來政治制度的中心是，一個有高度權力的行政長官獨立於以選舉產生的立法機關，並僅受有限的制約。[35]

　　中國政府的戰略性攻勢（目標在於奪取政制改革的主動權）使英國陷入嚴重困境。要符合中國政府的意圖，就會使已被嘲笑為"跛腳鴨"的港英政府聲譽下降。若不這樣，就會冒與中國政府對抗的危險，並使其改革在 1997 年後被推翻。此外，既然已知將類似威斯敏斯特模式的制度轉移到香港充滿障礙和不可能成功，英國政府對其改革計劃實際上也沒有太大信心。最後，英國政府的壓倒性利益立場是，把促進與中國政府長期的外交與經濟關係放在首位。英國和港英政府的官員發表的聲明全都指向同一方向：把改革的主動權交給中國政府，未來政制發展由《基本法》規定。於是，英國的準備工作退居次要位置[36]，港英政府甚至公開說明，行政局和港督的職能和甄選方式將不會包括在 1987 年的檢討中[37]（1987 年 5 月發表的《綠皮書：一九八七年代議政制發展檢討》正是如此）。1988 年是否有部分立法局議員由直選產生，也屬未知之數，但基本上直選的可能性不大（這也被 1988 年 2 月發表的《白皮書：代議政制今後的發展》所證實）。

　　雖然英國在實質上放棄了把以港督為主體的政治結構改為議會制

政府的計劃，但仍能在一些不太重要的領域進行改革。不過，這中間也會遭到中國政府的懷疑和非議。改革的整體方向雖是進一步開放政治制度，但仍是孤立、沒有條理和缺乏連貫性的。已經制定或隨後推行的較重要的改革包括：

第一，英國國會在中英協議簽訂後立即通過《1985 年香港法令》（Hong Kong Act 1985），這是為結束在香港的管轄和統治權而制定的。法令第三項第一條指出："女皇陛下在有關的日期前可以透過會同樞密院頒佈敕令，如果認為這些規定是必需或有利，並由於或與這項法令第一項第一條有關的緣故：(a) 廢除和修改任何法例，只要這些法例目前仍是香港法律的一部分；及 (b) 使香港的立法機關能夠廢除和修改任何法例，只要這些法例目前仍是香港法律的一部分，並制定具有超越領土效力的法例。"因此，不時地通過獲得英國女皇授予的權力，立法局的立法權將得以提高。

第二，在 1985 年通過具有爭議的《立法局（權力及特權）條例》，以加強立法局的權力和地位，授予立法局或其常務委員會權力去"命令任何人到立法局或該委員會席前，作證或出示其所管有或控制的任何文據、簿冊、記錄或文件。"[38] 雖然調查權擴大後的立法機關在某些方面仍受限制，卻為立法局在處理和港督之間的關係時，提供一件潛在的有效武器。

第三，兩位間接選舉出來的立法局議員於 1986 年被委任到行政局。[39] 雖然他們只對港督負責，但此舉表示"封閉"的行政局與有選舉成分的立法局增強聯繫。

第四，更多立法局議員被委任到諮詢或顧問委員會，以提高其地位和影響力。[40]

第五，制定《司法人員推薦委員會條例》，代替與司法官員有關的《公務員事務規例》，使司法制度更獨立於政府。[41]

第六，在中英展開對香港未來的談判前夕，英國故技重施，把曾在前殖民地用來培訓未來領袖的地方組織應用到香港，成立了 18 個區議會（後增至 19 個），讓其承擔諮詢功能，並擁有部分民選席位。在1985 年，選舉席位增加至總數的 2/3。區議會主席亦通過選舉產生。

第七，在區域層次，重組半民選的市政局，在新界成立與市政局性質相似的區域市政局（英國最初的構想可能是，以區域市政局代替在立法局設立民選議席，但立法局部分議員由間接選舉產生，很快便跟着實行）。

第八，公務員"本地化"的推行可能是最不具爭議的改革。事實上，這也是過去趨勢的延續。本地化步伐的加速，不可避免地引發海外僱用公務員的異議，自 1985 年年中起，政府已停止僱用外籍人士擔任政務官。[42] 海外僱員的退休年齡定為 57 歲，並設想到 1996 年時，18 位（1986 年的數字）司級官員（相當於獨立國家的部長級）中，只有 3 位由海外僱員擔任。[43] 在 1986 年，"在高級管理 / 專業職系的一千五百個職位中，目前有百分之七十以上是由本地公務員擔任的；至於在九百四十個首長級職位（即最高級的職位）中已有百分之五十由本地公務員擔任。"[44]

未完成改革的政治

新因素的注入將不可避免地在政治制度上引起衝突。不過，若改變的方向清晰、不變，措施恰當、有系統，那麼政制改革只會引發暫時的衝突，因為舊分子會被迫對新的政治秩序作出妥協性適應。但在香港，並非如此。首先，改革過程遭遇重重障礙，加上英國明顯的保留和猶豫態度，因此最初的改革基本上是孤立、漸進、缺乏條理和應急的即興行動。[45] 再者，不少改革安排很快便突然流產，致使政治上的新舊分子不需要也不可能互相妥協和接受對方。沒有一個堅定的改革方向，就沒有人能肯定誰是最終的失敗者。因此，流產的改革不但沒有將香港的政治制度推向一個威斯敏斯特模式的方向，反而令以往"和諧"的制度（無論是如何造作的"和諧"）變得充滿矛盾，使英國在管理香港最後 10 年中要維持一個穩定和有效的政府變得異常複雜和艱巨。

自中英談判開始，港英政府發覺自己陷入動蕩的環境中[46]，其管治的決心和能力受到嚴厲考驗。導致動蕩的因素是：中國政府對它的不信任；社會、政治和經濟問題日益嚴重；民意的反覆無常；不明朗的前景引起民眾悲觀和不安的情緒；新政治團體的冒升；社會和經濟團體的政治化；社會和經濟團體間的鬥爭；政府承受不斷增加的壓力，這些壓力來自愈來愈以對抗手段挑戰政府的人士；人們對港英政府與中國政府或英國政府之間的利益衝突或潛在衝突愈發敏感，也對民眾與政府間的利益衝突日益敏感；憤懣、受挫的政客和領袖有愈來愈多的民粹要求，反對策略亦不斷增加。

在前所未有的動蕩期間，港英政府所支配的權力和資源卻處於最低點。港英政府在政治上的自主權，因中國政府與英國政府進入決策的競技場而被嚴重削弱。港英政府的決策權從來沒有像今天這樣備受挑戰。

現在，港英政府發現，自己受制於兩個更高的政府，既不能忽視它們的利益，也不能缺乏它們的支持。港人很自然地繞過港英政府，直接向英國政府或中國政府尋找支持（特別是中國政府），這樣就使港英政府的處境更加艱難。即使英國政府和中國政府沒有進入政治舞台，一個即將撤出的政府不可避免地目睹權力的衰落。不同的個人和團體會較膽大地挑戰權力。過渡期政府也會因為"遠景拉近"效果（telescopic effect）而受損。人們會把過渡期政府視為未來特別行政區政府而不予信任，並由此作出相應的處理（例如，試圖把它放在民主化過程中"淨化"，即通過撤銷它的專制權力，避免這些權力落在未來政府手中）。

結果，港英政府的運作更受束縛。在政策制定和執行過程中，由於普遍受到懷疑和反對，港英政府日益脆弱無力的權力及採取決定性行動的能力進一步受到損害。

假如急躁地推行改革，將會使"難以管治"的問題更加惡化。這樣的改革效果不僅不能調動力量支持處於困境的港英政府，反而會將眾多嚴重矛盾輸入政治體系，但該體系無能力解決或控制矛盾。從前以港督為權力和認受性來源的"和諧"制度已經崩潰，取而代之的是一個充滿衝突、易起紛爭的制度，其組成部分的力量和影響建立在歧異和不協調的原則上。

問題的核心是：為了安撫各種類型的政治力量，同時試圖使既得利益"政治化"，以便在新的政治遊戲中維護本身利益，港英政府通過政制改革（以功能團體和選舉團的間接選舉方式出現）下放給民眾的權力既分裂又分散。權力下放使大量的政治力量被釋放出來，但各自是軟弱的。由此而引起的混亂，可以從精英之間加劇傾軋、民意兩極化和非正規政治伎倆被愈來愈多地用作制勝之道看出。雖然港英政府仍然手握大部分政治權力，但其正在下降的權威地位限制了它使用權力的能力。當政府的自主權被削弱時，便難以處理濫用權力所帶來的連鎖後果。

因此，港英政府迅速發現，自己陷入一個政治的矩陣中。在那裏，否決力量星羅棋布。否決團體的冒升雖不足以拖垮政府，但若決策被認為會損害大部分集團的利益，那麼這些團體亦有足夠能力予以阻止。政府偶爾會採用嚴厲措施，以高壓態勢去推行決策，但這樣只會進一步侵蝕其威信。再者，愈接近 1997 年，政府堅持這種方式的能力會愈小，若沒有相應措施解決以上問題，"權威危機"將會出現。

政制改革中，最顯著的矛盾存在於立法局和以港督為首的行政機關（行政局和公務員系統）之間。在選舉成分還未出現在立法局時，議員們的"共識"能達成一致，這是通過委任過程靈巧的處理，以排除不協調的成分進入精英性質的立法機關實現的。共同的社會經濟背景和對港督忠誠的一致性，保證了議員的同質性。儘管有些資深（委任）議員要求"共識"，但改革後立法機關已經成為一個新的政治實體，其特性表現在：一，成員來源不同；二，社會經濟背景多樣化；三，對立法局和立法議員的認受性與責任理解不同；四，對"共識政治"評價存在差異；五，對立法局議員角色理解不同，其中以採納"受託管理人"（trustee）、"代表"（representative）和"發言人"（spokesman）等角色的居多；六，外來力量通過選舉議員，以及不斷政治化和採取戰鬥姿態的委任議員，滲入立法局；七，議事和決策方式互不相容；八，政治效忠對象有分歧；九，資歷和紀律制度廢弛；十，立法局部分地演變為伸張香港利益，抗衡港英政府、英國政府和中國政府的場所。[47]

立法局政治變得更加開放和更能煽情，因為愈來愈多的議員通過大眾傳媒取悅公眾。立法局內外的辯論愈發尖銳，人身攻擊並不少見。

香港現正需要一個強大和決斷的政府，港英政府卻受制於自己一手造成的立法機關。然而，一個飽受衝突侵擾的立法機關又必然力量薄弱，它對政府有大量否決權，卻沒有統一的目標和行動，用以建設性地參與政策制定，或有效地監督政府工作。分裂的立法機關不能有效地行使權力，例如，《立法局（權力及特權）條例》給予它的權力，因此其擁有的有限權力便顯得多餘。立法機關負有大量責任，卻沒有足夠的權力，因此易受激進思想影響。改變這一困境的可能出路是，逐步將立法局轉化為議會制度裏的權力中心，然而這一選擇早已被排除。

立法局與區域組織的關係完全談不上親切。個人和制度上的猜忌以及相互間的懷疑和缺乏信任是造成這個局面的"罪魁禍首"。另一個原因是區議會的自卑感。也許最重要的因素在於"中央"與"地方"的職權分工不清晰，區議會主席和成員對立法局諮詢會議的"杯葛"，生動地體現了地方領袖的"敵對"態度[48]，這也可理解為憤懣的領袖對過往所受挫折的感情迸發。他們對自己和區議會的期望很高（主要是以往政府在頌揚區議會時，把過高的希望灌輸給他們），但如今他們發現並無實權在手，甚至在政治上遭到漠視。[49]

由於區議員希望重振聲威，同時受到與市政局和區域市政局功能重疊的影響，區議會遂與其他兩局捲入一場"地盤之戰"。市政局和區域市政局被視為受到政府更好的對待（例如，財政自主、行政實權和議員酬勞等各方面），但區議員相信，兩局的功能如果由區議會實行會更有效。區議會如果要提高政治地位，必須接管市政局及區域市政局的職權。正因如此，兩局和區議會之間的衝突無法避免。[50] 基本法起草委員會的政治體制專題小組最近決定，在回歸之後，區域組織的職能與現時的差不多。這個決定如果最後被列入《基本法》，肯定會加劇區域組織之間的衝突，因為被鎖進零和博弈內，一方得益必然導致另一方受損。[51]

未來可能的發展

目前港英政府正陷入動盪環境中，要負責管理日益失控和矛盾重重的政治制度，其威信和自主性卻不斷減退。香港殖民政府如何才能在回歸前最後 10 年維持有效和穩定的管治？如果參照過去英國的非殖民化經驗，港英政府會建立一個以民主積極分子、傳統勢力和親英羣體為主的鬆散聯盟，逐步從行將撤離的殖民地宗主國手中接收權力。但這個選擇在香港並不存在。香港薄弱和渙散的民主運動，不能與以往殖民地牽連甚廣的民族主義運動相提並論。香港的民主運動聯盟既違反英國政府的長遠利益，又會引發與中國政府對抗的危險。香港作為一個都市化和現代化社會，不可能產生既同情英國統治，又具備溫和與保守傾向的傳統勢力（例如，印度王子、馬來西亞蘇丹或非洲酋長）。親英團體（被籠絡的社會精英、商界勢力和專業管理階層）同樣不是合適盟友。他們與民眾沒有組織上的聯繫，民望也因與衰落的殖民政權過從甚密而被削弱。他們對英國的忠誠不可靠（許多人已走向中方），也未能對香港表現出足夠的承擔精神。

港英政府當然能夠退回到"見步行步"主義（ad hocism）和政治及社會改革方面的漸進主義（incrementalism）上，這曾是它過去的特點，並基本上仍是今天的決策作風。但若在充滿反對者的環境下仍堅持這種作風，只會導致政策的僵化，在非常過渡期內帶來不安定。長遠的計劃和勇敢的決定是必要的。"跛腳鴨"政府將不可避免地加劇"難以管治"的困境。

政府現正採用的另一策略，就是在擴大了的決策場合容納新政治勢力，以求建立"協商秩序"，期許通過廣泛協商，使政策得以接受並推行。很明顯，這些新的政治勢力包括中國政府、英國政府、新興的政治團體及不斷政治化的社會經濟利益集團。妥協、討價還價和"建立共識"便成為新的政治遊戲規則。在這個遊戲中，港英政府的主要角色是協調各方利益，以求維持有效政府的形象（雖然實際上並非一定如此）。但截至目前，這種策略只能取得部分成功，因為：一，政治遊戲沒有充分地開放給所有有關勢力，並滿足其要求；二，其中一些勢力（例如，中國政府和英國政府）明顯比港英政府強大，其要求佔有優勢，使得勢力較弱者感到懊惱；三，政府推行政制改革，令權力既分散又割裂，從而造就了大批新的勢力，"達成共識"相當困難，有時候甚至不可能；四，有些團體（特別是激進的民主團體）不能真正接納帶保守傾向的"協商程序"；五，一個權威已被削弱、可能受經濟困難牽制的政府根本沒有足夠資源去滿足參與"協商程序"的大多數勢力的要求，最終需要在較具決定性勢力和不那麼關鍵的勢力中選擇其一，以繼續英國的統治。總而言之，在現在的情況下，涉面較廣的"協商程序"將難以成功，堅持民主和異議者亦可能會被排斥。

為了保持穩定和有效的統治，港英政府最可能採取的行動由兩個組成部分構成：其一是在管治香港時，作為一位非正式的"夥伴"加緊依靠中國政府，從而加強政府的權力；其二是重整政治體系內的權力結構，加強官僚架構的角色，並提高核心官員（政務官階層）的領導地位。從這兩個組成部分可以看出，港英政府採取溫和的威權取向作為以後的管治方針。不過，這一取向在某些方面與政府所倡導的民主化政策相違背。即使將來再推出一些正式的民主化措施（如在立法局引進部分直選議席），也不會在實質上改變這個溫和的威權化趨勢。

港英政府將更加依賴中國政府參與管治，因為：一，它需要利用中國政府在香港不斷提高的權力支撐自己行將撤出的政權；二，港英政府既不用獨自"照顧"中國政府在港利益，又可避免脆弱的統治地位受到重大損害；三，只有中國政府才能對港英政府的反對者施加必要約束；四，只有中國政府才能夠把港英政府因過去政制改革而下放的分散與零碎權力重新合併起來。在民主積極分子力量薄弱、公眾政治冷漠和難以動員的情況下，若由英國政府和中國政府組成正式聯盟，並取得由中國政府策動、工商界及擁護中央政府分子組成的新興"聯合陣線"的支持，那麼應該足以作為港英政府在過渡期內維持穩定及有效統治的有力支柱。這個以中國政府為中心的"聯合陣線"，遲早會演化為管治香港的"管治聯盟"，並作為香港轉變為中國特別行政區過程中的連貫因素。

就政治制度內部而言，最有可能的發展是：港英政府將逐步疏遠帶有民選成分和民粹取向的團體，這些團體一度是政府權力下放的對象。有跡象顯示，港英政府正謹慎和有選擇地收緊信息發放，以削弱立法局與區議會在決策方面的角色。[52] 但鑒於權力衰落，港英政府不能採取在前殖民地（如塞浦路斯、馬耳他和英屬圭亞那等）奏效的政制倒退措施來大幅增強港督的權力，以駕馭新的政治形勢。[53] 港督也不能隨意使用目前擁有的龐大權力（例如，解散立法局的權力，這是《白皮書》公佈後授予他的）。即便如此，政府與中央和區域議會（兩者均已引入選舉）之間也不可能真誠且愉快的合作。

政制改革未能完成而衍生出來的現象，合乎邏輯的是，政府愈來愈依賴官僚架構作為管治支柱。"再依靠"公務員的趨勢可以從以下兩個事例看出：政府努力安撫公務員和防止任何限制官僚決策自主權的企圖。在過去兩年，公務員獲得了經改良的長俸制度（並得到中國政府的認可）[54]，有更多、更優良的受訓條件和機會[55]，在退休後更易進入私營部門工作。[56] 任命一位有權的行政專員作為矯正弊政的計劃實質上擱置了。[57] 所有這些措施都是為了提高公務員因回歸問題和民主化而下降的士氣。

壓力下的港英政府也會嘗試加強控制其資源及人員，並收緊監督政府內部運作。反映這些做法的一個可能事例是，政府似乎正強化官僚架構內"統治階層"（即政務官員）的地位。有"通才"取向及政治敏感度較高的政務官被政府視為效忠的一羣人，他們也傾向於以政府整體的利益為依歸。近年來，政務官階層對政府最高職位的壟斷雖不時受到專業人士和專家的挑戰，但一直以來都是官僚架構的支柱。"通才"及"專才"的衝突會因政府重新確認政務官的領導地位而激化。[58] 同樣地，為了在動蕩環境中加強公務員的團結，政府在行政體系內進行的"再中央集權化"安排也會加深上下級公務員之間的摩擦。在過去 20 多年間，港英政府已因有關矛盾而飽受困擾。無論如何，在官僚架構內進行"再中央集權化"肯定會遭遇嚴重障礙，因為現時的公務員系統比以往更具異質性（即公務員從事的工作、所受到的訓練和社會背景的複雜程度）、政治取向差異更大、更多公務員工會成員，以及更易被外來的政治影響滲透（包括來自中國政府的影響）。不難想像，港英政府在強化公務員系統及進行"再中央集權化"的時候，會感到不得不向中國政府尋求支持以促成計劃，中國政府肯定亦樂於提供幫助。

結論

　　香港非殖民化的過程既充滿矛盾，又後果難料，必將成為載入史冊的事件。英國最初嘗試將類似威斯敏斯特模式的政府快速移植到香港，讓港人在回歸後能自主自治，但事與願違，因為：一，原有的民主化趨向將被溫和的威權主義取代；二，權宜和妥協性策略是將分散和割裂的權力移交，結果出現一種形勢，即只有中國政府才能夠"再合併"這些散亂的權力和建立一個強大的"管治聯盟"(不一定以明顯的政黨姿態出現)來駕馭整個政治制度，因為本地政治力量無法從以間接選舉為主的選舉制度中鞏固成為強大的政治力量；三，中國政府比預期更早地以現任政府的"夥伴"身份參與管治香港，因為港英政府愈來愈不能控制由其政制改革製造出來、不吝運用否決權力的政治團體；四，政制發展的方向轉為建立以行政為主導的政府，主要原因是重新依靠官僚架構的"再中央集權化"，同時因未來政制改革的主動權已由中國政府通過《基本法》的草擬過程而奪去，中國政府較屬意的未來政府方案是行政主導。

　　如果回顧一下以往的情況，則不難解釋這些矛盾和非預期的結果。香港的非殖民化過程未能提供一個有力基礎，以發展類似威斯敏斯特模式的制度。我們能輕易地羅列出一些不利於這方面發展的因素，如缺乏準備、缺乏本地政治組織、英國政府缺乏決心、初期進行的改革缺乏系統性和長遠目標、改革方式與客觀條件不協調、改革後的政治體制內部不協調、中國政府的反對和壓力、既得利益者(尤其是工商界)的反對等。最重要的當然是香港不可能走向獨立自主。結果是，港英政府的政制改革建議帶來了建立議會制政府的不切實際的奢望，並導致一大批政治力量湧現。港英政府不能滿足這些力量提出的要求，亦沒有辦法把它們穩妥地安置在現行架構內。在這個過程中，政治衝突劇增，原來的架構制度無法維持。最後，反潮流出現，逐漸形成一個溫和威權主義及行政主導的政府（基本上香港以往一直只有這類政府）。這個政府受到中國政府的支持，在它恢復政治秩序的同時，民主積極分子政治疏離和挫折感亦加深。港英政府重新肯定以行政為主導的體制，必將有利於從英國殖民統治繼承而來的制度，與一個由中國政府制定的制度銜接。縱然如此，為了銜接的方便，仍需修正現行政治制度以消除內在矛盾。説到底，雖然殖民政府在撤離過程中推行的未完成改革有悲喜交加的插曲，但香港政治體系的制度延續性並未發生根本改變。

註釋

1. 《中華人民共和國政府和大不列顛及北愛爾蘭聯合王國政府關於香港問題的聯合聲明》。

2. 本文討論的前英國殖民地僅包括第二大英帝國的殖民地，這些殖民地主要是非英民族所聚居的地方。

3. Norman Miners, *The Government and Politics of Hong Kong* (Hong Kong: Oxford University Press, 1979), pp. 175-189.

4. D. J. Morgan, *Guidance towards Self-government in British Colonies*, 1941-1971 (London: Macmillan Press, 1980), pp. 62, 216, 228.

5. 1946 年及 1966 年的改革建議參見：Miners, *The Government and Politics of Hong Kong*, pp. 190-199.

6. 《較小殖民地憲政發展調查委員會報告書》(*The Report of the Committee of Enquiry into Constitutional Development in the Smaller Colonial Territories*) 的概要，於 1951 年 8 月提交國務大臣 (Secretary of State)，其摘要見注 4，45-46 頁。

7. N. J. Miners, "Plans for Constitutional Reform in Hong Kong, 1946-52," *The China Quarterly*, Vol. 107 (1986), pp. 463-482.

8. 一個事例可以説明中國政府對只能從英國手上取得"名義上"的香港主權感到憂慮。中國通過非正式渠道，反映了對英國於 1865 年制定的《殖民地法律效力法》(The Colonial Laws Validity Act，簡稱《效力法》) 的理解，及對將來中國擁有香港主權含義的認識。除了其他事項，《效力法》的第五項授予代議制立法機關（即任何有半數議員由居民選出來的殖民地立法機關）"全權制定有關其組成、權力和程序的法律，只要這些法律的通過是符合下列法規在當時所規定的方式和形式：英國國會的法令、英皇制誥、英皇會同樞密院頒佈的命令，及當時在該殖民地有效的殖民地法律"。在 1865 年，制定《效力法》的目的是要處理一個長期存在的問題：如果殖民地法與英國習慣法相抵觸，殖民地法是否仍然有效。這個問題因為南澳洲發生的"布斯柏事件"(Boothby Affair) 而激化。《效力法》的通過，加強了殖民地立法機關的立法自主權，因而這條法例的通過，反映了當時英國殖民地辦事處 (Colonial Office) 的"自由與進步"態度。D. B. Swinfen, *Imperial Control of Colonial Legislation* 1813-1865 (Oxford: Clarendon Press, 1970), p. 178.

這一項法例在香港可以應用到甚麼程度並不清楚，例如，一個半數議席由"間接選舉"產生的立法機關，事實上是不是一個代議制立法機關還是未知之數。從嚴格的法律觀點看，中國政府憂慮如果《效力法》在香港生效會令香港的全部立法權力由港督轉移到立法局，是沒有基礎的，因為即使《效力法》可以在香港應用，香港立法機關的立法權力仍然會受到更高法例的限制。實際上，中國政府真正憂慮的可能是以下幾個方面：一，在取得了立法局的組成、權力和程序的立法權力後，立法局將會有很多機會取得完全的立法權力，這會令立法局在香港的政治體系裏享有最高地位。二，更嚴重的是，基於中國政府對英國政府的意圖缺乏足夠理解和信任，中國政府擔心港英政府不會動用那些用以限制立法局權力的更高法例，甚至對立法局的要求採取包容態度。三，更甚的是，港英政府沒有力量或在權衡政治利害後，認為不宜反對立法局的決定和行動。四，最差的情況是，港英政府與立法局朋比為奸，把立法局秘密地轉變為香港政治架構的權力中心，並接管英國對香港的主權。所有這些情況都包括英國 "還政" 於港人，而不是在 1997 年還政於中國的意味。

9. Lau Siu-kai and Kuan Hsin-chi, "Hong Kong After the Sino-British Agreement: The Limits to Change," *Pacific Affairs*, Vol. 59, No. 2 (1986), pp. 214-236.

10. 中國小規模參與競選遊戲的例子可見於 1985 年區議會選舉。Lau Siu-kai and Kuan Hsin-chi, "The 1985 District Board Election in Hong Kong: The Limits of Mobilization in a Dependent Polity," *Journal of Commonwealth and Comparative Politics*, Vol. 25, No. 1 (1987), pp. 82-102. 自 1985 年以後，少數的親中領袖已得到進入立法局的機會。

11. Gary Wasserman, *Politics of Decolonization: Kenya Europeans and the Land Issue 1960-1965* (New York: Cambridge University Press, 1976), pp. 174. 引自：Ruth B. Collier, *Regimes in Tropical Africa: Changing Forms of Supremacy*, 1945-1975 (Berkeley: University of California Press, 1982), pp. 29-30.

12. 一個生動的例子是新加坡。英國在那裏鎮壓共產主義者，以促進李光耀所領導、在人民行動黨內不太激進派系的冒升。John Drysdale, *Singapore: Struggle for Success* (Singapore: Times Book International, 1984).

13. 在 1985 年，我和關信基曾於觀塘區進行隨機抽樣問卷調查（共訪問 767 人，回應率為 46.9%），發現只有 31.5% 的受訪者信任中國政府，22.3% 認為中國在 "九七" 後會放手讓港人管理自己。此外，大部分受訪者（84.7%）自認為影響港英政府政策的能力有限。在 1986 年，我和尹寶珊在觀塘區進行另一項隨機抽樣問卷調查（共訪問 539 人，回應率為 67.4%），發現只有 25.4% 的受訪者信任中國政府，對於回歸後的轉變，50.3% 認為生活水平會停滯或下降，60.3% 認為個人生活自由會減少，65.9% 認為公民權利會減少，52.3% 認為司法制度會轉差。與 1985 年的調查一樣，大部分受訪者（87.9%）認為自己對港英政府沒有影響力。

14. 在注 13 提及的 1985 年調查中，只有 33.8% 的受訪者反對 "民主政治很容易導致一些野心家出來為害大眾" 的説法。他們對壓力團體的意見是：58.5% 認為在壓力團體中未能找到可以信任的領袖。在 1986 年的調查中，只有 22.6% 的受訪者認為壓力團體對改善港人的生活環境曾作出貢獻。

15. Lau Siu-kai and Kuan Hsin-chi, "The Changing Political Culture of the Hong Kong Chinese," in Joseph Y. S. Cheng (ed.), *Hong Kong in Transition* (Hong Kong: Oxford University Press, 1986), pp. 26-51. 在注 13 提及的 1985 年調查中，74.3% 的受訪者認為香港的政治制度雖不完美，但在現實環境下，已經是最好的了，72.1% 信任港英政府。至於港英政府的表現，1986 年的調查發現，只有 9.5% 的受訪者指責港英政府工作表現不佳。《南華早報》(South China Morning Post) 也委託了一項調查，請市民從 1～10 來評價政府的工作表現，分值愈高表示做得愈好，結果政府獲得的平均分是 6.3。*South China Morning Post*, December 12, 1986, pp. 1.

16. Tony Smith, "A Comparative Study of French and British Decolonization," *Comparative Studies in Society and History*, Vol. 20, No. 1 (1978), pp. 91.

17. Rupert Emerson, *From Empire to Nation* (Cambridge, MA: Harvard University Press, 1960), pp. 55.

18. Emerson, *From Empire to Nation*, pp. 56.

19. 有關商界人士反對普選、直選和政黨政治，以及他們對香港未來政治制度的觀點，參見：*South China Morning Post*, June 1, 1986, pp. 2; November 5, 1986, pp. 2; December 2, 1986, pp. 1.《明報》，1987 年 2 月 7 日，2 頁刊出的例子。

20. Martin Kilson, *Political Change in a West African State: A Study of the Modernization Process in Sierra Leone* (Cambridge, MA: Harvard University Press, 1966), pp. 90.

21. Aaron Wildavsky, "Using Public Funds to Serve Private Interests: The Politics of the New Class," in B. Bruce-Briggs (ed.), *The New Class?* (New York: McGraw-Hill, 1979), pp. 148.

22. Luis Ratinoff, "The New Urban Groups: The Middle Classes," in Seymour M. Lipset and Aldo Solari (eds.), *Elites in Latin America* (New York: Oxford University Press, 1967), pp. 69.

23. C. Wright Mills, *The White Collar: The American Middle Classes* (New York: Oxford University Press, 1951), pp. xviii.

24. Harold L. Wilensky, *The Welfare State and Equality* (Berkeley: University of California Press, 1975), pp. 54-58.

25. 埃默森描述述前殖民地本地官員的話，可能也適用於香港。"雖然本地公務員所受的教育和背景使人以為他們會加入當地的民族運動，但實際情況是他們傾向於遠離民族運動，並如同來自外地的同僚一般，對民族運動投以懷疑的眼光。那些在公務員生涯中愈成功的人，愈接受和容忍殖民制度。他們受到殖民地公共服務精神的感染，並蔑視那些沒有行政經驗但意圖接管政府的人。他們及其他海外僱員常以官僚的慣常作風，懷疑他人是否有能力了解自己的需要和處理自己的事務。總體的結果是，本地公務員經常不被民族主義者信任。" Emerson, *From Empire to Nation*, pp. 249-250. 關於香港的華人公務員對民主的矛盾態度，參見：Lau Siu-kai and Kuan Hsin-chi, *Chinese Bureaucrats in a Modern Colony: The Case of Hong Kong* (Hong Kong: Centre for Hong Kong Studies, The Chinese University of Hong Kong, 1986).

26. Ambrose Y. C. King, "Administrative Absorption of Politics in Hong Kong: Emphasis on the Grass Roots Level," *Asian Survey*, Vol. 15, No. 5 (1975), pp. 422-439; Lau Siu-kai, *Society and Politics in Hong Kong* (Hong Kong: Chinese University Press, 1982).

27. Brian Hook, "The Government of Hong Kong: Change Within Tradition," *The China Quarterly*, Vol. 95 (1983), pp. 491-511.

28. 代議政制綠皮書：代議政制在香港的進一步發展. 香港：政府印務局，1984：4.

29. 同上：18-19.

30. 同上：16-17.

31. 同上：8.

32. 代議政制白皮書代議政制在香港的進步發展. 香港：政府印務局，1984：7.

33. 同上：10.

34. *Far Eastern Economic Review*, December 5, 1985, pp. 12-14; January 2, 1986, pp. 10-11; Asiaweek, March 2, 1986, pp. 26; *South China Morning Post*, November 6, 1986, pp. 1; February 12, 1987, pp. 1.

35. *South China Morning Post*, June 4, 1986, pp. 1; June 14, 1986, pp. 1; July 3, 1986, pp. 1; February 4, 1987, pp. 1; *Far Eastern Economic Review*, December 26, 1985, pp. 14-15;August 7, 1986, pp. 24-25; September 11, 1986, pp. 24; February 19, 1987, pp. 48; *Asiaweek*, February 22, 1987, pp. 18.

36. *Far Eastern Economic Review*, November 14, 1985, pp. 25; December 12, 1985, pp. 21;January 16, 1986, pp. 37-38; October 23, 1986, pp. 35; October 30, 1986, pp. 26.

37. 《明報》，1986 年 2 月 28 日，第 2 頁.

38. 《立法局（權力及特權）條例》，第 382 章，第 9 條.

39. *South China Morning Post*, July 2, 1986, pp. 2.

40. 《東方日報》，1986 年 3 月 31 日，第 3 頁.

41. *South China Morning Post*, June 23, 1986, pp. 1.

42. *South China Morning Post*, July 8, 1985, pp. 1.

43. *South China Morning Post*, June 20, 1986, pp. 1.

44. 英國政府提交國會一九八五至八六年度香港事務年報白皮書。香港：政府印務局，1987：9.

45. Lau Siu-kai, "Political Reform and Political Development in Hong Kong: Dilemmas and Choices," in Y. C. Jao et al. (eds.), *Hong Kong and 1997: Strategies for the Future* (Hong Kong: Centre of Asian Studies, University of Hong Kong, 1985), pp. 23-49.

46. Ian Scott, "Policy-making in a Turbulent Environment: The Case of Hong Kong," *International Review of Administrative Sciences*, Vol. 52 (1986), pp. 447-469.

47. 可見於 1986 年大亞灣核電廠、1987 年的《公安條例》(修訂) 所引起的風波。

48. *South China Morning Post*, November 18, 1986, pp. 3; November 19, 1986, pp. 1; November 20, 1986, pp. 1; November 26, 1986, pp. 2.

49. *South China Morning Post*, November 23, 1986, pp. 2; December 2, 1986, pp. 30; March 13, 1987, pp. 6.

50. *South China Morning Post*, December 12, 1985, pp. 2; December 13, 1985, pp. 2; February 8, 1986, pp. 2.

51. 《明報》，1987 年 3 月 17 日，第 4 頁.

52. *South China Morning Post*, July 20, 1986, pp. 10;November 23, 1986, pp. 2.

53. Martin Wight, *The Development of the Legislative Council* 1606-1945 (London：Faber and Faber, 1946), pp. 78-81.

54. *South China Morning Post*, December 6, 1986, pp. 5.

55. *South China Morning Post*, December 23, 1986, pp. 4; January 12, 1987, pp. 1；《明報》，1987 年 3 月 12 日，第 12 頁；1987 年 3 月 19 日，第 8 頁.

56. *Far Eastern Economic Review*, January 22, 1987, pp. 19.

57. *South China Morning Post*, August 21, 1986, pp. 1. 有關政府意圖建立一個軟弱無力的行政專員以調查投訴公務員失職的討論。

58. 《百姓》，第 136 期（1987），第 40-41 頁.

第四部分
回歸與政制發展

第 11 章 《基本法》與新政治秩序[*]

作為威權政體，香港殖民政權溫和與寬厚的統治是獨特的。這個政權在香港急劇變化的環境中仍能長時期屹立不倒，與香港所處的政治環境有很密切的關係。殖民統治的寬厚性明顯地表現在兩個方面：其一是政府的職能有限，其二是殖民地人民享有社會和經濟自由。

使"寬厚式"威權政體成為可能的主要條件是一個港人眾所周知的事實：能夠替代殖民統治的，是社會主義中國的統治。"中國因素"支撐着殖民統治，並使它不被殖民地人民推翻。英國人也無須使用嚴酷的威權手段以鞏固統治。這些手段本是典型威權政體維持統治時所慣常採用的。

隨着中國將於 1997 年收回香港主權，現存香港政制所處的政治環境將會發生改變。對港人來說，中國政府突然轉變為本地政壇的要角，自然會引發一定程度的政治化。這個政治化的過程，與港人感到在英國人撤出後需有一些安排以"保護"自己免受中國政府干預有着密切關係。港英政府採取步驟把代議制政府引入香港的意圖，也起到了推波助瀾的作用。但這個引進代議政制的努力，基本上在 1988 年被放棄。[1] 這些由外來因素引起的對政制改革的要求，與資本主義經濟體系內部對制度的需要格格不入，而這個經濟體系早已在非民主的政制下蓬勃發展。英國人的改革也曾受到香港政制外部和內部要求不協調的困擾，並因此

---

[*] 本文原以英文發表，刊於 Lau Siu-kai, Basic Law and the New Political Order of Hong Kong (Hong Kong: Centre for Hong Kong Studies, The Chinese University of Hong Kong, 1988). 中文版曾以 "基本法與香港的新政治秩序" 為題，刊於《廣角鏡》，第 189 期（1988），30-50 頁；現在的譯本再經修訂。

被迫放棄。未竟的改革削弱了殖民政府的權威，令弱化的政府被一大羣
"零碎權力"包圍，政治環境異常動蕩。混亂情況因殖民政府為強化自
己採取一些溫和的威權措施而變得更複雜。這些措施，加上港英政府先
前引進的改革，對中國政府來說，便成為設計香港未來政制時所面對的
政治現實。

　英國政府於 1979 年開始推動香港政制改革，那些改革自此便困擾
英國政府[2]，同樣困擾中國政府。這在 1988 年 4 月頒佈的《中華人民共
和國香港特別行政區基本法 (草案) 徵求意見稿》(簡稱《基本法草案》)
中可清楚看到。為保留既有政制的基本特點 (被奉為香港經濟繁榮的柱
石)，《基本法草案》肯定了未來的行政主導性質。然而，中國也不得
不承認，英國在撤離前夕引進的改革 (及其為制度運作帶來的困難)，
考慮了部分港人的民主要求，並且照顧了既得利益者的利益。結果是，
雖然未來政制的結構與現行制度基本相仿，但新體制埋藏着一些可能會
阻礙長期運作的內在矛盾，尤其是當殖民政權形成的緩衝效果不復存
在、政制的自主性被削弱、行政體系的政治權力不如從前，以及政府決
策權力受到制約時，這些困難會更明顯。在 1997 年前後[3]，以及在經
濟和社會不景氣時，這些困難將會大為增加。因此，《基本法草案》規
定的正式制度結構，可能會引發出一些憲制以外的政治安排，以協助
正式制度更有效運作。然而，這些新安排對埋藏於正式制度結構內的矛
盾，只能起到紓緩而非根除的作用。所以，未來政制的運作，不可避
免地會表現出一定程度的流動性與不確定性，甚至可能朝威權的方向倒
退。但我認為，隨着憲制以外安排的出現，新政制在某些方面會較開
放，對公眾也較為有利。當然，這一論斷能否成立得視下列假設可否實
現：一是中國政府落實執行《中華人民共和國香港特別行政區基本法》
(簡稱《基本法》) ；二是港英政府引進的制度轉變不會被廢棄；三是港
英政府不再根本性地改變政制；四是香港不會遭遇迫使政府使用緊急措

施甚至擱置《基本法》的嚴重困難；五是中國政府不會濫用《基本法》授予的權力；六是中國政府不在香港發動大規模的公眾工作；七是不會為改變香港的制度結構而修改《基本法》。

殖民統治的遺緒

雖然香港的殖民政制在過去 20 年有一些改變（特別是 1982 年以後），但仍具有一些重要的基本特徵，使之與其他威權政體截然不同[4]，且對分析未來的政制有重要參考價值。這些特徵使香港殖民政權在現代世界中成為獨特的威權政體。我們需對這個政權之所以能長期存在作出解釋，而關鍵就在於此政權所處的獨特政治環境。

所有威權政體的政制都有高度自主性，即政制及其操縱人員都獨立於周圍的社會經濟羣體。政治權力高度集中，政治領袖大多通過政治途徑獲得權力。政制與社會或經濟體系之間很少交換人員。因此，政治權力的運用基本遵循政治規律，政治圈子以外的人對這些規律則不甚明瞭，自然地，社會上只有少數人有機會參與政治活動。

香港的殖民政制是一個高度自主的體系。[5] 政體內的主導制度是用人唯才的官僚架構，這個架構是向英國效忠，而不是為殖民地人民服務。由於它統治的是一個由移民及其後代所組成的鬆散社會，官僚架構的自主性更高。香港缺乏廣受公眾信任的領袖及強大組織，在這種情況下，官僚架構只會受到有限的政治挑戰。事實上，殖民政權的高度自主性，正是它能有效駕馭資本主義社會（當中充斥着互相競爭的私有利益）的有力手段；憑其自主性，港英政府才能有力地維護社會的公共利益。

在威權政體中，官僚架構一般不是最有權力的機構，但一定是一個權力中心，地位通常僅次於魅力領袖、軍方或執政黨。香港與其他威權政體的相異之處在於有一個"純"官僚政府。與此相關的是，香港沒有執政的政黨。在其他威權政體，無論執政黨是強大還是無能，都或多或少起到了政權合法化、動員支持政府力量、提拔政治領袖，以及其他重要的作用。正如亨廷頓（Huntington）所言：「除非它能夠在無限長的時間內保證一個極低的政治動員程度，一個威權政體除自行建立一個能提供必須及結構性支持的政黨外，別無選擇。」[6] 香港的殖民政權無須倚仗一個執政黨來提供支持，這一現象本身便很具啟發性，因它表明殖民政權感到非常安全。事實上，雖然很多殖民政權在第二次世界大戰後被獨立運動推翻，香港的殖民政權卻從未受到民族主義洪流的衝擊。

在沒有政黨支持的情況下，港英政府亦無須依賴武力鎮壓或政治控制來維護殖民統治。雖然武力鎮壓並非毫不重要，但在維繫殖民統治的角色上卻微不足道，因為香港是一個缺乏自然資源、必須依靠民眾積極性和工作動機來推動經濟發展的地方，如果濫用武力鎮壓，會破壞經濟繁榮。再者，鎮壓和控制等統治手段，很容易引起港人的民族主義情緒，並引發殖民政府與中國政府的摩擦。在風平浪靜的情況下，中國政府尚能基於長期平穩過渡考量而容許殖民政權的存在。

香港殖民政權更獨特的地方是社會及經濟政策的開放性。其他威權政體為了推動經濟發展、社會進步，甚或改造人的價值觀和個性，往往高度控制社會和經濟體系。在這些政權下，國家常擁有可觀的生產資源、控制宣傳機器、限制人權，以及設立由國家帶領的社會組織。毋庸置疑，這些措施對維護現有政權及壓制反對力量起到了相當重要的作用。然而，在香港，殖民政權既對行使政治權力保持克制，亦對經濟及社會奉行不干預的政策，港人因此可以享有高度的社會和經濟自由，在不受干擾的情況下追求個人的社會、經濟和文化目標。[7] 當然，殖民政府僅執行有限的職能，並由此分隔「公共」的政治範疇和「私人」的社會經濟範疇，這雖是基於殖民地官員的政治哲學，但也清楚地反映了掌權者的政治安全感。

應如何解釋香港殖民政權的獨特特徵呢？政府奉行的政策提供了部分解釋。由於政府為其政治權力的應用範圍自行設限，那些易被政治化的社會經濟爭議，便被排除在政治事項之外，不會對政府構成衝擊。與此同時，華人社會具備處理自身問題的能力，加上香港經濟奇跡般發展，化解了很多可能由社會經濟爭議所引起的衝突。因此，港英政府無須承擔處理這些棘手問題的責任，也無須面對其政治後果。

最能解釋殖民政府能在無須依賴政治控制、缺乏強大經濟資源的情況下仍長久統治香港這個複雜現代社會的原因為"中國因素"。頗具諷刺意味的是，"中國因素"是以負面的方式產生作用。殖民政權並非依靠中國政府的積極支持來維持統治，雖然在很多方面中國政府曾給予支持。"中國因素"的最重大意義在於香港不可能成為一個獨立國家。如果不是殖民統治，便是由社會主義中國接管。不少港人是為了逃避中國共產黨的管治才移居香港，深切害怕中國政府統治，所以"中國因素"不經意地保衛了殖民地政權，並促進了殖民地的發展，例如在新中國成立前夕，由內地轉移至香港的勞動力和資金，便是香港開展工業化的關鍵。

因殖民政府無須擔憂民族運動的挑戰，或被殖民地人民推翻，因而可實施一套較開明的管治方式。當然，開明的統治並不等於民主，但畢竟提高了政府的開放度及問責性。[8] 所以，我們可以在香港找到一些所謂"民主因素"[9]，例如民權（最顯著的是言論自由及新聞自主）、司法獨立、諮詢委員會、廉政公署，以及非正規的政治參與和發揮政治影響力的機會等，這些因素散佈於政治體制內外。雖然這些"民主因素"合起來也不足以對政治權威構成系統而有效的制衡力量，但對約束官僚架構濫用權力也可起到一定作用。為使政策的制定及執行過程更為暢順，殖民政府很審慎地處理民意、吸納華人精英進入政府架構（通過諮詢委員會及榮譽職位的委任）、對社會經濟利益集團採取包容的態度，甚至與受政府政策或行動影響的人士進行非正式談判，或作出特別的安排。凡此種種，都起到了軟化殖民統治的專制性質與增強民眾對殖民統治的支持作用。再從動態的角度觀察，在過去 20 年中，隨着香港經濟的發展，民眾不能自行處理的問題愈多，對殖民政府的要求便愈高，原有機制不足以應付日趨緊密的官民關係，也帶動壓力團體的出現；加上民眾的教育水平日升，其政治期望也日漸攀升，因此港英政府的開明程度也在不斷增加。[10]

　　"中國因素"的性質隨着"九七問題"的突然來臨而產生重要變化，連帶改變的是其對香港政制所產生的效果。中國從一個阻嚇性因素轉變成為香港未來的政治主人，其原來"保護"殖民政權免受香港社會內部政治挑戰的作用也隨之發生變化。香港政治局面從此不復舊觀，殖民政權地位也被動搖。在香港湧現的"雙重權力"（即中國政府及殖民政府共同掌握權力）形勢不可逆轉地削弱了港英政府的認受性和權威，並使它應付民眾政治要求的能力受到考驗。與此同時，因為主權轉移已成定局，民眾為回應此轉變的政治要求不斷提高，主要表現為向殖民政府施加壓力，要求盡快改革政制以達到可鉗制中國政府在香港行使政治權力的地步，並促使殖民政府放棄或交出某些形式的權力，以防止回歸後中國政府運用這些權力來"控制"香港市民。出於利己兼利他的動機，殖民政府承諾建立代議制政府，使部分港人對政制改革的胃口大增（當然，中國政府作出的"港人治港"的承諾也起到了類似作用）。然而，殖民政府策動的政制改革計劃，因存在嚴重的誤判，很快便被迫放棄。[11] 從最理想的角度而言，改革殖民政權有助於建立一個由殖民政府和一批受民眾信任領袖所組成的"管治聯盟"。這些領袖均態度溫和、認同香港式資本主義和支持殖民政權。但殖民政府的改革，因香港缺乏領袖及組織薄弱而遭遇重重阻礙，解決這兩方面的問題亦非一蹴而就。殖民政府在缺乏條件的情況下試圖進行野心極大的人民民主（popular democracy）建設，而不是着手引進以中上層為授權對象的有限民主（limited democracy），改革因此疏離了香港的既得利益者。再者，"雙重權力" 的存在，令本地領袖不能利用權力真空狀態取得權力，並藉以證明自己具有負責任及有效行使權力的能力。最具破壞力的阻礙肯定是來自中國政府及香港既得利益者的強力反對。對中國政府來說，政制改革可能在香港引發反對中國政府及反對中國共產黨的情緒或行動；對既得利益者來說，則可能帶來階級鬥爭的危險和 "免費午餐" 的隨意派發。最後，這個由中國政府及香港既得利益者組成的反對 "聯盟" 實在太強大，殖民政府不得不從改革歷程中退下來。此外，普羅大眾的政治冷漠、中產階層的政治保守性格，以及民主積極分子缺乏發動羣眾支持的能力，也使殖民政府感到氣餒。最令殖民政府感到詫異的是，其政制改革不但未能促使一羣支持它的政治領袖出現，反使一些懷有敵意的政客冒出。這些政客不斷提出不切實際的要求，試圖在殖民政府和中國政府之間製造矛盾。這樣的政制改革不僅沒有使港人團結起來，反而導致嚴重分裂，特別是在精英階層內部。改革的最終結果是，既得利益者被激怒，殖民政府卻沒有因此得到一個以民眾為主的權力基礎作為補償。

　　殖民政府雖放棄改革，但這次行動產生了促使自身變化的動力。殖民政府需約束由改革引發的政治力量，並保證殖民政府能維持有效統治。同時，"中國因素" 成為一個正面效用的因素，而不再是以往的負面阻嚇因素。殖民政府在統治過程中愈來愈需要借助中國政府的力量，以及其在香港支持者積極但不一定明顯的支持。那些具有選舉成分的機構（例如，立法局及區議會等）只能從政府獲得經篩選的信息，以及對重大政策事項不充足的諮詢，因而其政治地位事實上已下降。對香港新政制更重要的是港英政府在放棄建立威斯敏斯特式政府後，再繼續推行的一些 "改革"。就某種意義而言，新的 "改革" 是用以抵消之前企圖建立代議制政府所引發的後果。在本質上，這些 "改革" 帶有溫和的威權色彩，旨在削弱擁有選舉因素的代議機構的影響力。從這些"改革"中我們大概可以看出，假如殖民政府沒有"中國因素"所產生的潛在負面阻嚇作用支撐，它仍會像其他威權政體一樣，需用威權工具來維持穩定和有效統治。然而，因為殖民政府的權威已被削弱，能採用嚴苛控制措施的能力也有限。

殖民政府企圖製造更多新的"零碎權力"，並從中尋求政治支持，以抗衡前期改革所建立的"零碎權力"（例如，立法局）。事實上，由於政制改革很快便結束，前期建立的"零碎權力"也非常有限。"反向改革"的重點在於把行政權力授予附屬於官僚架構的委任組織。近期湧現的一些具決策權力的獨立機構（例如，改組後的房屋委員會、廣播事務管理局，及行將成立的醫院管理局），增加了行政權力的諮詢委員會（例如，交通諮詢委員會），以及政府職能的私有化等，都可視為典型的"反向改革"。推行"反向改革"的理由，可以是提升效率，因確實可以減輕港督、行政局及布政司署的工作負擔，亦可以是紓緩政府的財政壓力。然而，"反向改革"對香港未來政制的衝擊肯定很嚴重，我們對此還未能充分掌握，目前可以看到的較重要後果是：

第一，政府中央所承受的政治超重及熱度壓力可能會減輕，因為部分公眾壓力可被轉移到這些輔助行政組織。

第二，把決策項目或行政職能授予輔助行政組織後，可把這些項目和職能轉化為技術課題，並產生非政治化效果，因為政治考慮在解決技術課題中一般不那麼重要。

第三，通過輔助行政組織，政府可給予既得利益者及中上階層人士較多行使政治影響力的機會，當然這些人是以個人身份參與。這一做法一方面可在一定程度上滿足中產階級的參政要求，另一方面可降低大眾政治湧現的風險，後者都是港英政府及中國政府所樂見的。

第四，把行政權力分散於獨立組織，可使行政主導的政制更趨完備，並使委任制度更鞏固，因為這些機構都不在擁有選舉成分政制的管轄範圍內。與此同時，公務員也較歡迎這些獨立組織的出現，因為可從中獲取政治"庇護"。公務員一般不大願意在政客手下工作，認為政客刻意邀功，但不能像威斯敏斯特制度那樣使公務員免受外界政治攻擊。按現時情況，若事情變壞，政客反而會拿公務員做擋箭牌。

第五，把立法局、市政局、區域市政局和區議會議員納入不同的輔助行政組織，政府可削弱這些代議機構作為政治實體的地位與影響力。但同時，通過把這些機構的部分成員（特別是委任議員）委任到輔助行政組織的重要位置，政府便可以提高其屬意者的政治地位，並使輔助行政組織更具"代表性"。輔助行政組織更可以協助立法局議員及其他"代表"走向專門化，進而就個別政策事項發揮影響力。當然，這個專門化過程是按政府提出的條件進行。這樣，來自立法局、市政局、區域市政局和區議會的民選和委任議員，便被個別地從其所屬代議機構中提出來，並被專家及政府官員包圍。這些議員對所屬代議機構的認同，會因參與輔助行政組織以及因此形成的特別政策利益立場和政治傾向所沖淡。其後果是，個別政客的地位與影響力將提升，但立法局、市政局、區域市政局及區議會作為政治實體的地位，則會被削弱。

第六，輔助行政組織也可分散利益和壓力團體的注意力和行動。如此一來，這些團體在發動對付政府的大型聯合行動時，便會遭遇很大困難，除非是涉及重要及全港性的政策與行動。

港英政府把政治權力分散並授予經選舉和委任產生的不同組織，這些改革和"反向改革"並沒有使其中的一些組織有足夠權力行使較全面管治職能，這將不可避免地造成統籌和監察問題。這些問題已經在政府的內部結構中產生行政權力再集中的反趨勢。這個反趨勢可見諸布政司署財政預算計劃制度的重整、重整中央決策機制以加強司級官員權力與責任的方案，以及強化政府規劃能力的嘗試等。簡而言之，這個"再中央集權化"趨勢並不足以減少權力分散和授予對香港政制的重要意義，但至少，它給予公共政策某些連貫性，也給予港英政府充當眾多分割及相互競爭利益之間仲裁者的機會，而這個機會又給予港英政府一些"額外"的政治影響力。

總而言之，殖民統治的"遺緒"是一個有較多衝突，兼較開放的政府。官僚政府的自主性及權威雖被削弱，但仍能在較困難的情況下繼續統治。港人薄弱的"政治社羣感"[12]，以及過去政制所帶來的精英階層內部分裂，使不同的"零碎權力"不大願意互相容納和妥協，從而難以在政策制定和執行上達成非常重要的共識。有些時候，政府不得不採用威權手段壓制某些利益分子，並因此產生政治不滿和不信任。總之，殖民政府的政制改革及其突然終止給政制帶來的困難較預期的要多。然而，殖民政府卻不再擁有改變政制發展方向以消除這些困難的能力。這個任務落在行將接收香港主權的中國政府身上。

中國政府與香港未來的政制

開始的時候，中國政府是殖民政府政制改革的最強力反對者[13]，但最後很可能接受這些改革，以作為設計香港未來政制的基礎。值得關注的是，中國政府即將實施的改革，會使香港未來的政制朝着過去的方向進一步推進，但過去的方向由殖民政府的改革制定。

由英國建立的溫和威權政體是否可行，要視殖民政府是否仍為中國政府與港人之間的緩衝區與中國政府是否仍為負面的阻嚇因素而定。若兩者都不是，香港的政制或許會向更威權的方向發展，強化政治控制能力；或向更民主的方向發展，強化民眾對政府的控制。客觀而言，雖然香港的經濟表現優越，教育水平亦高，整體政治及社會經濟環境卻不利於快速民主化。[14] 令"民主政制"不能成為可行選擇的重要因素包括：

政治社羣感的薄弱、既得利益者不願意依據人民民主的規則參與政治遊戲、民主領袖的弱小及羣眾基礎的缺乏、中國政府及既得利益者對"過分民主化"的反對，以及公眾對政治的冷漠與懷疑態度。

另一個選擇，即走向正宗的威權政體，而非殖民政府的溫和威權政體，似乎是合乎邏輯的選擇，因為香港需要有強大政府以應付"九七問題"帶來的衝擊，同時營造有利於吸引外國資本和技術的投資環境。吸引外資和技術的考量尤其重要，因為香港正處於經濟發展的轉折階段，需提升調整工業結構，而本地資本已進入"非本地化"階段。

然而，從現實角度考慮，威權政體不可能取代殖民政體。由於港人不信任中國政府，受中國政府支持的香港特別行政區政府，如果任意和悍然行使政治權力，只會引起市民反抗，並動搖香港的經濟中心地位。中國政府的解決辦法是，與港人定下政治契約，在回歸後以《基本法》來代替殖民政府，作為中國政府與港人之間的緩衝區。通過《基本法》，中國政府主動限制其在香港特別行政區的政治權力，並在回歸後的 50 年內有效。

中國政府非常重視保持香港的繁榮和穩定，為達此目的，中國政府較屬意保留殖民政府在 1982 年政制改革前的溫和威權形態，因為這一形態被認為是創造香港經濟奇跡的條件之一。威權政體還可防止香港產生公開反對中國政府的情緒和活動。但從另一角度看，一定程度的民主化也有助於爭取港人對中國政府的信任，加強其對香港前途的信心。再者，中國政府亦有需要把香港政制朝較開放的方向改進，並以此間接貶抑殖民政權的不開放性。總的來說，中國政府是帶着保留的態度來處理香港的未來政制問題。[15]

與殖民政府的管治方式一樣，《基本法》把現行的社會經濟自主性（即社會及經濟事務不受政府或政治干預）保存下來，並賦予崇高的地位。《基本法》容許的社會及經濟自主程度，較現有的有過之而無不及。

至少目前的社會及經濟自主性並不具憲法地位，它只因殖民政府的統治哲學及其所確認香港的需要而存在。如今為大力安撫港人，特別是既得利益者，社會羣體現時擁有的權利和權益差不多都寫進了《基本法》，因而都被"神聖化"。然而，由於香港的不同利益是分割和相互衝突的，把它們都寫入《基本法》，將來就要同時照顧這些利益，而這是非常困難的。香港是一個鬆散的社會，"公共利益"的觀念又非常薄弱，因此中國需面對大量社會經濟羣體的自利、分散及未經合併的要求，並被迫扮演仲裁者的角色來維護香港的"公共利益"。但中國政府似乎仍缺乏演好這一角色的能力（因對香港短期及長期利益沒有足夠了解）和決心，港人也不願意信任中國政府來扮演此角色，所以在《基本法》裏有很多受法律保護的私有權益和權利，這對維護"公共利益"可能有嚴重的負面影響。

簡而言之，因為有許多不同的限制與考慮，《基本法》所規定的香港未來政制是妥協後的結果，它清楚地反映了中國政府在設計香港未來政制的過程中所要面對的種種問題。在未來的政制內埋藏着衝突的種子，而《基本法》又沒有提供足夠制度性機制來解決這些可能發生的衝突。在詳細討論前，讓我們先看看未來政制的特色。

未來的政制是典型的行政主導政體。行政長官扮演着舉足輕重的角色，他是通過選舉或協商產生，但這個過程獨立於立法機關，即不由立法機關產生。最大可能是由一個小型的選舉團選舉產生，在選舉團內，既得利益者所享有的代表性超過其他人。行政長官行使極大的政治和行政權力，可獨立委任顧問（行政會議成員）及主要官員。在大部分情況下，行政長官可以否決立法機關通過的法律，在特殊情況下，甚至可以解散立法機關。雖然行政長官很可能不是立法機關的主席，但仍可對立法程序產生很大影響力，因為立法機關在提出涉及財政收支，或政府政策、結構和管理運作的法律草案前，必須得到行政長官的書面同意。行政長官及他領導下的行政機關，又在有限範圍內對立法機關負責："香港特別行政區行政機關必須遵守法律，對香港特別行政區立法會議負責；執行立法會議通過並已生效的法律；定期向立法會議作施政報告；答覆立法會議成員的質詢；徵稅和公共開支須經立法會議批准。"（《基本法草案》第六十四條）立法機關只有在行政長官嚴重違法或瀆職的情況下才可以對他進行彈劾，但程序非常繁雜。

　　未來的立法機關由混合選舉產生。它擁有的主要職權為制定法律，批准稅收和公共開支。一般來說，立法機關的主要職能為監察政府和反映民意，而非立法和制定公共政策（因為法律草案通常是由行政機關提出）。

　　"用人唯才"的公務員系統會被保留下來。然而，公務員不會再是香港最高統治者，因為他們將受以行政長官為首的政治領導層領導。

　　未來的香港特區政府將是唯一的政府組織，因為《基本法草案》沒有設立地方政府的條款。區域組織只是根據一些諮詢性和行政性功能的需要而設立，但在任何情況下，都不會發展成為地方政府。

　　在很多方面，由《基本法》制定的香港未來政制與現行體制基本相同；但在以下方面，兩者也有顯著不同：

　　第一，未來政制的自主程度比現在的低，因為香港的重要社會經濟羣體被賦予權利來選擇或選舉未來政制核心人物（即行政長官），因此政體與社會之間的關係會比現今緊密。香港社會將日趨政治化，對未來政制的要求和壓力也會日益增加。

　　第二，隨着社會及經濟體系自主性的提高，政體所能行使的權力會比現在少。

　　第三，官僚架構從屬行政長官，行政長官則要爭取社會經濟羣體的支持，因此官僚架構的自主性也會比現在低。

　　第四，立法機關的權力會比現在大，因為可以彈劾行政長官，但仍不能將之罷免。

第五，中國政府在未來政制中所扮演的角色會比英國政府現行的顯著，特別是當行政長官與立法機關發生衝突時，中國政府會以仲裁者姿態出現，只有中國政府才擁有緊急權力。[16]

如果我們把這些不同之處，加在過去數年政制改革所帶來的轉變上，未來的政制將有以下特色：一個弱化及自主度較低的政府，以行政長官為首，並身處權力結構的中央。權力結構比現在分散，由較具權力的立法機關（因為由混合選舉產生，所以其權力也是分散的），為數眾多的獨立行政輔助組織、有影響力的諮詢委員會，以及社會、經濟及政治民眾（其權益獲《基本法》確認）組成。毫無疑問，權力的分散或分割會為有效管治帶來困難。當我們再考慮到在回歸前後，香港政制可能要面對更動盪的政治局面和更多的嚴重社會經濟問題時，管治問題便隨之產生。

未來政制的矛盾和困難

香港不可能選擇典型的威權政體和民主政體（兩者內部都較協調），所以只能選擇溫和的威權政體。為較全面地認識香港未來政制存在的矛盾和困難，我們需把政制置於香港社會及其發展需要的宏觀環境下觀察。我的主要命題是：所有的矛盾和困難，都關乎香港需要一個具集體權威（通過合併足夠的分散權力）、高度自主的政制，以有效管治由眾多互相競爭及衝突的私有利益組成的資本主義社會。[17]

第一個矛盾是未來政體的自主性可能因資產階級成員被正式納入政體而受到威脅。在現有政制內，資產階級雖具有很大的政治影響力，但在憲制安排方面沒有正式地位。毫無疑問，在所有地方，資產階級擁有一定的政治力量，這跟他們是否被正式納入或排斥於政制沒有很大關係。就算在資產階級被國家制約的威權政體，情況也差不多。[18] 正如伯傑（Berger）所言："縱然受制於各種政府干預，資本主義經濟體系也會產生自己的動力，以相對自主的身份與國家組織抗衡。無論政府控制了甚麼，也不能完全控制這一領域，這事實上便為國家權力設限。"[19]

馬克斯·韋伯及其他理論都一致強調自主的國家組織對維持資本主義秩序的必要性。國家需要介入資本主義體系內的衝突，處理其危機，以及提供其存在和發展所必需的政治、法律及經濟基礎設施。在履行職責時，國家甚至要做一些違反資產階級當前利益的事情，但這正是在政治權力和社會權力分離的情況下，資本主義社會的國家組織才有理由和能力去有效地促進資本主義社會的長遠利益。資產階級內部的利益愈分割、愈互相衝突，國家的調解功能便愈必要。事實上，國家的角色在於，維持資本主義秩序的完整性，而非照顧個別資本家的利益。對於這點，諾德林格（Nordlinger）曾有簡要的說明：

在資產階級的內部，不但對來自下層威脅的嚴重性有不同認識，就此等威脅對個別資本單位及部門所形成的衝擊也有不同評估。因為這些分歧，資產階級既不能制定維持其政治主導地位的有利政策，也不能把自己的政治派別團結為一個統一、具高度動員能力的政黨，並以此與被支配階級的政治組織爭奪對國家的控制權。國家組織的自主性是必要的。用以對付被支配階級的最有效政策選擇，是從國家組織的運作程序和正規結構中產生。國家官員把資產階級的集體利益在過濾後加以整合，並轉化為公共政策來執行，縱然這些政策受到以狹隘利益為依歸、短視和只顧及當前形勢的資本家及其政治團體的反對。[20]

香港的資產階級組織非常鬆散，隨着國際資本和中國內地資本在香港變得日趨重要，這種情況會愈加嚴重。在一定程度上，這種分割情況會降低資產階級對港英政府的影響力。回歸後，香港特區政府的認受性主要來自中央政府，中央政府一定會支持香港特區政府，這會提升未來香港特區政府的政治自主程度。另一方面，香港特區政府不能像其他政體的政府一樣，可以利用其控制的龐大經濟資源，約束資產階級的行為[21]，因此，香港特區政府其實只有負面意義的自主性，只能拒絕資產階級個別部門提出的要求。總體來說，正當香港政制的自主程度需要提高之際，《基本法》卻削弱了它的自主性。

第二個矛盾是有兩個政治行動原則並存於未來政制內，這兩個原則分別是精英原則和民主原則。因選舉制度包含直選，所以未來的政制便永遠存在如下可能性：湧現以羣眾為基礎的政治組織，並挑戰未來體制的認受性，或使它不能順暢運作。在經濟和社會出現問題時，由激進分子發動的羣眾行動威脅也會隨之增加。一方面，未來政制缺乏制度性機制或鎮壓力量來控制羣眾行動；另一方面，又不能像民主政體那般把羣眾正式納入政制。當然，工會和社區團體中擁護中央的力量可起到一些緩和作用。然而，這些擁護中央的組織在各自的領域並沒有壟斷地位[22]，也可能被迫採納一些較"進步"的政治立場，並較支持財富再分配的政策。因此，在未來的政制內，精英式及排他性政治參與方式與民主式及容他性政治參與方式的緊張關係，將構成固有的特徵。

第三個矛盾伴隨第二個矛盾而來，在未來的政制內，統治精英會傾向於甚至迫切需要提供實質利益來安撫羣眾，以防羣眾被其他人動員，以及尋求羣眾在選舉中的支持。這些實質利益包括公共福利、給予個別支持者的物質利益、分贓式的利益、恩賜式的利益、社區服務與設施等。很多威權政體的統治精英也是這樣[23]，他們即使擁有鎮壓能力，也會利用實質利益來誘使人民臣服。[24] 在香港，由於直選在未來政制中的重要性不大，香港的統治精英比其他社會統治精英較不需要尋求羣眾的支持。但是，因《基本法》限制了未來政府的財政能力，固定了它的社會及經濟不干預政策，未來的統治精英便可能缺乏"收買"羣眾的資源。

第四個矛盾是未來的行政長官及立法議員分別由獨立的選舉產生，彼此間沒有制度上的聯繫，因此行政系統與立法機關之間可能出現僵局。雖然立法機關擁有彈劾行政長官的權力，行政長官擁有解散立法機關的權力，兩者均提供了打破僵局的辦法，但這些辦法使用起來相當困難。"行政長官在其一屆任期內只能解散立法會議一次。"（《基本法草案》第五十條）因未來的立法機關大多數成員極可能是通過間接選舉（由少數擁有選舉權的選民選舉）產生，所以解散立法機關對這類議員不會構成太大威脅。他們不像直選產生的議員，需在立法機關解散後馬上進行大型競選活動，以求獲得重選連任。更何況大部分前一屆立法議員可能重新獲選為新一屆議員，如此一來，行政長官則可能被迫辭職。就立法機關而言，彈劾行政長官的權力也因彈劾行動不會自動導致行政長官的免職（免除行政長官職務的權力在中國政府手上）而受到限制。如果行政、立法系統之間的僵局不能被制度性的機制打破，它只會不斷延續下去，並使特別行政區政府處於"癱瘓"狀態。

第五個矛盾是香港只有一個官僚架構，卻有三層代議制（立法局，市政局和區域市政局，區議會），這是一項很特別的安排。由於香港地域狹小，"地方政治"和"全港性政治"之間的界線很模糊，"地方政治"課題很容易演化為"全港性政治"課題。在這種特別安排下，很可能出現以下情況：官僚架構同時受到來自各層代議機構的壓力，而這些組織都同時向官僚架構"問責"。事實上，現時的港英政府已在這種安排下受到困擾。這種安排所形成的政治困難很可能在回歸後延續下去，尤其是當下層代議機構湧入愈來愈多較"激進"的人士。

第六個矛盾是由於權力分割與政策協調和規劃之間的衝突所導致的。這個矛盾現已存在，我曾提及港英政府嘗試利用"再中央集權化"

的辦法作為其"反向改革"的一環,以減輕權力分割所帶來的分裂後果。但由於這個"再中央集權化"的過程只局限於官僚架構內發生(而非整個政制),因此不足以應付一個不僅行政權力分割而且政治權力也分割的局面。

最後一個矛盾反映在政治自主性及社會經濟自主性共存上。事實上,殖民體制的最獨特之處,也是它最"民主"之處,表現為這種雙重自主性。以前我曾用"隔離的官僚政體"(secluded bureaucratic polity)及"低度整合的社會政治體系"(minimally-integrated social-political system)來表達這個現象。[25] 然而,將來政體與社會的關係肯定比目前密切,原因在於:政府工作與職能的增加、政府不可避免地更多介入社會經濟事務、社會更依賴政府處理社會經濟問題,再加上要有效地制定和執行政策,政府不僅需要社會人士提供意見,還需要他們積極合作或配合行動。因此,隨着香港的發展,政體與社會經濟體系之間的關係,需要更巧妙地處理。

所有這些矛盾及其對有效管治所造成的困難,歸根結底,都是未來政制自主性下降和難以通過權力合併以建立集體權威的表現。它們自然也是一個溫和威權體制下的"合理"結果,因為這個體制受到社會經濟自主性、有限政府資源,以及權力分散與割裂等因素的制約。當然,這些矛盾及困難的嚴重性,與香港社會的政治化和達成共識的能力有非常密切的關係。這些矛盾和困難自然也有可能變得並不嚴重。但是,香港是個複雜的現代社會,有不斷提高政治化程度的自然趨勢,從而使政制受到更大的壓力,若這個長期趨勢與一些短期的、因主權轉移而衍生的政治和行政困難結合起來,香港在走向"九七"及其後的歲月將要面對較明顯的"難以管治"問題。

此外,未來政制固有的不明確性也有可能促使這個溫和威權政體進一步"民主化"。普沃斯基(Przeworski)指出:"建立民主政體的過程,是一個把不確定的事情制度化、使所有利益羣體都受到不確定事情支配的過程……民主政體表示所有利益羣體都不能夠明確知道自己的利益能否得到滿足。走向民主的最關鍵一步,是放棄控制利益衝突的後果。"[26]假如民主政體的本質或後果是一個不確定的狀況,那麼我們或許可以説在某些條件下,香港未來政制的固有矛盾(或不確定性),亦可能促使某些"民主"元素出現。

權力合併與集體權威:憲制以內的機制

緩減未來政制固有矛盾所帶來負面後果的關鍵在於,能否設計一些把權力合併起來成為集體權威的安排,以及增加政制的自主程度。這些機制的目標在於,使體制內的矛盾部分能達成一定程度的共識和融洽共存,從而使政制能暢順運作,公共政策能協調發展。就未來政制的固有矛盾而言,權力合併的機制應促進政體的自主性,以防止它受到資產階級過多的影響,融合精英型及大眾型的政治行動原則,協調精英與大眾的關係,減少行政及立法系統出現僵局的可能性,縮小"三層"代議機構對行政架構的要求差異,實現政策協調和整體政策規劃,同時在政策制定和實施過程中促成政體與社會的共同行動。再者,它們也應提高政制主要制度(例如,立法機關)之間的共識及行動一致性。毋庸置疑,權力的合併與政體的自主性肯定有非常緊密的關係,因為兩者對未來特區政府能否有效駕馭資本主義社會非常重要。一個自主但分離權力的政體結構通常是軟弱無力的。相反,在沒有自主政體的情況下就去合併權力,將意味着由狹隘利益羣體支配政治,用政治權力達到私有目標,並損害公共利益。[27]在後一種情況下,社會經濟利益羣體處於支配地位,政府淪為這些羣體的工具。

理論上,在以下幾個條件下,政制的自主性會較高:一是支配階級內部分裂，二是被支配階級施加更大壓力（令支配階級必須賦予國家組織更大權力去應付這些壓力），三是階級鬥爭的激化（令國家組織能更自由地扮演獨立仲裁者的角色）。[28] 我在上文曾提及香港資產階級的分裂性，因此第一個條件在香港是存在的。香港同時具備後兩個條件，但程度較低。因此，香港未來政制的自主性已有一定保證。未來政制的合法性主要來自中國政府，中國政府當然也可以獨立地保障香港地區政制的自主性。

公務員的職位不能用於政治恩賜，所以"用人唯才"的公務員體制不但是未來政制的骨幹，還可以成為增強政制自主性的機制。如果香港將來不能產生一大羣專業政客，公務員體制作為增進政制自主性的機制將更加重要。如果行政長官的選擇或選舉方法能兼顧各方利益（縱然難免偏重資產階級的利益），對於提高未來政制的自主性肯定有所裨益。

權力合併是較麻煩的問題。《基本法草案》制定了一些可以用來合併權力與消解固有矛盾的方法。然而，這些方法並不足夠。讓我們先分析行政長官、官僚架構及立法機關的權力合併能力。這個能力以行政長官為最高，立法機關為最低。

首先是行政長官。他在未來政制中處於關鍵地位，應擁有巨大的憲制權力。一個膚淺的看法還可能預期行政長官會成為獨裁者、政治強人或個人式的統治者，並逐漸被權力腐化。若情況真的如此，那麼權力合併的問題早已被解決。事實上，如果行政長官真有這麼大的權力，便不會出現權力合併的問題，因為除了他的權力外，已沒有其他需要合併的權力。如再細加分析，情況應相當複雜和變化多端。要全面認識行政長官在未來政制中的角色，我們需考慮以下幾點：行政長官的權威來源和職能、政治領導組織，以及行使政治權力的環境（即《基本法》授予他的廣泛權力受到哪些因素的制衡）。因此，即使行政長官擁有很大的憲制權力，但仍受一些因素的約束。

　　就權威來源而言，行政長官的合法性同時源於中國中央政府與香港特區政府，他的職責是通過促進雙方利益與調和彼此分歧來協調兩者的關係。鑒於中央政府與香港特區政府仍缺乏互信，履行這一職責顯然是一項很細緻、很困難的工作。一個不獲港人信任的行政長官，亦難以讓中央政府接受。在容易爆發衝突的形勢下，行政長官為求穩妥，自然會盡量避免挑起事端。這表示，就算行政長官擁有很大權力，如非必要，也不會用盡。所以事實上，行政長官受到權力上方（中央政府）和下方（港人）的制約。

　　就政治領導組織而言，行政長官的權力也受選舉或選擇方式的制約。最有可能的行政長官產生辦法是通過選舉團選舉，這個選舉團主要代表中央政府和香港精英的利益，後者之中，又以擁護中央或與中央政府友好的既得利益者居多。既然行政長官沒有自己的權力基礎，在香港的政治領導中只處於"平輩中居首位者"（primus inter pares）地位，便不能像其他地方的獨裁者那般建立自己的權力基礎。他也不能通過取悅大眾來為自己建立政治上的高姿態，因為這樣做會引起中央政府疑慮，擔憂他把整個中國的利益置於香港地方主義利益之下，而且這樣做也會使香港的既得利益者不快。最有可能出現的情況是，行政長官謹慎地尋求中央政府及本地精英的支持，並以此作為首要目標。對於立法機關，行政長官應會採取安撫的態度，因為他雖擁有解散立法機關的權力，但以此手段來控制對方是非常困難和危險的。此外，選舉行政長官的選舉團，很有可能也負責選舉相當比例的立法議員，就此來看，行政長官及部分立法議員都需要接受組成選舉團精英的"問責"，行政長官不會肆無忌憚地冒犯經選舉團產生的立法議員。

　　在與立法機關的關係中，行政長官也受制於另一個事實：如果與立法機關發生嚴重衝突，行政長官不擁有足夠的憲制權力解決問題，或必須依賴中央政府仲裁，但向中央政府求助，又會損害行政長官在中央政府心目中的地位。況且，無論立法機關的政治力量是多麼薄弱，行政長官總得依靠立法機關來通過法案。還有，行政長官很有可能不是立法機關的主席，因而不能借控制立法程序，防止不友好的議員使用反對與拖延策略，或加快通過政府提交的法案。就現時所見，在立法及財政預算撥款方面，行政長官仍需聽從立法機關的安排。

行政長官與官僚架構的關係不一定融洽。因為按英國模式建立的官僚架構會被完整保留，行政長官很可能要從中挑選大部分行政會議成員及主要官員，所以他對公務員架構有相當大的依賴性。香港公務員與中國內地官員的心態相差甚大，一般來說，香港公務員對中央政府持懷疑態度，因此行政長官在協調原則上從屬於他的公務員與中國內地的關係時，將會遭遇困難。香港公務員架構有自己的傳統和發展動力，很多時候，就算殖民地總督也發現難以指揮其公務員下屬。在履行職責時，行政長官會面臨很大的挑戰。

行政長官也缺乏資源去獎賞與培養自己的支持者。《基本法草案》把許多現行公共政策也包括在內，這便制約了他的決策權力。既得利益者的利益既受到《基本法》的保障，對行政長官的依賴亦相對地減少，公務員架構既被完整地保留下來，行政長官亦不能把公職作為獎勵支持者的手段，《基本法》也規定了未來政府的"有限職能政府"（limited government）性質，及要求它實施財政節約的政策。這樣行政長官便失去利用公共資源（例如，增加公共福利和服務）的辦法來動員大眾的支持。對信奉政治功利主義的港人來說，象徵性或意識形態性的號召並無意義。

而且，香港不是獨立國家，所以行政長官沒有機會利用外交或軍事上的建樹或冒險來加強權力。他沒有緊急權力應付內部危機，所以基本上也不能依靠處理危機的機會，使自己成為"魅力領袖"。

其次是官僚架構。在殖民政制下，官僚架構是唯一的權力合併者與集體權威的行使者。未來的政制仍是行政主導，所以官僚架構在制定和執行政策方面，依舊非常重要。官僚架構將繼續是最重要的政治場所，其內部有着矛盾利益的社會經濟羣體會不斷地交手與合作。在制定政策的過程中，官僚架構將扮演一個建立共識和促使不同利益達成妥協的重要角色。

在很多威權的國家裏，官僚架構也常被借來壓制政權的反對者，通過消滅政權的敵人來實現權力合併的目的。[29] 香港的官僚架構在這方面的能力將遠為遜色。官僚架構在將來的重要性將受到幾個因素的限制：第一，它不再是香港的最高權力中心，這自然會削弱其權力合併的能力。第二，相當部分的權力合併工作（例如，建立行政和立法機關之間的合作關係）將在官僚架構之外進行。第三，與行政長官的處境一樣，官僚架構所擁有的公共資源也受到《基本法》的規限，這樣便對官僚架構的權力合併能力形成制約。第四，即使在官僚架構內，也有權力合併的問題（例如，如何協調政策，如何減少官僚架構內部的衝突），因為它存在一個離心的傾向。這個離心傾向會日益加強，主因是行政決策權力會分散至眾多輔助性行政組織。在此情況下，利益團體與壓力團體的影響力會隨之增長，官僚架構內的不同部分自然會與利益及立場相近的團體建立密切關係，並受其影響，從而激化官僚架構內部的紛爭。如果這些團體的支持令官僚覺得可以借此抗拒中央政府及被視為擁護中央的行政長官的干預，並因而保持其行政自主性，那麼官僚與這些團體的關係將更加密切。

最後是立法機關。除了美國國會，世界各地的立法機關一般都政治力量較為薄弱，因為它們只有有限的決策權力和控制行政系統的能力。[30] 香港未來的立法機關也不例外。然而，與現在的立法局相比，將來立法機關的權力會較大。雖然它不會是制定政策及法律的中心，但仍會提供一個讓不同社會、經濟及政治羣體藉以爭取及協調相互利益的政治場所。未來立法機關的組成方式可能會影響它達成共識、諒解及妥協的能力。因為它容納互相矛盾的代議原則（全民性的代議制、功能界別代議制和精英代議制），以及隨之而來的不同政治哲學及選民利益，如果沒有可以減少矛盾的機制，立法機關將充滿衝突。但由於它只有有限的政策制定能力，所以並不那麼需要因錯誤的政策而接受"問責"。因此，立法議員可能有行為上"不負責任"的傾向，或"為反對而反對"。又因為立法議員沒有行政權力，以及控制公共資源並以之獎賞支持者的能力，因此他們覺得有需要以公開言論來建立個人形象。然而，過分注重個人形象，可能會疏離其他立法議員以及自己的支持者。總的來說，立法機關既是權力分割的來源，也是權力合併的機制。

　　未來的政制也許會自然地發展出一些憲制以外的機制，以滿足權力合併的需要。

權力合併與集體權威：憲制以外的機制

　　從比較的角度看，在所有國家裏，憲制性政治安排與憲制以外的政治安排通常同時存在，導致後者出現的原因多種多樣，它們對前者所產生的後果也不盡相同，從支持性到破壞性都有。憲制以外機制的表現形式也各不相同，它們可以是政黨或輔助行政組織，也可以是非正規的安排，如政治派系、主從關係（patron-client relation）網絡、集團或法團主義網絡（corporatist networks）、政治機器（political machines）、敵對精英之間的"公約"（pacts）或政敵間的聯盟。[31] 很明顯，用以權力合併及建立集體權威的最重要憲制外機制是政黨。在現代世界，隨着選舉權擴充而出現的大型羣眾性政黨，是一個異常重要的政治現象。政黨的出現，不僅急劇改變了其所在地區的政治形勢，也改變了該地區憲法在制定時的原有意圖。現舉一例以概其餘。美國的三權分立所形成的權力合併問題，大體上是因為政黨的出現才得以解決。但美國開國元勳在制憲的時候並沒有預知政黨的出現，也抗拒其產生。在美國，政黨既然在權力合併的過程中那麼重要，那麼隨着第二次世界大戰後美國政黨的逐步衰落，便出現 "難以管治" 及政治領導不足的問題。[32] 在一些美國城市，權力分割的問題十分嚴重，所以甚至有人感嘆 "難以管治" 的問題不可能解決。[33]

在香港，依靠大型、有紀律和強大的政黨來解決權力合併問題是不切實際的，未來的憲制安排及社會政治環境只容許類似 "幹部政黨"（cadre parties）的政治組織出現，即一些由政治積極分子組成的小型、缺乏羣眾基礎的政治組織。我曾舉出 6 個阻礙強大政黨出現的因素。[34] 在作出少許修訂後，略述如下：

第一，《基本法》容許政治羣體角逐的權力非常有限且相互分割，因此任何政治羣體要把這些權力集合起來，將是異常艱巨的工作。要把一大羣利益各異的政治團體和功能團體的利益從縱橫方向合併起來，很可能是一件徒勞無功的工作。

第二，港人的政治冷漠，加上本地重要精英和中央政府對大眾政治及鼓動性政治的厭惡，大幅壓縮了那些有意從政人士的活動空間。

第三，未來的立法機關政治力量比較薄弱，兼採用多元的代議制，再加上在制度上與行政系統分離，因此早已在政制內根深蒂固的官僚架構會繼續成為公共政策及資源的來源。立法議員更可能需要官僚的協助，才能滿足選民的要求，這樣議員對其所屬政治羣體的依賴性便會減少。其他地方的經驗（例如，日本、德國、法國及其他前殖民地）顯示，若先前已存在一個強大的官僚架構，強大政黨的形成便會遭遇阻力。

第四，當穩定和繁榮被普遍視為最高的價值時，香港社會內部根本沒有迫切的意識形態事項，可以用作發動羣眾支持政黨的基礎。

第五，香港政治領袖的 "半依附" 形象（即他們除了需要港人的支持外，也需要中國政府的認可，才可以成為有為的領袖）很難改變。這樣他們在港人心目中的地位也不可能很高。這個"半依附性"源於未來政制內的兩個結構性特徵：一，香港是中國的特別行政區，其憲制地位必然比中國低，所以香港的政治領袖及羣體，最終會受到中央政府的監督。二，普選對於決定誰掌握政治權力來說，只可扮演有限度的角色。

第六，未來政府在社會及經濟事務上的有限角色，以及直至現在還是表現甚佳的經濟狀況，使不少有資格者無意投身充滿風險的政治事業，特別是當未來的政治圈子會繼續變得狹小，而且香港對職業政客的需求也不多的情況下，要建立成功的政治事業將比在其他領域建立成功事業困難。

根據其他社會的經驗，我們還可以加上以下一些不利因素：

第一，民意調查已被廣泛用來窺測民意，這對政黨的發展不利，會削弱政黨作為表達民意重要渠道的地位。[35]

第二，大眾傳媒十分發達，政治領袖可以獨立地借助傳媒來尋求羣眾支持，對政黨在這方面的依靠也隨之減少。

第三，工商界不會大力支持民主積極分子，令後者在財政上備受掣肘。

第四，能夠用於獎賞，以吸引政黨幹部與普通黨員的公共資源及公共職位非常有限。

第五，雖然民主積極分子與"保守派"之間存在分歧，但彼此仍有廣泛共識，因此民主積極分子很難依靠建立一套有同等吸引力且切實可行的政策方案來取代現有方案，並借此樹立獨特的身份。與這一困難聯結在一塊的，是民主積極分子不能把他們對現狀的批評轉化為詳盡的分析與建議。因此，心思不那麼縝密的羣眾實在很難把民主積極分子的取向與"保守派"的取向區分開來。況且，羣眾對原則性的爭論，從來就沒有很大的興趣。

第六，香港雖有大量的社會和經濟團體，但一般來説，這些團體的力量及紀律性都很有限，因此難以成為建設政黨的有力基礎。[36] 毫無疑問，勞工界、中產階級及工商界均組織鬆散。[37] 又因為《基本法草案》保證了社會及經濟體系的自由，這些團體要實現快速及廣泛地政治化也不容易。

第七，因為功能團體享有自主性，又可以循立法機關的功能界別選舉而被納入政制，所以更不需要依賴政黨來取得政治權力或促進其利益。[38]

當然，這些不利因素還可以繼續羅列，但我認為上述論斷應已成立，所以決定在此停下。

就用以合併權力、營造共識及建立集體權威的憲制以外機制而言，因為香港不可能出現強大的政黨，所以最有可能出現的是一個由不同政治、社會及經濟體系精英組成的鬆散聯盟。其他機制，如加強了的諮詢體系與更有效的民意收集方法，也可能會被採用。由於未來的政制特別眷顧既得利益者，因此他們將成為這個鬆散聯盟的核心部分。個別利益羣體也可能被包容或吸納，以鞏固和強化這個聯盟。因為找不到更好的名詞，我暫時把它稱為"管治聯盟"。組成聯盟核心的另一部分是中央政府、擁護中央力量，以及選擇以遷就態度對待中央的力量。這個聯盟基本上是本地重要精英的"公約"，當然也有某種形式的羣眾支持。管治聯盟的規模由兩個標準決定：一方面，它不能太大，否則便會變得過於龐雜，而無法有效地達成協議或建立共識；另一方面，它也不能過小，否則有些重要力量便會因進不了聯盟而成為其外在威脅。

當然，除管治聯盟外，香港還會有其他政治羣體。實際上，未來的政制也有空間讓相對"激進"的政治羣體存在，但我不認為這類羣體可扮演主導性的政治角色。這些羣體與管治聯盟的關係並不穩固，由於他們相當混雜，對中央政府及對香港現狀的態度又有很大差異，因此一些較溫和與務實的羣體總有可能被管治聯盟吸納，在其中扮演小夥伴的角色，並在這過程中經歷"非激進化"的轉變。

有跡象顯示，這個管治聯盟已初步形成。在形成過程中，主要有三股力量參與其中。香港的既得利益者，定然傾向於聯手保衛其利益、阻止那些要求改革團體的"進犯"，以及在一定程度上限制中國在港的過分行動。殖民政府也有角色可扮演，雖然這個角色正不斷褪色。作為在任政府，殖民政府自然有權力將地位與權威給予鍾愛的領袖。再者，正因為管治聯盟必須在回歸前享有政治影響力，而殖民政府在港人心目中仍有較高信任，又因為若把未來的領袖納入執政政府架構或其相關機構，才可較易培養他們成為有經驗的領袖，香港的既得利益者，甚至中國政府，都會倚重殖民政府作為培養未來政治領袖的渠道。中國當然可以通過委任港人進入中國內地或在香港地區設立的政制和組織來培養未來領袖，但用這個方法培訓有實際政治經驗的領袖效用不大。而且，通過中國政府培養出來的領袖有可能得不到港人的信任。

從長遠來說，在組成管治聯盟的過程中，中國政府將扮演重要的角色。主要原因包括：

第一，作為香港政治權威的最終來源，中國政府在香港的政治及經濟影響力非常大，且不斷膨脹。香港的政治領袖與渴望成為政治領袖的人會歸附到中國政府一方。

第二，長期以來，除了殖民政府，擁護中央的力量便是唯一的有組織政治力量。任何排除擁護中央的力量的管治聯盟將難以生存，更遑論能有效運作。

第三，香港既得利益者之間因互相猜疑（部分原因是對自己缺乏政治信心，以往也只有很少的政治合作機會），中國可以用"保證人"的身份促成他們合作。若非如此，他們進行政治合作的機會便會減少。

第四，中國可給予積極參與管治聯盟的人特殊獎勵，從而解決"公共物品困境"（public goods dilemma）。[39]

第五，中國的支持和鼓勵，可以緩和香港資產階級和中產階層的政治膽怯和政治無能感。

第六，中國可以動員在其影響力之下的羣眾組織（包括工會）支持既得利益陣營的精英，使他們可以較有效地參與有限的直選遊戲。

第七，既得利益陣營的精英需要中國支持，以便在港人心中奠定真正的政治權威與地位，這樣才會使他們較容易地被帶有政治功利主義心態的港人接受。

第八，中國政府參與管治聯盟，實際上是提供機會，讓既得利益陣營的精英影響中國政府的香港政策和行動，這樣會使他們能夠因中國政府有所"讓步"而向港人邀功，並借此提高他們在香港的政治地位。

第九，中國政府可以為不願意參與選舉遊戲的精英，提供另外一條參政途徑，從而增加未來香港政制的領袖供應量。

第十，通過《基本法》，中國可以提供憲制性的工具（例如，選舉團）來組織及鞏固管治聯盟，這個工具的重要性不言而喻。

雖然在利益和態度上有分歧，但既得利益陣營的精英、中國政府及其支持力量，以及港英政府之間也有一定程度的共識與共同利益（例如，拒阻"激進主義"、保存"原有的"資本主義體系、保證平穩過渡、防止羣眾動員，及通過鞏固集體權威來減少權力分割所產生的負面後果），使他們可以走在一起促成管治聯盟的出現。

進一步地説，管治聯盟需要為其成員提供報酬，並能夠懲罰背叛者。另外，它一定要有某種形式的組織，即使是一個鬆散的組織。可以用來促成管治聯盟的主要資源有下列幾種：一是行政長官在權力範圍內可以作出的委任，如委任進入具有行政、輔助行政以及諮詢權力的不同組織和機構。行政長官肯定是管治聯盟內的顯要成員；二是中國政府可給予的政治和經濟報酬；三是因參與管治聯盟，或與之有聯繫所帶來的政治影響力和經濟好處;四是某些象徵性的報酬,如因覺得自己正在從事"愛國"或有意義活動的心理滿足感;五是管治聯盟作為一個"團體",所能提供給參加政治活動成員的支持;六是因自己與一個權力集團有關係所帶來的心理報酬。

縱使管治聯盟擁有眾多資源,它也不可能成為一個團結的政治羣體,能履行的實際職能亦有限。因此,我們不能高估其政治支配能力。鑒於未來政制的固有矛盾與組成管治聯盟者的利益衝突,這個精英分子和組織之間的聯盟只是一個權宜性組合。如果來自改革分子及"激進分子"的威脅式微,這一聯盟的組織也會較鬆散。在這種情況下,官僚架構的權力會較強大。無論如何,以下幾個方面的因素可能導致管治聯盟的關係緊張。

第一,管治聯盟的資源基礎被未來政府有限的經濟角色與可資"獎賞"的公職及公共資源所限制。

第二,資產階級和社會主義中國有潛在矛盾,如資產階級擔心中國政府改變對他們及資本主義的態度,中國政府則不能表明是資產階級利益的維護者。

第三,資產階級和中產階級的利益和組織過於分裂,使他們難以形成團結的政治團體,由於功能團體大多不是紀律嚴明的行動組織,其"代表"事實上可以以個人身份活動,無須受到所屬團體的嚴格約束,因而難以準確預測此等管治聯盟成員的行為。

第四,管治聯盟缺乏強大的意識形態基礎與清晰的政治綱領,可壓倒眾多聯盟成員的個別利益,並形成共同的行動和目標。剛好相反,面對一大堆互相矛盾的利益,管治聯盟會盡量避免意識形態的爭論,以免得罪任何一方。

第五,對管治聯盟而言,中國政府是一個重要的整合因素,但也不應誇大中國政府在香港政制內的支配地位。港人的反共情緒,遏阻了中國政府尋求精英及民眾支持的努力。功能團體已得到自主性和特權，不會任人擺佈，而且在一些功能團體當中，外國人及外國護照持有人可能佔相當大的比重，他們較不易被中國政府左右。受中國政府影響的羣眾組織（包括工會），雖比其他對手擁有較大力量，但其實也只能動員很小一部分的港人。再者，擁護中央的組織還需與其他組織爭奪羣眾，以及大部分港人還未被動員（甚至永遠不可能被動員），它們也可能被迫採納一些不會疏離羣眾的政治立場，以防敵人有擴張的機會。此外，擁護中央的陣營內也存在各樣矛盾（例如，內地資本與本地資本、舊左派與新興的擁護中央者、精英組織的領袖與大眾組織的領袖、官方代表與民間領袖等），這些矛盾均可削弱中國政府在管治聯盟的整合功能。

第六，管治聯盟是一個權宜性組合，成員多信奉功利主義和務實主義。魅力領袖若以其理想及遠見吸引大眾，則很難在管治聯盟的"理性"基礎上發揮所長；然而，又因缺乏魅力領袖，管治聯盟對大眾的吸引力也會大減。當然，管治聯盟的主要目標也在於促成大眾的"非動員化"。

所以，由於結構與組成架構的限制，管治聯盟能履行的功能也很有限：

第一，管治聯盟提供一個政治場合，讓政體及社會經濟體系的不同利益者（特別是精英分子）減少分歧，並促成相互協調的行動。管治聯盟履行這方面的權力合併職能，便有助於提升未來政制運作的連貫性。

第二，與理想型政黨相比，管治聯盟是個"回應式"政治機制，也就是説，當遇到"激進分子"、改革分子和反對中國者的威脅時，管治聯盟會深化活動並強化組織（甚至可能採用政黨的組織形式）來作出對抗。換句話説，管治聯盟不會連續或明顯地以政治活躍團體的姿態出現，若是如此，管治聯盟對行政長官自主性的威脅也會稍減。

第三，管治聯盟也是一個選舉組織。行政長官很可能來自這個聯盟。另外，相當比例的立法議員及地區組織成員也可能來自這個聯盟。

第四，管治聯盟還會履行政治吸納職能，把新興及政治上重要的利益持有者引入統治階層。

第五，管治聯盟是招募和培養未來政治領袖的途徑。

第六，縱有諸多不足，管治聯盟仍可給予未來香港特區政府一定程度的政治認受性。

與理想型政黨不同，管治聯盟不是一個由專業政客組成領導層的政治組織，因此不會對香港政制的"自主化"起很大作用。換句話說，除官僚架構外，香港不太會有一個獨立的政治部門，可以從中取得政治權力，並循此途徑建立政治事業。反之，人們需先取得社會與經濟影響力，之後才可獲得政治力量。若是如此，管治聯盟甚至可能妨礙獨立的政治部門出現，而這個部門可進一步加強政制的自主性，使其更能堅持自己的原則與運作方式免受社會經濟力量衝擊。在其他國家或地區，理想型政黨對政制從社會經濟體系中分化出來起到了重要作用。在香港，這個在其他地方由政黨執行的職能，則可能由行政長官、官僚架構、中國政府（無論是有意或無意），甚或管治聯盟（假如聯盟內部有"足夠"的矛盾，但這便顯示聯盟於增進自主性及權力合併的角色上有一定矛盾）共同履行。

新政治秩序

香港新政治秩序的本質，大體上受兩套體制的相互作用所決定：一是《基本法》規定的憲制性制度，二是憲制以外的機制，後者很可能是因為前者在權力合併、建立共識及鞏固集體權威等方面不足而出現。《基本法》規定的正規政制是行政主導、行政長官手握大權，但因政體本身的有限職能、社會經濟體系的自主性與權力分散（由即將離去的殖民政府啟動，並由《基本法》進一步推進）的關係，未來政制存在一定程度的不確定性。這些制度上的不確定性，將有礙政府的順暢和有效管治。未來政制能提供的制度性辦法，只能部分地解決這些困難。憲制以外的機制，當中又以管治聯盟最為重要，同樣只能解決部分困難，這是因為管治聯盟只擁有有限資源、組織鬆散，同時受內部矛盾牽制。所以，香港的新政治秩序將帶有變化多端和難以預測的特性。

縱使不一定能準確預測香港新政治秩序的實際運作過程，我仍懷着謹慎的心態，嘗試根據過往對香港政制發展的分析，描述新政治秩序的一些特點。

第一，雖然從作為權力合併工具來說，憲制以內和以外的機制都各有不足，但香港仍存在一些因素可減少眾多"零碎權力"的矛盾。香港市民，無論是精英分子還是普羅大眾，對中國政府的可能"干預"都心懷恐懼，這應能促使他們較願意彼此妥協。所以，在一定程度上，不同背景的港人，對哪些是香港賴以生存與發展的因素、哪些是香港需要採用的基本政策，以及哪些是危害香港的政策與行動，已達成一定共識。《基本法草案》也納入相當多具有社會共識的基本政策與方針，使之成為新政治秩序的固定部分，免去卻政治紛爭。事實上，與其他國家或地區相比，香港的"激進分子"與"保守分子"之間距離有限。

第二，未來政制的運作，非常依賴政治領袖與高級公務員的政治技巧，尤其是在建立共識與達成妥協方面。因此，個人因素將是影響未來政制表現的一環。

第三，未來政制的直選部分，使管治聯盟需要面對一個弔詭的問題：究竟是否應參與角逐立法機關及其他代議機構的議席？從控制政府的角度看，在立法機關只有少數議席由直選產生的情況下，管治聯盟實在沒有迫切的需要去參與角逐。然而，如果"三層"代議機構的直選議席大部分落入對手手中，對手便可理直氣壯地宣稱擁有更高的民意認受性，在這種情況下，管治聯盟便不能坐視不理。可是管治聯盟缺乏足夠的團結、資源與羣眾基礎，難以大規模地參與直選。與其他有強大保守政黨的國家或地區不同（例如，日本、韓國、科特迪瓦、肯尼亞、墨西哥和印度），香港缺乏保守的地主及恭順的農民，可給予管治聯盟堅實的政治支持。雖然如此，管治聯盟仍有兩個辦法使他們在直選中更有能力制勝：第一個是通過言論和行動，以政府福利主義和家長式恩賜來取悅羣眾。但未來政府可能受限於《基本法》的規定，較難在這方面有所作為；況且管治聯盟亦不會願意由自己派發"免費午餐"。第二個是管治聯盟及其成員籌集"私有"資源，並分發給羣眾，但他們也可能不大願意這樣做。這兩個辦法究竟是否被運用？運用到甚麼程度？將視乎改革分子及民主積極分子能對管治聯盟構成多大威脅。無論如何，管治聯盟難免要運用"私有"資源，提供一定程度的福利與服務。正因如此，我們也許可以説，在某種意義上，未來的政制可能為香港的普羅大眾帶來一些益處。

第四，管治聯盟的內部矛盾若達到某種強度，部分成員可能會尋求聯盟以外的支持，以加強在聯盟內的討價還價能力。在這種情況下，較溫和的改革分子和民主積極分子也許會被吸納，成為聯盟的小夥伴。就算沒有聯盟內的激烈衝突，中國政府也有可能覺得把一些"民主"分子納入聯盟有用，因為此舉不僅可以增加未來政制的"民主"成分，而且可以借助敵對力量來平衡資產階級的巨大影響力。再者，正如前文所言，擴大管治聯盟的"代表"基礎，有助於提高政制相對於資產階級的自主性，進而增強政府管理資本主義秩序的能力。如此一來，成立憲制以外的機制，將有可能增加由《基本法》確定的正規制度所容許的政治參與機會。

第五，由於管治聯盟成員之間的聯盟，及成員與外界團體之間的聯盟不時轉變，未來政制會具有較高的不確定性或流動性，要制定穩定、連貫及長遠的政策，會比現在困難，所以，政策制定的程序，甚至香港的整體發展，也可能受到負面影響。[40]

　　第六，憲制性安排和憲制以外安排的相互作用可能產生一些後果，繼而影響政制的運作，這些後果可能包括：第一，降低正規制度的認受性和重要性；第二，加深政治問責及行政問責的困難；第三，提高官僚架構的政治化程度，因為高級公務員將是管治聯盟的成員，較易受聯盟的夥伴影響；第四，隨着第三點而來的是公務員濫用權力和行為失當的問題惡化；第五，降低了按正規制度途徑參與政治的意義；第六，進一步削弱香港特區政府的自主性，因為中國將在管治聯盟內扮演舉足輕重的角色。毫無疑問，上述後果的嚴重程度，將與管治聯盟的代表性、政制的自主性以及官僚架構的完整性密切相關。當然，這些負面後果和上文提及的由管治聯盟產生的"民主化"及"福利增加"後果並存。

結論

　　總的來說，香港的未來政制是一個動態的實體，並將隨着香港社會政治環境的變遷而改變。能帶動新政治秩序轉變的主要因素包括：一是精英分子的組成和結構轉變；二是教育發展及服務行業日趨重要，令中產階級加速壯大；三是政府在社會經濟體系的角色及活動增加，並推高社會的政治化程度；四是社會及經濟變遷，導致管治聯盟的政治力量重組[41]；五是改革和民主力量的增強。除非有不可預知的重大因素出現，香港未來應逐步走向更開放和更民主的政制。

268

註釋

1. Lau Siu-kai, *Decolonization Without Independence: The Unfinished Political Reforms of the Hong Kong Government* (Hong Kong: Centre for Hong Kong Studies, The Chinese University of Hong Kong, 1987).

2. Lau Siu-kai, "Political Reform and Political Development in Hong Kong: Dilemmas and Choices," in Y. C. Jao et al. (eds.), *Hong Kong and 1997: Strategies for the Future* (Hong Kong: Centre of Asian Studies, University of Hong Kong, 1985), pp. 23-49.

3. 我在這裏是假設在全國人民代表大會於 1990 年頒佈《基本法》之後，港英政府會朝着《基本法》規定的方向來改革香港政制。因此，《基本法》所規定的新政制會在 1997 年以前在香港出現。

4. Juan J. Linz, "An Authoritarian Regime: Spain," in Erik Allardt and Yrjo Littunen (eds.), *Cleavages, Ideologies and Party Systems: Contributions to Comparative Sociology* (Helsinski: The Academic Bookstore, 1964), pp. 291-341; Juan J. Linz, "Totalitarian and Authoritarian Regimes," in Fred I. Greenstein and Nelson W. Polsby (eds.), *Macropolitical Theory* (Reading: Addison-Wesley Publishing Co., 1975), pp. 175-411; Samuel P. Huntington, "Social and Institutional Dynamics of One-party Systems," in Samuel P. Huntington and Clement H. Moore (eds.), *Authoritarian Politics in Modern Society: The Dynamics of Established One-party Systems* (New York: Basic Books, 1970), pp. 3-47; Amos Perlmutter, *Modern Authoritarianism: A Comparative Institutional Analysis* (New Haven: Yale University Press, 1981).

5. Lau Siu-kai, *Society and Politics in Hong Kong* (Hong Kong: Chinese University Press, 1982).

6. Huntington, "Social and Institutional Dynamics of One-party Systems," p. 9.

7. Raymond Wacks (ed.), *Civil Liberties in Hong Kong* (Hong Kong: Oxford University Press, 1988).

8. 中國因素當然不是解釋殖民政府開明統治的唯一因素，其他較重要的因素包括：第二次世界大戰後英國殖民哲學的改變、開明統治在現代社會的重要性，以及國際上的反殖民情緒等。

9. Richard L. Sklar, "Developmental Democracy," *Comparative Studies in Society and History*, Vol. 29, No. 4 (1987), pp. 686-714.

10. Lau Siu-kai, "Social Change, Bureaucratic Rule, and Emergent Political Issues in Hong Kong," *World Politics*, Vol. 35, No. 4 (1983), pp. 544-562.

11. Lau, *Decolonization Without Independence*.

12. 港人薄弱的"政治社羣感"（即認為所有港人都受同一政治命運所支配的感覺），可以從港人很容易便接受功能界別選舉的原則看出。這一事實的含義是：香港本身並不是一個單一社羣，而是一大堆不同的"社羣"，每個"社羣"都需要有自己的代表來照顧其成員的利益。假如政治社羣的概念被普遍接受，則香港作為一個政治社羣，便"應該"由一個全部議員由全體港人自由選舉產生的立法機關所代表。Richard C. Crook, "Legitimacy, Authority and the Transfer of Power in Ghana," *Political Studies*, Vol. 35, No. 4 (1987), pp. 567.

13. Lau Siu-kai and Kuan Hsin-chi, "Hong Kong After the Sino-British Agreement: The Limits to Change," *Pacific Affairs*, Vol. 59, No. 2 (1986), pp. 214-236; Lau, *Decolonization Without Independence*.

14. Lau, *Decolonization Without Independence*.

15. 中國對"港人治港"的能力也許會有所保留，這是容易理解的。首先，港人從來沒有機會自己管治自己，這很難使中國在沒有先前經驗的情況下對"港人治港"的能力充滿信心。其次，英國在香港推行政制改革的過程，反映出要在港人之中建立一個團結及可信任的領導層是非常困難的事，但只有在具備這個領導層之後，"港人治港"的方案才可付諸實踐。再次，大量香港精英會於回歸前移民外國，這也會削弱中國對"港人治港"的信心。最後，在過去數年發生的幾宗針對中央的事件，使中國政府與部分港人處於對抗的局面，這也許會促使中國政府重新估計港人的能力和誠意（當然反之亦然）。

16. 《基本法草案》第十七條中有關中國的緊急權力內容如下：全國人民代表大會和全國人民代表大會常務委員會制定的有關國防、外交的法律以及其他有關體現國家統一和領土完整並且按本法規定不屬於香港特別行政區高度自治範圍的法律，凡需在香港特別行政區實施的，由國務院指令香港特別行政區政府在當地公佈或立法實施。除緊急情況外,國務院在發佈上述指令前,均事先徵詢香港特別行政區基本法委員會和香港特別行政區政府的意見。香港特別行政區政府如未能遵照國務院的指令行事,國務院可發佈命令將上述法律在香港特別行政區實施。

17. 所有資本主義社會都有不同程度的制度性矛盾與管治困難,它們主要是源於政制需要實現一些不兼容或力所不逮的目標、社會存在着利益迥異且互相衝突的羣體、制度之間在結構上的權力及職能分立,以及制度結構與政治文化沒有足夠的配合。這些矛盾與困難,更會因為社會變遷所產生的憲制建置與社會政治現實的不協調所激化。法國的政制是典型的蘊藏着 "制度上的不確定性" 的政制,這是由於人們不能簡單地從法蘭西第五共和國的憲法中毫不含糊地知悉真正權力之所在,是以法國政治長期帶有 "易變" 的傾向。這方面的觀點可參見:Douglas E. Ashford, *Policy and Politics in France* (Philadelphia: Temple University Press, 1982); Philip E. Converse and Roy Pierce, *Political Representation in France* (Cambridge, MA: Harvard University Press, 1986); Ezra N. Suleiman, "Presidential Government in France," in Richard Rose and Ezra N. Suleiman (eds.), *Presidents and Prime Ministers* (Washington, DC: The AEI Press, 1980). 在意大利,由於行政系統的憲制權力在第二次世界大戰後受到削弱,卻沒有建立起團結有力的立法機關,以取代其位,所以亦產生了 "難以管治" 的困境。參見:Giuseppe Di Palma, *Surviving Without Governing: The Italian Parties in Parliament* (Berkeley: University of California Press, 1977); Frederic Spotts and Theodor Wieser, *Italy: A Difficult Democracy* (Cambridge: Cambridge University Press, 1986); Samuel H. Barnes, *Representation in Italy: Institutionalized Tradition and Electoral Choice* (Chicago: University of Chicago Press, 1977). 在美國,權力分立的政制也逐漸導致軟弱和不穩定的政治領導,美國總統缺乏足夠的手段,但仍被迫從事那些試圖滿足美國人們急劇上升的期望、徒勞無功的工作。參見:James M. Burns, *The Power to Lead: The Crisis of the American Presidency* (New York: Simon and Schuster, 1984); Anthony King, "The American Polity in the Late 1970s: Building Coalitions in the Sand," in Anthony King (ed.), *The New American Political System* (Washington, DC: The AEI Press, 1978), pp. 371-396; Richard E. Neustadt, *Presidential Power: The Politics of Leadership from FDR to Carter* (New York: John Wiley and Sons, 1980); Richard Rose, "Government Against Sub-governments: A European Perspective on Washington," in Richard Rose and Ezra N. Suleiman (eds.), *Presidents and Prime Ministers* (Washington, DC: The AEI Press, 1980), pp. 284-347; Theodore J. Lowi, *The Personal President* (Ithaca: Cornell University Press, 1985). 在日本,由美國佔領軍強加於日本的戰後憲法,原來的目的是在日本移植一套混合了英美特點的政制,然而這套輸入的政制與日本的政治社會環境互為作用的結果便湧現出各種不確定性,要運用非憲制的手段才可以局部克服。參見:Nathaniel B. Thayer, *How the Conservatives Rule Japan* (Princeton: Princeton University Press, 1969); T. J. Pempel, "The Unbundling of 'Japan, Inc.': The Changing Dynamics of Japanese Policy Formation," *Journal of Japanese Studies*, Vol. 13, No. 2 (1987), pp. 271-306; John O. Haley, "Governance by Negotiation: A Reappraisal of Bureaucratic Power in Japan," *Journal of Japanese Studies*, Vol. 13, No. 2 (1987), pp. 343-357. 就算曾經歷長期穩定的英國政制,在第二次世界大戰後,亦隨着主要政黨出現兩極分化而產生矛盾。參見:S. E. Finer, *The Changing British Party System*, 1945-1979 (Washington, DC: The AEI Press, 1980).

18. 可參考下列一些事例。法國:Ezra N. Suleiman (ed.), *Parliaments and Parliamentarians in Democratic Politics* (New York: Holmes and Meier, 1986); 印度:Stanley A. Kochanek, *Business and Politics in India* (Berkeley: University of California Press, 1974); 巴基斯坦:Stanley A. Kochanek, *Interest Groups and Development: Business and Politics in Pakistan* (Delhi: Oxford University Press, 1983); 英國:Paul M. Sacks, "State Structure and the Asymmetrical Society: An Approach to Public Policy in Britain," *Comparative Politics*, Vol. 12, No. 3 (1980), pp. 349-376; Michael Useem, *The Inner Circle: Large Corporations and the Rise of Business Political Activity in the U. S. and U. K.* (New York: Oxford University Press, 1984); 美國:Useem, *The Inner Circle*; Thomas B. Edsall, *The New Politics of Inequality* (New York: W. W. Norton and Co., 1984); Alfred D. Chandler, Jr., "Government

Versus Business: An American Phenomenon," in John T. Dunlop (ed.), *Business and Public Policy* (Cambridge, MA: Harvard University Press, 1980); David Vogel, "The Power of Business in America: A Re-appraisal," *British Journal of Political Science*, Vol. 13, No. 1 (1983), pp. 19-43; 韓 國：Norman Jacobs, *The Korean Road to Modernization and Development* (Urbana: University of Illinois Press, 1985); 贊比亞：Carolyn Baylies and Morris Szeftel, "The Rise to Political Prominence of the Zambian Business Class," in Cherry Gertzel et al. (eds.), *The Dynamics of the One-party State in Zambia* (Manchester：Manchester University Press, 1984), pp. 58-78; 巴西：Fernando H. Cardoso, "Entrepreneurs and the Transition Process: The Brazilian Case," in Guillermo O'Donnell et al. (eds.), *Transitions from Authoritarian Rule: Prospects for Democracy* (Baltimore: Johns Hopkins University Press, 1986), pp. 137-153; 墨西哥：Dale Story, *Industry, the State, and Public Policy in Mexico* (Austin: University of Texas Press, 1986).

19. Peter L. Berger, *The Capitalist Revolution* (New York: Basic Books, 1986), pp. 79.
20. Eric A. Nordlinger, *On the Autonomy of the Democratic State* (Cambridge, MA.: Harvard University Press, 1981), pp. 176-177.
21. 比較研究可參考：John Zysman, *Governments, Markets, and Growth: Financial Systems and the Politics of Industrial Change* (Ithaca: Cornell University Press, 1983). 日本和韓國個案研究方面可參考：Chalmers Johnson, *MITI and the Japanese Miracle: The Growth of Industrial Policy, 1925-1975* (Stanford：Stanford University Press, 1982); Leroy P. Jones and Il Sakong, *Government, Business, and Entrepreneurship in Economic Development: The Korean Case* (Cambridge, MA: Harvard University Press, 1980).
22. 有些社會的羣眾（包括工人），是全部或大部分由官方機構，或者由官方支援或承認的機構所組織起來的。香港的情況可與以下這些社會比較。新加坡：Frederic C. Deyo, *Dependent Development and Industrial Order: An Asian Case Study* (New York: Praeger Publishers, 1981); 巴西：Kenneth S. Mericle, "Corporatist Control of the Working Class: Authoritarian Brazil Since 1964," in James M. Malloy (ed.), *Authoritarianism and Corporatism in Latin America* (Pittsburgh: University of Pittsburgh Press, 1977), pp. 303-338; 墨 西 哥：Ruth B. Collier, "Popular Sector Incorporation and Political Surpremacy: Regime Evolution in Brazil and Mexico," in Sylvia A. Hewlett and Richard S. Weinert (eds.), *Brazil and Mexico* (Philadelphia: Institute for the Study of Human Issues, 1982), pp. 57-107; Kenneth P. Erickson and Kevin J. Middlebrook, "The State and Organized Labor in Brazil and Mexico," in Hewlett and Weinert (eds.), Brazil and Mexico, pp. 213-263; Susan Eckstein, *The Poverty of Revolution: The State and the Urban Poor in Mexico* (Princeton: Princeton University Press, 1977).
23. 在某些國家，如墨西哥，統治精英也可以利用象徵性和意識形態性呼籲來阻止羣眾動員。
24. 其他地方的事例，可參見新加坡：Peter S. J. Chen (ed.), *Singapore: Development Policies and Trends* (Singapore: Oxford University Press, 1983); 中 國 台 灣：Thomas B. Gold, *State and Society in the Taiwan Miracle* (Armonk: M. E. Sharpe, 1986); 拉 丁 美 洲：William Ascher, *Scheming for the Poor: The Politics of Redistribution in Latin America* (Cambridge, MA: Harvard University Press, 1984); 非洲：Henry Bienen, "Political Parties and Political Machines in Africa," in Henry Bienen (ed.), *Armies and Parties in Africa* (New York：Africana Publishing Co., 1978), pp. 62-77; 印 度：Myron Weiner, *Party Building in a New Nation: The Indian National Congress* (Chicago: University of Chicago Press, 1967); 埃及：John Waterbury, *The Egypt of Nasser and Sadat: The Political Economy of Two Regimes* (Princeton: Princeton University Press, 1983); 菲律賓：Thomas C. Nowak and Kay A. Snyder, "Clientelist Politics in the Philippines: Integration or Instability?" *American Political Science Review*, Vol. 68, No. 1 (1974), pp. 1147-1170.
25. Lau, *Society and Politics in Hong Kong*.
26. Adam Przeworski, "Some Problems in the Study of the Transition to Democracy," in O'Donnell et al. (eds.), *Transitions from Authoritarian Rule*, pp. 58.

27. 當然還有可能是自主的政體發展出自己的 "私有利益",並利用政治權力來達到自己的目的,這一現象在軍人統治和個人統治的社會尤其普遍。

28. Dietrich Rueschemeyer and Peter B. Evans, "The State and Economic Transformation: Toward an Analysis of the Conditions Underlying Effective Intervention," in Peter B. Evans et al. (eds.), *Bringing the State Back In* (Cambridge: Cambridge University Press, 1985), pp. 63-64.

29. 例如在新加坡,通過一些政府設立的機構(如市民諮詢委員會及社區中心等),同時把地方領袖吸納到這些機構中,以 "試圖達到把政府及政黨與社會縫合起來的目的"。Chan Heng Chee, *The Dynamics of One Party Dominance: The PAP at the Grass-roots* (Singapore: Singapore University Press, 1976), pp. 163. 官僚架構也可以通過其他辦法減少政敵組織起來的機會,如擴散政府機構(甚至政黨機構)到全國各地、收買不同社會經濟階層的人,以及採用限制及結束政治反對派發展的措施(如公共安全條例、大眾傳媒的控制,及工人運動的控制等)。Chan, The Dynamics of One Party Dominance, pp. 202-206. 在獨立後出現一黨專政的非洲國家的情況是,在全國及地區層面,政府與政黨日益融合,有人認為政黨正在接管政府,但相反的情況,即政府接管政黨,似乎更合實情。Immanuel Wallerstein, "The Decline of the Party in Single-party African States," in Joseph LaPalombara and Myron Weiner (eds.), *Political Parties and Political Development* (Princeton: Princeton University Press, 1966), pp. 210.

30. Michael L. Mezey, *Comparative Legislatures* (Durham:Duke University Press, 1979); Michael L. Mezey, "The Functions of Legislatures in the Third World," in Gerhard Loewenberg et al. (eds.), *Handbook of Legislative Research* (Cambridge, MA: Harvard University Press, 1985), pp. 733-772; Kim Chong Lim et al., *The Legislative Connection: The Politics of Representation in Kenya, Korea, and Turkey* (Durham: Duke University Press, 1984); Suleiman (ed.), *Parliaments and Parliamentarians in Democratic Politics*.

31. 關於政治派系,可參見日本的事例:Thayer, *How the Conservatives Rule Japan*. 主從關係網絡為一羣因功利因素而結合在一起的人所發生的關係,網絡內的核心為一個能夠為其他人提供物質利益(這些利益來自公共資源或個人資源)的 "主",其他人則為其附從,對其 "主" 承擔一定的義務(如在選舉中投 "主" 一票)。大小不同的 "主" 又可以組成另一主從關係網絡,當中以更富有資源的人為 "主"。主從關係網絡是極個人化、以個人為效忠對象,且跨階層的政治組織形式。Steffen W. Schmidt et al. (eds.), *Friends, Followers, and Factions: A Reader in Political Clientelism* (Berkeley: University of California Press, 1977). 集團或法團主義式的安排,指在政制內最重要的政治單位為大型的(可能是全國性)功能和利益集團,它們與權力日益膨脹的官僚集團聯合制定重要的公共政策。這些集團(全國性工會及工商業聯合會等)可以是自發產生的,也可以是由政府成立或予以特別承認的。除這些集團外,其他社會團體可能無法存在,或縱使存在亦缺乏政治影響力。在集團主義式的安排下,民選立法機關的地位有下降趨勢。Philippe C. Schmitter and Gerhard Lehmbruch, *Trends toward Corporatist Intermediation* (Beverly Hills: Sage Publications, 1979); Gerhard Lehmbruch and Philippe C. Schmitter (eds.), *Patterns of Corporatist Policy-making* (Beverly Hills: Sage Publications, 1982). 政治機器是用來進行競選及投票活動的工具,即通過提供物質報酬把一羣人組織起來,並依據授予物質報酬者的指示在投票時行事。因為他們依賴這些物質報酬,因而在投票時的行為便好像機器運作般有高度穩定性和可預測性。Edward C. Banfield and James Q. Wilson, *City Politics* (Cambridge, MA: Harvard University Press, 1963); Thomas M. Guterbock, *Machine Politics in Transition: Party and Community in Chicago* (Chicago: University of Chicago Press, 1980). 有關自由派精英和保守派精英之間的 "公約",可參見小型歐洲民主體制(如瑞典、挪威、丹麥、瑞士及奧地利)的例子。Peter Katzenstein, *Small States in World Markets: Industrial Policy in Europe* (Ithaca: Cornell University Press, 1985). 另可參考西班牙及拉丁美洲 3 個較穩定的民主體制(委內瑞拉、哥斯達黎加及哥倫比亞)的事例。Richard Gunther et al. (eds.), *Spain After Franco: The Making of a Competitive Party System* (Berkeley: University of California Press, 1986); John A. Peeler, *Latin American Democracies: Colombia, Costa Rica, Venezuela* (Chapel Hill: University of North Carolina

Press, 1985).

32. Burns, *The Power to Lead*; Lowi, *The Personal President*; Martin P. Wattenberg, *The Decline of American Political Parties: 1952-1980* (Cambridge, MA: Harvard University Press, 1984).

33. Douglas Yates, *The Ungovernable City: The Politics of Urban Problems and Policy Making* (Cambridge, MA: MIT Press, 1978).

34. Lau and Kuan, "Hong Kong After the Sino-British Agreement," pp. 228-232.

35. Lowi, *The Personal President*.

36. 即使有強大的社會羣體存在，也不一定有助於強大政黨的出現。在意大利及法國的政黨內，黨員一般較傾向於認同那些參與組成政黨的社會團體而非政黨本身，因此政黨的團結性便被削弱。Barnes, *Representation in Italy; Converse and Pierce, Political Representation in France*.

37. 強大而團結的工商組織難以在香港成立是因為工會力量薄弱，政府偏袒工商業的政策，以及工商界本身的利益分歧所致。因此，香港沒有一個代表全體工商界的 "高峰" 組織。英國也有類似的情況，當然英國的工會力量比香港的較為龐大。"英國的工商業從來不需要保衛自己免受自由主義國家的威脅，因此它可以保持組織分散的形態。資產階級利益分子所要求並且得到的是一個承擔起保衛市場自由的國家，而非保衛市場內個別利益的國家……直至 1965 年，英國工業由 3 個互相競爭的高峰組織所代表：英國工業聯合會 (Federation of British Industries)、全國製造業聯合會 (National Union of Manufacturers)，以及英國僱主聯會 (British Employers' Confederation)。這些機構的成員互相重疊，但任何一個都不可以為所有的工業部門發言。就算這些團體希望參與制定政府的工商政策，它們參與政策制定的能力也是有限的。" Sacks, "State Structure and the Asymmetrical Society," pp. 363-364.

38. 可比較拉丁美洲的情況。"在拉丁美洲的體系裏，或是經濟及社會團體以私有政府 (private government) 的身份獨立於政府之外運作，或是政府支配它們，並使它們變為受政府保護的組織。在任何一個過程中，政黨都沒有甚麼功能可言。" Robert E. Scott, "Political Parties and Policy-making in Latin America," in LaPalombara and Weiner (eds.), *Political Parties and Political Development*, pp. 361.

39. "公共物品" 是一經產生便不能禁止任何人享用的貨物或財產，就算沒有參與它的生產，或沒有付出任何代價的人也不例外。如果每個人都是理性的，沒有人會參與 "公共物品" 的生產過程；他會選擇讓其他人去做，並於其後坐享其成。在這種情況下，如果不能解決 "公共物品" 的弔詭，便不會生產出任何 "公共物品"。Mancur Olson, *The Logic of Collective Action* (Cambridge, MA: Harvard University Press, 1965).

40. 在這一方面，墨西哥的經驗很有參考價值。"墨西哥的國家組織，其實是一個由統治團體及利益組成的不穩定組織，這個組織很微妙地處於壓制性權威主義 (可能帶有軍事性質) 與政治不穩定 (源於大眾政治化) 之間的平衡點……該體系不是由制度維繫，而是由精英遵守不愈出政治交易範圍的嚴格紀律維繫。因此，這不算是一套制度化的結構……而是一套複雜、根深蒂固，甚至是儀式化的策略與戰術，適用於體系內的政治、行政及私人交往。更重要的是，墨西哥的政制是一套做事的方法。為聚合眾多的團體和利益，便會運用能不斷更新政治交易的機制。這些機制的存在，便是墨西哥政治出現威權主義和商討協議該不尋常混合的原因。" Susan K. Purcell and John F. H. Purcell, "State and Society in Mexico: Must a Stable Polity be Institutionalized?" *World Politics*, Vol. 32, No. 2 (1980), pp. 194-195.

41. 例如，高科技部門對香港經濟發展的重要性愈高，資本國際化的現象便會愈明顯，繼而激化管治聯盟內本地資金和外地資金的矛盾。

第 12 章　行政主導的政治體制 [*]

　　儘管"行政主導"一詞從未在《中華人民共和國香港特別行政區基本法》(簡稱《基本法》) 中出現，然而，無論是從《基本法》的立法原意，還是從《基本法》賦予行政長官的憲制地位和特區政府的憲制權力而言，香港的政治體制肯定是行政主導。

　　行政主導政體的最大特色是，行政長官比其他政治機構領導人享有較高的憲制與政治地位，而大部分制定政策的權力又集中在行政機關手中。就行政主導的程度而言，香港特區政治體制不及殖民管治時期的高。不過，與其他國家或地區的政治體制相比，香港特區政治體制的行政主導程度又非常高。

　　然而，憲制背後的立法原意與實際情況往往南轅北轍。憲制設想與政治現實之所以脫節，原因極複雜，迄今政治學者還未能提供全面和系統的解釋。不過，一些較重要的原因，通過比較分析，依然有跡可循。一個頗為常見的原因是，政制設計存在漏洞，有不清晰之處或自相矛盾的地方。這往往又是在制定憲制過程中，各種政治力量或政治觀點在某些方面相持不下或互相妥協的結果。

　　更為重要的原因在於，行政領導人在行使憲制權力時，都不可避免地要受所身處的現實政治環境限制。換句話說，行政領導人縱使權力極大，依然要考慮行使權力所帶來的政治後果，特別是個人的政治威望及其政府的管治能力會受到的影響。至於會出現哪些政治後果，又與行政

---

*　本文曾載於劉兆佳 . 香港二十一世紀藍圖 [M]. 香港：香港中文大學出版社，2000：1-36. 此次中文簡體版略有修訂。

領導人所面對的政治環境息息相關。大體而言，行政領導人若能深得民望、在立法機關有穩定而可靠的多數力量支持、具備政治睿智、在社會上擁有龐大支持基礎，而且能得到精英階層的廣泛支持，則他所擁有的憲制權力與在政治上的影響力便會相輔相成。在這種情況下，有效管治自然唾手可得。相反，若行政領導人在政治上處於弱勢，政治環境又對他不利，則他所擁有的憲制權力便難以順利行使。在惡劣政治環境下過度依靠憲制權力進行管治，不單事倍功半，也會引來"獨斷獨行"或"專制濫權"之譏。如果行政領導人是通過某種選舉方式產生，為保障其政治名聲，他縱然憲制權力極大，也往往不敢專斷獨行。

憲制的構思因政治環境限制而不能落實的例子，數不勝數。[1]法國第五共和國的政治體制實際上是半總統制（semi-presidential）或半議會制（semi-parliamentary），取決於總統在立法議會中能否取得多數黨派的支持，能否按本身的意願任命總理，在社會上是否具有崇高的政治威望。美國的國家憲制，立法原意本在於建立一個立法主導政體，但隨着美國國力日益增強及社會事務日趨複雜，總統所擔負的職能日增，一個強勢的行政主導政體遂逐步形成。拉丁美洲大多數國家都實行總統制，但各國總統的實際政治地位與管治能力差異甚大，這主要與不同國家的歷史與政治背景有關。即使在同一國家，不同時期總統的處境與表現也有顯著分別。總的來說，沒有適當的政治環境配合，即使憲制賦予行政領導人重大權力，行政主導政體亦不易成為事實。

香港特區的行政主導政體，沿襲自殖民管治時期以香港總督為核心的政治體制，不過特區行政長官所擁有的憲制權力，卻比殖民地總督所享有的少。[2]《基本法》對行政長官的權力稍做刪減，目標除彰顯香港在回歸中國後不再是由英國派來的總督以大權獨攬方式進行管治外，也是要使行政長官在高度自治情況下受到社會一定的監督。儘管如此，行政長官依然擁有相當廣泛的權力。

回歸以來，香港的行政主導政體在運作上遇到許多困難，其中不少是在《基本法》起草時意想不到的。大體而言，這些困難源於政治體制內其他機構對行政機關的制衡，行政長官及其管治班子的政治威望偏低，行政長官的管治策略有明顯不足之處，特區政府缺乏一個以行政長官為核心同時在社會上有廣泛政治動員力量的管治聯盟，亞洲金融風暴的衝擊，以及施政上的種種失誤以致政績不彰。回歸後，中央政府及國家領導人堅定支持行政長官董建華，這對維繫行政主導政體極為重要，但鑒於港人對中央的疑慮及恐懼仍未消除，來自中央的支持只能部分紓緩董建華所面對的管治困難。

平心而論，董建華目前遭遇的管治困難，殖民政府於香港回歸前夕在不少方面同樣需要面對。所以，在相當程度上，香港的行政主導政體無論在回歸前還是回歸後之所以遇到困難，主要原因與香港自 1984 年以來所經歷的政治體制與環境變化有關。在政治體制方面，最關鍵的變化是在行政機關之外出現一些權力來源不同，卻對行政機關有制衡與挑戰能力的機構。在政治環境方面，最重要的變化是大眾政治及民粹主義的抬頭。在新的政治環境下，民情與民意扮演愈來愈重要的角色。同時，反精英主義與反威權主義的興起，使管治者在建立政治權威的過程中舉步維艱。此外，社會上各種民間勢力的崛起，也為政府在制定施政方針及推行政策時平添不少障礙。

在保持香港的制度與生活方式 50 年不變的前提下，《基本法》起草者刻意對香港在殖民管治下的政治體制不做太大改動，同時引入一個循序漸進的政制民主化發展方向。雖然他們也隱約意識到，從長遠來看，香港的行政主導政體在性質與運作上將發生重大變化，卻大致認為在回歸後的 10 年內大權在握的行政長官不會遇到太大的管治困難。顯然，他們低估了過去 10 多年來香港政治環境變遷對行政主導政體的衝擊，也對殖民政府在回歸前夕為適應新形勢與維持有效管治所推行的種種舉措缺乏深刻的體會。其他地方的經驗顯示，行政主導政體在面對不利政治環境時，行政領導人的政治智慧、政治手腕及管治策略，對能否實施有效管治起着關鍵性作用。香港的情況也不例外。對行政長官而言，未來幾年的政治環境勢將進一步惡化，行政主導作為憲制的設想，與行政主導作為政治現實之間的差距，在行政長官沒有迅速提升政治能力的情況下必將進一步擴大。

以下的探討與分析，將集中於行政主導在設想與現實之間存在差距的現象與成因。

行政長官與行政主導政體

行政長官是香港特區行政主導政體的核心，大體上也是特區政府各級官員的權力來源[3]，因此行政長官能否建立強勢領導，關係到行政主導政體能否按照原來設想落實。

為建立行政主導政體，《基本法》特意提升行政長官在特區的政治地位，尤其是相對於立法與司法機關的領導人而言。《基本法》賦予行政長官雙重身份：一是行政長官具有香港特區首長的法律地位。作為特區首長，行政長官是香港特區的最高地方長官。二是行政長官具有香港特區政府首長的法律地位。作為政府首長，行政長官領導香港特區政府。[4]作為香港特區首長，行政長官的憲制地位凌駕於立法會主席及終審法院首席法官之上。行政長官不單是行政機關的首長，也是整個香港特區的領導人及其利益的捍衛者。行政長官所享有的崇高憲制地位，是行政主導政體的基石。

《基本法》還授予行政長官廣泛的權力與優越的條件，以便他在極大程度上按自己的意向管治香港。首先，立法創議權與政策制定權牢牢地掌握在行政長官手上，當中尤其重要的是特區政府對財政開支的絕對控制權。為突顯行政長官在立法與制定政策兩方面的主動權,《基本法》第七十二條第二款還要求立法會主席在決定議程時,必須優先列入政府提出的議案。

行政長官在立法與政策制定兩方面的主動權,還體現在《基本法》對立法會的立法權所設置的種種限制上。立法會所通過的法案,必須由行政長官簽署並公佈實施方可成為法律。當然,行政長官對立法會通過的法案所擁有的否決權並非絕對,但在一般情況下,否決權的運用在相當程度上保障了行政長官在立法與政策制定兩方面的制動權。

更為重要的是,《基本法》對立法會議員提案權設置了諸多規限。《基本法》第七十四條尤為明顯。該條規定:"香港特別行政區立法會議員根據本法規定並依照法定程序提出法律草案,凡不涉及公共開支或政治體制或政府運作者,可由立法會議員個別或聯名提出。凡涉及政府政策者,在提出前必須得到行政長官的書面同意。""公共開支""政治體制""政府運作"及"政府政策"都是十分籠統的概念,對立法會議員所施加的巨大限制不言而喻。就這方面而言,特區立法會在立法主動權上比殖民管治時期的立法局猶有不及。

即使立法會議員能衝破《基本法》第七十四條限制而提出個人議案、法案和對政府法案的修正案,這些提案均必須分別經功能界別選舉產生,分區直選、選舉委員會選舉產生的兩部分出席議員各過半數通過。"分組點票"的安排實際上進一步壓縮了立法機關的立法主動權。

另一個體現行政主導的措施是,行政長官的人事任命權不受立法會或司法機關左右。行政長官在提名並報請中央政府任命主要官員,或建議中央政府免除這些官員的職務時,無須徵得立法會同意,司法機關亦無從置喙。此外,行政官員也不會因立法會的譴責或彈劾而下台。這樣安排,是確保各級行政官員向行政長官絕對效忠。

行政長官的產生辦法也為行政主導政體創造有利條件。其中最重要的是，行政長官的產生不是通過立法機關，而是經由一套獨立於立法會議員選舉方法之外的辦法。大體而言，組成產生行政長官的選舉委員會（產生第一任行政長官的組織稱為推選委員會）的選民，有異於選舉立法會議員的選民。所以，從理論上說，行政長官在政治上無須依賴立法會議員或他們的選民，從而也不大受他們的掣肘。另外，行政長官有固定任期，立法會也不能運用對行政長官的不信任案逼迫他下台。

行政長官的任期比立法會議員的長，也構成了行政主導政體的要素。行政長官的任期為 5 年，可連任一次，而立法會議員的任期則為 4 年，連任不受限制。"這就使行政長官的任期與立法會的任期有所不同，以免出現行政長官和立法會同時換屆的情況，以保持政府運作的連續性。"[5] 較長任期同時有助於保持特區政府最高領導層的穩定性，並使行政長官有較充裕的時間，從長遠角度考慮問題及施展其施政抱負。毋庸置疑，較長的行政長官任期有利於行政主導政體的建立。

《基本法》起草者為甚麼要選擇行政主導的政治體制呢？最簡單的原因當然是，這種政制最符合香港在回歸中國後保持其原有制度與生活方式 50 年不變的基本原則。把香港特區的政治權力集中在行政長官手上，而任命行政長官及特區主要官員的權力又掌握在中央政府手中，自然有利於中央政府對行政長官乃至對整個香港特區的監督，在必要時可採取行動防範特區作出損害中央利益的事。

從回歸後香港特區的有效管治角度而言，行政主導政體也有其可取之處。港人經歷了漫長的殖民管治，香港卻從未發生重大的反殖民主義或獨立運動，再加上英國人從未想過要主動撤出香港，因而絕無誘因培植本地政治領袖，所以在英國人被迫將香港交還中國時，香港本身便缺少有羣眾基礎及具政治威望的領袖。相反，長期的殖民統治，為香港營建了一個頗具效率並基本上廉潔的公務員體系。在這種情況下，把管治權力集中在行政長官手上，並使公務員系統在其領導下工作，較有利於維持香港的政治穩定及行政效率。

此外，內地和香港的政治文化都強調強勢行政領導，認為非此不足以防範動亂與不安。而強勢行政領導又往往被定義為強人領導。從制度設計而言，《基本法》的政制設計是為強人政治鋪路的。"行政長官的領導活動，從管理學上來說，屬於個人領導。個人領導的特點是責任明確，指揮靈敏，行動迅速，有利提高工作效率。"[6] 香港在回歸前的 10 多年中經歷了大大小小的政治衝突。參與衝突的除香港內部各種原有與新興的政治勢力外，中英兩國政府的摩擦及其對港人的衝擊，都使香港在過渡期內成為一個政治上相當分化的社會。無論是中央政府還是大部分港人，大體上都認為強勢的政治領導將有利於維持政治穩定，雖然彼此對在回歸後建立一個和諧的社會並無奢望。

不過，必須注意的是，《基本法》起草者無意看到一個權力不受制約的行政長官。《基本法》也因此設立了一些制衡行政長官的制度。這套制衡制度的核心乃立法會，不過司法機關也扮演着一定的角色。

行政機關與立法會

在制衡行政長官時，立法會所倚仗的權力，主要是對行政長官所提法案和財政預算案的否決權。否決權在本質上雖然只是一種"負面"的權力，但假如立法會內有多數力量能有系統和策略性地運用這一權力向行政長官進逼，則特區政府也有可能為得到立法會對其法案與政策的支持被迫採納一些立法會議員的政策建議或立法訴求，甚至把立法會視為管治夥伴。

面對立法會的否決權，行政長官在《基本法》的框架內當然也有一定的反擊力量。不過，既然《基本法》的目標在於建立一套"相互制約、互相配合"的行政立法關係[7]，則行政長官只能被賦予有限度的反擊力。在最低限度內，這些反擊力不能使立法會絕大多數議員的意願受到壓制。

《基本法》第四十九條規定，行政長官對立法會所通過法案的否決權是可以被推翻的。行政長官如果認為立法會通過的法案不符合香港特區整體利益，可以在 3 個月內將之發回立法會重議。不過，立法會如果以不少於全體議員 2/3 多數再次通過原案，則行政長官必須在一個月內簽署公佈。誠然，根據《基本法》第五十條，"香港特別行政區行政長官如拒絕簽署立法會再次通過的法案或立法會拒絕通過政府提出的財政預算案或其他重要法案，經協商仍不能取得一致意見，行政長官可解散立法會。"行政長官解散立法會的權力，對立法會議員來說當然是一種實質的政治威脅，因為立法會選舉所費不菲，重新選舉無疑對議員及其所屬政黨都構成沉重的財政與精神壓力，部分議員也可能因未能重奪議席而政途受挫。

然而，行政長官解散立法會的權力，絕非一件必然可令立法會向特區政府就範的工具。若行政長官解散立法會乃不得人心之舉，則反對行政長官的議員經重選後返回立法會的機會便很大，而且在重選後的立法會內，反政府的力量可能更為壯大，使行政長官受到更大的制衡。此外，《基本法》第五十條也只授權行政長官在其一屆任期內解散立法會一次。所以，若經解散後重選的立法會依然與行政長官處於對立狀態，後者便完全受制於立法會大多數（2/3 以上多數）的意向。在此情況下，若立法會大多數議員能善用其所擁有的否決政府法案和財政預算案權力，並借此與行政長官討價還價，則立法會也可能取得部分政策制定權與特區的行政管理權。假如形勢發展到這個地步，行政主導政體便無法不折不扣地落實了。

為體現行政機關與立法機關的"相互制衡"關係，以防行政長官濫用職權，《基本法》也授予立法會彈劾行政長官的權力。不過，彈劾程序非常繁複，即使行政長官最終被成功彈劾，立法會也不能因此罷免行政長官。原因是：行政長官的任免權掌握在中央政府手中。[8] 儘管如此，立法會議員在行政長官民望不高與政績差劣的情況下，仍可通過啟動或威脅啟動彈劾程序來向行政長官施加政治壓力，迫使特區政府向立法會讓步。

總的來說，雖然《基本法》賦予行政長官廣泛的管治權力，但若他在立法會內缺乏一個穩定和可靠的多數力量支持，行政主導亦只會流於空談。《基本法》沒有授予立法會行政決策權與立法主動權，因此立法會議員即使運用對政府提案的否決權，也未必可以迫使行政長官與立法會分享管治權力。但若立法會與行政長官相持不下，一方面，政府的重要提案不能在立法會順利通過；另一方面，立法會又未能借反對政府而獲得對政府政策的影響力，則整個特區的管治效率及政府的領導能力便會大為削弱，從而損害香港的繁榮穩定。毋庸置疑，只有在行政長官能有效駕馭立法會、在社會上有廣泛支持基礎和民望崇高的情況下，行政主導政體才有實現的可能。

行政機關與司法機關

在行政主導政體的設想中，司法機關並未被賦予明顯的行政管理和制衡行政機關的職能。基於司法獨立與法治對香港繁榮穩定的重要性，《基本法》第八十一條第二款規定："原在香港實行的司法體制，除因設立香港特別行政區終審法院而產生變化外，予以保留。"

在殖民管治時期，香港的司法機關在確保行政機關遵守法律方面的確扮演着重要角色。然而，由於殖民政府擁有龐大的立法權力，英國也有權直接為香港立法（當然這方面的權力基於現實政治考慮很少行使），司法機關對行政機關的制衡作用不包括司法機關可對公共政策有重要的影響力，也不表示司法機關對政制運作有明顯的左右作用。再加上一般而言司法機關比較傾向於尊重殖民政府的施政自主權，所以在整個香港殖民史中，行政機關的管治權威和能力沒有受到司法機關的挑戰。

然而在香港回歸中國之後，香港的法制出現了一些重大變化，使司法機關在政治上的地位與能力大為提高。最顯而易見的變化是，香港有一本成文的"小憲法"。[9]《基本法》第十一條第二款規定："香港特別行政區立法機關制定的任何法律，均不得同本法相抵觸。"更重要的是，《基本法》第一百五十八條第一款雖然清楚表明"本法的解釋權屬於全國人民代表大會常務委員會"，但該條第二款仍授權香港特區的法院"在審理案件時對本法關於香港特別行政區自治範圍內的條款進行解釋"。在一般情況下，由於全國人大常委會不會對特區自治範圍內的條款進行解釋，所以香港法院對《基本法》的解釋、對該法在香港的實施，以及對中央政府對香港政策的落實有着莫大的關係。

另一項重大的變化是，香港在回歸後設立了終審法院。在殖民時期，香港並不享有終審權，終審權屬於英國的樞密院。回歸後，在"一國兩制"政策下，"國家授予香港特別行政區高度自治權，其中包括司法方面的終審權。這就是，在香港各級法院所審判的案件，其最終審級就在香港，不必上訴到北京的最高人民法院。"[10] 由於終審權在香港，終審法院的判決無人可以推翻。即使終審法院在審理案件時對《基本法》有關條文作出錯誤的解釋，而事後全國人大常委會又對那些條文作出"正確"的權威性解釋，終審法院就該案件所做判決也不受影響。為使香港特區能有較大靈活性以適應環境的變遷，《基本法》對特區的政治體制和公共政策，只做原則性或粗略的規定。在此情況下，香港司法機關所擁有的對《基本法》解釋權與終審權，便使它在政制運作上、政策制定上及政治權力的分配上可扮演舉足輕重的角色。如果司法機關傾向於尊重行政機關在立法和政策制定上的自主權,則"行政主導"原則便較有可能實現。反過來說,若司法機關意圖擔當一個積極制衡行政機關和參與政策制定的角色,則行政長官的憲制權力不可避免地會被削弱。

在其他有成文憲法的國家或地區,司法機關運用其解釋憲法的權力而介入政策制定與行政管理的事例甚多。比較突出的是美國的最高法院在第二次世界大戰後的舉動。通過對人權內涵的擴張演繹、對行政立法關係的重新定義、對憲法解釋規則的修訂,以及容許更多民間人士與團體運用司法程序以實現"公眾利益",美國的司法機關變得愈來愈政治化,並成為一個重要的公共政策制定者。[11]

與美國的最高法院相比,香港的終審法院在影響特區政制運作和政策制定方面,可以說擁有更大的力量。美國的最高法院在第二次世界大戰前在政治上並不活躍,再加上美國憲法在此之前已運作相當長時間,政制運作已形成一套模式,這套模式在相當程度上也限制了最高法院對政制運作的影響力。美國憲法也沒有詳細列明公共政策的原則與內容,因此美國政府或國會在制定公共政策時有較大的自主權,制定的政策或作出的決定不會隨便受到法律的挑戰。再者,美國制憲者的立法原意,既然可從與制憲有關的文件及制憲者本身的著作和言論中得知,司法機關也就不能過分按自身意向詮釋憲法。

香港的情況很不一樣。自從 1984 年殖民政府開始引入代議政制以後,香港的政治體制便不斷變遷。中英兩國在政制問題上的爭議,除了使政制發展處於不穩定狀態外,更導致回歸時政制不銜接的情況。尤為複雜的是,香港內部長期以來沒有在政制問題上形成共識,社會上始終有一些勢力認為政制過於保守,發展步伐又過於緩慢,因此不斷提出改革要求。此外,《基本法》所規定的政體只有幾年的運作經驗,即使在正常情況下要建立制度運作的範式也不可能。所以,在政制運作爭議不休的環境下,司法機關自然可以通過詮釋《基本法》獲得較大的影響政制運作的空間。

《基本法》的主要內容來自 1984 年 12 月 19 日中英兩國所簽署的有關香港問題的《中英聯合聲明》。為了維繫港人與國際投資者對香港的信心，《中英聯合聲明》與《基本法》頗詳盡地把香港在 20 世紀 80 年代中期的社會、經濟和文化政策以法律條文的形式確定下來。所以，與其他地方的憲制性文件的最大不同之處是，《基本法》羅列了大量公共政策的原則與內容。這些東西無疑會引發訴訟，而相關訴訟自然又會給予司法機關介入公共政策的爭論，並從中取得影響公共政策的機會。

《基本法》的起草過程，是在中英兩國互不信任，以及中央政府與港人之間相互猜疑的環境下進行的。儘管《基本法》起草者曾就《基本法》有關條文向各界人士諮詢，但不容否認的是，《基本法》起草委員會的工作與活動頗為隱蔽。中央政府決策方式的不開放，自然也體現在起草委員會的運作方式上。結果是：除《基本法》的文本外，中央政府迄今沒有頒佈具有權威和可顯示立法原意的文件，因此一般人不能了解《基本法》每一條文的複雜含義和立法意圖。雖然起草委員會有部分法律專家撰寫專著講述《基本法》的內容和立法背景，但這些著述不具有法律上的權威地位。在此情況下，香港的司法機關便具有廣闊空間，按其意向對《基本法》作出解釋。

《基本法》的起草者乃至中央政府，對於特區司法機關可能借對《基本法》的解釋強化其在公共事務上的領導地位，可能有一定洞察，因此沒有把對該法中關於香港特區自治範圍內條款的解釋權完全授予特區的司法機關。由於《基本法》的最終解釋權在全國人大常委會，法理上它可以主動或被動地在特區案件訴訟期間或訴訟期外對那些與高度自治有關的條文進行解釋，以起到約束特區司法機關的效果。不過，考慮到港人和國際社會對"一國兩制、高度自治"和對內地法治的信心尚未確立，任何全國人大常委會解釋《基本法》的行為都會導致中央政府被指控試圖干預特區事務，削弱特區高度自治。所以，除非萬不得已，全國人大常委會不會對《基本法》進行解釋。可以預見，在絕大部分情況下，特區司法機關對《基本法》的解釋，無論在社會上受到多大質疑，在實際上都會是"最後"的解釋。這便給予特區司法機關頗大的政治和政策影響力。

行政長官、行政會議與管治聯盟

從以上的分析我們可得到如下結論：儘管《基本法》起草者意圖通過授予行政長官高度的政治地位和決策權力來建構一個行政主導政體，但《基本法》同時給予其他機構獨立的憲制權力。立法會與司法機關相對於行政機關而言，雖然主要扮演制衡與監督的角色，但這兩個機構所擁有的權力在某些情況下又可以在決策和管治上扮演更積極的角色。雖然在任何情況下，我們難以設想會出現所謂"立法主導"或"司法主導"的情況，但行政主導肯定不會因為《基本法》的緣故而必然成為事實。

要使行政主導政體成為事實，行政長官和他所領導的特區政府必須同時具備憲制以外的政治權力與威望。他和他的政府需要得到一個強而有力管治聯盟的可靠與穩定支持。[12] 組成這個管治聯盟的，應是社會上有影響力的政治、社會和經濟領袖，及他們所領導或代表的勢力與團體。管治聯盟內部需要有一定的組織性與穩定性。特區政府的各種政策必須獲得管治聯盟的認同，以反映聯盟成員的利益。聯盟內不同力量與利益必須經常進行協調，以求各方面的訴求長遠而言都獲得照顧。行政長官及其領導班子的核心成員，在構建與維繫管治聯盟的過程中，必須擔當關鍵的角色。

這個管治聯盟必須有相當的羣眾基礎。聯盟中部分成員與團體需與一般民眾有組織上的聯繫，並且能借此對民眾進行政治動員。聯盟中部分成員與團體也需對大眾傳媒有一定的影響力，能通過後者進行民意領導與輿論發動。

要建立一個支持行政長官與特區政府並具備廣泛社會基礎的管治聯盟，實非易事。它要求行政長官有遠大的政治視野、廣闊的政治胸襟、高度的政治智慧、敏銳的政治觸覺、高超的政治技巧，以及強韌的包容和妥協能力。建設管治聯盟，不是為個別行政長官服務的權宜之計，而是關乎行政主導政體的安危和香港在《基本法》下長治久安的重大部署。就長遠而言，在缺乏強大管治聯盟的支持下，不單特區政府難以有效管治香港，整個政治體制的認受性與合理性也會受到質疑。

只有在管治聯盟的襄助下，特區政府才可享有較高的政治威望與管治能力。一個受人民愛戴的行政長官，即使未必能得到立法會議員的信任與支持，後者肯定不會輕易反對或批評行政長官和特區政府，因為這樣做容易引起公眾不滿從而付出不必要的政治代價。一個有社會基礎的管治聯盟，也很有可能在立法會選舉中贏取部分或大部分議席，從而紓緩立法會與行政機關之間可能發生的各種矛盾與衝突。管治聯盟也可以為特區政府的重大政策尋求民意、輿論和各方勢力的支持，從而強化行政長官的領導能力與政府的管治效能。由於管治聯盟有能力影響社會人士對《基本法》作出有利特區政府的理解，而這種理解又會反過來左右司法機關對《基本法》的解釋，司法機關自然不能隨便通過解釋《基本法》來削弱行政機關的主導性。否則，司法機關在港人心目中的威信也會受到影響，而人們亦會較傾向於支持全國人大常委會出面"糾正"司法機關解釋《基本法》的偏差。凡此種種，都不是一個歷史尚短而威望未立的終審法院及其領導的司法機關所希望看到的。

如前所述，行政主導與管治聯盟是相輔相成的事物。在缺乏強而有力的管治聯盟的幫助下，行政主導容易演化為行政專權。專權的意思是行政機關在社會不認可甚至反對的情況下，強行行使《基本法》賦予行政長官和特區政府的憲制權力，以期達到特區政府的施政目標。顯而易見，這種做法只會進一步腐蝕行政主導政體的政治根基，削弱政府的管治能力。在香港這樣高度現代化和複雜的社會中，大部分公共政策的有效執行都需要社會各方的支持和配合。相反，若公共政策遇到社會的抗拒或抵制，則無論行政長官有多大的憲制權力，他也難以在施政上有所作為。

有必要指出的是，行政主導與管治聯盟也有相互矛盾之處。從狹義來講，行政主導表示行政機關可以完全或基本上按其施政方針管治香港，而無須對其他政治機構或勢力作出重大妥協。管治聯盟的建設，在香港利益多元化的環境下，卻要求行政機關積極協調與糅合自身與各方面（包括反對力量）的利益，以求組成一個具廣泛社會支持基礎的政治勢力。換句話說，行政長官不能專斷獨行，自以為是或剛愎自用。他必須主動與各方面聯繫與協商，並在過程中不斷調整其管治策略和政策內涵，以求凝聚一股跨階層和跨界別的政治力量，作為其政府執政的堅實基礎。

在構建管治聯盟時，行政會議的角色至關重要。香港特區的行政會議源於殖民管治時期的行政局。之所以要設置它，除認為該制度有其可取之處外，更重要的是要體現“50 年不變”原則下香港政治體制的延續性。

殖民政府在 20 世紀 80 年代中期開始引入代議政制（主要在立法機關逐步加入由選舉產生的議員）之前，行政局的角色頗為清晰。之所以要用“頗為”一詞，是因為不同殖民地總督由於政治需要與政治個性不同，他們賦予行政局的角色與職能也有一定的差異。不過總的來說，行政局作為由總督委任並且權力完全源於總督的機構，有以下幾個明顯的功能：一是總督借招攬一些殖民地人民中的精英分子進入政府決策高層，可起到籠絡華人社會精英與強化殖民管治政治認受性的效用。二是殖民管治的本質是異族統治。異族統治者對華人社會的民情民意並不熟悉，故此被延攬的華人精英可作為殖民政府的耳目，使政府的施政不致過分拂逆民意而激發反政府行動。三是在立法局議員全部由總督委任的情況下，那些同時在立法局擔任資深議員的行政局議員，自然又擔負起領導整個立法機構的角色。我們甚至可以說，晉身行政局，是大部分立法局委任議員夢寐以求的事。再加上總督兼任立法局主席和決定立法局的討論議程，整個立法局便牢牢地控制在殖民政府手中。在此情況下，立法局只能扮演有限的監察政府角色，行政與立法對抗的例子，可謂絕無僅有。四是行政局成員基本上只是總督的私人顧問。當然他們對總督的影響力因人而異，而總督在考慮行政局成員的人選時，也會衡量他們的社會背景，以求行政局內的聲音不致過於單一。很明顯，行政局成員以個人身份接受總督的委任，將以總督為唯一的政治效忠對象。在這種情況下，行政局逐步演化為一個緊密團結的領導核心，而"集體負責制"和"保密制"兩大原則也自然衍生。再者，行政局成員既以個人身份受聘，也沒有責任扮演殖民政府與社會各方勢力橋樑的角色。殖民政府既無意圖亦無需要與被管治者中的部分人士與團體組成管治上的聯盟關係。

不過，隨着代議政制的引進，行政局的身份與角色也愈來愈模糊。選舉產生的立法局議員，其權力與地位不再源於總督，因此也不再受到行政局議員的節制，而行政局與立法局的領導與被領導關係也迅速崩潰。總督不再兼任立法局主席，標誌行政機關與立法機關的正式分家。在最後一任總督彭定康的主政下，行政局成員基本上只扮演總督私人顧問的角色，而小部分成員在總督的授意下肩負政府政策解釋者的職能。由於中英兩國在回歸前幾年劇烈爭鬥，彭定康在尋覓行政局人選時倍感困難，從而削弱了行政局在社會上的威望。

彭定康任內的另一發展是，立法局議員不再被委任為行政局議員。

一方面，彭定康無意委任與中方友好或有機會發展友好關係的立法局議員進入行政局；另一方面，彭定康也因怯於中方反對，不願意委任與中方關係欠佳的立法局議員。此外，殖民政府在其最後幾年的管治歲月中，也無意讓不能對其絕對效忠的人士進入統治核心，雖然行政局可以通過引入民選議員來強化政治權威。

所以，行政局在殖民管治的最後歲月裏，地位與角色都急劇下降。然而，在 1990 年所頒佈《基本法》的行政會議，卻仍在相當程度上試圖保存行政局在代議政制引入前的模式。這肯定不合時宜，同時使回歸後的行政會議角色模糊、定位困難。

回歸後的行政會議雖與回歸前的行政局有某些差異 [13]，但《基本法》起草者實際上是把兩者的職能等同起來。根據《基本法》第五十四條：“行政會議是協助行政長官決策的機構。”第五十五條規定：“行政會議的成員由行政長官從行政機關的主要官員、立法會議員和社會人士中委任。”至於行政會議的職能，第五十六條有如下界定：“行政長官在作出重要決策、向立法會提交法案、制定附屬法規和解散立法會前，須徵詢行政會議的意見，但人事任免、紀律制裁和緊急情況下採取的措施除外。”儘管《基本法》沒有明文規定行政會議成員必須遵守“保密制”和“集體負責制”等原則，但從整個《基本法》的起草思路來看，這些原則應屬應有之意。

所以，無論人選與職能，回歸後的行政會議大體上是回歸前行政局的翻版。行政會議必須包括立法會議員，更反映了《基本法》起草者希望它能和行政局一樣，擔負起行政機關和立法機關的橋樑角色。在《基本法》的設想中，“行政會議不是決策機構，而是行政長官的諮詢機構，幫助行政長官進行決策。”此外，“行政會議還可起到一定的監督作用，對行政長官進行適當的監督。” [14]

不過，隨着行政與立法的分家，立法機關不再受行政機關的領導和約束，行政會議難以再積極扮演協調行政機關與立法會的角色。事實上，就行政局而言，這個角色在殖民管治最後幾年已蕩然無存。行政長官也無須如殖民統治者般需從被殖民者中挑選人才進入領導核心，以增強異族統治的認受性。當然，行政會議中的"社會人士"依然可以以行政長官的個人顧問身份出現，但若他們被賦予任何決策權力，將不可避免地引發與主要決策官員的"地盤爭奪"戰，並損害整個特區政府上層的團結。即使作為行政長官的個人顧問，若"社會人士"本身仍有私人業務或工作，由於能夠聽聞政府的決策內容、獲取政府的機密資料，或者能夠影響政府的政策路向，這仍不可避免地會招致"公私不分"或"假公濟私"之譏，直接挫傷特區政府的威信。隨着港人對從政者的道德操守要求與日俱增，以"兼職"身份出任行政會議者所受的政治壓力與公眾質疑，必然有增無減。

再就行政會議內的立法會議員而言，在行政與立法分家的情況下，他們如何既向行政長官效忠，又向自己的選民盡責，確實相當困難。若政府政績彪炳，行政會議內的立法會議員也難以此邀功。相反，若政府表現不孚眾望，則他們及其所屬政黨恐怕也難辭其咎。不過，若行政機關實質上是與立法會內部分政黨分享管治權力，行政會議內的立法會議員，則是以相關政黨的代表身份進入領導核心，而政府的施政方針與任何政策事先都必須取得政黨的同意，那又另作別論。在此情況下，"保密制"和"集體負責制"對有關立法會議員自然也不會構成威脅，因為他們已實質上成為行政機關的一分子。然而，如此一來，我們便很難認為這種安排反映了《基本法》起草者對行政主導政體的設想。

既然《基本法》所設想的行政會議角色在回歸後不易實行，那麼行政會議便有需要另外尋找一個既符合其在《基本法》中具有較高政治地位又切合行政主導政體需要的角色。慶幸的是，雖然《基本法》起草者對行政會議的期望頗為清晰，但沒有對它的職能作出嚴密與仔細的規定，因此行政長官要為行政會議的職能與角色重新定位，也並非全無可能，只要他有明確的意向。比較麻煩的是，行政會議內必須要有立法會議員的規定。不過，若行政長官最終不得不與立法會內某些黨派合作，而在某種程度上放寬"保密制"與"集體負責制"的規限，甚至完全廢除這兩種制度，容許行政會議內的立法會議員有較大政治活動空間，則這個麻煩也不難處理。

從行政主導政體的長遠發展來看，行政會議最終不可避免地要成為行政長官領導下的管治聯盟核心。行政會議成員絕大部分會是全職的政治人物，身份是行政長官的政治盟友，在政治上襄助行政長官，當然其中部分成員具有制定決策的權力。他們當中有部分成員是社會上各種勢力與利益的代表，能動員社會力量來支持特區政府。他們應具有政治智慧與能力，以擴大和鞏固特區政府的社會基礎，以及領導民意與塑造輿論的技巧與能量。簡而言之，作為管治聯盟的核心，行政會議的主要角色既是團結性的（維繫該聯盟的凝聚性及穩定性），更重要的是開拓性的（強化行政長官及特區政府的社會支持基礎和管治威望）。因此，行政會議將是一個徹頭徹尾的政治組織，絕大部分成員也是徹頭徹尾的政治動物。

主要官員

另外一個涉及建設管治聯盟的問題，是主要官員的身份與職能。毫無疑問，主要官員既是行政會議的核心，也是管治聯盟的核心。由於主要官員擁有制定及執行決策的權力，他們在行政機關的重要性大體上應比行政會議內的"社會人士"有過之而無不及。又由於行政長官的施政成敗得失取決於主要官員對他的支持、信任與尊重，後者因此必須對他高度效忠，他們雙方必須合作無間，坦誠相待又休戚與共。任何在他們之間出現的嫌隙、齟齬或不和，不僅會動搖政府高層的穩定性，也會嚴重削弱政府的管治能力以及在羣眾中的威望。此外，主要官員與行政會議內的"社會人士"及管治聯盟內的其他核心成員，必須能和衷共濟、步調一致，否則整個管治聯盟必將陷於渙散狀態，其政治能量亦必將大打折扣。

理論上，主要官員的任免應完全由行政長官決定，並應和行政長官共同進退。通過靈活地任免主要官員，行政長官更可強化他對中央政府、立法會和社會人士負責的能力，籠絡社會精英，強化與優化管治聯盟並貫徹施政綱領。

然而，在保存原有政治體制的大前提下，《基本法》起草者對主要官員角色的理解，卻不利於行政主導政體的運作與發展。按照《基本法》第四十八條第五款，行政長官有權提名並報請中央政府任命主要官員，也有權建議中央政府免除該等官員的職務，因此主要官員的任免帶有政治色彩。也就是說，主要官員沒有固定任期，隨行政長官的喜惡或政治需要而進退，他們的職位也不享有法規上的保障（例如，在被免職時，沒有投訴或上訴的渠道）。

不過，根據《基本法》起草者的設計和構思，這種政治任命的性質是有限度的。首先，行政長官對主要官員的任免只有建議權，沒有任免權，任免權始終掌握在中央政府手中。因此，在建議任免主要官員時，行政長官不能不顧及中央政府的意向，所以不具備絕對的高層行政官員人事任免權。理論上，中央政府在有需要時可運用它對主要官員的任免權來掣肘行政長官。

從行政主導政體的運作需要和管治聯盟的建設需要來說，主要官員應是具有高度智慧與能力的政治人物，而出任主要官員更是他們開展個人政治事業的重要環節。然而，《基本法》起草者卻不是這麼想，這可以從《基本法》第一百零一條將主要官員歸類為"公務人員"一事中可見一斑。事實上，究竟主要官員應為政治人物還是公務人員，也確曾在基本法起草委員會政治體制專題小組詳細討論過。他們的看法是：

> 如果主要官員是公務人員，可以使主要官員從公務人員中培養，有利於提高主要官員的素質，行政長官的任免涉及主要官員的任免，影響主要官員的穩定和出路。如果主要官員不是公務人員，他們可以與行政長官共進退，與《中英聯合聲明》的精神相一致，但主要官員的質量不易保證。專題小組討論後認為：＂主要官員一般應從公務員中挑選，但也可以從公務員以外的社會人士中挑選，後者擔任主要官員期間，按合約享受公務員待遇，任期滿後即脫離公職；主要官員工作調動和增加司局級官員編制須報中央人民政府批准。＂這樣，新任的行政長官可以提名新的主要官員，也可以提名一小部分或者調動一部分主要官員，既保證了主要官員的質量、穩定，又使規定與《中英聯合聲明》的精神相一致。[15]

基本法起草委員會的意向是把主要官員列入公務員編制。這種安排當然能起到政治上穩定公務員隊伍及安定人心的作用，但也會帶來一些對管治聯盟建設的消極影響。首先，被任命為主要官員的人在公務員體制下得到工作上的保障。即使行政長官免去其主要官員的職位，他也必須在公務員架構內另覓職位加以容納，因此該人士仍得以留在行政機關，卻遇到貶官的命運。如果連續幾任行政長官的主要官員都做較大幅度的換班，則特區政府內便會殘留大批被罷黜的主要官員，當中可能會有人心懷怨懟，這顯然不利於行政機關的團結與運作。

另外，主要官員既身為公務員，也受到公務員規則中對公務員從事政治活動所施加的嚴格限制。主要官員不僅不可以為行政長官在社會上進行政治聯繫與動員的工作，也不可以參加由行政長官所領導的政治組織。簡而言之，主要官員難以成為行政長官的得力政治盟友與夥伴。

還有一種情況是，主要官員既然是公務員，自然傾向於認同公務員的架構、傳統及做事方式。很明顯，主要官員和公務員無論在思維方式、決策模式、政治個性、與民眾的關係，及政治作風等方面都存在着差異。[16] 公務員一般以"政治超然者"共相標榜，鄙視政治及政客，對大眾崖岸自高，又篤信理性思維。對大部分公務員而言，要蛻變成為政治精英不是易事。

最後，主要官員若同時是公務員，將傾向於以公務員作為其終生事業，因此心理上抗拒與行政長官共同進退，同時不願承擔個人政治責任。當然，他們心中也明白，隨着行政長官的更替，可能喪失主要官員的職位。不過，若他們未能調整自身的政治心理狀態，不再視主要官員為終生職業，期望他們矢志不渝地效忠行政長官，實在是十分困難的事。

所以，《基本法》起草者對主要官員身份與角色的理解，長遠而言，不利於行政主導政體的有效運作與發展。值得慶幸的是，《基本法》的條文還未對主要官員身份和角色的演化造成不可克服的限制。除中央政府對主要官員的任命權不能剝奪之外，在《基本法》的框架內，行政長官仍可以把主要官員從公務員體系中分離出來，使他們不再具備公務員的身份及相關特點。如此一來，主要官員便可以與行政長官在政治上命運與共，同時負起政治領導人物的責任與義務。

其他不利於組建管治聯盟的因素

儘管管治聯盟是行政主導政體不可或缺的基礎，但《基本法》所規定的政治體制，除了在行政會議和主要官員的設想上為組建管治聯盟設置障礙外，政制的一些其他方面同樣有負面影響。

行政長官的"雙重負責性"在相當程度上限制了他組建管治聯盟的

能力與空間。《基本法》第四十三條第二款規定行政長官既要對中央政府負責,同時要對香港特區負責。與"香港特區"相比,"中央政府"是一個十分清晰的政治實體。在民主集中制下,它的意志是統一的。加上行政長官的任免權在中央政府,後者對前者的影響顯而易見。縱使中央政府堅持不干預香港事務,行政長官也斷不可能完全不揣摩中央政府的意向而自行其是。鑒於中央政府與香港的各種政治勢力有不同關係,而其中民主派團體及人士與中央政府的嫌隙又難以在短期內化解,再加上港人對中央政府的疑慮在回歸後也會在相當長時間內揮之不去,行政長官在構建管治聯盟時,便不可能按實際政治需要與各種政治勢力合作或結盟,以免得罪中央。問題是:行政長官若不能權宜籠絡一些不為中央政府所喜卻被港人支持的政治勢力,則他所組建管治聯盟的社會基礎將不可避免地流於狹隘,從而不能發揮巨大政治能量。

《基本法》所規定的行政長官產生辦法,在很大程度上貶損了行政長官的政治認受性。除第一任外,行政長官是由一個主要代表各方精英分子(特別是工商界人士)所組成的 800 人選舉委員會所產生。第一任行政長官的選舉基礎尤其狹隘。選舉第一任行政長官的 400 人推選委員會,是由全國人大常委會委任、有 150 名成員的特區籌備委員會選出。以此觀之,中央政府對第一任特區行政長官的人選有舉足輕重的影響力。鑒於自 20 世紀 80 年代中期以來,港人對各類政治與社會精英的信任與尊重持續下降[17],對民主的訴求又逐步上升[18],一位建基於狹窄精英支持,而又被視為在重大事情上不能拂逆中央政府意旨的行政長官,在尋求民眾支持時肯定會遇到困難。與立法會和司法機關相比,行政長官在政治認受性方面也明顯處於劣勢。

就立法會而言,儘管只有 1/3 的議員經由直選產生,因此不能以高度權威性與代表性的民意機構自居。但它的政治認受性基礎肯定比行政長官高,至少,一般民眾認為立法會是他們所擁有且最重要的政治表達和利益爭取渠道。

司法機關雖然並非經由選舉產生，但一個多世紀以來的殖民管治，卻在港人之間形成一股崇尚法治與尊重法官的風氣。港人的守法精神和對法治的執着，使司法機關成為最受港人信任的公共機構。假如行政機關與司法機關發生摩擦，在一般情況下，港人傾向於支持後者。

另一個阻礙管治聯盟組建的政制因素，是《基本法》對公務員制度的維護。《基本法》刻意保留回歸前那套以"用人唯賢"為原則和受法律嚴格監控的公務員系統，認為它是香港過去繁榮穩定的基石。第一百零三條明確規定："公務人員應根據其本人的資格、經驗和才能予以任用和提升，香港原有關於公務人員的招聘、僱用、考核、紀律、培訓和管理的制度，包括負責公務人員的任用、薪金、服務條件的專門機構，除有關給予外籍人員特權待遇的規定外，予以保留。"也就是說，除極少數主要官員外，所有公務員都是"擇優取錄"及"政治中立"的行政人員。行政長官在這種制度安排下，不能通過大量分派行政官員職位給支持者的辦法來吸納各方人士進入他所領導的管治聯盟。這種以分派公職來擴大政治支持基礎的做法，在其他行政主導的政體中非常普遍。

《基本法》在公共政策上的種種規定和限制，也妨礙了管治聯盟的建立。在《基本法》的框架下，行政長官難以通過靈活的公共資源運用來籠絡人心和拉攏政治盟友。《基本法》審慎理財的原則，目標在於防範出現"大政府"。《基本法》第一百零七條規定："香港特別行政區的財政預算以量入為出為原則，力求收支平衡，避免赤字，並與本地生產總值的增長率相適應。"第一百零八條更明確要求特區"參照原在香港實行的低稅政策"。在這些規定下，除非香港的經濟蓬勃發展，從而令府庫充盈，否則政府難以通過增加福利開支，以爭取基層政治勢力的支持。相反，若香港經濟萎縮而府庫緊縮，則在那些規定下，一般民眾與政府的關係必然緊張，要營建管治聯盟更無從說起。

最後，《基本法》在政治體制上的設計不利於政黨的發展與壯大。
首先，掌握行政決策大權的行政長官既然並非通過普選產生，建基於羣
眾支持的政黨便難有執政機會。一個沒有可能奪取執政權力的政黨，在
政治功利主義瀰漫的香港社會，並沒有太大的發展空間。立法會的產生
辦法，至少在特區成立後的 10 多年內使社會上的主要利益團體和精英
分子，可以通過功能界別或選舉委員會選舉，取得不少於一半的立法會
議席。這便免除了社會上各方利益依靠政黨來代表和保衛自身利益的需
要。具體地說，在這種選舉制度下，政黨難以獲得大量來自工商界的資
助，其物質資源基礎因此在相當程度上被削弱。這個選舉制度也不可避
免地導致立法會內各種力量高度分割的局面。雖然多數議員在政治問題
上傾向於保守，而在一些涉及民生的議題上，政治取向不同的議員也可
能有機會聯手向政府提要求，但立法會內始終沒有一個黨派可以控制多
數議席。不同黨派和背景的議員之間關係也長期處於不穩定狀態。

對行政機關而言，最糟糕的情況是立法會內形成一股穩定的多數派
反政府勢力。在《基本法》的規定下，至少在特區成立的頭 10 年裏，這
種情況出現的可能性不大。最理想的情況當然是行政機關在立法會內有
穩定可靠的多數議員支持，但這基本上也是不可能的事，因為立法機關
選舉的設計，除阻礙政黨發展外，還阻礙行政機關在立法會內凝聚一股
支持政府的多數力量。就算立法會內經直選產生的議員比例不斷增加，
在缺乏有廣泛社會基礎的管治聯盟支持下，行政長官所面對的恐怕將是
一股愈來愈難以駕馭的反政府或與政府對立的力量。

比較可能的情況是，立法會內既沒有蓄意與政府為敵的多數力量，
也沒有甘心與政府為伍的多數力量。立法會是否支持政府的政策與提
案，要看政府能否為那些政策與提案在立法會內湊夠多數支持。同一道
理，政府能否成功阻止立法會通過不利於政府的法案或動議，也取決於
政府能否分化和瓦解立法會內的反對力量，或組合比反對力量更大的政

府支持力量。所以，在大部分立法會處理的爭議性事項中，政府都難以依靠立法會的自動支持。政府要竭力在每一事項上營造立法會議員的多數支持，在不同事項上支持政府的多數派議員很可能並不相同。為維持行政主導局面，高層官員乃至行政長官本人都必須付出很多時間和精力去處理與立法會的關係。行政機關的施政效能無疑在一定程度上受到不利影響。

《基本法》政制的設想雖然不利於組建以行政長官為首的管治聯盟，但長遠而言，在缺乏該聯盟的條件下，行政主導政體也難以有效運行。從政治現實角度觀之，某種形式的管治聯盟始終會出現，而出現的時間及其形態與強弱又在相當程度上取決於中央、行政長官及建制派的膽量、遠見與能力。

其他國家或地區出現的強勢行政領導人，無一不是以強大的管治聯盟為後盾。墨西哥之所以有強勢的總統，得益於以下 5 個條件：一是憲法規定總統擁有高度的法定權力；二是存在一個統一的政府，即執政黨控制總統的職位和國會內的兩院；三是執政黨內有嚴密的紀律；四是總統乃執政黨內被公認的領袖；五是執政黨是社會上重要的利益團體領導者。[19] 法蘭西第五共和國的戴高樂（Charles de Gaulle）總統之所以能在國家事務上運籌帷幄，在於他所領導的政治力量能在國會中取得優勢，從而可委任自己的政治盟友為總理。當然，作為法國的"二戰"英雄，戴高樂本人也有足夠力量締建一個以他為核心的管治聯盟。[20]

在《基本法》的框架下，特區行政長官大概只能利用手上的政策制定權和人事任命權去組建一個既不太穩定又頗為鬆散的管治聯盟。換句話說，他所能運用的資源主要來自所領導的行政系統。當然，中央政府的無限量支持也有利於他在政治上結盟。然而，過分依賴公共資源容易招致"假公濟私"的指控；而過分依靠中央政府的支持或阻嚇也可能會引起行政長官過度順從中央政府的批評。兩種情況都有損行政長官的威信。明顯地，一個具有高度政治智慧與技巧同時擁有優良政績與崇高民望的行政長官，自然有巨大能力組建他的管治聯盟。但無論如何，任何管治聯盟的基礎，都不能與主流民意相差太遠。

回歸以來的一些經驗

以上討論是從較理論的角度出發，目的在於說明《基本法》所設想的行政主導政體只有在適當的政治土壤中才有實現的可能，而尤其重要的是，行政長官必須在政治上高瞻遠矚，同時必須具備優秀的領導才華和政治手腕。簡而言之，行政主導政體必須有以行政長官為首的管治聯盟作為承托。鑒於《基本法》為管治聯盟的建立構成不少制度障礙，行政長官更需具備非凡的政治能力才能克服相關障礙及締造有利行政主導的條件。

本來，由於《基本法》制定了一個緩慢而循序漸進的民主化進程，理論上在香港特區成立初期，行政主導政體應可以按原來的設想落實。再加上中英兩國在回歸前無法就香港的政制發展問題合作，導致 1995 年經選舉產生的立法局不能過渡到回歸之後，中方遂決定成立臨時立法會（簡稱“臨立會”），以防止香港在回歸後出現立法機關真空的情況。臨立會在回歸後的任期為一年，由於其議員是由產生行政長官的推選委員會選舉產生，因此出現一個未被預見但對行政長官董建華十分有利的形勢。既然臨立會議員同樣是由香港的精英階層頭面人物所選出，而反對中央政府的勢力又因反對設立臨立會而杯葛其選舉（不過即使它們參與選舉，也難以對臨立會的組成有明顯影響），臨立會無論是在政治立場還是在政策取向上都與特區政府完全吻合。再加上大部分臨立會議員都抱有扶持新政府的情操，因此在特區成立的第一年，除極少數涉及民生的事項外，臨立會基本上扮演了積極支持與配合行政長官的角色。相反，臨立會在制衡行政機關方面，不單力度不夠，而且允許特區政府推行一些頗具爭議性的措施。[21] 其中比較明顯的事例包括：廢除回歸前夕立法局通過的 3 條與勞工權益有關的法例，支持政府設立強制性公積金方案，以及通過政府的法律適應化條例等。

儘管行政機關和立法會在回歸後首年合作無間，但特區政府未能在該年通過樹立優良政績和組建強大的管治聯盟來深化新政府的社會根基，因此為後來行政主導政體的落實造成重大的困難。

自從 1998 年 5 月 24 日第一屆立法會按照《基本法》規定的辦法選舉產生後，行政與立法的關係便出現了質變。行政機關與立法會內的反政府勢力摩擦不斷，且有愈演愈烈之勢。那些傾向於支持政府的黨派與獨立議員，也礙於民意與輿論的壓力而不敢全力支持政府。當然，由於《基本法》規定的立法會產生辦法使傾向於支持政府的議員佔有過半數議席，因而大體上所有政府認為事關重大的法案，在官員和行政長官大力游說後都得到通過；而由立法會議員提出，政府大力反對的法案、修正案或動議都未獲通過，但每次政府的勝利（例如，對律政司司長梁愛詩的不信任動議、撤銷兩個市政局的決定和特區政府通過中央政府請求全國人大常委會解釋《基本法》有關香港居留權的條文等），都造成行政機關與立法機關之間關係的倒退。立法會內的反政府立場日趨激烈，與行政機關乃至行政長官董建華的關係勢如水火。即使那些原來支持政府的力量，也因支持政府而付出政治代價，再加上它們抱怨沒有得到與政府分享行政決策的權力和獲得足夠的政治實質回報，它們與行政機關的關係也出現倒退。

當然，迄今行政與立法的關係雖仍處於緊張狀態，但在行政機關擁有龐大決策權力之下，政府的施政仍然未受嚴重影響。但種種跡象顯示，即使在過半數議員傾向於支持政府的情況下，立法會仍會採取行動來挑戰行政長官董建華的權威和削弱特區政府的民望。立法會在

1998 年 11 月 4 日歷史性地否決了行政長官施政報告的致謝議案，以及在 1998 年 7 月不顧政府反對自行根據《立法會（權力及特權）條例》成立專責委員會調查新機場啟用時的混亂事件，都是十分重要的例子。另外，行政與立法關係的惡化，也從行政長官董建華拒絕在每次到北京述職後向立法會做匯報，以及不打算定期出席立法會的答問大會[22]、行政長官董建華和行政會議成員甚少出席每月一次旨在為行政立法議員溝通的午餐宴會[23]、有行政會議成員認定所有立法會議員為反對黨[24]等事例中可見一斑。

自第一屆立法會產生以來，它在立法主動權上的界限，一直是無法和行政機關取得共識的事項。立法會內的反對力量，自然銳意擴張立法會在立法上的權力。即使是支持政府的力量，也希望見到立法會在立法過程中有較大自主權。立法會與政府之間的分歧主要集中在《基本法》第七十四條。立法會的多數意見認為：立法會議員提出的法案是否涉及公共開支或政治體制或政府運作以及能否提出，必須由立法會主席決定。然而，行政機關卻認為，《基本法》雖沒有規定哪些法案在立法會提出前必須得到行政長官的書面同意，但在行政主導精神下，只有在行政長官同意的情況下方可提出法案。

另外，立法會議員認為若他們對政府法案提出修正案，即使涉及公共開支或政府體制或政府運作，也無須在行政長官同意後方可提出。政府的立場則剛好相反，堅持在行政長官的批准下，有關修正案才可在立法會提出。

立法會議員的立場，清楚地反映在由他們按《基本法》第七十五條所制定的《香港特別行政區立法會議事規則》中。理論上，行政機關可以向司法機關控告立法會的議事規則違反《基本法》，但一方面它考慮到這樣做對行政立法關係的影響，另一方面更重要的是它心中沒有勝算，一旦敗訴，行政機關將要承受巨大的政治打擊。

特區政府不願意讓立法會有權自行提出個人法案或修正案的理由顯而易見。一旦立法會內有超過 2/3 議員支持某項法案或修正案，則在《基本法》之下他們可以在一定程度上主宰公共政策。縱使行政長官有權解散立法會，但由於行政長官在其一任任期內只能行使一次這項權力，解散立法會的權力其實也只有微不足道的阻嚇作用。在行政機關眼中，更嚴重的是，隨着立法會增加直選議席的比例，其內出現一個佔議席超過 2/3 的反對派聯盟絕非不可思議的事。果真如是，則行政機關對公共政策的控制權也將蕩然無存。

在不想讓司法機關介入的情況下，行政機關主要是依靠 3 個辦法來避免立法會取得立法主動權。其一是以立法會議員提出的法案或修正案涉及公共開支或政府政策為由，向立法會主席施加壓力，不讓提案提出。[25] 其二是當不能阻止相關法案或修正案提出時，發動立法會內支持政府的議員否決之。[26] 其三是試圖把一些原本由立法會議員提出的法案或修正案改由政府自己提出，以避免造成立法會議員不按政府對《基本法》第七十四條的理解，繼而提出法案或修正案且獲通過的尷尬局面。[27]不過，這些始終都不是長久之計。我可以預測：政府與立法會就《基本法》的爭議，最終不是由司法機關對此事作出裁決，便是由全國人大常委會對該條文作出（有利行政機關的）解釋。

行政機關除了和立法會關係惡化之外，它和司法機關的關係也漸呈緊張之勢。究其原因，並非是司法機關刻意挑戰行政機關的權威，而是司法機關對《基本法》的理解不可避免地會導致它與行政機關的摩擦。香港回歸前後，行政機關與司法機關最明顯的不同之處是，前者出現最高領導人及其政治盟友與社會支持基礎的轉變，而後者卻大體保持原有的人事佈局。實際結果是：行政機關和司法機關雙方領導人在價值觀、法律觀和政治取向各個方面都出現了分歧。行政機關領導人注重內地與特區關係的和諧，在其職權範圍內自認為忠實貫徹中央政府對香港的政策，側重法律應用所產生的社會後果。司法機關領導人則強調香港相對於中央政府的高度自治、人權保障與擴張，以及普通法的法治原則。

1999 年 1 月 29 日香港終審法院作出裁決，容許出生時父母尚未成為香港永久性居民的港人在內地所生子女享有香港居留權。這個裁決把司法機關與行政機關的種種分歧集中表露出來。在該裁決中敗訴的特區政府最後在別無其他實際可行的辦法下，終在 1999 年 5 月 18 日通過中央政府請求全國人大常委會就《基本法》有關香港居留權的條文作出解釋。1999 年 6 月 26 日人大常委會作出的解釋否定了香港終審法院對《基本法》的理解，同時消除了大批港人內地所生子女在短期內湧入香港的危機。

居留權判決事件加劇了行政機關和司法機關的緊張狀態。由於雙方在價值觀與政治取向的分歧不易在短期內消弭，社會上的反政府力量以及各種鼓吹民主改革與伸張人權的力量視司法機關為其重要同情者，因而傾向於通過訴訟手段來表達他們的政治訴求。他們相信，司法機關會對《基本法》作出有利於他們而不利於政府的解釋。即使立法會將來也有可能利用司法途徑來處理它與行政機關的分歧，但可以想像，行政機關與司法機關的關係有日益惡化的趨勢。

在行政與立法、司法關係欠融洽的情況下，特區政府似乎愈來愈傾向於運用兩種手段去強化行政主導權。它最本能的做法是盡量利用手上的憲制權力、為數眾多的財政儲備、龐大的官僚架構，以及豐富的公共資源來實施管治。政府的這個做法卻容易被批評為專斷獨行。若此做法帶來彪炳的政績，則特區政府仍可借此提升政治威信和管治能力。可惜迄今特區政府仍未能累積優良政績，以抗擊來自社會各方的專斷獨行之譏。

近期，特區政府有選擇地試圖以發動輿論和動員民意來推行政策。最明顯的事例莫過於在 1998 年政府大舉入市購買股票以恢復金融市場

的穩定、動員民意支持對低收入或無收入人士的福利援助，以及挾民意
向全國人大常委會提出解釋《基本法》等。[28]

依靠動員民意與輿論來推行政策及對付反對力量並非萬全之策。
它假設行政機關擁有良好聲望及高超的政治技巧，而特區政府恰恰缺乏
這些條件。它也要求特區政府可調用大量公共資源，以滿足港人在精神
上與物質上的訴求，特區政府也不能做到。它更需要特區政府與大眾傳
媒和一般民眾在組織上有相當聯繫，但特區政府也不具備這個條件。此
外，民眾在某些事項上對政府作出支持後，自然希望在日後獲得回報，
政府卻不一定能夠"禮尚往來"。因此，即使政府今日在民意上取得勝
利，卻可能埋下將來民意怨懟政府之憂。

當然，在上面引述的例子中，政府之所以成功爭取到輿論與民意
的支持，是因為它可以利用已存在於社會的一些恐懼與偏見（尤其是針
對內地新移民、外國對港元的狙擊者和依靠公共援助生活者的恐懼與偏
見）來調動民意。然而，這種有利於政府的心理因素並不常見，而且政
府的民意動員工作會導致社會的進一步分化與社會矛盾的深化，從長遠
來看，不一定有利於社會的穩定與政府的有效管治。

歸根結底，要落實《基本法》行政主導政體的設想，離不開行政長
官及其政治盟友以高明政治手段建立一個有廣泛社會基礎的管治聯盟。
不過，迄今為止，該管治聯盟依然杳無蹤影。究其原因，除了我在上文
剖析的與政治體制有關的種種限制外，其他特殊因素也很多。

行政長官董建華的政治個性與背景是一個十分重要的因素。他的反
政治心態和政治經驗匱乏不利於建設管治聯盟。在缺乏可推心置腹的政
治盟友情況下，即使他意識到管治聯盟的重要性，也需要相當長時間才
可以成功組建該聯盟。

回歸以來，亞洲金融風暴及香港自身的泡沫經濟破裂，嚴重損害了
香港各方面的利益，導致精英階層及普羅大眾疏離特區政府。香港經濟

的萎縮又使特區政府的財政狀況陷入困難，削弱了政府運用財政資源以籠絡人心的能力。政府在決策方面的連連失誤使其民望降至低谷，並在社會上引發令人憂慮的反政府情緒。這種種現象肯定不利於管治聯盟的組建。

同樣重要的是，行政長官董建華迄今尚未建立一個團結、有政治威望與能力，及政治上進取的領導核心。由於行政會議成員來自不同政治背景，這個核心組織因此不能發揮應有的政治作用；再加上他們缺乏動員社會與民意支持政府的手段，行政會議難以擔當管治聯盟的凝聚者角色。行政會議成員與主要官員之間的不和所引發的負面影響，雖因行政長官董建華對後者愈加倚重而減少，但政府的管治核心不能團結一致、同心同德地工作，始終是組建管治聯盟的一大障礙。沒有一個堅實的領導核心，要建立一個可在政治上支持行政機關的管治聯盟，幾乎是不可能的。

結論

《基本法》所設想的行政主導的政體，雖然未能順利實現，但由於它賦予行政長官極大的憲制權力，又對立法會議員的提案權設置難以逾越的限制，而其所規定的立法會選舉辦法，在特區成立初期又使反對特區政府的力量在立法會只佔少數，所以直至今日，特區政府在民望不高且沒有強有力管治聯盟匡扶的情形下，仍然基本上按照其意向管治香港。當然，行政長官董建華及其政府在這種情況下擴張行政權力，容易惹來對其專橫跋扈的指控，不利於其樹立管治權威。

展望未來，香港經濟在未來幾年恐怕仍會處於低迷狀態，社會矛盾會日趨複雜，特區政府的財政緊張局面不會有明顯紓緩，特區政府民望不會有顯著改善。所以，特區政府在管治方面將遇到一定困難。

隨着立法會直選議席的增加，以及社會與政府之間摩擦的增加，實現行政主導的政體將更加困難。行政長官董建華及其政府意識到香港若不進行一些制度和政策上的改革，以強化香港在各方面的競爭力、靈活性和適應性，21世紀的香港將不再是一顆璀璨的明珠。然而，要推行改革，政府一定要取得各方面的支持，包括他們願意承受短期犧牲以換取長期利益。政府單靠行政權力不可能完成改革，必須取得社會各方對政府的信心、尊重和諒解，才能肩負帶領港人克服艱難和開拓未來的重任。在改革的過程中，政府需有成熟的政治智慧和技巧去化解社會與政府的分歧，以及協調社會內部的各種矛盾。

行政主導政體能否實現、特區政府能否有效管治、制度與政策的改革能否推行，都與建設管治聯盟有緊密關係。不過，我要在這兒強調一點：管治聯盟的組建，並非是為建立一個專權的政府；相反，它的出現，標誌着一個能與各方妥協合作，並得到社會大多數人的擁戴、有領導能力，以及進退有度政府的誕生。

註釋

1. Jorge I. Domínguez and Abraham F. Lowenthal (eds.), *Constructing Democratic Governance: Latin America and the Caribbean in the 1990s* (Baltimore: Johns Hopkins University Press, 1996); Scott Mainwaring and Matthew S. Shugart (eds.), *Presidentialism and Democracy in Latin America* (New York: Cambridge University Press, 1997); Kurt von Mettenheim (ed.), *Presidential Institutions and Democratic Politics: Comparing Regional and National Contexts* (Baltimore: Johns Hopkins University Press, 1997);Arend Lijphart (ed.), *Parliamentary Versus Presidential Government* (New York: Oxford University Press, 1992); Richard Rose and Ezra N. Suleiman (eds.), *Presidents and Prime Ministers* (Washington, DC: The AEI Press, 1980).

2. 例如，行政長官不是中央人民政府的代表和當地駐軍的負責人，沒有無條件否決立法機關通過的法案和解散立法機關的權力，不能兼任立法機關的主席，在極端情況下可被立法機關彈劾，在法律上要對立法機關負責，在特定的情況下必須辭職。蕭蔚雲.一國兩制與香港基本法律制度[M].北京：北京大學出版社，1990：253；王叔文.香港特別行政區基本法導論[M].北京：中共中央黨校出版社，1997：213-214.

3. 我特別加上 "大體上" 一詞，是考慮到特區主要官員的任命權掌握在中央人民政府手中，而行政長官只有提名的權力。

4. 蕭蔚雲．一國兩制與香港基本法律制度[M]．北京：北京大學出版社，1990：237-238；王叔文．香港特別行政區基本法導論[M]．北京：中共中央黨校出版社，1997：213-214．

5. 王叔文．香港特別行政區基本法導論[M]．北京：中共中央黨校出版社，1997：221．

6. 同上：226．

7. 蕭蔚雲．一國兩制與香港基本法律制度[M]．北京：北京大學出版社，1990：254-256；王叔文．香港特別行政區基本法導論[M]．北京：中共中央黨校出版社，1997：226-228．

8. 《基本法》第七十三條第九款規定："如立法會全體議員的四分之一聯合動議，指控行政長官有嚴重違法或瀆職行為而不辭職，經立法會通過進行調查，立法會可委託終審法院首席法官負責組成獨立的調查委員會，並擔任主席。調查委員會負責進行調查，並向立法會提出報告。如該調查委員會認為有足夠證據構成上述指控，立法會以全體議員三分之二多數通過，可提出彈劾案，報請中央人民政府決定。"

9. 在中國的法律體系中，《基本法》只是眾多的全國性基本法律之一，因此並不屬於憲法性質的法律。在香港，在約定俗成下一般人慣稱《基本法》為香港的 "小憲法"，原因是它規範了特區各方面的制度與政策。

10. 王叔文．香港特別行政區基本法導論[M]．北京：中共中央黨校出版社，1997：297．

11. William M. Lunch, *The Nationalization of American Politics* (Berkeley: University of California Press, 1987).

12. 早在 1988 年《基本法》頒佈之前，我已經提出 "管治聯盟" 的主張，認為非此行政主導政體將難以實現。劉兆佳．過渡期香港政治[M]．香港：廣角鏡出版社，1996：126-132．

13. 主要的差異在於行政會議在回歸後走向 "本地化"。回歸前，香港總督任免行政局的個別成員必須報英國皇室批准。在行政局制度下，港督如果採取與行政局建議相反的措施，必須向英國君主提出報告並列出理由。回歸後，行政長官任免行政會議成員，無須經中央政府批准。即使行政長官不採納行政會議多數成員的意見，也無須上報中央政府，只需將不採納的理由記錄在案。

14. 蕭蔚雲．一國兩制與香港基本法律制度[M]．北京：北京大學出版社，1990：237，258．

15. 同上：265．

16. Joel D. Aberbach et al., *Bureaucrats and Politicians in Western Democracies* (Cambridge, MA: Harvard University Press, 1981).

17. Lau Siu-kai, "Democratization and Decline of Trust in Public Institutions in Hong Kong," *Democratization*, Vol. 3, No. 2 (1996), pp. 158-180.

18. Kuan Hsin-chi and Lau Siu-kai, "The Partial Vision of Democracy in Hong Kong: A Survey of Popular Opinion," *The China Journal*, Vol. 34 (1995), pp. 239-264.

19. Jeffrey Weldon, "The Political Sources of Presidentialism in Mexico," in Mainwaring and Shugart (eds.), *Presidentialism and Democracy in Latin America*, pp. 225-258.

20. John T. S. Keeler and Marcin Schain, "Institutions, Political Poker, and Regime Transition in France," in Mettenheim (ed.), *Presidential Institutions and Democratic Politics*, pp. 84-105.

21. 根據特區籌備委員會的意思，臨立會只是一個用以填補立法機關真空的無奈安排。為減少港人對臨立會的抗拒情緒，籌備委員會規限它只能做一些與特區正常運作 "必不可少" 的工作，但何謂 "必不可少"，臨立會則傾向於接受特區政府的詮釋。

22. 《明報》，1998 年 7 月 23 日，A10 頁．

23. 《星島日報》，1999 年 7 月 26 日，A13 頁．

24. 《信報》，1998 年 7 月 27 日，6 頁．

25. 例如，政府試圖說服立法會主席范徐麗泰不讓梁耀忠議員就《1998 年假期（修訂）條例》提出修訂。《信報》，1998 年 7 月 30 日．

26. 1998 年 9 月 9 日，政府主要在取得功能團體選舉產生的議員的支持，並在分組點票的機制下，成功在立法會否決梁耀忠議員就《1998 年假期（修訂）條例草案》提出的修正案。《信報》，1998 年 9 月 10 日.

27. 在向立法會提交與 2000 年立法會選舉辦法有關的法案後，政府眼見李家祥議員提出的社會福利界一人一票，以及梁智鴻議員提出的把中醫納入醫學界功能界別兩項修訂有機會通過，便一反立場，代他們提出修訂。《信報》，1999 年 7 月 24 日.

28. 張炳良. 特首高官的 "行政專權" 同盟 [N]. 明報，1999-7-5.

第五部分

精英與政黨

第 13 章　精英政治與大眾政治的分離 [*]

　　比較而言，香港的民主進程及塑造的政治秩序都與眾不同。在實施民主之前或沒有民主的制度下，政治權力被精英壟斷，普羅大眾基本被排斥在政治之外。也就是說，本質上，所謂的政治就是精英政治。而民主的宗旨就是要把大眾帶入政治內，甚至最前線。雖然精英在民主制度中仍起決定性作用，但他們的政治主張在很大程度上受制於大眾，有時也被大眾牽着走。換言之，在民主的環境下，大眾政治是主導力量，而精英政治則降到輔助地位。

　　20 世紀 80 年代以前，香港受精英政治支配。但 80 年代之後，香港的民主化並非大眾政治取代精英政治的過程，而是大眾政治僅成為既有精英政治之下一個新的政治成分，儘管如此，精英政治的本質和動力也受到影響，發生重大的變化。結果是，我們看到，香港的精英政治與大眾政治和平共處。不過，這兩大陣營也只在最低程度上顯得和平共處，實際上彼此間發生嚴重衝突的可能性很大。不幸的是，短期內，精英政治與大眾政治之間的僵局很難打破。這兩種政治的分離，將給香港的政治秩序和未來發展帶來嚴重後果。

---

* 本文原以英文發表，刊於 Lau Siu-kai, "Political Order and Democratisation in Hong Kong: The Separation of Élite and Mass Politics," in Wang Gungwu and Wong Siu-lun (eds.), *Towards a New Millennium: Building on Hong Kong's Strengths* (Hong Kong: Centre of Asian Studies, The University of Hong Kong, 1999), pp. 62-79.

精英、大眾與民主化

自 20 世紀 80 年代初開始，香港政治就呈現出大眾民主冒起，精英與大眾政治兩大陣營相處時好時壞的狀況，其原因主要是香港局部的民主化。[1]核心矛盾在於：儘管中英兩國對香港民主改革的基本目標達成一致，但雙方在民主化的步伐和方式上存在非常不同的看法。在開放民主的步驟上，港英政府和中國政府均傾向於保留精英，特別是商界和專業領域精英的政治特權，同時讓大眾有機會監督政治權威。中英在民主改革上的主要不同之處，就是到底各自給予精英和大眾政治多少能量。

不論是港英政府推動的代議制民主，還是《基本法》描繪的政治體制，都是循序漸進地在立法會中增加普選成分，但立法會實際擁有的憲制權力非常有限，既沒有也不可能產生權力推翻政府。政府官僚的權力要大得多，他們擁有強大且自主的權力、特權和資源。由直選和非直選議員組成的立法會，其主要功能是擔當社會代表監督政府，同時代表廣泛的社會利益階層。中英在立法會問題上的核心分歧是，英國政府希望直選議員能佔立法會的多數，使其更有權威；而中國政府並不希望立法會擁有太多權力，直選議員少數即可。在立法會直選問題上，不論是英國政府還是中國政府的方案，都不可避免地推動大眾政治的興起和發展，從而改變香港的政治文化。[2]直選議員很可能對民眾的多方參與提供平台和動力，但大眾政治並不僅僅意味着直選。

回歸前後的政治機制為精英政治和大眾政治的共存提供了基礎。精英政治勢力以行政機關，以及靠政治施"恩"，向支持者分配要職為基礎。由於香港回歸前與回歸後都不是獨立政體，因此回歸前的英國政府和回歸後的中國政府就是香港政治勢力最明顯的權力來源。除此以外，立法會非直選議員包括來自功能界別和選舉團的選舉人士，這兩個途徑是精英進入立法會的特權，也是構成政治精英勢力的重要基礎。

　　大眾政治的基礎主要是立法會內少數的直選議員。香港的言論和結社自由，以及權威階層的容忍，是大眾政治發展的前提，也帶來了高度商業化的大眾傳媒、許多非選舉渠道的政治參與，以及以基層為基礎的眾多社會組織。

　　因此，香港的制度安排和政治氣氛為兩種政治勢力的共存提供了基礎。這種現象並非香港獨有，其他民主社會也存在類似情況。但香港明顯有兩個特點。

　　第一個特點是，自 20 世紀 80 年代初兩種政治勢力共存的現象出現以來，雙方都認為這種狀況將持續很長時間，參與的人均持此觀點，也這樣看待兩種政治勢力間的關係。儘管《基本法》第六十八條寫明："最終達至全部議員由普選產生的目標"，但是 2004 年第三屆立法會就任時，分區直選議員的比例也只達半數。我們無法預料在 2008 年選舉時，是否會增加直選議席。無論如何，在可預見的將來，我們可以肯定，香港會維持精英政治特權。就算有一天立法會實施全面普選，政府仍會為精英提供一個他們說了算的政治舞台，以保障其自身利益。

　　第二個特點是，這兩種政治力量的分離如此嚴重，以至於雙方幾乎沒有聯繫，也就是說這兩種力量的交集只是日益增加的衝突和爭拗，長期分離不利於推動彼此的建設性交往。精英階層看不出接近和動員大眾的意義，大眾反過來也認為以和平手法向精英提出訴求，不會有任何結果。

　　這兩種政治力量的長期分離，以及雙方愈來愈寬的鴻溝，勢必構成影響香港未來政治發展的重要結構性因素。更進一步地說，這種狀況也是香港管治和穩定的不利因素。

精英政治

在漫長的殖民統治時期，精英政治一直穩定有序。殖民政府壟斷所有政治權力，是有志從政華人的最終權力來源。為了拉攏本地華人協助統治，殖民政府成立了各種諮詢組織，任命其支持者，並逐步發展出一套政治權力分配的委任制度。雖然在統治者與被統治者之間建立這種主從關係（patron-client relation）網絡是為了鞏固殖民統治，但政府在物色委任對象時也非常謹慎，特別在意這些人的社會聲望。殖民政府通過對這些社會賢達的政治任命，增加其在殖民地統治的認受性。

在殖民地主從關係之下，華人精英與英國統治者之間形成聯盟。由於對殖民統治的支持，華人精英也得到了政治上的認可和好處，並反過來幫助他們建立社會地位和聲譽。基於他們與殖民政府的親密程度和功用能量，這些華人也形成了權勢等級，部分人還發展了自己的主從關係。殖民統治挑選受惠對象的方式使這些人的政治觀具有很高的同質性，而這種同質性和地位上清晰的等級制令華人精英之間很少產生矛盾，即使發生衝突，也很容易被殖民統治者化解。涵蓋在這種主從關係之下的華人精英大多受西式教育，而且多數是商界翹楚。他們忠實地支持殖民政府，也符合自己的利益。反殖民政府的精英幾乎不存在，而且無效。在反共氣氛和殖民統治的監視下，支持中國政府的華人精英在本地政治中幾乎不起作用。

20 世紀 80 年代開始，特別是決定香港政治命運的《中英聯合聲明》簽署後，精英政治變得不穩定而且混亂不堪。在管治權威日漸衰落的情況下，殖民政府已無力保持其主從關係網絡，令它不受影響。同時，殖民政權對華人精英的賞罰能力也在逐漸弱化，最終導致殖民主從關係網絡解體。香港回歸後，中國政府開始以新的政治主人的身份出現，不僅大力提升其支持者的社會地位，而且把原來港英殖民地的合作者拉到擁護中央的陣營。這兩套主從關係網絡的並存不可避免地引起了政治上的困惑和衝突。兩個陣營精英之間爭鬥成風，給早期香港政治中基本和諧的精英政治畫上句號。

擁護中央的陣營內主從關係的混亂也在很大程度上造成了香港整體精英政治的變動和雜亂無章。到目前為止，中國政府尚未建立穩定和制度化的激勵機制，以管理主從關係網絡的運作。中國政府這邊面臨的問題是，不僅仍在摸索主從機制的運作規則，而且要根據政局變遷和內地政治優先考慮等因素而不斷變動。這個原本人數少且同質性高的陣營突然擴大，意味着在政治觀點、利益和風格上的異質性都陡然增多。陣營中精英之間常常爆發衝突，而受如下因素影響，中國政府也難以成功決斷或調解：一，中國政府與陣營"新晉"們在文化上的不同，不僅妨礙雙方有效溝通，也不利於中國政府與那些"西化"精英建立互信關係。二，為了爭取政治恩惠，這些精英之間展開極其激烈的競爭，以致中國政府也很難調和他們之間的爭執。三，因為缺乏明確的規則，中國政府雖強調陣營內部的團結和諧，現實中卻遇到很多難以逾越的困難。四，在香港反共的情緒下，對民意敏感的精英很難完全按照中國政府指示行事。這些因素都造成了陣營內主從關係網絡總是處於起步階段的變動中，既沒有穩定精英政治的能力，也無法提供未來發展的前景。

香港的局部民主化為非建制的精英提供了參政機會，特別是那些面向基層，又能與政府溝通的人，他們是中國政府和殖民政府都想積極爭取的對象，為的是贏得大眾信任。這些人的參與使精英政治更加錯綜複雜，增添了引起精英不和與衝突的新因素。

殖民時期和回歸後的精英政治也有一些相同之處，例如，都比較遮遮掩掩、沒有制度化、偏好分黨派、非意識形態化、為利益所驅動（不論是象徵性的利益還是實質利益）、個人主義、偏好論資排輩、彼此間充斥着不信任和個人恩怨等。與殖民時期相比，香港回歸後的精英政治有以下幾點不同：首先，商界特別是頂級商業富豪，享有不成比例且超強的政治影響力。事實上，自港英政府 20 世紀 80 年代初進行政治改革後，香港的商界就一直尋求並得到中國政府在政治上的庇護。這些精英不僅在政治上而且在經濟上都十分保守。其次，雖然與英國政府一樣，中國政府也挑選有社會地位的人作為支持者，但一般傾向於中國共產黨的主從關係網絡精英，而不是普遍受大眾尊重的人士。因此，中國政府與這些人聯手，對提高其認受性幫助不大。最後，受上述兩點因素影響，擁護中央的精英勢力與大眾相當疏遠，也就是說，精英與大眾政治間的距離愈來愈遠。

大眾政治

如果説精英政治混亂、缺乏組織且四分五裂，那麼大眾政治的情況就更不妙。雖然如今港人對政治不似之前那般冷淡，但普羅大眾參政的情況仍不多見。[3]

除政治參與度低以外，大眾政治也沒有像樣且明確的架構。大眾的政治參與大多是零星的、一時衝動的，根本談不上組織與動員，且持續時間不長。不同的參與羣體通常參加不同活動，因此也沒有內在的宗旨和架構。每個參與者都有自己特殊的動機，但這些動機大多是個體的需要和利益，與公眾議題和政策的關聯度不大。雖然港人最近愈來愈注重人權和應享有的福利，但也都是從個體利益角度出發看待問題。與此相一致的是，這些政治參與的表達方式大多是省時、省力和無須作出犧牲的，例如投票、寫請願書、簽名、抗議、靜坐示威，或向官員和政治人物遞請願信等。

大眾政治缺乏內在一致性和結構，主要是因為沒有能長期動員和組織大眾參與政治的目標和議題。過去 10 年，"民主"可以說是最引人注目的議題，但以此作為政治參與的動員力量遠遠不夠，這也在一定程度上解釋了香港民主運動的弱點。1997 年回歸問題帶給人們強烈的恐懼和憂慮感，而這種情緒帶出的問題既複雜且瀰漫到社會生活的許多方面，並非簡單的解說或決議就能消除。如果簡單地把這些問題歸咎於對中國政府的不信任，那麼也只是給大眾灌輸宿命論和無力感。因此，在社會上，沒有佔主導地位的論述能為大眾政治提供一種姿態和方向。

另一個重要原因是普選本身未能轉化成凝聚大眾政治的機制，而與此相關的是香港也缺乏像樣的政治組織和領導。普選在香港政治生活中的角色非常有限，最突出的問題是普選與籌組政府毫不相關，從而使普選作為社會動員和大眾政治活動的手段失去作用。普選不僅對大眾沒甚麼吸引力，還妨礙基層領袖和大眾政黨的冒起，沒有政治領袖和政黨，大眾政治就很難發展壯大。大眾普遍認為政治領袖和政黨無能，這種看法嚴重損壞他們的公信力，也令大眾政治難以穩定和有序發展。[4]

在缺乏強勢話語和政治領導的背景下，大眾傳媒就成為大眾政治參與的替代品。不過，大眾傳媒在大眾政治中起主導作用的整體效果（或後果），是更大程度地分化和瓦解政治領袖的權威。以消費和市場化為導向的香港傳媒極其發達，它們有意識地把自己塑造成公眾利益的非官方代言人。大眾傳媒，特別是新聞媒體，在某種程度上為大眾政治的參與提供平台，只是在很多情況下，這種參與都是間接的。在表達大眾對政治權威或個別政治人物的不滿和怨懟上，大眾傳媒特別有效。但是，傳媒之間相互譏諷式的競爭，也意味着他們不能成為大眾參與的有效協調者。大眾傳媒在新聞報道上的簡單化、符號化和針對個人的手法，以及只關注具體議題和個人的傾向，都使其不僅不能協助和促成理性交流，反而阻止社會就一般性問題進行理性討論。與西方傳媒一樣[5]，香港的傳媒也承擔着監督和評判政治人物和政府的功能。這使得傳媒對政治人物的負面新聞報道甚多，進一步加深了大眾對政治人物的犬儒和冷漠態度。通過揭發醜聞、批判評論、深度調查和發表民調，傳媒一方面使大眾政治的議題更加支離破碎，另一方面對大眾政治起到推動作用。而這種作用就是，增加大眾對精英態度的粗野、庸俗和幸災樂禍，從而加深精英與大眾之間的隔閡。

再者，儘管香港有眾多社會團體和組織，但是與其他現代社會相比，港人的社會參與度不高。更重要的是，雖然過去 10 年表現出政治化的傾向，但香港的大多數社會組織，如工會、社區組織、鄰里協會、壓力團體、宗教團體，都和政治關係不大，因此這些組織也無法成為政治動員穩定及有效的手段。

在缺乏政治領袖和組織的情況下，香港的大眾政治雜亂無章、分化且很不穩定。而且，香港缺乏有力的團體精神或公民價值觀來規範大眾政治行為，常常表現出道德上的敗壞和政治行為上的醜惡。換言之，大眾政治經常暴露它對社會不負責任和記仇的特徵。

精英與大眾的脆弱聯繫

除非精英與大眾兩種政治勢力之間的落差得到有效彌補，否則這兩種勢力的分離只會損害香港政治。不幸的是，事與願違，未來這兩種勢力之間的差距不僅不會縮小，反而有長期擴大的危險。

實際上，影響這兩種勢力交流來往的最主要因素是，香港缺乏精英統治認受性的政治意識形態。作為殖民地，香港的華人一直被英國人統治，而後者是依靠把香港建設成現代社會的施政表現作為執政基礎。因此，經過這麼多年，殖民統治的認受性已大體建立。[6]但是，殖民統治者從未作出任何真正舉動，為日後港人的自治做準備，這解釋了為甚麼香港缺乏政治領袖。當英國人意識到不得不放棄香港時，已經沒有能力為香港培養未來領袖了。同時，中國政府在政治人才培養上也進展不大，原因很簡單，公眾普遍不信任中國政府。

因此，香港的精英沒有足夠的文化主導權，讓他們在大眾面前證明其領導的合理性。精英政治勢力中商界精英影響力日漸壯大的事實，讓本來就懷疑這些人參政目的的大眾更感覺厭煩和憤懣。社會上既沒有合理的意識形態，也沒有政治神話或對精英的崇拜，為精英主導政治提出理據或進行辯護，而精英自身也無法改變大眾對他們的看法。恰恰相反，人們剛剛發展的民主價值觀和理想，正是立足於對精英政治特權的懷疑。

除缺乏文化上的認受性之外，兩種政治勢力之間也缺乏組織性聯繫，對精英與大眾之間的關係產生破壞性影響。精英有其獨特和持久的維護自我利益的平台，這就使他們沒必要冒險參與大眾政治。從精英的角度看，通過煽動與大眾攪在一起極其冒險，因為這容易引起另外一些精英的排擠。因此，在爭取大眾的支持上，精英之間幾乎沒有甚麼競爭。精英既沒辦法也不需要把大眾帶到精英政治勢力中，使其成為自己爭取權力的盟友。在其他社會，政黨、主從關係網絡、政治中間人或調停人都在精英與大眾之間起到重要的橋樑作用。但是在香港，我們還看不到這種橋樑機制的存在。

精英在政治上並不需要大眾支持，這意味着大眾政治勢力中缺乏像樣的政治領袖。應該看到，某些精英，特別是倡導民主和社會改革的精英，的確對大眾起領導作用。但這些人促成香港政治形態的整體能力受到兩方面的制約，一是大多數精英的敵視，二是百姓的疏離感和犬儒心態。

實際情況是，一邊是精英政治處於變動中，沒有明確的領導；另一邊大眾也缺乏領導，因此就算精英與大眾之間需要對話，兩邊都找不到領頭人推動此事。

兩種勢力之間脆弱的聯繫還源於精英的反大眾心態，而這又是對大眾反精英情緒的升級回應。精英認為掌權是出於位高任重的責任，因此當大眾批評他們的行為時，他們會感到困惑和憤怒。這些在政治上看不起大眾的精英，往往在人前表現出高人一等的樣子。但同時，由於普遍存在的政治不安全感，精英又懼怕和憂慮大眾的積極性，尤其憎惡被標籤為蠱惑人心的政客，因為這些人常常用民粹手法煽動"無知"民眾以期改變現狀。理論上說，精英可以和大眾發展關係，以贏取他們的團結，亦可以對那些以再分配為主的大眾呼聲稍做讓步，但正是在這些問題上，精英最不願意讓步。

大眾同樣看不起精英。精英在回歸問題上表現出的無能，遭到大眾鄙視。精英競相通過接近中國政府為自己謀取政治好處，也招致社會大眾對他們的犬儒和不尊重。貧富之間日益擴大的差距也引起大眾不滿。昔日大眾對精英的仰望，如今早已不再。近期在香港大行其道的八卦新聞，更進一步揭露了掩蓋在卓越面紗之下這些精英的真實面目。

精英與大眾兩種政治勢力之間脆弱的聯繫，說明它們的政治文化、權力來源、政治綱領、物質利益、象徵性回報、組織結構和遊戲規則的基礎都不一樣。這兩種勢力很難調和。

後果和影響

香港精英政治與大眾政治的分離對香港政治造成頗多負面結果，同時令香港民主化的經驗與眾不同。

第一，香港政治分為精英與大眾兩個毫無關聯的部分，構成了本地政治的主要分野，也在很大程度上界定了本地的政治圖像。這種政治分野與社會上對中國政府兩種截然不同的態度高度重疊，且更加強化了他們之間的分化，港人因此實際上分成兩個陣營。今天，我們很容易觀察到，不論是政黨、政客，還是社會經濟組織，要麼參與精英政治陣營，要麼站在大眾政治陣營一邊，很少有跨陣營的政治人物，因為他們既沒有此意願，也沒有此能力。精英政治與大眾政治的分隔和衝突，着實分化了香港社會，不僅導致衝突不斷，也令香港的政治充滿不信任、相互指責和缺乏容忍的氣氛。

第二，精英政治與大眾政治的分離，並不意味着精英不需要關注大眾訴求。由於兩個陣營的聯繫並不密切，又特別缺少能管束和綜合表達大眾訴求、值得信任的政治領袖和政黨，因此導致大眾對政府提出的訴求，都是一連串的、沒有歸納綜合的、個別的，也常常是不現實的。這些要求不僅加重了政府的負擔，政府也因無法滿足這些要求而令大眾更加不滿。

第三，精英與大眾之間難以縮小的隔閡，引發大多數港人，特別是那些學歷較高的人，對政治持負面的看法。一方面，大眾愈來愈對政治感受到憤懑和疏離，這些都充分表現在本地的笑話、漫畫、政治諷刺、街頭智慧、電台脫口秀、謠言、流言蜚語、街頭劇、肢體衝突和其他直白或隱含的挑釁行為中；另一方面，我們可以從大眾對民主的渴望中，感受到憤怒的情緒、明顯的階級意識，以及早期的右翼激進公民傾向。社會對精英、社會等級和建制權威愈來愈持批評態度。簡而言之，精英與大眾間日益擴大的差距威脅着香港現有的秩序。

第四，香港的政治可能會日趨兩極化。精英與大眾之間的隔閡日益加深，並且雙方的衝突也逐步升級，這些都促使兩邊激進勢力的冒起。貧富差距加大、社會問題累積、人權關注升級、提高公共福利的期望和相形見絀的福利政策，都加大了社會繼續分化的可能。未來，雙方勢力在社會經濟公平正義方面的衝突，一定會超越對 "中國問題" 的爭論。隨着大商人在精英政治勢力中日益重要和大眾政治勢力領導及組織弱化，兩邊分化爭拗和不時爆發衝突的可能性愈來愈大。

第五，精英政治與大眾政治的分離阻礙了社會大眾品德的培養，而這對社會健康和民主發展來説必不可少。這些品德包括對公共事務的積極參與、政治平等、團結、信任、容忍和積極參與公民團體。

最後，精英政治和大眾政治的分離，也將使香港民主長期籠罩在陰影下。保障精英擁有獨特且重要的政治勢力，意味着他們將不會有熱情推動香港的民主化。一些研究結果顯示，大多數精英在政治改革上持保守觀點。[7] 未來很有可能的是，隨着民主追求和人權意識的日益高漲，精英政治將愈發處於守勢。很多精英仍寄望於民主浪潮的回轉，或儘管大眾政治不斷對他們進行抨擊，至少他們大部分的利益可得到保全。當他們感到真正的威脅時，很可能變得更依賴中央政府的保護，但那樣也會讓中央政府左右為難。

總之，精英政治與大眾政治的分離，對政府的有效管治、政治的穩定和民主的發展都不利。最終，精英的利益也會受到威脅。儘管精英和大眾都有責任阻止香港政治滑向危險境地，但最後還是要靠精英，在對自我利益有開明的理解之後，主動採取一些新措施。

註釋

1. Lau Siu-kai, "Hong Kong's Path of Democratization," *Swiss Asian Studies*, Vol. 49, No. 1 (1995), pp. 71-90; Kuan Hsin-chi and Lau Siu-kai, "The Partial Vision of Democracy in Hong Kong: A Survey of Popular Opinion," *The China Journal*, Vol. 34 (1995), pp. 239-264.

2. Lau Siu-kai, "The Unfinished Political Reforms of the Hong Kong Government," in John W. Langford and K. Lorne Brownsey (eds.), *The Changing Shape of Government in the Asia-Pacific Region* (Victoria: The Institute for Research on Public Policy, 1988), pp. 43-82;Lau Siu-kai, *Basic Law and the New Political Order of Hong Kong* (Hong Kong: Centre for Hong Kong Studies, The Chinese University of Hong Kong, 1988).

3. Lau Siu-kai and Kuan Hsin-chi, "The Attentive Spectators: Political Participation of the Hong Kong Chinese," *Journal of Northeast Asian Studies*, Vol. 14, No. 1 (1995), pp. 3-24.

4. Lau Siu-kai, "Public Attitudes toward Political Leadership in Hong Kong: The Formation of Political Leaders," *Asian Survey*, Vol. 34, No. 3 (1994), pp. 243-257; Lau Siu-kai, "Democratization and Decline of Trust in Public Institutions in Hong Kong," *Democratization*, Vol. 3, No. 2 (1996), pp. 158-180.

5. Thomas E. Patterson, *Out of Order* (New York: Vintage Books, 1994); Robert M. Entman, *Democracy Without Citizens: Media and the Decay of American Politics* (New York：Oxford University Press, 1898); Paul Brace and Barbara Hinckley, *Follow the Leader: Opinion Polls and the Modern Presidents* (New York: Basic Books, 1992); Benjamin I. Page, *Who Deliberates? Mass Media in Modern Democracy* (Chicago: University of Chicago Press, 1996).

6. Lau Siu-kai and Kuan Hsin-chi, "Public Attitudes toward Political Authorities and Colonial Legitimacy in Hong Kong," *Journal of Commonwealth and Comparative Politics*, Vol. 33, No. 1 (1995), pp. 79-102.

7. Joseph Y. S. Cheng and Jane C. Y. Lee, *A Study of the Bureaucrat-Politician Relationships in Hong Kong's Transition* (Hong Kong: Department of Public and Social Administration, City Polytechnic of Hong Kong, 1994); Terry T. Lui and Terry L. Cooper, "Hong Kong Facing China: Civil Servants' Confidence in the Future," *Administration and Society*, Vol. 22, No. 2 (1990), pp. 155-169; Terry L. Cooper and Terry T. Lui, "Democracy and the Administrative State: The Case of Hong Kong," *Public Administration Review*, Vol. 50, No. 3 (1990), pp. 332-344; Kathleen Cheek-Milby, "The Changing Political Role of the Hong Kong Civil Servant," *Pacific Affairs*, Vol. 62, No. 2 (1989), pp. 220-234;Lau Siu-kai, *Chinese Bureaucrats in a Modern Colony: The Case of Hong Kong* (Hong Kong: Centre for Hong Kong Studies, The Chinese University of Hong Kong, 1986); Jermain T. M. Lam and Jane C. Y. Lee, *The Dynamic Political Actors in Hong Kong's Transition* (Hong Kong: Writers' and Publishers' Cooperative, 1993), pp. 28-29; Ernest W. T. Chui, *Élite-Mass Relationship in Hong Kong: A Look into the Perception of Local Level Political Representatives* (Hong Kong: Hong Kong Institute of Asia-Pacific Studies, The Chinese University of Hong Kong, 1993); Ernest W. T. Chui, *The Ambivalence of Local Level Political Élites: Views of the 1994 District Board Election Candidates* (Hong Kong: Hong Kong Institute of Asia-Pacific Studies, The Chinese University of Hong Kong, 1995).

第 14 章　政治精英從團結走向分裂 *

　　作為前英國殖民地，香港非殖民化的獨特過程對"九七回歸"後政治精英的形成有極重要的影響。這種少見的"沒有獨立的非殖民化"帶來一個分裂的政治精英階層，他們只能獲得有限的大眾支持。在1997年7月1日香港特別行政區成立的第一年裏，政治精英階層進一步走向分裂和不和。他們愈來愈支離破碎，為彼此間的激烈衝突提供豐沃土壤，也在社會中培育了愈來愈多的政治犬儒主義，導致政治理想幻滅以及大眾對政治權威喪失信任。到慶祝特區成立一週年時，相當明顯的情況是，香港已進入一種難以管治的狀態。必須承認的是，這種狀態在很大程度上是由1997年年末的金融危機、經濟衰退，以及很多天災人禍（突出的例子是禽流感和新機場問題）導致的。儘管如此，董建華領導下的特區政府也飽受批評，批評者紛紛指出，正是特區政府的無能、猶疑不決和盲目自大，將香港面臨的困境搞得更加複雜。不過，特區政府施政無效都是精英階層分裂和遠離大眾造成的，這二者在回歸前的最後幾年就已出現。與此同時，可以説，特區政府在政治上無能也是精英階層進一步分裂和疏遠普羅大眾的主要原因。

　　在其他前英國殖民地獨立的時候，團結起來的本地政治精英會從撤退的殖民者手中接過政府管治權，但香港的非殖民化過程走了一條與眾不同的道路。為了理解香港所處的政治困境，我們有必要描述一下香港"沒有獨立的非殖民化"過程，及其對塑造回歸前香港本地政治精英的

---

* 本文原以英文發表，刊於 Lau Siu-kai, "From Elite Unity to Disunity: Political Elite in Post-1997 Hong Kong," in Wang Gungwu and John Wong (eds.), *Hong Kong in China: The Challenges of Transition* (Singapore: Times Academic Press, 1999), pp. 47-74.

影響。同時，為了理解特區政府目前面臨的政治困境，也有必要分析一下董建華政府是如何放大這種困境的。

殖民時期團結一致的政治精英

直到 20 世紀 80 年代早期，英國治下的香港一直被一個團結一致、保持統治延續性的階級統治。政治競技場基本上就是殖民官僚體制，並由英國王室任命的總督領導。在其他前英國殖民地，英國通過政治中間人（經常是當地的封建領主和部落首領）實行間接統治，但在香港不同的是，英國對一羣從中國內地蜂擁而至的移民實行直接統治，他們來香港的目的，是希望得到政治安定和生活富足。香港政治本質上是精英主義，因為大眾參與政治決策的機會極其有限。由於大眾對殖民者主導一切的認可在很大程度上是因為港人拒絕中國統治（尤其是共產黨統治），因此殖民統治被普遍認為理所當然，甚至值得珍視。

在整個殖民統治時期，香港沒有出現重大的反殖民和獨立運動。在其他前英國殖民地，爭取獨立是有聲望的魅力型領袖能夠崛起的必要環節，相比之下，香港從未出現受廣大羣眾鼎力支持的反殖民政治領袖。並且，無論是國民黨政府，還是新中國政府，都堅決反對將香港從中國分裂出去。為了避免與中國抵牾，英國也一直用盡手段，阻止香港出現持反對立場的自治運動領袖。由於英國從未認真考慮香港獨立的問題，所以看不到有必要為香港培養本土領袖。香港也因此從來沒有適用英國的"準備理論"，即英國主動為殖民地的最終獨立做準備，即使殖民地人民沒有這樣要求[1]，這一理論也誇大了英國的真誠。儘管如此，"二戰"後，殖民統治變得愈加寬厚，原因是要應對國際上愈演愈烈的反殖民浪潮和中國國內興起的民族主義狂熱。而為了回應 20 世紀 60 年代中期的社會動蕩（這揭示了香港社會根深蒂固的政治疏離感），殖民政府亦開始採取更溫和的立場對待政治異端。結果是，港人擁有較多的自由，以表達大多數都是針對政府的不滿，並發起抗爭。壓力團體和各種各樣的關注組遍地開花，與社會和民生議題相關的各種具體訴求也讓政府疲於奔命，從而令管治過程更加複雜。但是，香港並未因此出現可信的政治反對派去挑戰殖民政權。[2]

直到 20 世紀 80 年代早期，香港出現本土政治領袖都是英國 "施捨" 的結果。他們的政治影響力源於殖民者，與殖民者是依附、順從和祈求的關係。在殖民者眼中，這些本土政治領袖的主要功能是提高殖民統治認受性、增強殖民者對被殖民者的認識，以及作為政府和被統治者之間的溝通渠道。培養本土政治領袖最具實質意義的是，政府通過精心設計的策略，將已經成功和正在冒起的華人精英（大多數是商人和保守的社區領袖）納入殖民管治體制，作為有益的補充，雖然只是作為附庸。通過任命他們進入行政局、立法局、大量的諮詢組織和輔助行政組織，並用宗主國的爵位予以犒賞，殖民政權為自己贏得了一羣合作者。這種吸納工作因為一系列因素而變得方便易行，包括：華人精英的西化，接受英國文化；華人精英把自己與殖民者的利益綁在一起；華人商界精英渴望獲得政治保護和殖民當局的認可；香港缺乏傳統的士大夫階級（他們較抗拒外來政權的吸納策略）。

精英吸納機制變得或多或少制度化，殖民政府也足以靈活地使這套制度隨着社會和政治環境的改變而變動。到 20 世紀 80 年代早期，吸納制度已發展至這樣一個階段，即華人精英中有政治抱負人士，可借此完成政治向上流動的過程。在殖民政府控制的這套制度下，政治任命位置等級分明，各有相應的社會地位和影響力。對華人精英來說，若他們認同殖民管治體制，就有可能從事準政治職業。雖然殖民政府沒能通過吸納制度徹底消滅所有政治異端，但在維護殖民統治上，這套制度高度成功。

精英吸納制度最重要的特徵在於，它只針對個人而不是團體。精英以個人身份受到殖民政府的認可，基本上也要對任命他們的殖民政府負責。因此，吸納制度引發了華人精英內部激烈的競爭，從而造成華人精英羣體的分裂以及脫離大眾。儘管華人精英陷於分裂，但從殖民政府獲得政治地位和影響力，以及等級森嚴的高下之分等事實，還是保證了主導香港的政治精英能夠團結一致。並且，因為這個精英階層大多脫離普羅大眾，因此也不會受到大眾的挑戰。[3]

回歸過渡期走向分裂的政治精英

20 世紀 80 年代早期，香港政治的未來由《中英聯合聲明》定調後，精英吸納制度便開始崩潰瓦解。吸納制度的完整有效取決於殖民政府壟斷政治權力。在這樣的條件下，殖民政府可以確保，有志從政的華人精英只有這麼一條途徑接近權力。

1984 年過渡期開始，標誌着團結一致的政治精英階層開始逐步瓦解。愈來愈多的分裂以及從中孕育出的不團結是以下一系列因素的結果：即將撤離的殖民政權權威銷蝕、殖民政權政治獎勵貶值、中國作為一個強有力政治參與者的介入、中英就過渡期事務不斷交手、民主改革後政治競技場擴大，以及大眾通過不同途徑參與政治。過渡期內這些重大的政治變革摧毀了殖民者對權力的壟斷，也改變了過去單一的精英吸納渠道，取而代之的是多樣化的政治招募方式。然而，新的政治招募方式並未很好地得到確定，也遠未制度化，而且這些方式以各種複雜的形式相互重疊。

最值得注意的是，當大眾對舊的精英吸納渠道棄如敝屣時，也很難發現新渠道的真正價值，因為每一種渠道都有各自的優劣勢。無論如何，在過渡期，殖民政權無法掌控一個團結統一的精英階層，相反，精英人士為了政治獎勵和地位相互競爭。殖民政權精心打造的精英等級崩潰了，精英之間衝突不斷，他們沒有人承認精英階層內部的等級秩序。作為新的和舊的政治獎勵分配者，中國和英國（特別是後者）花了很大工夫，才艱難維持住華人精英階層中表面和諧的等級秩序。

殖民政權的政治威望和權力的式微，導致與這個政權長期合作的政治精英蜂擁撤離，他們中的大多數投向中國（未來的主權國）懷抱，目的是尋求政治優待，部分人成為殖民政權的反對者，或直截了當地要求英國撤離。鑒於精英階層支持力度的迅速收縮，為避免陷入難以管治的困境，殖民政權被迫採取措施支撐自己的政治認受性和權威性。另外，英國和殖民政府均認為，若能阻止中國政府干涉香港事務，香港民意會站在自己一邊。為達其政治目的，殖民政府所採取的最重要措施是：在簽署《中英聯合聲明》之前就宣佈進行政制改革。雖然中國政府的反對讓最後進行的改革雷聲大、雨點小，但殖民政府試圖建立"香港的代議制政府"（體現在階段性地向全面普選的立法機關轉變）還是極大地改變了香港的政治版圖。[4] 立法局部分議員通過直選產生，促進了大眾的政治參與。大眾參與政治的機會突然增加，一方面造就了那些致力於取悅大眾的政客的崛起，他們通常向反共人士、民主活躍分子、社會福利主義者、勞工權益倡議者，甚至普羅大眾尋求支持；另一方面有助於非政治領域人士（如記者、學者和專業人士，他們較有能力利用大眾傳媒表達自己對公共議題的看法）獲得愈來愈大的政治影響力，成為一個急速政治化社會裏的意見領袖。

在過渡期的頭幾年，殖民政府希望長期的政治合作夥伴能成為英國撤離後管治香港的接班人。那時英國的盤算是，為了自身利益，在香港回歸後會堅決抵制中央政府的干涉、捍衛港人的自治權利（這項權利是中國的神聖承諾）。在殖民政府嘗試培養合作夥伴作為接班人上，香港的經歷類似於其他前英國殖民地在非殖民化早期的階段。[5] 然而，殖民政府很快就意識到這個計劃有問題，因為部分合作夥伴公然並迅速地將自己的效忠對象從英國轉向中國，他們向中國政府靠攏，其中一些人敵視英國，堅決抵制英國開啟的民主改革。在殖民統治的最後幾年裏，殖民政府決定更多地依靠大眾支持，以抵抗中國政府及其在港政治力量愈來愈強的影響力，並支撐殖民政權的權威。末代港督彭定康加速推進民主改革，並試圖和民主派建立政治聯盟。由於民主派既反共又反殖，殖民政府也不可能向他們的訴求全面妥協。結果是，這個政治聯盟並不穩固且爭執連連。無論如何，由於殖民政府估計民主派更受港人歡迎，更能在回歸後保護香港的利益，因此準備在離港前夕，把民主派培育成抵制中國政府介入的力量。過去靠邊站的民主派，雖沒有殖民管治合作夥伴的地位，現在卻被殖民政府賦予更多機會參與制定公共政策。事實上，除涉及人權和民主改革的議題外，殖民政府和民主派一直都相互看不順眼。無論如何，在回歸前夕，殖民政府的授權極大地提高了民主派的政治影響力。在殖民統治的最後幾年裏，依靠大眾支持成為有效管治的支柱之一，導致意見領袖不斷增加，政治影響力持續提升，他們反過來積極並成功地在一個迅速變化的政治背景下，把民意打造為主要的政治力量。

　　縱觀整個過渡期，殖民政府大多採取守勢，以延緩殖民權威不可逆轉的衰落。在大多數前英國殖民地，英國培育接班人的影響力已相當有限。在香港，殖民統治一直以來在塑造本地政治領袖上都較弱，再加上中國政府作為強有力的政治參與者介入香港事務，制約了殖民政府挑選接班人的多種嘗試，因此剩下的唯一選擇就是提升官僚系統，並將其作為回歸後政府管治的主力軍。鑒於長期的政治合作夥伴變得愈來愈不可信，以及在最後一刻與民主派結盟僅是權宜之計等現實，殖民政府挑選高級官員作為政治繼任者，他們當時仍受制於殖民政權，並且是英國文化影響孕育的優秀果實。

中國政府設想回歸後香港特區採取"行政主導"的體制,英國敏鋭地意識到官僚系統在"行政主導"政府裏的重要意義。英國政府也非常清楚中國政府手上沒有能幹且有聲望的能夠管理香港的人才,不能接管和維持英國撤離後留下的龐大官僚系統,因此中國別無選擇,只能依賴殖民地官僚系統,雖然他們對中國政府的政治忠誠備受質疑。殖民統治的最後幾年見證了殖民政府不遺餘力地把高級官員轉變為政客的過程。為了達到這個目的,殖民政府加速高級官員的本地化,這在中英談判之前一直被忽視,之後也進行得非常緩慢。截至英國撤離時,除港督和律政司,殖民政府中所有高級行政官員職位都由本地華人擔任。[6] 高級官員高調地站出來,解釋和維護殖民政府政策,動員和組織對殖民政府的政治支持,積極地反駁對殖民政府的批評,甚至挑戰中央政府提出的一些舉措。雖然並非所有高級官員都滿意於要扮演的新政治角色,但有些人還是成為個性鮮明的政治人物。不可否認,大多數高級官員只是業餘政客,因為他們被禁止加入政黨和公民團體,也無權設立自己的政治議程。儘管如此,挑選高級官員作為接班人,也是英國在其殖民歷史上的新手段。最終結果是,高級官員增強了政治自信,也改善了個人的政治技巧。在殖民統治時期,基本上是職業官僚統治香港,高級官員自視為理所當然的統治者以及公眾利益的正當監護人[7],他們視新崛起政客(尤其是尋求大眾支持的政客)為卑劣的政治暴發戶,認為後者只會試圖維護狹隘的利益。殖民政府在最後幾年引入的"代議制"在某種程度上改變了公務員的政治心態,但公務員高人一等、自視甚高的感覺也只是輕描淡寫地被掩藏起來。[8] 回歸前夕,官僚系統並沒有做好政治上的準備工作,以盡職責地服務新政權;相反,高級官員已高度政治化,並做好準備為保護他們個人或集體的統治權而戰。

在過渡期,中國政府肩負着重要的政治角色,可依照自己的意願,培養回歸後的香港政治領袖。理論上,中國政府沒有理由這樣做,因為"港人治港"的承諾意味着中國政府會自動接納港人挑選的領導人。
但事實上，考慮到港人在立場上的傾向問題以及在政治較量中站在英國
和民主派一邊，中國政府自然希望自行挑選合意的領導人來控制未來特
區政府，以保護自己的利益。為達此目的，中國政府最初曾嘗試尋求英
國政府的協助，要求英國政府將擁護中央人士納入殖民管治隊伍，以便
他們可以獲得行政管理上的必要經驗，並作為本地政治人物亮相。英國
人自然拒絕了這種要求。答應中國政府的要求除了會令英國政府自己培
養政治領袖的努力付諸東流外，英國政府也非常擔心殖民管治權威進一
步受到侵蝕，以及更糟糕的是，中國政府會在殖民政府裏"摻沙子"。
結果是，中國政府不得不依靠自己的力量培養政治領袖。回歸前的 5 年
時間裏，中國政府不遺餘力地建立新組織，以促進擁護中央的領袖的
崛起。從前，中央政府習慣任命忠於中國政府的香港本地人士擔任全
國人大代表或全國政協委員，然而這些機構的工作範圍囿於內地事務。
自簽署《中英聯合聲明》後，一系列關注香港事務的政治團體如雨後春
筍般湧現，幫助香港過渡，其中最著名的兩個團體就是全國人大決定設
立的基本法起草委員會和應被視為本地組織的基本法諮詢委員會。儘
管如此，這些組織並沒有清晰明確的議程表，而且吸納的人士也很少。
然而，1992 年以後，打造本地政治領袖的進程開始啟動。起初，中國
政府利用港事顧問安排，將本地知名人士納入擁護中央的陣營。人們普
遍認為，這些人會向中央政府就香港事務提出建議，雖然本質上這種任
命的榮譽性質更多一些。總體上看，中國政府前後共任命了 4 批港事顧
問：1992 年 3 月 11 日任命 44 位，1993 年 4 月 1 日任命 49 位，1994
年 5 月 26 日任命 49 位，1995 年 4 月 28 日任命 45 位。當港督彭定康
不顧中國政府強烈反對，表示加速香港民主改革後，中國政府聲稱在回
歸後勢必取消他的改革方案，並"另起爐灶"將之取代。為表明中國政
府會堅定不移地按照自己的意圖行事，1993 年 7 月 2 日，全國人大成

立香港特別行政區籌備委員會預備工作委員會（簡稱"預委會"），為特區的籌備工作提供意見。預委會有 57 位委員，其中香港委員 30 位，內地委員 27 位。隨後，預委會委員數量略有增加，直至 1993 年 7 月 2 日增加 8 位香港委員和 5 位內地委員後，共計增加到 70 位。1995 年 12 月 28 日，香港特別行政區籌備委員會（簡稱"籌委會"）成立，這是全國人大設立的權力機構，中國政府吸納的香港社會知名人士也進一步增加。作為一個具有實際決策權的機構，籌委會負責籌備特區的成立，制定成立第一屆特區政府和立法會的具體規定。籌委會非常龐大，共計 150 位委員，其中香港委員 94 位，內地委員 56 位。1996 年 11 月 2 日，籌委會作為選舉團選出 400 人組建香港特別行政區第一屆政府推選委員會（簡稱"推委會"），推委會負責在 1996 年 12 月 11 日選舉第一任特區行政長官。毋庸贅言，即使考慮到這些不同的政治組織成員間互有重疊，中國政府通過各種渠道吸納本地知名人士的總數也相當大。

中國政府努力為特區培養政治領袖時，眼光也非僅限於本地精英階層，基層領袖也是吸納對象。這些基層領袖教育水平偏低，更易受民族主義感召，更服從權威。整個過渡期，中國政府成功地吸引了這些人的支持，比吸引社會上層取得更大成就。在本地知名人士被任命進入重要政治組織的同時，那些聲名不顯的人士也未被忽視。新華通訊社香港分社在 1994 年 3 月 4 日任命第一批地區事務顧問（簡稱"區事顧問"），共計 274 位。隨後又任命兩批：1995 年 1 月 9 日任命 263 位，1995 年 7 月 13 日任命 133 位。與港事顧問一樣，區事顧問也是一種榮譽，意味着中國政府對被任命者的政治認可。

中國政府採用吸納政策的主要目的是建立統一戰線以貫徹中國政府對香港的各項政策，並支持中國政府在過渡期與英國政府進行論戰。更進一步，統一戰線還可以培養回歸後的本地政治領袖以及未來特區政府的堅實支持力量。然而，回過頭來看，中國政府培養本地政治領袖的策略基本失敗。這個策略的主要成績（若有的話）是稍微減緩了回歸前香港政治反對派對中國政府的威脅。基於這個策略，中國政府無法建立覆蓋廣泛政治精英的統一戰線。回歸前，向中國政府靠攏的舉動成為想獲得大眾普遍支持的政治人物的"負資產"。[9] 結果是，回歸後由大部分（如果不是全部的話）擁護中央人士主導的特區政府將難以贏得港人信賴，維持香港的穩定和繁榮。

坦率地說，中國政府在過渡期培養政治合作夥伴的失敗並不令人驚訝。由於港人強烈地不信任中國政府以及缺乏民族主義和愛國主義情懷，中國政府在培養回歸後的本地政治領袖時就處於先天不利地位。由於中國政府在過渡期把全部精力放在應對英國政府的"陰謀詭計"和凌厲攻勢上，因此培養政治領袖的政策很不幸地要讓步給短期關注和策略考量。基於這種局勢，中國政府要接觸不同的政治領袖並尋求他們的支持。中英談判期間，中國政府向港人強烈呼籲民族主義和反殖民主義，目的是削弱港人對英國政府的支持。那時，中國政府甚至用民族主義的旗幟拉攏民主派，與英國政府及親英精英分子對抗。當香港回歸大局已定，開始為未來特區設計憲制方案時，中國政府又從保守派（包括親英分子，他們的利益因民主改革而受到影響）和其支持勢力那裏集結支持力量，阻止英國政府和民主派的改革措施。北京政治風波後，中英之間的衝突和港人的反共情緒上升到新高度，中國政府別無選擇，只能依靠自己和少數堅定的支持者，結果是在那場處於守勢的戰鬥中，盡量減少損失而已。在回歸前最後一年半的時間裏，英國的策略撤離和隨之而來的中英關係回暖，誘使中國政府放棄極端的支持力量，接納擁護中央陣營裏的溫和派，更大度地歡迎親英政治力量加入（他們之中的很多人在那時已接受香港回歸中國的現實）。

中英雙方都在打造各自屬意的政治領袖；雙方都深深捲入香港過渡期的事務，使他們聲稱的為回歸後香港高度自治培養政治領袖的承諾落空。中英之間反覆出現的對峙，導致雙方在動員本地精英時展開惡性競爭，結果社會中瀰漫着對香港那些還未成熟政治領袖的不信任。因此，20 世紀 80 年代前香港缺乏本地政治領袖的問題，在過渡期仍未能解決。

回歸前夕，雖然中國政府莊嚴承諾"高度自治""港人治港"，但香港的統治也僅集中在少數分化的本地政治精英手中。一般來講，這些政治精英沒甚麼名望，也得不到大眾支持。[10] 在擁護中央的精英身上，情況尤為突出。在這個領袖匱乏的真空階段，高度政治化的高級官員成為最明顯、適任的特區政治領袖人選。因此也可以說，在決定誰可以於後殖民時期管治香港問題上，英國政府比中國政府取得更大成功。

回歸後的精英分裂和傾軋

回歸前夕，香港本地政治精英分裂是選擇董建華（一位航運巨子，但政治經驗有限且對政治冷漠）作為特區首任行政長官的主要原因，雖然這不是充分原因。政治精英間瀰漫着不信任且相互嫉妒，大眾對此非常不滿。在此背景下，董建華政治上缺乏經驗、沒有捲入政治網絡以及慈父般的和善形象，無一不給喧囂吵鬧的本地政壇帶來一股清新氣息。爭得你死我活的政治精英也樂於接受董建華作為妥協，因為他們誰也不能把自己支持的人推到該位置上。雖然對政治精英和普羅大眾來說，董建華默默無聞，但還是接受了他的謙遜、真誠和有教養，相信他能憑藉人格魅力、開放心態和社交技巧調和分化的政治精英，建立具凝聚力的管治聯盟，並架起政治精英與廣大民眾溝通的橋樑。董建華於 1996年年末當選候任行政長官後，收到相當多的祝福。[11] 無論如何，隨着1997 年年中經濟前景光明、政治憂慮減退，沒人預見會出現任何嚴重危機，這足以削弱這位"老好人"把廣大民眾團結起來應對共同難題的政治能力。

　　然而，到特區慶祝回歸一週年的時候，香港不僅陷入悲慘的經濟困境，還要承擔更加惡劣的精英分裂和傾軋。與大眾預期截然不同的是，董建華在其就任行政長官的第一年裏並沒能促成精英團結一致，而精英之間的嚴重分裂也達到令人驚訝的程度，不僅極大降低了精英內部對董建華執政的支持，還威脅到了他管治特區的能力，因為經歷了金融風暴、經濟衰退、失業率飆升以及一系列不幸事件 (特別是禽流感和新機場事故)，新生的特區已被折磨得疲憊不堪和動盪不安。

　　董建華本人保守，帶有父權家長作風和威權意識，並想在政治上取悅中央政府。很明顯，他不會把民主派、反共分子和令中央政府不快的人士納入管治團隊。而且，他也不信任那些被大眾認可、扮演民意領袖的政治精英。董建華的精英主義傾向明顯體現在他任命行政會議 (特區最高諮詢兼決策機構，第一屆行政會議成員在 1997 年 1 月 24 日獲得任命) 成員上。除 3 位主要官員外，行政會議成員是清一色的商人和專業人士，他們政治技巧有限且公眾支持度不高。在董建華看來，行政會議主要是他最親近的個人顧問團，並且不希望在社會裏扮演高調的政治角色。結果是，行政會議不能作為一個有廣泛基礎的管治聯盟核心，也不能成為動員大眾和傳媒支持新政權 (新政權的權威和可信度並不穩固) 的主要機制。

　　從另一事例也可以看出董建華的排外思路。作為中英就香港民主改革爭執不下的犧牲品，18 個區議會和兩個市政局 (市政局和區域市政局) 在回歸之際被解散，兩者各在 1994 年和 1995 年經普選產生。為穩定起見，籌委會決定這些機構的所有原有成員，可在特區成立後過渡到臨時的替代機構，即臨時區議會、臨時市政局和臨時區域市政局。另外，行政長官也獲授權可任命新成員進入這些區域組織，條件是新任命成員不超過總數的 20%。籌委會此舉意在利用新任命成員，淡化這些機構中民主派和民主積極分子的政治影響力。

　　1997 年 6 月 11 日，行政長官董建華宣佈任命 469 人為 18 個臨時區議會的議員，其中 373 位為原有通過直選產生的議員，96 位為新任命議員。與此同時，100 人被任命為臨時市政局和臨時區域市政局的議員，其中 80 位為原有的兩個市政局議員，20 名是新任命議員。

　　董建華在建立管治聯盟中所體現的排外思想，在審查新任命議員上表露無遺。在 96 位新任命的臨時區議會議員中，無一是民主黨（民主派的旗手）成員，大約 20%（18 位）是 1994 年區議會選舉中的落敗者，10 位來自民主建港聯盟（帶有基層傾向的建制派政黨），一位來自自由黨（維護商界利益的政黨，也想參與競爭性的直選），5 位來自香港協進聯盟（建制派政黨，主要照顧中小企的利益），50 位是區事顧問，41 位是 1994 年區議會選舉前的委任議員。同樣地，在 20 位新任命的臨時市政局和區域市政局議員中，10 位是推委會委員，5 位是港事顧問，4 位是籌委會委員，兩位是全國人大代表，兩位是全國政協委員，兩位是鄉議局（由保守的新界原居民地區領袖組成的鄉事諮詢機構）成員，4 位是香港協進聯盟成員，自由黨和新香港聯盟各一位。[12]

　　由於中央政府決定回歸後保留上百個諮詢組織，包括其結構和人員組成，因此董建華干預這些機構組成的能力受到限制。儘管如此，在少數獲任命和再任命的核心人員中，還是能輕易看到董建華一貫實施排外措施。在策略發展委員會和創新科技委員會的任命上，這一特點尤為明顯，這兩個諮詢委員會被認為為董建華的長期執政願景提供協助，並讓他得以繞過公務員團隊獲得新的政策理念。董建華偏愛的執政盟友也可以從特區政府的授勳名單中明顯看出，這是特區成立後新設立的一套授勳體制。1997 年 7 月 2 日，董建華向 12 位人士授予大紫荊勳章，這是特區政府的最高榮譽。在回歸一週年之際，董建華又授予 4 人大紫荊勳章，以及 226 人其他各類勳章或榮譽稱號。另一個例子是，香港特區政府在 1998 年 5 月決定，馮檢基在香港房屋委員會擔任委員的任期屆滿後不予續約。馮檢基是敢言的民主派人士，長期關注公共房屋問題。

　　這裏應做一些說明，即《基本法》本身賦予行政長官極大的權限，但董建華受其能力制約，在打造管治聯盟時束手束腳。第一，前面提到，香港獨特的殖民歷史和非殖民化經歷導致董建華不能簡單地擁有大量政治人才以建立自己的管治隊伍。第二，董建華缺乏參與政治和社會事務的經驗，意味着他沒有可靠和有能力的政治盟友代為發聲，因而轉向商界夥伴和私人密友尋求幫助，不幸的是，這些人中很多也沒有政治經驗，難以獲得大眾信任。第三，香港政治精英分裂的現實，意味着董建華必須把各方精英納入政府，以全面反映他們的利益。董建華採納的平衡措施可以在行政會議的組成上得到反映。作為行政長官的最高諮詢機構，行政會議應展現出同舟共濟、榮辱與共的品質。不幸的是，它真實地反映了香港本地政治精英分崩離析的狀態，他們包括之前的親英分子、堅定的擁護中央人士、不問政治的專業人士、大商家的"代表"、支持商界的專業人士和獨來獨往的工會代表。結果是，作為新政權核心機構的行政會議從一開始就表現出政治上的混亂無序。第四，董建華必須聽取中央政府的意見，把中央政府屬意的人士安插進特區政府，儘管這些人不會向他效忠，甚至還有自己的政治議程。雖無實質證據，但人們普遍相信或至少懷疑，這些人在董建華政府裏充當中央政府的耳目。最重要的是，回歸前缺少值得信任的擁護中央的政治領袖以及英國殖民統治的最後幾年裏強化了高級官員的政治領袖角色，讓董建華和中央政府別無選擇，只能保持官僚系統的完整性，並允許他們繼續作為特區政府的主力軍。因此，當董建華在 1997 年 2 月 20 日向中央政府提名 23 位主要官員時，除律政司司長梁愛詩外[13]，其餘均是當時在任的殖民政府公務員。[14] 儘管董建華（更關鍵是中央政府）認識到，不少高級官員是彭定康瞄準特區政府高級職位而有意培養的人，但也不得不照單全收，全部納入新成立的特區政府。

　　儘管董建華致力於取悦所有他認為對有效管治不可或缺的各方精英，但事實證明，他的管治聯盟還是太狹窄，以至於不能安撫本地政治精英。因為香港本地政治精英沒有組織，而且他們之間也沒有一個被認可的等級序列，所以董建華很難估量各代表性精英的分量，並進行相應的政治任命和獎勵。實際上，董建華分配的政治酬勞主要都流向個人。數量有限的政治任命和獎勵，不可避免地讓很多得不到的人感到失望和不滿。尤其嚴重的是，一批有勢力的親中人士覺得自己向中央政府長期效忠，引來港人的白眼，而現在又被拋棄。總體上看，大部分擁護中央的精英覺得受到了不公正對待，因為他們被排除在自己認為應得的政治獎勵之外。這種發展態勢與中央政府原先想讓擁護中央的陣營作為新政權政治根基的計劃有出入。董建華政府也疏遠知識分子，在殖民統治的最後幾年，他們開始扮演愈來愈明顯的政治角色，在傳統和現代中國政治中，他們都是主要的參與者。但董建華沒有任命任何知識分子擔任重要職位，因此知識界普遍討厭他也是情理之中的事。同時，保守的基層政治領袖也感覺受到輕視，在他們看來，政府將太多注意力放在維護上層精英的利益上。相當明顯的是，董建華所建立的管治聯盟，其實在很大程度上疏離了那些他想從中獲得支持的精英，為未來的精英不團結埋下種子。

　　在精英分裂和傾軋的問題上，中央的支持勢力的不滿只是小問題，因為與官僚系統和董建華（及其政治夥伴）之間的相互抵牾相比，後者不僅意味着從一開始管治聯盟就已有內訌，還表明精英分崩離析狀況不斷惡化。

　　有不少因素導致精英間激烈的你爭我奪和董建華的管治聯盟缺乏凝聚力，這些因素包括：中央政府不斷真誠地拉攏官僚系統的努力；現實中，高級官員比其他政治領袖更能獲得大眾信任與尊重；以及高級官員在回歸前比其他人有更多機會發展政治技巧。首先，高級官員自視甚高，甚至膨脹到認為自己是殖民統治者合法且最合適的接班人，雖然他們是受命出任這些職位，而不是通過民眾選舉。他們不太尊重董建華，不認為他是政治領導人和公共管理者，反而試圖"控制"董建華，以保持自己在管治上的至尊角色。他們認為董建華的顧問既在決策上無能，又有道德瑕疵。從特區成立伊始，董建華及其顧問就和一些高級官員不斷發生衝突。雖然他們沒有人會承認彼此的關係出現嚴重問題，但當事人也很少否認報紙上的大量傳言。董建華的顧問和一些高級官員相互拆台，甚至拿一些不留記錄的內容向傳媒吹風，讓記者如獲至寶，也令事態更加複雜。

從有關董建華及其顧問和高級官員之間衝突的不完全記錄可以粗略看出，特區政府的核心層充滿內部紛爭。回歸前，董建華和新任命的主要官員不和已引發一系列爭執：是否設立北京辦事處、任命何人擔任中央政策組（政府內部的智庫）的首席顧問[15]、土地基金由中央政府轉交給特區政府後如何使用、如何修改《社團條例》和《公安條例》[16]，以及永久性居民身份的立法問題[17]。

回歸後，董建華及其顧問和高級官員之間的衝突更加顯著：

事例一：1997 年 10 月，有傳言稱行政會議的個別成員試圖干涉選舉管理委員會負責的選區分界工作。大眾認為這是政府明目張膽地干擾獨立法定組織的工作，該組織負責在 1998 年 5 月 24 日舉辦公平公正的立法會選舉。人們普遍認為，這是行政會議的主要官員故意泄露給傳媒的消息，目的是抹黑有關成員的公共形象。

事例二：1997 年 10 月，董建華決定在禮賓府（之前港督的府邸）用公帑舉辦小型聚會，為鍾士元（香港政界元老、董建華最信任的顧問）慶祝 80 壽誕。當大眾知道這個消息後，羣起反對。因為鍾士元在投向擁護中央陣營前，是殖民政權最出名的合作夥伴，他在香港是個極具爭議的人物。董建華該決定最有可能是行政會議的主要官員泄露，目的是不僅讓鍾士元難堪，也讓董建華尷尬。雖然董建華最後極不情願地取消了該計劃，他和一些親近顧問的政治形象均遭破壞。

事例三：1998 年 3 月，直言不諱的政協委員徐四民在北京痛罵香港電台（一家政府機構）播出反共反政府的廣播與節目，並督促董建華採取必要行動。徐四民的言論引發大眾的恐慌，擔心香港的新聞自由受到打壓。董建華溫和地說：言論自由固然重要，政府政策能夠得到正面宣傳同樣重要。[18] 這一言記激發了大眾對香港電台能否保持獨立的恐慌。更糟糕的是，政務司司長陳方安生在香港反駁徐四民的說法，在大眾中贏得陣陣喝彩。董建華回到香港後，也被迫宣佈，香港電台的編採獨立並未受到威脅，而且它的未來也由港人決定。他接着說，政府歡迎香港電台和傳媒的批評，希望傳媒繼續扮演政府政策監督者的角色。[19] 董建華和自己手下高級官員意見不一，損害了其自身的威信，卻提高了陳方安生的公共形象。[20]

事例四：自香港遭受金融風暴重擊以來，受影響的不同利益羣體不斷向政府表達強烈訴求，要求政府干預，以紓緩經濟陣痛、刺激經濟增長。主要官員直截了當地反對改變長期以來的經濟不干預政策，因為這被視為香港過去經濟成功的基石。然而，董建華認為，在香港經濟未來發展上，特區政府應扮演更積極的角色。高級官員雖持續抗拒這一取向，但未能阻止董建華逐步令政府在香港經濟發展中扮演愈來愈明顯的角色。在若干重要場合，個別官員公開宣佈的政府經濟政策，被董建華迅速乾脆地反駁，然後提出一個相反的政策。這種內訌進一步令董建華和主要官員的關係變得緊張，也損害了政府的公信力。

政治領導核心無休止的摩擦不僅展示了內部互信不足，也體現了領導成員間對政治目標、政策立場、決策風格和實際利益的巨大分歧。很明顯，董建華及其顧問與高級官員間的僵局削弱了政府的執政能力。一方面，董建華及其顧問抱怨說，高級官員鼠目寸光，囿於墨守成規的官僚心態。另一方面，高級官員埋怨董建華不尊重踐行已久的辦事程序、忽視行政理性、個人專斷、易受狹隘利益左右。然而，雙方誰也說服不了誰。因此，香港所經歷的，就與其他前英國殖民地完全不一樣。在其他前殖民地，不論意見觀點如何，公務員總是樂於服從新的政治領導人。更普遍的是，新的政治領導人（他們通過反殖民鬥爭贏得大眾的有力支持）堅持認為，公務員需用新的意識形態武裝自己的頭腦，從而跟上新的政治局勢變化。[21] 然而，在香港特區，雖然高級官員擁有巨大的議價能力，但缺乏政治安全感。作為前殖民地官員，他們不能肯定自己是否能獲中央政府信任，很多人認為自己的工作只是暫時的，並且相信早晚會被擁護中央的政客或官員替換。因此，當董建華在 1997 年 3 月 21 日宣佈任命梁錦松、梁振英和譚耀宗為行政會議成員，分別研究教育、房屋和老齡化各項政策時，高級官員將此解釋為"部長制"的序幕，是要把特區政府的公務員降格到從屬地位。這 3 位成員在後來各自的工作中都遇到了難以逾越的難關。

從政治層面講，當管治聯盟缺乏有組織和廣泛的大眾支持時，內部團結對維繫有效管治就更為關鍵。董建華政府的領導層缺乏凝聚力，進一步受到狹窄的管治聯盟和分裂的精英階層的打擊。在這些情況下，政策的制定和執行（如果不是完全不可行）注定舉步維艱。自 1997 年 10 月末開始，金融風暴、經濟衰退、失業率高漲、經濟信心下滑，與各種天災人禍一起，讓局面變得更糟糕。董建華政府不僅不能挺身而出及時應對挑戰，且處理經濟逆轉的能力也被內部摩擦掣肘。難以管治的"危機"逐漸成為一個大眾關注的問題。

回歸翌年，董建華政府不能維持有效管治的情況已被廣泛曝光，而這又加劇了政治精英階層的分崩離析和傾軋。經濟衰退導致可分配的蛋糕愈來愈小，激化了精英階層內部的利益衝突；政府處理經濟災難不力，亦嚴重損害了精英階層（尤其是商界精英）的利益。特區成立後首年，經濟下行和各種天災人禍接踵而至，社會上幾乎所有人都嘗到了苦頭，並把自己的不幸遭遇歸咎於董建華和他領導的政府，偶爾甚至有人批評董建華為照顧部分利益羣體，不惜以犧牲別人的利益為代價。結果是，董建華及其政府的民望暴跌，進一步耗盡了所能享有的精英和大眾支持，加劇了特區政府難以管治的"危機"。

結論

回歸前，香港政治精英階層的團結主要源於殖民統治者的威權壓制。當香港不再是殖民地且走向局部民主化時，精英之間會不可避免地產生分裂和不團結。雖然我們承認精英之間的競爭是個"健康的"政治現象，但"過度"的精英不團結會威脅社會和政治穩定。可以説，回歸後，精英階層的分裂已嚴重削弱特區政府的管治能力；精英階層不團結已演變成嚴重的政治問題，並反過來加劇了自 1997 年 10 月以來因經濟下滑而產生的諸多問題。

香港經濟可能會持續低迷，現在還看不到曙光。在這樣一個普遍感到壓抑憂慮的年代，特區政府的當務之急是激發民眾的希望和信心，這需要政府能有效管治和建設性地解決問題。考慮到《基本法》的約束和商界的反對，加速民主化進程作為解決精英階層不團結的方式起不到任何作用。因此，董建華的當務之急是扭轉局面，其第一要務是重建一個基礎廣泛和凝聚力強的管治聯盟，這不僅需要扭轉精英階層持續分裂的趨勢，也要縮小精英和大眾之間愈來愈大的信任鴻溝。在這些工作之前，最重要的是董建華要在政治上對自己重新定位，並對政治給予適當的重視。要求董建華改變其政治性格，無疑異常困難，然而，這是可以讓香港團結起來，應對前所未有的政治和經濟危機的唯一方式。

註釋

1. B. B. Schaffer, "The Concept of Preparation: Some Questions about the Transfer of Systems of Government," *World Politics*, Vol. 18, No. 1 (1965), pp. 42-67.

2. Lau Siu-kai, "Social Change, Bureaucratic Rule, and Emergent Political Issues in Hong Kong," *World Politics*, Vol. 35, No. 4 (1983), pp. 544-562.

3. Lau Siu-kai, "Colonial Rule, Transfer of Sovereignty and the Problem of Political Leaders in Hong Kong," *Journal of Commonwealth and Comparative Politics*, Vol. 30, No. 2 (1992), pp. 223-242; Lee Ming-kwan, "Politicians," in Y. C. Wong and Joseph Y. S. Cheng (eds.), *The Other Hong Kong Report 1990* (Hong Kong: Chinese University Press, 1990), pp. 113-130.

4. Lau Siu-kai, "The Unfinished Political Reforms of the Hong Kong Government," in John Langford and K. Lorne Brownsey (eds.), *The Changing Shape of Government in the Asia-Pacific Region* (Victoria: The Institute for Research on Public Policy, 1988), pp. 43-82; Lau Siu-kai, "Hong Kong's Path of Democratization," *Swiss Asian Studies*, Vol. 49, No. 1 (1995), pp. 71-90; Lau Siu-kai, "Decolonisation à la Hong Kong: Britain's Search for Governability and Exit with Glory," *Journal of Commonwealth and Comparative Politics*, Vol. 35, No. 2 (1997), pp. 28-54; Kathleen Cheek-Milby, *A Legislature Comes of Age: Hong Kong's Search for Influence and Identity* (Hong Kong: Oxford University Press, 1995).

5. Brian Lapping, *End of Empire* (London: Paladin Grafton Books, 1985); Trevor Royle, *Winds of Change: The End of Empire in Africa* (London: John Murray, 1996); John Keay, *Last Post: The End of Empire in the Far East* (London: John Murray, 1997).

6. 殖民政府最重要的公務員委任是在 1993 年 11 月 29 日任命陳方安生（當時的公務員事務司）接替霍德（David Ford）擔任布政司，以及在 1995 年 9 月 1 日任命曾蔭權接替麥高樂（Hamish McCleod）擔任財政司。

7. 印度獨立前公務員系統珍視的 "紳士模式"（gentlemanly mode），可以很容易地挪用到香港華人公務員系統上。這種模式的主要特點是：一，視公共服務為有德行的事業；二，注重個人的自主判斷，與此相伴的是，不重視服從上級，以及強有力的紳士規範，即鼓勵自我規訓；三，重視通才而非專才，不以非專業的外行為恥。David C. Potter, *India's Political Administrators 1919-1983* (Oxford: Clarendon Press, 1986), pp. 66-75.

8. 有研究表明："高級官員正從技術官僚向政治官僚轉變，後者樂意接受政治對官僚體制運作愈來愈多的介入……官僚和政客是一樣的，他們以同樣的價值觀和視角看待經濟繁榮、政治穩定，以及更開放與更問責的政治過程……高級官員也承認，現在立法局議員有愈來愈多的批評和介入。" 然而，高級官員仍然認為他們應該負責政府管治，而立法局議員僅應扮演監督者的角色。Joseph Y. S. Cheng and Jane C. Y. Lee, "The Changing Political Attitudes of the Senior Bureaucrats in Hong Kong's Transition," *The China Quarterly*, Vol. 147 (1996), pp. 932. Lau Siu-kai and Kuan Hsin-chi, *Chinese Bureaucrats in a Modern Colony: The Case of Hong Kong* (Hong Kong: Centre for Hong Kong Studies, The Chinese University of Hong Kong, 1986).

9. Lau Siu-kai, *Democratization, Poverty of Political Leaders, and Political Inefficacy in Hong Kong* (Hong Kong: Hong Kong Institute of Asia-Pacific Studies, The Chinese University of Hong Kong, 1998); Jamie Allen, *Seeing Red: China's Uncompromising Takeover of Hong Kong* (Singapore: Butterworth-Heinemann Asia, 1997).

10. Lau Siu-kai, "Institutions Without Leaders: Hong Kong Chinese View of Political Leadership," *Pacific Affairs*, Vol. 63, No. 2 (1990), pp. 191-209;Lau Siu-kai, "Social Irrelevance of Politics: Hong Kong Chinese Attitudes toward Political Leadership," *Pacific Affairs*, Vol. 65, No. 2 (1992), pp. 225-246; Lau Siu-kai, *Public Attitude toward Political Parties in Hong Kong* (Hong Kong: Hong Kong Institute of Asia-Pacific Studies, 1992); Lau Siu-kai, "Public Attitudes toward Political Leadership in Hong Kong: The Formation of Political Leaders," *Asian Survey*, Vol. 34, No. 3 (1994), pp. 243-257; Lau Siu-

344

kai, "Democratization and Decline of Trust in Public Institutions in Hong Kong," *Democratization*, Vol. 3, No. 2 (1996), pp. 158-180; Lau, Siu-kai, "Political Order and Democratisation in Hong Kong: The Separation of Élite and Mass Politics," in Wang Gungwu and Wong Siu-lun (eds.), *Towards a New Millennium: Building on Hong Kong's Strengths* (Hong Kong: Centre of Asian Studies, The University of Hong Kong, 1999), pp. 62-79.

11. Lau Siu-kai, "The Rise and Decline of Political Support for the Hong Kong Special Administrative Region Government," *Government and Opposition*, Vol. 34, No. 3 (1999), pp. 352-371.

12. 一個人可以同時歸入上述兩個或更多的分類。即使這樣，新獲委任人士的擁護中央立場和保守立場也是非常明顯的。

13. 特區政府的律政司司長一職，相當於殖民政府時期的律政司。直到殖民統治結束前，律政司一直是外國人士擔任。

14. 殖民政府的司局長都留在原來的位置，以保證順利過渡，梁愛詩是唯一從外面加入政府的主要官員。

15. 有傳言稱，公務員希望由自己的一員出任中央政策組首席顧問一職，但董建華的顧問認為應由外人擔任。最後，公務員獲勝，1997 年 7 月 28 日，董建華任命蕭炯柱（一位高級公務員）擔任該職位。

16. 1997 年 4 月，特區政府建議修改《社團條例》和《公安條例》，以增加有關"國家安全"的條款，作為政府禁止組團和控制遊行的基礎。這項修訂明顯是要讓中央安心，因為中央擔心回歸後香港出現反共的行動。然而，一些主要官員對這個計劃持極度保留態度，認為這會削弱香港回歸後表達自由的權力。

17. 1997 年 7 月 9 日，臨時立法會通過了《1997 年入境（第 5 號）條例》（修訂），規定任何根據《基本法》第二十四條第二款第三項聲稱擁有香港居留權的兒童必須出示居留權證明書。這個條例追溯至 1997 年 7 月 1 日適用。該條例的目的是防止這些兒童湧入香港。同時，有些主要官員認為，這項條例違反《基本法》。

18. *South China Morning Post*, March 5, 1998, pp. 1.

19. *South China Morning Post*, March 7, 1998, pp. 1.

20. 事實上，特區成立之前和之後，董建華的民望評分一直落後於陳方安生，這嚴重困擾着董建華。

21. 新加坡的經驗可以顯示新的統治者如何採取措施重塑公務員心態。獨立之際，新加坡的公務員大多數未受民族主義情感和新加坡要獲取獨立的理想所左右。在人民行動黨領導人看來，公務員必須接受指導，培養對一個多種族新加坡的完全忠誠。"為了這個目的，在人民行動黨 1959 年上台後不久，他們就設立一個政治研究中心，主要用於公務員的政治教育，增強他們對新加坡所面對問題的認識和理解。該黨領導人對建立一個政治中立的公務員系統無甚興趣，因為那樣一套系統的公務員在掌權時，可以服務不同的政治領導人，僅對國家保持基本的忠誠。" Raj Vasil, *Governing Singapore* (Singapore: Mandarin, 1992), pp. 137.

印度的經驗則說明公務員樂於與新的統治者合作。在獨立之際，印度公務員認識到，如果與國家領導人和社會主導階級分離，就不能長期保住政治管理者的角色。"印度公務員系統的管理傳統經過了 20 世紀 40 年代仍然存在，這是因為始終有政治力量支持他們，最早是從英國政府那裏，後來從印度政府那裏。另外，公務員系統的持續並沒有對當時社會的主導階級造成威脅。雖然這種廣泛的支持結構可以解釋為甚麼公務員系統存續下來，但印度公務員系統在 20 世紀 40 年代積極採取措施培植對政治領袖的支持也同樣重要。" David C. Potter, *India's Political Administrators 1919-1983*, pp. 126.

第15章 殘缺不全的政黨體系[*]

20世紀80年代末，香港政治前景的不確定所引起的社會政治恐慌，以及殖民政府在撤離前逐步推動代議政制，成為香港政黨冒起的原因。[1]鑒於在香港行政主導的政治體制下，政黨是代表大眾利益最重要的渠道，因此當時社會上普遍期望，1997年之後政黨還會繼續壯大成長，而民眾對香港政治前景時隱時現的擔憂、對中央政府普遍的不信任和立法會直選席位的逐步增加，都為這種期望提供了基礎。

最終，這個期望還是落空了。香港成為中國特別行政區的4年來，支持政黨的社會基礎大幅減少。沒有確切的證據顯示，這種銷蝕是從甚麼時候開始的，但民眾對政黨支持的衰退似是從1997年亞洲金融危機肆虐香港一年後就能明顯地察覺到。因為到了那時，港人已開始意識到以往幾十年本地的經濟繁榮就此被打斷。政黨在香港政治生活中的作用也明顯減弱。更糟糕的是，大多數政黨仍艱難地明確使命定位，而這個過程又增加了內部的意見分歧。目前，各政黨正經歷痛苦和充滿不確定性的重組。

第二屆立法會選舉中香港政黨的混亂是個很能說明問題的案例。該選舉的60個席位中有24席經地區直選產生，比1998年多4席。與1998年立法會直選53.3%的投票率相比，2000年這一比率大幅降低到35.8%。也就是說，回歸以來的第二屆立法會直選未能推動香港政黨的合併與發展。與此相反，我們看到的是政黨混戰。投票率的降低表明，

---

[*] 本文與關信基合著，原以英文發表，刊於 Lau Siu-kai and Kuan Hsin-chi, "Hong Kong's Stunted Political Party System," *The China Quarterly*, Vol. 172 (2002), pp. 1010-1028.

民眾對政黨作為表達、代表以及凝聚利益的機制愈來愈不抱希望，也表明政黨與港人之間的隔閡日益加大，而支持政黨的社會基礎也變得愈來愈薄弱。投票率下降還隱含了中產階級整體上對政治的幻滅，特別是對政黨的失望。2000年立法會選舉的結果反過來也加深了香港各政黨的危機感，特別是最受歡迎的民主黨。在目前這種政治、社會和經濟都愈發動盪、充滿不確定的情況下，這次選舉的結果加快了政黨重新定位和改組的步伐。無論如何，在可預見的未來，我們看不到政黨發展的條件會得到改善。香港的政黨體系將繼續承受由於其薄弱、缺乏制度化、發育不良和大起大落所帶來的後果。

以下我們將詳細分析影響香港政治氛圍並最終阻礙政黨發展的主要因素。2000年立法會選舉後，我們進行了大型問卷調查，以了解民眾對政治和政黨的看法，調查所得是分析政黨困境的重要依據。[2] 本章所用的數據，除特別注明外，都是源於這次大型問卷調查。

政黨的衰退

如果我們用立法會直選中政黨候選人贏得的選票和有政黨聯繫的立法會成員比例來衡量香港政黨狀況，那麼它無疑處於上升期。但這種衡量的方法並不全面。這幾年立法會直選投票率出人意料地下降，是香港政黨出現問題的徵兆。對民主黨來說，情況尤其如此，因為它佔直選投票率的比重從1991年的52.3%下降到2000年的34.7%。不僅如此，選民對政黨的支持也變得反覆無常。雖然選民一般不會改變對某個政黨的忠誠，但可以停止對該黨的支持。2000年立法會選舉中民主黨得票率突然降低，就是大批1998年投給該黨的選民這次沒有投票。這也說明香港政黨的社會支持基礎很脆弱，仍處在發展的初始階段。

和香港回歸之前相比，民眾對政黨的支持度一直走低。由於特區政府不是普選產生，即使是立法會議員也只有很少數由直選產生，因此香港回歸後港人對政黨在香港局部民主體制中的角色更加理解和讚賞。根據我們在 1998 年進行的問卷調查，如果沒有政黨，港人在民主是否可行的問題上有分歧。他們對倘若香港政治制度能正常運作，是否需要政黨的議題也有分歧。[3] 愈來愈多的港人認識到，在精英佔主導地位的政治制度中，政黨是代表民眾表達利益必不可少的組織，以前對政黨的懷疑和不信任已逐漸地轉為一種猶疑支持的態度。[4]

儘管如此，民眾對政黨日益接受認可的程度並沒有相應地轉化為政黨所得到的實際支持。恰恰相反，在政治上，政黨與港人愈發不相關。2000 年的調查結果表明，只有 18.6% 的受訪者有政黨認同，比 1998 年立法會選舉時下降 3.1 個百分點（1998 年為 21.7%）。與那些沒有政黨認同的受訪者相比，有政黨認同者懷有更高的民主熱情、更自由的政治觀點、更強烈的政治參與需求。基於香港政治"進步"緩慢的事實，愈來愈多的人認定政黨並非滿足其政治需求最可行的手段。政治上活躍的人減少支持政黨，對政黨發展來說不是甚麼好消息。

民眾疏離政黨對主要大黨的影響並不一樣，在 3 個主要大黨中，以中產階級為主、傾向民主的民主黨所受影響最大。1998 年立法會選舉時還有 17.6% 的受訪者認同民主黨，到 2000 年這一比例就下降到 10.8%。親商界的自由黨也有相同經歷，其 1998 年 1% 的認同率，在 2000 年降至 0.5%。與此相反，民主建港聯盟在這段時期爭取到不少支持，認同率從 1998 年的 2.2% 上升到 2000 年的 5.4%。不過，民建聯想取代民主黨成為未來最受歡迎政黨的可能性不大。

2001 年 9 月，香港嶺南大學的一項電話調查結果也展示了民眾對政黨的疏離情況。調查請受訪者就五大政治機構表達他們的信心程度。大部分人表示對香港的法院有信心（68.7%），然後是立法會（46.7%）、公務員體制（46.5%）和行政機關（44.8%），對政黨表示有信心的不到

1/3（28.4%）。在這些政黨中，香港民主民生協進會（簡稱"民協"）的支持度最高，在滿分為 10 的情況下，得到 5.34 分。自由黨和擁護中央的香港協進聯盟是兩個唯一沒有到達中位數的政黨，分別是 4.82 分和4.27 分。在最高分和最低分之間，分別是民主黨、民建聯和前線（人數不多的民主激進派）。[5]

香港浸會大學的香港過渡期研究計劃在 2001 年 7 月所做電話調查的結果表明，對這些政黨不滿的人多於滿意的人，不滿民主黨的有58%，不滿民建聯的有 52%，不滿香港協進聯盟的有 63%。同時，對"泛民主"的香港職工會聯盟和親建制的香港工會聯合會則是滿意的人多於不滿意的。同樣地，對前線也是滿意的（51%）稍多於不滿意的。[6]

大眾參與政黨組織活動的情況很少。我們的問卷調查顯示，只有微不足道的受訪者參與 2000 年立法會選舉的政黨競選活動，或為政黨的候選人捐款。

過去 10 年間，香港政黨發展得非常緩慢，很難招募到新成員，黨員人數基本在幾百到兩千人之間。這些政黨也大多數是幹部型政黨，即決策權都集中在高層，黨的領導權多由創黨成員把持，新入黨和年輕黨員要升到領導崗位需跨越很多難關。因此，所有政黨都被領導層老化問題困擾。這些政黨的領導層大多數是在中英就香港政治前途問題展開談判時開始步入政壇的，當時香港的政治充滿擔憂和不確定氣氛。除民建聯因親建制商人的捐款略有經濟基礎外，其他政黨都在不同程度上存在經濟困難。就算是親商界的自由黨，也難以從商界籌到政治捐款。甚至像民主黨也不能從民眾那裏籌到錢，這說明香港政黨普遍缺乏社會支持。

過去幾年大眾傳媒給予政黨的重視也明顯減弱。傳媒對政黨領袖所做報道已早不如前。傳媒對政黨活動的報道也多集中於他們在立法會的活動，甚至對立法會的報道也比以前少許多。

香港政黨的衰落也是因為回歸以來，政黨陷入意識形態、個人恩怨和政治方向的爭論和迷失中。這些問題在民主黨內表現最明顯，處理起來也最棘手。由於政黨表達和凝聚利益的能力減弱，他們對民眾的吸引力也隨之下降，各大黨的社會支持基礎都不是那麼穩固。政黨與其選區選民的聯繫也因此進一步被削弱，也就是政黨調節政府和民眾間關係的功能減弱。

總而言之，經過 10 多年的民主改革和 4 年的回歸，雖然香港的政治權力仍握在中央、官僚、保守政客及商界精英手中，但政治體制的局部開放已形成大眾通過選舉參政的平台。[7] 值得注意的是，這個平台的建立並沒有推動政黨體系的制度化。"所謂制度化的政黨體系，意指政黨之間競爭的穩定性，政黨在社會上擁有穩固的基礎，社會上接受政黨和選舉作為達成統治的認受性，而且政黨有相對穩定的組織和規範。"[8] 與此相對比，香港的政黨體系仍處於發育不全階段。

中央政府對政黨的消極態度

可以說，在中央看來，經濟和政治民粹主義，對香港這個以市場為主的自由資本主義以及高度分化的社會來說沒有好處。中央領導最擔心的問題是，為極力拉攏民眾支持，政黨領袖不把國家在香港的利益放到應當的重要位置，還可能在中央與香港之間製造緊張關係。基於"港人治港"的承諾，立法會直選會不可避免地形成大眾參政平台，但中央仍不放棄各種努力來牽制大黨的發展，因為他們與中國共產黨政權的關係是對立的。事實上，中央對香港政策其中一個很重要的內容，就是使回歸後香港成為小且"安全"的政治舞台。

為確保政黨在香港政治中只起有限作用，香港特區的政治體制設計是政黨不可能有能力控制政府，比如特區政府並非通過普選掌權、行政長官及主要官員不許有任何政黨背景，以及除非放棄議員地位，否則立法會議員不能成為政府官員。因此，政黨在政策制定和立法動議上的權限和拓展空間都非常有限。特別是特區成立初期，立法會分區直選席位只佔少數，因此政黨的發展也受到限制。[9]

另外，政黨沒有法律地位或任何特權。為限制外國對香港政黨的資助，特區的"小憲法"《基本法》第二十三條禁止本地政黨與外國政治組織和機構建立關係。其他地方很流行和普遍的政黨依賴社會籌款現象，在香港卻沒有發生。出於各種原因，中國共產黨在香港也沒有公開運作。

考慮到立法會直選一定會產生反共且有羣眾基礎的政黨，中央於20世紀90年代初在香港培植擁護中央的政黨，例如民建聯和香港協進聯盟。目前為止，只有民建聯漸漸得到部分民眾支持，主要是較認同中央的人。為了與那些對中央不信任的勢力競爭，中央也不得不允許民建聯在不影響其根本利益時，採取適當的政治立場，偶爾與特區政府和中央的觀點不完全一致。總之，這些親建制的政黨有義務支持中央和特區政府，而特區政府首長董建華除領導香港外，也要向中央負責。中央還要確保親建制政黨的領頭人在政治上都可靠。中央的這些傾向不可避免地影響了親建制政黨的發展，特別是在吸引精英和大眾上受到一定限制。

中央對香港政黨發展的阻礙已十分有效，同時中央的這個態度還影響了特區政府和本地商界精英，更進一步阻礙了政黨的發展。

特區政府對政黨的負面反應

由董建華領導的特區政府採取一貫反對政黨立場，回歸前政治上寂寂無聞的董建華成為特區行政長官，主要靠中央支持，因為中央需要一個像他這樣政治上忠誠、可靠，而且更重要的是依賴中央的人。董建華成為行政長官的一個優點就是沒有任何政治聯繫，更不具政黨背景。宣揚政治保守主義和儒家集體主義的董建華對政黨強烈反感，認為政黨破壞社會團結及政治和諧。同時，他希望樹立自己超越黨派，代表全體港人的形象。

　　董建華反對政黨傾向最主要的表現就是，斷然拒絕形成自己的政黨來支持其日益艱難的管治。他堅持繼續依靠殖民統治留下的公務員系統來支撐管治，儘管他與官僚在意識形態、政治風格和政策偏好上存在鴻溝。[10] 總的來說，總統制下的行政長官都會面對對立的立法機關，後者會盡力阻撓行政長官建立支撐其有效施政的政治基礎。理論上講，董建華雖是隻身上任的政治新手，但若能很快且嫻熟地利用行政長官所擁有的分配資源和政治任命等巨大權力，還是可以迅速地建立執政聯盟和社會支持基礎的。但是，在爭取立法會和社會支持愈發困難的情況下，董建華卻猶豫不決，不能與政黨結成聯盟。而與董建華關係愈來愈不協調的高級公務員卻不斷地被推舉擔當政治任命的職位。

　　香港特區成立之初，立法會選舉制度的安排使大部分議員都可以說是董建華的同道人，雖然他們的政治議程並不總是支持政府。因此，雖然行政與立法的關係日趨緊張，偶爾也會遇到政治對手和民眾的強烈抵抗，但政府的法例草案大部分都能在立法會通過。在此情況下，建立有組織的支持基礎並不顯得具有迫切性，再加上董建華保守的政治經濟政策，令建立執政聯盟倍加困難。

　　董建華對政黨的立場還表現在他處理立法會和政黨的事務上，立法會選舉制度的設定使它總是處於四分五裂狀態，沒有哪個政黨能擁有多數席位，通過功能界別獲選的議員雖佔多數，卻代表很少數人的利益。由於大部分自由黨的立法會議員都是通過功能界別進入立法會，因此該黨很難維持表面上的團結，更談不上行為上的步調一致。另外兩個比較受人關注的政黨，即民主黨和民建聯，黨內高度團結，但在立法會都是少數黨，而兩黨之間的巨大差別又阻礙了它們的合作。

在立法會，董建華主要是依靠民建聯、自由黨和大部分通過功能界別獲選的議員。雖然這些議員代表的利益分散，沒有成為支持政府的中堅力量，但仍然形成一股鬆散、基本上可靠的親政府聯盟，使政府的大多數法例草案能得到立法會的批准。民建聯支持政府主要是出於對中央的忠誠，由於與董建華政府關係密切，民建聯支持者也從政府得到一些象徵性或實質的好處。親商界的自由黨也和偏向商界的政府形成一種自然聯盟關係。不過，民建聯和自由黨之間存在競爭，兩黨都希望爭取到更多民意支持，特別是自由黨試圖把自己發展成具廣泛代表性的保守黨。兩黨其實也很難算得上是董建華政府堅定的聯盟，特別是當政府偶爾出台的政策在民間引起強烈反感時。另外，董建華對待政黨，包括支持他的政黨，僅是出於權宜的考慮。政黨很少參與政府的決定，但親政府的大黨有義務替政府政策保駕護航，不論這些政策多麼不合時宜。因此，民建聯和自由黨內部對這種狀況有很多抱怨，有時也公開表達不滿。兩黨特別是自由黨不斷要求與政府分享權力，但董建華並沒有認真回應這種要求。在董建華看來，民建聯雖有點民粹傾向，但總比權力欲強且行為飄忽的自由黨可靠。[11]

董建華把民主黨、前線、民協和其他反對勢力看成是難以和解的政治對手，並對他們採取慎重防守的策略。除非萬不得已，否則無法想像能向他們妥協。他和反對勢力的關係非常緊張，彼此之間幾乎沒有往來。董建華尤其注意不讓反對勢力得到任何機會，令他們感到在與政府的爭鬥中獲勝，從而在政治上得分。

甚至董建華的支持者與反對者偶爾聯手推動某些具民意支持的政策，政府也採取"分而治之"的手段，以防在立法會形成可持續的多數反對勢力。由於推出一些實在沒有民意支持和引起爭議的重大政策，董建華政府在立法會遇到極大阻力，但必須說，他成功地防止了立法會多數反對勢力結為聯盟。政府基本上把民建聯、自由黨和一些親政府獨立議員的不滿維持在可控範圍內。有時中央直接出面幫助董建華政府在一些缺乏民意基礎的政策上取得民建聯的支持。當然，民建聯不止一次為此付出沉重的政治代價。

　　董建華沒能形成自己的政黨力量以及他的不支持態度加重了香港政黨體系的畸形發展。一個沒有執政黨的政黨體系，實際上是殘缺不全並且虛弱無力的。這種狀況造成各政黨只能發揮政治對手的作用，立法會也一樣，因為它是政黨活動的主要平台。由於選舉制度排除了政黨執政的可能性，因此政黨在很多方面都遇到不可逾越的困難，包括招募新人、發展與社會經濟和專業團體的關係、培植社會大眾基礎、獲取政治捐款和其他資源、得到大眾傳媒的關注以及爭取民眾對政黨表現和政策建議的認同等。董建華政府將政黨邊緣化，也由此減少了社會的利益表達和凝聚，使政府和港人之間少了中間調節的力量。在這樣的體系下，政黨只能發揮部分代表性，比如由於政黨更關注基層以獲取民意支持，精英階層利益就沒有得到足夠重視。

　　沒有執政黨的政黨體系也阻礙了精英和親政府力量組黨或聚攏在一起。社會精英的關注和利益因此較分散，親政府力量也因缺乏組織手段而未能減少分歧、行動一致。更重要的是，因為政府仍被公務員把持，親政府的精英無法通過政治任命參與董建華的政策制定過程，從而走上從政之路。相反，香港的局部民主化卻為反對派的出現提供了機會，使反共和親基層政治人物能通過選舉制度登上政治舞台。一直以來，中央都保護保守勢力和擁護中央的陣營，回歸前的殖民政府和目前的特區政府都沒有動力去鼓勵民眾參與政治。不過，根據《基本法》，香港最終會走向普選，目前受保護的這些羣體終歸要通過選舉的歷練學會維護自我利益。他們因此需要在有限時間裏為自己妥善定位，準備在未來更民主的體制中與政治對手一較高下。董建華沒能通過動員保守和支持中央的勢力引導執政黨的崛起，這將使保守精英未來在黨建上遭遇棘手複雜的遺留問題。

保守勢力對組黨的反感

按理說，香港這樣一個崇尚資本主義價值的自由資本主義社會，能夠給親商界反福利一類保守政黨的發展提供富饒土壤[12]，但現實正相反。像自由黨這種自認為親商界的保守政黨卻不被商界精英認可，後者反而尋找其他能代表自己利益的渠道。事實上，香港缺少強大的保守政黨，以及商界精英對政治前景普遍和日益加重的擔憂，使香港有別於其他資本主義社會。

可以理解的是，中央以及董建華政府反對政黨政治的立場嚴重影響了香港保守勢力希望通過組黨來表達利益的取態，不過這也只是部分地解釋保守政黨在香港不發達的原因。中央並不是完全反對精英政黨的出現，因為它明白在其他政黨發展的情況下，精英也需要組黨來保護利益。事實上，回歸前中央就通過其在香港的代表積極鼓勵商界精英為自己的利益在政治上組織起來。但令中央失望的是，香港商界精英並不想這樣做，反而以撤資作為籌碼，希望中央壓制香港民主的步伐和民粹情緒，以保護他們的利益。

當然，只要商界精英能在社會上壟斷話語權，他們並不需要依靠組織保守派政黨來獲取社會政治影響力，但這些人在香港的處境很特殊。首先，商界精英雖和普羅大眾都篤信資本主義的基本教條，但他們之間畢竟十分不同。例如，商界堅持自由放任的管治原則，民眾卻不會因政府的介入而感到不安，尤其是涉及民生的問題。民眾希望政府能運用一些溫和的再分配手段來縮小貧富差距，商界精英對此則堅決反對，因為他們對政府再分配的角色持極為保守的立場。很顯然，大部分追求民主的港人與反民主的商界精英非常合不來。民眾對這些媚上欺下、看不起普通百姓且過着奢華生活的社會上層十分不滿。同時，在港人的資本主義價值觀中，他們不僅對富人不敬，而且擔心被這幫人統治。這種看法也有儒家一直壓抑商人的傳統因素，商人的社會地位不高。事實上，在過往 30 多年貧富差距愈來愈大的情況下，商界的力量增加了很多。自 20 世紀 60 年代殖民時期開始，香港華商基本上就在一個相對公平的商業環境中發展，他們雖沒有權利參與或推翻政府，但和社會賢達多能以顧問身份向殖民政府建言獻策。事實上，殖民政府正處於商界精英和社會大眾的中間，調節他們的利益衝突，當然政府更偏重商界。

　　雖然香港的商界精英懼怕共產主義，但當他們一旦意識到中央收回香港不可動搖的決心時，也就無可奈何地接受了。[13] 而為保持投資者對回歸後香港的信心，中央也對商界精英在港的利益給予很多政治保證。中央雖握有最終任命行政長官的權力，但這些商界精英也被賦予選舉特區首長的權力，他們推選的立法會議員也佔多數席位。特區政府中，商人進入行政和諮詢機構的數目大為增加。與殖民統治時期相比，商界精英的政治能量明顯加大。因此，他們不需要通過組黨就已經能夠介入國家的權力。

　　目前，商界精英自覺在政治上安全，根本沒必要向大眾要求讓步。同時，他們也沒有意願處理民眾關注的經濟不平等議題，或通過對一些議題的討論轉變形象，從而建立以他們為領導的多階層聯盟。這些商家精英寸步不讓的做法，為偶爾還動員民眾爭取民意支持的自由黨製造了無法逾越的障礙。因為無法滿足民眾在物質上的需求，自由黨在立法會直選中一直沒有任何起色，偶爾取悅民眾的舉措卻招來商界精英和董建華政府的憤怒。結果是，自由黨的作用只限於功能界別之內，與社會政治議題愈來愈遠。頗為諷刺的是，自由黨這種缺乏社會基礎的狀況反被商界精英用來當成他們不組黨和必須依靠中央和特區政府政治保護的理由。

　　商界精英階層的內部分化是無法進行黨建的另一原因。與商界精英的對話讓我們覺得，商界連籌辦商業協會都會遇到難以跨越的困難，更何況是組織政黨。香港的商界因政見不同、資本結構複雜、利益分化、競爭激烈、與國家的關係分等次且不平等、互不信任及個人恩怨等因素造成極度分化。商界精英充滿戒心和個人主義的政治參與風格，使其很難組織集體行動。

　　這種既無歷練又懼怕大眾政治的特點，說明了商界精英為何不能組成自己的政黨，也無法在政治上投注到其他政黨，或參與一些其他形式的政治投資活動，如建立支持商界的智庫、支持與自己觀點相近的意見領袖、強化商會的政治作用或提出一些親商界的口號。因此，他們也只有依靠中央和特區政府來保護自己的商業利益，還恐嚇說如果得不到保護就撤資。隨之而來的，就只有他們對其他政黨的敵意和削弱香港政黨政治影響的決心。

社會分化、社會經濟共識與政治分歧

　　香港缺乏執政黨或親商界政黨的現狀，理論上為代表大眾的政黨提供了發展空間。但這些政黨的實際衰退，說明上述想法並不成立。因為政治權威和商界精英對政黨的敵視，意味着公共和經濟資源不會投入到政黨，而資源又是政黨發展最關鍵的因素。政黨不能通過公共政策或其他方式給其選區帶來實際好處，也很大程度上削弱了政黨動員基層的能力。民眾對競爭性選舉變得失望，就是因為政黨的選票與民眾期待的民生改善之間幾乎沒甚麼關聯。

　　香港政黨發展的最大障礙是香港社會形態的不斷變動和分化，我曾把香港概括為奉行功利家庭主義的原子化社會。[14] 回歸前 30 年，一種集體的認同逐漸形成。"九七問題"於 20 世紀 80 年代初冒起，再加上 20 世紀 70 年代末開始的去工業化和經濟不平等惡化，香港原有的社會結構便愈發鬆散。[15] 亞洲金融危機和隨之而來的經濟衰退給香港社會的整合帶來又一次的打擊。1998 年以來，香港社會經歷的愈來愈多的社會衝突多因物質引起，但表現為社會的四分五裂。

由於利益分散且社會形態處在變動中，香港缺乏廣泛和強大的羣體認同，因此也無法形成以此為基礎的社會組織。比較而言，香港的社會參與程度不高，大部分都是基於小團體的利益。香港確實存在為數眾多的公民團體、游說團體和志願團體，但都沒有太多成員，也沒有能力擔當起社會領袖的職能。像工會那樣以階級為基礎的組織，同樣軟弱並且派別林立。在這個宗教信仰程度不高又充滿多神論的社會，宗教組織多元而無力。在其他地方以宗教、語言和族羣為基礎建立的大型社會組織，在香港根本不存在。[16] 沒有堅實的社會基礎，香港的政黨無法改變膚淺和脆弱的狀況。

香港社會對本地社會經濟議題一直有相當高的共識，也使政黨很難在相關問題上提出與其他政黨或政府不同的解決方案。這些政黨雖在社會經濟議題上擺弄一些概念上的不同，但實質上都認同保持香港的資本主義現狀，沒有政黨鼓吹經濟民粹主義或福利社會。因此從這些政黨的社會經濟建議中，港人也看不出有甚麼分別。只有親勞工的團體比較不同，因為他們主要倡導保護勞工權益。2000 年調查的結果表明，受訪者支持政黨並非基於後者在社會經濟議題的立場。政黨有限的研究能力，也使他們在議論社會經濟政策時，無法與政府競爭。因此，政黨很少提出自己新的政策想法，反而更多的是回應政府或別人提出的政策建議。港人對民生議題的重視和對政府在解決這些問題上的失望，其實都是政黨出風頭的機會。政黨卻沒有能力應對香港面臨的挑戰，這令港人對他們更失望。

　　再者，這些政黨成立時，都是基於表明自己在政治分野中的立場，比如"民主的步伐""信任或不信任中央""信任或不信任特區政府"。[17] 因此，香港政黨的社會基礎看似多元，但實際分野並非基於變動和分化的社會結構，而是基於政治意識形態的差別。2000年的調查就發現，民主黨的支持者更渴望民主選舉，不那麼信任中央和董建華，對特區政府的表現也不滿意。他們認為，在目前可行的政治體制中民主是最好的，也認為應對香港目前的經濟困境，應該在民主改革上下功夫。前線支持者基本上持相同觀點，只是民主期望和政治不滿更強烈一些。而另一邊，民建聯的支持者則政治上比較保守，對中央和董建華都比較信任，對特區政府的滿意度高一些，對以民主改革解決香港的問題持懷疑態度。相對而言，自由黨的支持者沒有表現出明顯的政治立場，卻顯露出某些政治精英主義的痕跡。

　　回歸後，因亞洲金融危機而引發的日益嚴重的社會經濟問題掩蓋了政治上的分歧，但也造成了政黨內部團結的問題，有些政黨，如民主黨，就出現內部分裂。過去在政治議題上高度一致的黨員，現在經常為社會經濟問題爭吵不休。例如，民主黨內部就在最低工資和集體談判權的問題上發生過爭執，有些激進的黨員因不滿政黨立場而退黨。前線的成員也分成兩派，一派為勞工權利而戰，一派以中產階級的再分配作為改革手段。在社會對政府愈來愈不信任、基層怨氣愈來愈大的背景下，民建聯為保持內部團結，有時也要與政府劃清界限。同樣地，自由黨也多次代表基層向政府提出抗議。

　　港人對政黨以政治立場劃分的一貫做法，加上政黨經常掩蓋其真正的政治取向，以及社會對政治議題日趨不重視的事實，都對民主黨造成很大打擊。中產階級對民主黨的支持近年有所減少，以往支持該黨，主要是因為它提倡民主和反共的立場，但他們同時是政治上的現實主義者，對政治上激進的立場、民粹的建議和不理性的政治行為非常不滿。[18] 更重要的是，作為受本次經濟衰退打擊最大的階層，他們極希望看到具建設性的建議來緩解自己的困境。民主黨的內部分裂、政治上對中央和政府的激進做法、在社會經濟議題上毫無建樹的表現，都使原來的支持者開始遠離該黨。民主黨也自知面對着嚴重問題，正努力尋找新方向，保持黨內團結，挽回中產階級的信任。在這個過程中，我們看到民主黨在香港政治中的角色也明顯減弱。

殘缺不全的政黨體系和香港政治

第三波民主化浪潮的新生民主國家，其政黨大都無法扎根於社會，在這件事上的嘗試也遇到諸多困難，特別是這些國家的大多數民眾與任何政黨都沒有關聯，政黨爭取支持者的工作既進展緩慢也無任何規律。制度性不強的政黨體系給這些國家的民主運作和整合帶來很多問題，包括政治代表權不平等、管治無效、威權主義揮之不去、政治派系林立、當選領袖肆意行使權力等。

與香港形成強烈對比的是，這些國家的民主都擁有完整的政黨體系，也就是起碼有執政黨和與之競爭的反對黨，而且這些黨派幾乎涵蓋了大部分的社會經濟議題，與社會聯繫密切。香港發育不良的政黨體系卻為政制運作帶來嚴重問題。香港回歸後的政治倒退主要表現為公共政策制定和執行的問題、社會矛盾衝突重重、行政與立法關係惡化、利益之爭僵持不下、港人對政治的日益不信任和異化以及即將出現的"難以管治"危機。[19]

發育不良的政黨體系最大的負面政治後果是本已扭曲的行政與立法關係。如果不是目前立法會的選舉制度對精英和親政府勢力有所偏向，行政與立法的關係早就陷入僵局。不過，在沒有穩定和可靠的多數議員支持下，政府只能動用巨大的行政力量，在立法會中就各個草案臨時"箍票"，以保障這些草案得以通過。在關係到中央和政府重大利益的議題上，董建華還能得到立法會大多數的支持。但是，2000年立法會選舉後，出現了"民粹"傾向議員的鬆散聯盟，他們大多來自民主黨、民建聯、自由黨、前線和民協。在一般情況下，他們其實是合不到一起的。這個"民粹"聯盟的主要目標就是要阻止政府通過加稅或增加公共服務收費來緩解財政壓力。為了使香港在全球經濟中更具競爭力，香港需進行大量的制度改革和政策改變，目前緊張的行政與立法關係嚴重阻礙了香港的改革和調整。

發育不全的政黨體系無法將社會分散的利益聚攏起來，政府只能處理各個利益團體不同的要求。[20] 政黨及其對手的弱點是他們只能表達和匯集社會部分羣體的利益。事實上，政黨在挑動基層利益與由政府代表的精英利益之間的較量，因此加重了政府本來就不堪重負的工作狀況。政黨運作的無效催生了其他利益表達的渠道，近年，單議題運動、特殊利益組織、大眾傳媒、意見領袖、民間組織、游說團體都與政黨競爭，成為民眾的政治代表。而且，近年港人愈來愈傾向於用直接的集體行動來表達不滿，向政府施壓。[21] 政黨在組織這類短期和小型的活動上發揮一定作用；但是，這些活動大都是即時爆發，活動的組織者也歡迎政黨參加，以提高其要求的認受性。這些非政黨活動發展的趨勢無疑妨礙了政黨本身的發展。

在這種體系下，政黨無法成為政府和民眾間有效的中間力量，董建華政府無法依靠執政黨來動員社會支持，從而推動各項改革措施以及對公共服務、社會福利、教育、土地和房屋的整頓，反而處處碰壁、退縮，就算推出政策也無法成功完成。民眾對董建華及其政府的信任每況愈下，政治上的不滿卻日益增長。社會上瀰漫着憤世嫉俗和異化的情緒，這些都是政府愈來愈遠離民眾的生動表現。同時，公眾對政府、立法會和政黨的不信任也使港人對整個政壇產生疏離感，更加重了香港管治的困境。

　　由於政黨的孱弱，回歸後以精英為主且行政主導的政府因此聽不到民眾的呼聲。官僚主導政治的情況沒有變化，只是有些商界精英進入了政圈。政府（由前航運巨子領導）偏重商界的傾向相當明顯。比起權力來源並非商界的殖民統治者，特區政府顯得更沒有能力和意願來處理香港經濟日益不平等的問題。基層的怨氣和憤怒已達臨界點，政黨卻沒有足夠的政治力量和民眾信任來處理這些社會衝突。

　　殘缺不全的政黨體系還缺乏招募或培養政治精英的能力。政治仕途仍前路不明，大部分有志向的人都認為政治之路有風險卻無回報。無法吸引精英參與，也很難產生令人信服的政治領袖，而香港目前的政治領袖都是從商界或官僚中挑出，不是那些經過歷練的政治家。香港正處於發展的關鍵期，卻缺乏眾望所歸的英明政治領袖，這種狀況着實令人懊惱。

結論

　　對政治學學者和外來觀察家而言，殘缺不全的政黨體系所帶來的負面影響非常明顯。但是，香港的精英和大眾還沒有把香港政治上愈來愈多的問題與政黨和政黨體系等缺陷聯繫起來。大部分人只是認為政黨的工作做得不好，一旦政治秩序建立好，政府的施政有所改善，政黨的作用就應逐步削弱。也就是說，人們還沒有注意到政黨體系發育不良所引發的問題，從而呼籲改善政治體制。反而大家一致認為，香港政治的問題是由香港政黨引起的。

　　最近，社會上的一些動向表明，政黨人士對現狀普遍感到沮喪，也試圖尋找解決問題的出路，比如，政黨更願意聯手向政府提出要求，不過大多不是政治上的要求，而是減稅、公共交通減價、增加社會福利和

362

向欠債的業主提供財務支持等公共服務均等化和社會福利等要求。政黨
希望通過這些行動改善形象，向港人表明他們可以合作並領導香港。董
建華政府也準備實施"半部長制"，即主要的政府官員採用政治任命而
不再由公務員擔任。考慮到這些政黨在政治上的分野，政黨加強合作或
會為政治機會主義提供更大空間，但不會導致政黨的整合或合併。董建
華的目的是強化其管治能力，在特區政府上層形成一個政治任命系統，
也可能不期然地給"政府黨"的形成提供機會。不過，目前董建華和中
央都不太可能任命有政黨背景的人擔任特區要職。因此，香港政壇的這
些做法對香港殘缺不全的政黨體系的影響極為有限。

註釋

1. Lau Siu-kai and Kuan Hsin-chi, "Partial Democratization, 'Foundation Moment' and Political Parties in Hong Kong," *The China Quarterly*, Vol. 163 (2000), pp. 705-720.
2. 調查的對象是年滿 18 週歲的香港華裔居民，樣本為概率樣本。首先由特區政府統計處協助，在全港以分區等距方式抽取 4 345 個居住單位地址；其次是抽選住戶，如果已選取的居住單位有超過一個住戶，或為一羣體住戶（如宿舍），訪問員將根據隨機抽選表，抽選其中一個住戶或一個符合資格人士接受訪問；最後是抽選受訪者，如果已選取的住戶有超過一位符合資格人士，訪問員將利用基什方格（Kish Grid）抽選其中一位接受訪問。大部分的訪問工作於 2000 年 9 月～ 12 月進行。訪問員共完成 1 883 個訪問，回應率為 43.3%。
3. 1998 年問卷調查的抽樣方式與上述 2000 年調查相同。訪問於 1998 年 5 ～ 6 月期間進行。訪問員共完成 988 個訪問，回應率為 46.5%。
4. Lau Siu-kai, "Public Attitude towards Political Parties," in Lau Siu-kai (ed.), *Social Development and Political Change in Hong Kong* (Hong Kong: Chinese University Press, 2000), pp. 417-444.
5. 嶺南大學意見調查研究部. 公眾對特區的政府和政治組織的意見調查 (II)[R]. 香港：嶺南大學意見調查研究部，2001.
6. The Hong Kong Transition Project, *Winter of Despair: Confidence and Legitimacy in Crisis in the Hong Kong SAR* (Hong Kong: Hong Kong Baptist University, 2001), pp. 58.
7. Lau Siu-kai, "Political Order and Democratisation in Hong Kong: The Separation of Elite and Mass Politics," in Wang Gungwu and Wong Siu-lun (eds.), *Towards a New Millennium: Building on Hong Kong's Strengths* (Hong Kong: Centre of Asian Studies, University of Hong Kong, 1999), pp. 62-79.
8. Scott Mainwaring and Timothy R. Scully, "Introduction: Party Systems in Latin America," in Mainwaring and Scully (eds.), *Building Democratic Institutions: Party Systems in Latin America* (Stanford: Stanford University Press, 1995), pp. 1.

9. Lau Siu-kai, "The Making of the Electoral System," in Kuan Hsin-chi et al. (eds.), *Power Transfer and Electoral Politics: The First Legislative Election in the Hong Kong Special Administrative Region* (Hong Kong: Chinese University Press, 1999), pp. 3-35.

10. Lau Siu-kai, "From Elite Unity to Disunity: Political Elite in Post-1997 Hong Kong," in Wang Gungwu and John Wong (eds.), *Hong Kong in China: The Challenges of Transition* (Singapore: Times Academic Press, 1999), pp. 47-74.

11. 2001 年 9 月 16 日舉行的立法會選舉委員會補選，競爭非常激烈。自由黨候選人與民建聯支持的獨立候選人互相競逐，董建華偏向民建聯的態度可以從他對兩個候選人的支持得到反映。由於董建華的支持者暗中大力游説，造成自由黨候選人以大比分落敗。

12. Lau Siu-kai and Kuan hsin-chi, *The Ethos of the Hong Kong Chinese* (Hong Kong: Chinese University Press, 1988); Lau Siu-kai, "Confidence in Hong Kong's Capitalist Society in the Aftermath of the Asian Financial Turmoil," *Journal of Contemporary China*, Vol. 12, No. 35 (2003), pp. 373-386.

13. Alvin Y. So, *Hong Kong's Embattled Democracy: A Societal Analysis* (Baltimore: Johns Hopkins University Press, 1999).

14. Lau Siu-kai, *Society and Politics in Hong Kong* (Hong Kong: Chinese University Press, 1982).

15. Lau Siu-kai, "The Fraying of the Socio-economic Fabric of Hong Kong," *The Pacific Review*, Vol. 10, No. 3 (1997), pp. 426-441.

16. Kuan Hsin-chi and Lau Siu-kai, "Intermediation Environments and Election in Hong Kong," *Democratization*, Vol. 7, No. 2 (2000), pp. 65-89.

17. Lau and Kuan, "Partial Democratization, 'Foundation Moment' and Political Parties in Hong Kong."

18. Kuan Hsin-chi and Lau Siu-kai, "Cognitive Mobilization and Electoral Support for the Democratic Party in Hong Kong," *Electoral Studies*, Vol. 21, No. 4 (2002), pp. 561-582.

19. Ian Scott, "The Disarticulation of Hong Kong's Post-handover Political System," *The China Journal*, Vol. 43 (2000), pp. 29-53; Peter H. Koehn, "One Government, Multiple Systems: Hong Kong Public Administration in Transition," *Public Organization Review*, Vol. 1, No. 1 (2001), pp. 97-121.

20. William H. Overholt, "Hong Kong: The Perils of Semidemocracy," *Journal of Democracy*, Vol. 12, No. 4 (2001), pp. 5-18.

21. Lau Siu-kai and Wan Po-san, "Social Conflicts: 1975-1995," in Lau (ed.), *Social Development and Political Change in Hong Kong*, pp. 115-170.